HARUKI MURAKAMI

UNTERGRUNDKRIEG

HARUKI MURAKAMI

UNTERGRUNDKRIEG

DER ANSCHLAG VON TOKYO

Aus dem Japanischen von Ursula Gräfe

DUMONT

Die hintere Umschlaginnenseite zeigt einen U-Bahn-Plan von Tokyo, dessen Abdruck
mit freundlicher Genehmigung der Japanischen Fremdenverkehrszentrale erfolgt.

Die Deutsche Bibliothek – CIP-Einheitsaufnahme

Murakami, Haruki:
Untergrundkrieg : Der Anschlag von Tokyo / Haruki Murakami. – 1. Aufl. – Köln :
DuMont Literatur und Kunst Verlag, 2002
    Einheitssacht.: Underground <dt.>
    ISBN 3-8321-5697-6

Der erste Teil erschien 1997 unter dem Titel *Andaguraundo*
bei Kodansha, Tokyo, der zweite Teil 1998 unter dem Titel
Yakusoku sareta basho de bei Bungeishunjusha, Tokyo.
© 1997, 1998 Haruki Murakami

Erste Auflage 2002
© 2002 für die deutsche Ausgabe: DuMont Literatur und Kunst Verlag, Köln
Alle Rechte vorbehalten
Ausstattung und Umschlag: Groothuis & Consorten
Gesetzt aus der DTL Documenta ST und der Antique Olive
Gedruckt auf säurefreiem und chlorfrei gebleichtem Papier
Satz: Greiner & Reichel, Köln
Druck und Verarbeitung: Clausen & Bosse, Leck
Printed in Germany
ISBN 3-8321-5697-6

Inhalt

ERSTER TEIL

UNTERGRUND

Vorwort

Als ich eines Nachmittags am Tisch saß und in einer Zeitschrift blätterte, blieb mein Blick beim Überfliegen der Artikel zufällig an den Leserbriefen hängen. Ohne besonderen Grund, mehr zum Zeitvertreib begann ich zu lesen. Sonst schaue ich mir selten Frauenzeitschriften an, und die Leserbriefe interessieren mich meist gar nicht.

Einer der Briefe stammte von einer Dame, deren Mann infolge des Sarin-Anschlags in Tokyo arbeitslos geworden war.* Er war Pendler und hatte das Pech gehabt, auf dem Weg zur Arbeit Opfer des Anschlags zu werden. Bewusstlos wurde er ins Krankenhaus eingeliefert und mehrere Tage dort behandelt. Unglücklicherweise blieben Beschwerden zurück, und er konnte den Anforderungen, die sein Beruf an ihn stellte, nicht mehr genügen. Anfangs zeigte man in seiner Firma noch Verständnis, doch mit der Zeit begannen seine Kollegen und Vorgesetzten gehässige Bemerkungen zu machen. Außerstande, die feindselige Atmosphäre zu ertragen, sah der Mann keinen anderen Ausweg, als zu kündigen.

Da ich jene Zeitschrift leider nicht mehr besitze, kann ich den Brief nicht wörtlich zitieren, aber ich habe den Inhalt noch ungefähr im Kopf.

Soweit ich mich erinnere, war der Brief frei von Larmoyanz. Er war auch keine wütende Anklage. Sein Tenor glich eher einem verhaltenen Murren. »Wie konnte so etwas überhaupt passieren …?« schien die Frau sich zu fragen, kopfschüttelnd und noch immer fassungslos angesichts des Unglücks, das so aus heiterem Himmel über ihre Familie hereingebrochen war.

Der Brief rüttelte mich auf. Ja wirklich, wie hatte so etwas nur geschehen können? Das Ehepaar litt unter einer tiefen seelischen Kränkung, und ich empfand starkes Mitgefühl für diese Menschen, obwohl mir natürlich klar war, dass mein Mitgefühl ihnen gar nichts nützte.

* Sarin ist ein Nervengas, das in den dreißiger Jahren von deutschen Wissenschaftlern im Rahmen von Hitlers Vorbereitungen auf den Zweiten Weltkrieg entwickelt wurde. In den achtziger Jahren wurde es von Irak im Krieg gegen Iran und gegen die Kurden eingesetzt. Es ist sechsundzwanzigmal so tödlich wie Zyanid; ein nadelkopfgroßer Tropfen davon kann einen Menschen töten. (Anm. d. Übers.)

Andererseits – was hätte ich für sie tun können? Also seufzte ich nur und blätterte weiter, so wie es vermutlich die meisten taten, und wandte mich wieder meinem eigenen Leben und meiner Arbeit zu.

Einige Zeit später fiel mir der Brief wieder ein. Das »Warum?« ging mir nicht mehr aus dem Kopf. Es blieb dort stehen wie ein großes Fragezeichen.

Nicht genug damit, dass der Mann unmittelbar Opfer des Sarin-Anschlags geworden war, er hatte auch noch unter sekundären Folgen in Form einer nachhaltigen gesellschaftlichen Diskriminierung zu leiden. Warum hatte man das nicht verhindern können? Immer häufiger dachte ich über diese Frage nach.

Mit Sicherheit konnte sich dieser bedauernswerte junge Angestellte keinen Reim darauf machen, warum man ihn quasi zum zweiten Mal attackierte und ihn als »den Typen von dem komischen Anschlag« bezeichnete. Vielleicht war ihm die Perspektive, die ihn von den anderen ausgrenzte – die Einteilung in »wir« und »der da« – nicht einmal bewusst. Wahrscheinlich hielt er sich allen äußeren Anzeichen zum Trotz noch immer für einen von »uns«.

Kurzum, ich wollte mehr über die Frau erfahren, die den Leserbrief geschrieben hatte. Und über ihren Mann. Persönlich. Ich wollte tiefer in die Motive und Strukturen der Gesellschaft eindringen, die diese doppelte Gewaltanwendung zuließ.

Nicht lange danach entschied ich mich, möglichst viele Opfer des Sarin-Anschlags zu befragen.

Die Interviews wurden über den Zeitraum eines Jahres von Anfang Januar bis Ende Dezember 1996 durchgeführt. Die von mir aufgenommenen Gespräche dauerten im Durchschnitt eineinhalb bis zwei Stunden. Mitunter kam es auch vor, dass ich mich bis zu vier Stunden mit einer Person unterhielt.

Anschließend wurden die Bänder komplett transkribiert. Selbstverständlich entstand auf diese Weise eine riesige Menge von Text. Wie bei einer normalen Unterhaltung üblich, drehten sich große Teile der Gespräche um Alltägliches. Daher haben wir redigiert, umgestellt und neu formuliert, soweit es nötig war, um die Lektüre zu erleichtern und ein Manuskript von normalem Buchumfang zu erstellen.

Sooft ich beim Lesen der Transkription eine Auslassung entdeckte, habe ich mir das Band noch einmal angehört und fehlende Stellen ergänzt.

Nur eine einzige Person verweigerte den Mitschnitt unseres Gesprächs. Obwohl ich am Telefon darauf hingewiesen hatte, dass unsere Unterhaltung aufgezeichnet würde, behauptete die betreffende Person, als ich mein Tonbandgerät auspackte, sie sei darüber nicht unterrichtet worden. Daher verbrachte ich zwei Stunden damit, Namen und Zahlen mitzuschreiben, während ich das Gesagte verfolgte. Zu Hause angekommen, setzte ich mich sofort an den Schreibtisch, um alles aus dem Gedächtnis niederzuschreiben. Ich war selbst ganz beeindruckt von der menschlichen Gedächtnisleistung, die mich in die Lage versetzte, allein mit Hilfe einiger Notizen ein ganzes Gespräch zu reproduzieren. Für einen Reporter mag das eine ganz alltägliche Aufgabe darstellen, aber mir fiel es nicht leicht. Leider wurde mir schließlich doch nicht gestattet, das Gespräch ins Manuskript aufzunehmen, sodass die Mühe umsonst gewesen war.

Meine beiden Mitarbeiter, Setsuo Oshikawa und Hidemi Takahashi, halfen mir, die Interviewpartner ausfindig zu machen. Dabei bedienten wir uns zweier Methoden:

1. Wir durchforschten die Veröffentlichungen in den Medien nach Namenslisten von Opfern des Sarin-Anschlags.

2. Wir fragten überall herum, ob jemand eventuell Personen kenne, die den Anschlag miterlebt hatten.

Offen gestanden hatte ich mir dieses Unternehmen gar nicht so schwierig vorgestellt und sogar angenommen, es müsse leicht sein, Betroffene ausfindig zu machen, da es ja so viele gab. Nur verfügten die Behörden – die Polizei und die Justiz – über keine Liste der Anschlagsopfer, denn selbstverständlich musste die Privatsphäre der Betroffenen geschützt werden, sodass Außenstehenden die Namen nicht zugänglich waren. Das Gleiche galt auch für die Krankenhäuser. Wir hatten also nicht mehr als die Namen der Leute, die am Tag des Anschlags in den Zeitungen gestanden hatten. Nur die Namen, ohne Adressen oder Telefonnummern.

Als Erstes erstellten wir eine Liste mit 700 Namen, von denen nur zwanzig Prozent »identifiziert« werden konnten, denn es erwies sich als äußerst schwierig, Personen mit gängigen Namen wie beispielsweise »Ichiro Nakamura« ausfindig zu machen. Auch nachdem es uns gelungen war, mit etwa 140 Personen in Verbindung zu treten, lehnten viele ein Gespräch mit der Begründung ab, dass sie den ganzen Vorfall lieber vergessen, nichts mit der Aum-Sekte zu tun haben wollten oder den Medien im Allgemeinen misstrauten. Es war beinahe die Regel, dass Leute bei der bloßen Erwähnung der Presse oder des Namens eines Verlages auflegten. Schließlich erklärten sich von den 140 ermittelten Personen etwa vierzig Prozent zu einem Interview bereit.

Die Aum-Angst vieler Menschen ließ etwas nach, als die führenden Sektenmitglieder verhaftet worden waren. Dennoch weigerten sich noch immer viele mit der Begründung, ihre Aussage sei wertlos, da sie keine starken Vergiftungssymptome erlitten hätten. Andere wären zu einem Gespräch bereit gewesen, wurden aber von ihren Familien daran gehindert. Auch Mitteilungen von Angestellten des öffentlichen Dienstes oder aus dem Finanzwesen ergaben sich nicht.

Aus praktischen Gründen konnten weniger Frauen interviewt werden, da es sich als außerordentlich kompliziert erwies, sie anhand ihres Namens aufzuspüren. Hinzu kommt, dass sich junge unverheiratete Japanerinnen nur höchst ungern von Fremden befragen lassen. Allerdings erklärten sich auch einige Personen gegen den Willen ihrer Familien zu einem Gespräch bereit.

So konnten wir von den etwa 3800 Opfern nur etwa 60 befragen, und schon das erforderte viel Zeit und Hingabe.

Als wir die Interviews bearbeitet hatten, schickten wir die Manuskripte den einzelnen Gesprächspartnern noch einmal zur Durchsicht mit der Bitte, uns auf Punkte hinzuweisen, deren Veröffentlichung ihnen unangenehm sei. Die meisten der Angesprochenen baten auch wirklich um Änderungen, denen wir natürlich gewissenhaft nachgekommen sind. Häufig ging es dabei um Einzelheiten aus dem privaten Leben des Interviewten, um die es mir als Schriftsteller ganz besonders leid tat. Mitunter machte ich Alternativvorschläge und ließ sie von der betreffenden Person absegnen. Einige der Interviews wurden bis zu fünfmal hin- und hergeschickt. Es wurden alle Anstrengungen unternommen, einer Ausbeutung der Privatsphäre der Interviewten durch die Massenmedien vorzubeugen. Unbedingt galt es zu vermeiden, dass sich jemand hintergangen fühlte. All dies nahm viel Zeit in Anspruch.

14   Insgesamt hatten wir 62 Interviews, aber wie bereits erwähnt, zogen

zwei Personen im letzten Moment ihre Aussagen zurück. Es handelte sich um inhaltlich sehr profunde und wichtige Texte, sodass ich ihre Streichung aus dem Manuskript beinahe wie eine Amputation empfand, aber ich musste das Nein der Betreffenden akzeptieren. Von Anfang an hatten wir unsere Absicht beteuert, die Äußerungen unserer Gesprächspartner mit höchstem Respekt zu behandeln. Also hieß ein Nein eben wirklich nein.

Mit anderen Worten: Alle Ausführungen in diesem Buch sind vollkommen freiwillige Beiträge, und ich freue mich sagen zu können, dass die meisten der Beteiligten damit einverstanden waren, ihren richtigen Namen zu verwenden und damit ihren Worten umso größeres Gewicht zu verleihen: ihren Worten, ihrem Zorn, ihren Vorwürfen, ihren Leiden … Dies soll keinesfalls eine Herabsetzung derjenigen bedeuten, die sich aus persönlichen Gründen zu einem Pseudonym entschlossen haben.

Zu Beginn jedes Interviews habe ich meinen Gesprächspartnern Fragen zu ihrem persönlichen Hintergrund gestellt. Wo geboren, wo aufgewachsen, ihre Ausbildung, ihre Vorlieben, ihre Arbeit, ihre Familie usw. Besonders ausführlich habe ich mit ihnen meist über ihre Arbeit gesprochen. Auf diese Weise wollte ich jedem »Opfer« ein individuelles Gesicht geben, denn gesichtslos sollten diese lebendigen Menschen in meinem Buch auf keinen Fall werden. Vielleicht ist das eine Berufskrankheit von uns Schriftstellern, aber ich habe kein besonderes Interesse am so genannten »großen Ganzen«. Mich interessiert vor allem der konkrete, einzelne Mensch. Daher habe ich versucht, während des größten Teils der durchschnittlich zweistündigen Interviews möglicherweise auch unerhebliche Details zusammenzutragen, mit dem Ziel, den Lesern den Menschen, mit dem sie es zu tun haben, näher zu bringen. Aus diesem Grund konnten wiederum viele Details aus den Interviews am Ende nicht gedruckt werden.

Die Medien hatten die Öffentlichkeit mit unzähligen Profilen der »Attentäter« bombardiert und damit einen so widerspruchsfreien, verlockenden Mythos geschaffen, dass die Durchschnittsbürger – das heißt die »Opfer« – beinahe zur Nebensache geworden waren. Sie wurden auf die Rolle eines »Passanten A« reduziert, und nur sehr selten interessierte sich jemand für ihre Geschichte. Die wenigen Geschichten von Betroffenen, die bekannt wurden, entsprachen ausnahmslos einem

Schema, das auf das Bild eines »unschuldigen japanischen Dulders« abzielte. Ein Schema funktioniert entschieden besser, wenn man es nicht mit konkreten Gesichtern zu tun hat, getreu dem klassischen Gegensatz zwischen »(gesichtsloser) gesunder Bevölkerung« und den »(konkreten) Schurken«.

Wenn irgend möglich, wollte ich jedes Schablonendenken vermeiden. Die Fahrgäste, die an jenem Morgen die U-Bahn bestiegen, hatten individuelle Gesichter, Leben, Familien, Freuden, Probleme, eine Geschichte und Widersprüche, die in ihrer Geschichte eine Rolle spielen sollten. Dazu musste ich unbedingt jeden Einzelnen von ihnen persönlich kennen lernen.

Erst wenn ich über diese individuellen Informationen verfügte, wollte ich zur Schilderung der Ereignisse am Tag des Anschlags übergehen. »Wie haben Sie diesen Tag erlebt?« »Was haben Sie gesehen, was gefühlt? Welche Erfahrung war damit für Sie verbunden?« Und auch: »Welche Schäden (physischer oder psychischer Natur) haben Sie durch den Sarin-Anschlag erlitten?« »Handelte es sich um Langzeitschäden, die eventuell noch andauern?«

Die Schwere der durch den Anschlag erlittenen Beeinträchtigungen war sehr unterschiedlich. Einige waren mit einem blauen Auge davongekommen, während andere Unglückliche gestorben waren oder noch immer wegen schwerwiegender gesundheitlicher Störungen in Behandlung sind. Zahlreiche Personen, die zunächst keine nennenswerten Symptome zeigten, haben seither eine posttraumatische Störung entwickelt.

Ich sprach auch mit Augenzeugen, die verhältnismäßig leicht verletzt worden waren und natürlich rascher in ihren Alltag zurückgefunden hatten, aber auch sie machten sich Gedanken, hatten ihre Ängste und ihre Lehren mitzuteilen. In dieser Hinsicht habe ich als Herausgeber keine Auswahl getroffen.

Schließlich wollte ich nicht auf die Aussage einer Person verzichten, weil sie nur leicht verletzt wurde. Für alle Zeugen war der 20. März ein einschneidender und schwerer Tag. Zudem hatte ich den Anspruch, ein durchschnittliches Bild aller Betroffenen zu zeigen, das sich nicht an der Schwere ihres Traumas orientierte. Ich möchte es Ihnen als Lesern überlassen, zuzuhören und sich ein Bild zu machen. Dabei werden Sie ohne Ihre Vorstellungskraft nicht auskommen.

Der Anschlag ereignete sich am Montag, den 20. März 1995, einem wunderschönen klaren Frühlingsmorgen. Es weht ein frischer Wind, und die meisten Leute sind in Mäntel gehüllt. Der Tag davor war ein Sonntag, der folgende ist ein Feiertag – Frühlingsanfang. Viele haben sich zwischen den beiden Feiertagen frei genommen, aber nicht alle hatten dieses Glück. Sie stehen auf, gehen ins Bad, ziehen sich an und machen sich auf den Weg zur U-Bahn, die genauso voll ist wie immer. Noch ist es ein Tag wie jeder andere. Bis in verschiedenen U-Bahnen fünf Männer mit den geschärften Spitzen ihrer Schirme ein paar mit einer sonderbaren Flüssigkeit gefüllte Plastikbeutel perforieren …

CHIYODA-LINIE

Zugnummer A 725 A

Die beiden Männer, die den Auftrag hatten, Sarin in einem Wagen der Chiyoda-U-Bahnlinie freizusetzen, hießen Ikuo Hayashi und Tomomitsu Niimi. Hayashi war der ausführende Täter, Niimi sein Gehilfe.

Warum Hayashi, ein erfahrener Arzt und wichtiger Mann im Ministerium für Wissenschaft und Technik der Aum-Sekte, mit dieser Aufgabe betraut wurde, ist unklar. Er selbst behauptet, es sei geschehen, um ihn zum Schweigen zu bringen, da natürlich nach einer Beteiligung an dem Anschlag kein Entkommen aus der Sekte mehr möglich war. Zu diesem Zeitpunkt war Hayashi bereits ein Mann, der zu viel wusste. Obwohl er dem Sektenführer Shoko Asahara zutiefst ergeben war, misstraute ihm dieser. Als Asahara ihm befahl, Sarin freizusetzen, habe Hayashi das Herz in der Brust zum Zerspringen geklopft. »Andererseits – wo sonst hätte es klopfen sollen?« fügte er hinzu.

Hayashi stieg um 7.48 in den ersten Waggon der aus Kita-Senju kommenden Chiyoda-Linie ein, die in Richtung Yoyogi-Uehara fuhr, durchstach an der Station Shin-Ochanomizu den Beutel mit dem Sarin und stieg aus. Niimi wartete vor dem Bahnhof in einem Wagen auf ihn, und gemeinsam fuhren sie zum Ajid in Shibuya zurück – ihre Mission war beendet. Hayashi hätte sich unter keinen Umständen weigern können. »Es ist nur eine Mahamudra«, versuchte er sich immer wieder selbst zu beruhigen. Die Mahamudra war in der Praxis der Aum-Sekte eine entscheidende Übung auf dem Weg, ein »Wahrhaft Erleuchteter Meister« zu werden.

Als Asaharas Rechtsberater Hayashi fragten, ob er sich überhaupt hätte weigern können, gab er zur Antwort: »Dann wäre es doch nie zu diesem Anschlag gekommen.«

Ikuo Hayashi wurde 1947 als zweiter Sohn eines praktischen Arztes in Shinagawa geboren, besuchte die Keio-Mittel- und Oberschule, um an der Keio-Universität, einer der beiden privaten Spitzenhochschulen in Tokyo, Medizin zu studieren. Anschließend arbeitete er als Herz- und Gefäßchirurg in der Keio-Universitätsklinik. Später wurde er Chefarzt der Abteilung für Herz- und Gefäßerkrankungen am Staatlichen Reha-Klinikum in Tokaimura, Präfektur Ibaragi, und gehörte damit einer gesellschaftlichen Elite an. Hayashi ist ein gut aussehender Mann mit scharfen Gesichtszügen und einem schütteren Haaransatz. Er strahlt das professionelle Selbstbewusstsein eines erfahrenen Arztes aus. Die medizinische Laufbahn schien seinem Naturell zu entsprechen. Wie bei den meisten Angehörigen der Aum-Führungsriege ist seine Haltung aufrecht und sein Blick geradeaus gerichtet. Seine Stimme klingt monoton und unnatürlich. Während seiner Aussage vor Gericht erweckte er den Eindruck eines Menschen, der mit großer Anstrengung ständig einem drohenden Gefühlsausbruch Einhalt gebieten muss.

Mitten in seiner glänzenden Karriere trat Hayashi der Aum-Sekte bei, kündigte 1990 seine Stelle und verließ seine Familie. Seine beiden Kinder sollten später eine besondere Ausbildung innerhalb der Sekte erhalten. Die Reha-Klinik wollte einen Mann von Hayashis Fähigkeiten nicht verlieren und versuchte ihn zurückzuhalten, aber er war fest entschlossen. Offenbar bedeutete ihm der Beruf des Arztes nichts mehr. Als Mitglied der Sekte wurde er von Asahara, der viel für Eliten übrig hatte, geschätzt und zum »Minister für Heilung« ernannt.

Nachdem Ikuo Hayashi mit der Ausführung des Anschlags beauftragt worden war, wurde er am 20. März in das Aum-Hauptquartier Satyam 7 in Kamikuishiki gebracht, wo er mit den vier anderen Attentätern probte, die Beutel mit dem Sarin zu durchstechen. Statt Sarin enthielten die Plastikbeutel, die mit Hilfe von eigens mit einer Schleifmaschine geschärften Schirmspitzen durchstoßen wurden, nur Wasser. Überwacht wurde das Manöver von Hideo Murai. Anscheinend hatten die anderen vier Sektenmitglieder Spaß an der Übung, während Hayashi ihr Verhalten eher distanziert beobachtete. Er durchstach auch seinen Übungsbeutel nicht. Dem achtundvierzigjährigen Arzt kam das Ganze eher wie ein albernes Spiel vor.

»Ich habe nicht geprobt. Vom Hinsehen wusste ich ja Bescheid, auch wenn ich mit dem Herzen nicht bei der Sache war«, sagte er bei der Verhandlung aus.

Nach dem Manöver fuhren alle fünf wieder mit einem Wagen in das Ajid in Shibuya zurück. Dort verteilte Hayashi mit Atropinsulfat gefüllte Spritzen an die Teams und gab die Anweisung, sie sich bei den ersten Anzeichen einer Sarin-Vergiftung zu setzen.

Auf dem Weg zum Bahnhof kaufte Hayashi in einem Supermarkt Handschuhe, ein Messer, Klebeband und ein Paar Sandalen. Niimi, sein

Fahrer, besorgte Zeitungen – *Seikyo Shimbun* und *Akahata** –, um die Plastikbeutel mit dem Sarin darin einzuwickeln. Diese Blätter seien doch interessanter als Zeitungen, die man überall kaufen könne, scherzte er noch. Von den beiden Zeitungen entschied sich Hayashi für *Akahata*; die Publikation einer anderen Sekte wäre zu verdächtig und damit kontraproduktiv gewesen.

Ehe Hayashi in die Bahn mit der Nummer A 725 K stieg, legte er einen Mundschutz an.** Als er eine Frau und ein Kind in der Bahn entdeckte, geriet Hayashis Entschluss vorübergehend ins Wanken. »Wenn ich das Sarin jetzt hier freisetze, ist die Frau so gut wie tot. Es sei denn, sie steigt noch aus«, überlegte er. Doch er war nun so weit gegangen, dass es kein Zurück mehr gab. Er kämpfte für die Wahrheit. Schwäche zu zeigen war etwas für Verlierer.

Als die Bahn sich Shin-Ochanomizu näherte, ließ er die Sarin-Beutel auf den Boden zu seinen Füßen fallen, fasste sich ein Herz und durchstach sie mit der Spitze seines Schirms. Er spürte den Widerstand, einen Widerstand, der mit einem leisen Zischen nachgab. Er stach mehrere Male zu, wie oft, weiß er nicht mehr. Allerdings hatte er nur einen der Beutel durchstochen, der andere war unversehrt geblieben.

Aber das Sarin aus dem einen Beutel lief vollständig aus und reichte, um großen Schaden anzurichten; in der Station Kasumigaseki starben zwei Bahnbeamte im Dienst bei dem Versuch, den Beutel zu entfernen. Der Zug A 725 K wurde an der nächsten Haltestelle Kokkai-Gijidomae – dem »Parlamentsplatz« – angehalten, alle Fahrgäste wurden evakuiert und die Wagen gereinigt.

Allein durch Hayashis Anschlag kamen zwei Menschen ums Leben und 231 wurden schwer verletzt.***

---

* *Seikyo Shimbun*: Publikation der großen buddhistischen Sekte Soka Gakkai, sozusagen der Aum-Konkurrenz. *Akahata* (»Rote Fahne«): Organ der Kommunistischen Partei Japans (Anm. d. Übers.)
** Wie ihn in Japan viele zum Schutz gegen Ansteckung tragen (Anm. d. Übers.)
*** Ikuo Hayashi wurde zu lebenslänglicher Haft verurteilt. Der Prozess gegen Tomomitsu Niimi war noch nicht abgeschlossen, als das vorliegende Buch in Druck ging.

»Niemand behielt einen kühlen Kopf!«

Kiyoka Izumi (26)*

Frau Izumi stammt aus Kanazawa. Zurzeit arbeitet sie in der Werbeabteilung einer ausländischen Fluggesellschaft.

Nach ihrem Universitätsabschluss begann sie eine Tätigkeit bei der japanischen Bundesbahn (Japan Railways – JR), beschloss jedoch nach drei Jahren dort aufzuhören und arbeitet seit zwei Jahren für die Fluggesellschaft. Damit hat sie sich einen Kindheitstraum erfüllt. Obwohl ein Stellenwechsel zu einer Fluggesellschaft in Japan sehr schwierig ist und nur einem von 1000 Bewerbern um eine mittlere Anstellung gelingt, hat Frau Izumi es geschafft. Kurze Zeit später wurde sie Opfer des Sarin-Anschlags.

Sie fand ihre Arbeit bei JR, wie sie zugibt, eher uninteressant. Es gab zwar viele Fortbildungsmöglichkeiten, aber sie empfand den starken Einfluss der Gewerkschaft als bedrückend und mit ihrer Persönlichkeit nicht vereinbar. Zudem wünschte sie sich eine Stelle, bei der sie ihre Englischkenntnisse einsetzen konnte. Ihre Kollegen versuchten sie von ihrem Entschluss abzubringen, aber sie blieb fest. Während des U-Bahn-Anschlags erwies sich die Erste-Hilfe-Ausbildung, die sie bei JR erhalten hatte, als von unschätzbarem Wert.

Zur Zeit des Anschlags habe ich in Waseda gewohnt, aber die Wohnung war mir zu klein, und ich bin vor kurzem umgezogen.

Mein Arbeitsplatz befindet sich in Kamiyacho, und ich fuhr immer von Waseda mit der Tozai-Linie bis Otemachi, um in die Chiyoda-Linie nach Kasumigaseki umzusteigen. Von dort ist es mit der Hibiya-Linie nur eine Haltestelle bis Kamiyacho. Um halb neun fange ich an, sodass ich immer zwischen 7.45 und 7.50 aus dem Haus gehe, damit ich kurz vor halb neun da bin. Ich war immer eine der Ersten. Die meisten kommen erst um Punkt halb. Bei einem japanischen Arbeitgeber wird erwartet, dass man schon eine halbe oder sogar eine Stunde vor Arbeitsbeginn im Büro ist, aber bei ausländischen Firmen scheint jeder nach seinem eigenen Rhythmus anzufangen. Früh im Büro zu sein bringt keine besonderen Pluspunkte.

* Die Zahlen in Klammern beziehen sich auf das Alter der Interviewten zur Zeit des Gasanschlags.

Ich stehe immer gegen 6.15 oder 6.20 auf. Meist frühstücke ich nicht und trinke nur schnell eine Tasse Kaffee. Die Tozai-Linie ist ziemlich voll, aber wenn man nicht gerade zur Spitzenzeit fährt, geht es. Probleme mit Grabschern hatte ich auch nie.

Ich bin sonst selten krank, aber am Morgen des 20. März fühlte ich mich nicht wohl. Mir war sogar ziemlich übel. Trotzdem machte ich mich auf den Weg und stieg in Otemachi in die Chiyoda-Linie um. »Also heute geht's mir ja mies«, dachte ich und atmete tief durch. Plötzlich stockte mir irgendwie der Atem.

Ich war im ersten Wagen der Chiyoda-Linie. Wenn man in Kasumigaseki ankommt, ist man von dort am schnellsten am Durchgang zur Hibiya-Linie. Die Bahn war nicht besonders voll. Die Sitzplätze waren zwar so ziemlich alle besetzt, aber nur wenige Leute standen. Man konnte durch den ganzen Wagen sehen.

Ich stand ganz vorne an der Fahrerkabine und hielt mich an der Stange neben der Tür fest. Und als ich einatmete, verspürte ich – wie gesagt – plötzlich einen Schmerz. Nein, eigentlich keinen richtigen Schmerz. Eher blieb mir abrupt die Luft weg – als hätte ich einen starken Schlag erhalten. Ich hatte das grässliche Gefühl, mir würden die Eingeweide aus dem Munde quellen, wenn ich noch einen Atemzug täte. Um mich herum schien ein Vakuum zu herrschen. Ich schrieb das Gefühl meiner schlechten Verfassung zu, aber so elend hatte ich mich noch nie gefühlt. Ganz schlimm war das.

Dann – jetzt im Nachhinein klingt das etwas komisch – dachte ich, vielleicht sei mein Großvater gestorben. Mein Großvater lebte in Ishikawa und war damals 94. Er ist voriges Jahr gestorben. Weil ich wusste, dass er gerade eine Erkältung hatte, dachte ich, er sei vielleicht gestorben, und ich hätte es gespürt.

Kurz darauf kriegte ich wieder Luft. Aber als wir die Station Hibiya passierten, also eine Haltestelle vor Kasumigaseki, bekam ich einen furchtbaren Hustenanfall. Inzwischen hatten auch alle anderen Fahrgäste angefangen zu husten. Irgendetwas Seltsames war in diesem Zug im Gange. Alle waren jetzt sehr aufgeregt …

Als wir in Kasumigaseki ankamen, stieg ich aus, ohne mir groß Gedanken zu machen. Einige andere Fahrgäste stiegen auch aus und riefen dem Stationsvorsteher zu: »Kommen Sie schnell, hier stimmt was nicht« und holten ihn in den Wagen. Was dann passierte, habe ich nicht gesehen, aber der Stationsvorsteher war der Mann, der den Beutel mit Sarin raustrug und später gestorben ist.

Ich stieg also aus und machte mich auf den Weg zum Bahnsteig der Hibiya-Linie. An der Treppe hörte ich, wie der Alarm losging -Biiiiiiie- eeep! Aus meiner Zeit bei JR wusste ich sofort, dass es einen Unfall gegeben haben musste. Dann kam eine Ankündigung über Lautsprecher. Ich dachte gerade, »mach lieber, dass du hier rauskommst«, als ein Zug der Hibiya-Linie einlief.

Inzwischen konnte ich an der Aufregung der Bahnbeamten erkennen, dass es sich nicht um einen herkömmlichen Unfall handelte. Und der Zug war völlig leer, ohne einen einzigen Fahrgast. Ich habe erst später davon erfahren, aber in diesem Zug war auch Sarin freigesetzt worden. In Kamiyacho oder sonstwo war es zur Katastrophe gekommen, man hatte alle Fahrgäste evakuiert und den Zug nach Kasumigaseki geschickt.

Nach dem Alarmton kam die Anweisung: »Bitte, verlassen Sie unverzüglich den Bahnhof!«, und die Leute setzten sich in Richtung Ausgang in Bewegung. Mittlerweile fühlte ich mich immer mieser und wollte vor dem Verlassen des Bahnhofs lieber noch auf die Toilette gehen. Die Toiletten sind neben dem Büro des Stationsvorstehers.

Als ich am Stationsbüro vorbeiging, sah ich darin drei Bahnbeamte auf dem Boden liegen. Es musste einen tödlichen Unfall gegeben haben. Nachdem ich auf der Toilette gewesen war, ging ich zum Ausgang am Handelsministerium. Das alles hatte insgesamt etwa zehn Minuten gedauert. In der Zwischenzeit waren die verletzten Stationsbeamten aus dem Büro nach draußen gebracht worden. Was ich sah, als ich oben ankam und mich umschaute, kann ich nur als »die Hölle« beschreiben. Die drei Männer lagen auf dem Boden. Jemand hatte ihnen Löffel in den Mund gesteckt, damit sie nicht an ihren eigenen Zungen erstickten. Ungefähr sechs andere Bahnbedienstete waren bei ihnen, aber sie saßen nur weinend, die Köpfe in die Hände gestützt, zwischen den Blumenbeeten. Ein Mädchen heulte laut. Ich war sprachlos, konnte mir nicht erklären, was geschehen war.

Ich sagte zu einem der Beamten: »Ich habe früher bei JR gearbeitet. Ich weiß über den Umgang mit Notfällen Bescheid. Sagen Sie mir, was ich tun kann.« Aber der Mann stierte nur blicklos vor sich hin. »Ja, wir brauchen Hilfe«, sagte er abwesend. Also wandte ich mich an seine Kollegen, die dort saßen: »Jetzt ist keine Zeit zum Weinen.« »Wir weinen doch gar nicht«, antworteten sie. Aber damals hatte ich den Eindruck, dass ihnen aus Trauer über den Tod ihrer Kollegen die Tränen übers Gesicht liefen.

»Haben Sie die Ambulanz verständigt?« fragte ich. Sie hatten. Ich hörte auch tatsächlich die Martinshörner, aber sie schienen nicht auf uns zu zu kommen. Warum diese Station als letzte von den Rettungswagen angefahren wurde, weiß ich nicht, aber das war der Grund dafür, dass die Schwerverletzten so spät ins Krankenhaus gebracht wurden und zwei von ihnen starben.

Währenddessen drehte der Sender TV Tokyo die ganze Zeit. Neben uns stand ihr Wagen. Ich lief zu ihnen und sagte: »Das ist jetzt nicht der rechte Augenblick für so was. Bringen Sie bitte diese Leute mit Ihrem Wagen ins Krankenhaus.« Der Fahrer verhandelte kurz mit dem Team, und sie willigten ein.

Bei JR hatte ich immer einen roten Schal dabeigehabt, um im Notfall damit einem Zug ein Signal geben zu können. Das fiel mir ein, und ich rief: »Hat jemand vielleicht einen auffälligen Schal dabei?« Schließlich lieh mir jemand ein Taschentuch, das ich dem Fahrer gab. »Bringen Sie die Leute ins nächste Krankenhaus. Das ist ein Notfall, also drücken Sie die ganze Zeit auf die Hupe und fahren Sie einfach so zügig wie möglich weiter, auch wenn eine Ampel rot ist«, erklärte ich ihm.

An die Farbe des Taschentuchs kann ich mich nicht mehr erinnern. Es war irgendwie gemustert. Ich weiß auch nicht mehr, ob ich ihm gesagt habe, er solle damit winken oder es an den Seitenspiegel knoten. Meine Erinnerung ist nicht ganz deutlich, weil ich ja selbst so aufgeregt war. Dann schafften wir Herrn Takahashi – den Bahnbeamten, der gestorben ist – und einen anderen auf den Rücksitz.

Als ich Herrn Toyoda später wiederbegegnete, schenkte er mir ein neues Taschentuch und sagte: »Ich habe Ihnen Ihr Taschentuch nicht wiedergegeben.« Als ihm auf dem Rücksitz schlecht geworden war, hatte er es benutzt.

Herr Takahashi hat, glaube ich, zu diesem Zeitpunkt noch gelebt. Aber man konnte auf den ersten Blick sehen, dass er es nicht schaffen würde. Bis dahin hatte ich zwar noch nie jemanden sterben gesehen, aber man konnte es an seinem Gesicht erkennen. Er würde sterben. Trotzdem musste man ja irgendetwas für ihn tun.

»Bitte, kommen Sie doch auch mit«, bat mich der Fahrer, aber ich wollte nicht. Es wurden immer noch viele Leute heraufgebracht, um die sich jemand kümmern musste, also blieb ich. In welches Krankenhaus der Mann gefahren ist und was dann passiert ist, weiß ich nicht.

Ganz in meiner Nähe stand ein Mädchen, das weinte und am ganzen Körper zitterte. Ich ging zu ihr und versuchte sie zu beruhigen. Inzwischen war endlich ein Rettungswagen eingetroffen. Ich kümmerte mich nun um verschiedene Personen, die alle kalkweiß, ja schon fast farblos waren. Unter ihnen war auch ein älterer Mann, dem Schaum aus dem Mund floss. Ich hätte nie gedacht, dass ein Mensch so viel Schaum produzieren könnte. Ich knöpfte ihm das Hemd auf, löste seinen Gürtel und fühlte ihm den Puls, der ziemlich schnell ging. Ich sprach ihn mehrmals an, aber er war wohl bewusstlos.

Dieser ältere Mann war auch ein Stationsbeamter, aber weil er seine Uniformjacke ausgezogen hatte, habe ich das damals nicht bemerkt. Wegen seines bleichen Gesichts und seines schütteren Haares hielt ich ihn für einen älteren Fahrgast. Später erfuhr ich, dass es Herr Toyoda war, ein Kollege der beiden Beamten [Herr Takahashi und Herr Hishinuma], die ums Leben gekommen sind. Von den dreien auf dem Bahnsteig der Chiyoda-Linie ist er der Einzige, der überlebt hat. Er gehörte auch zu denen, die am längsten im Krankenhaus lagen.

Als der Krankenwagen kam, fragten mich die Sanitäter, ob er bei Bewusstsein sei. »Nein«, schrie ich, »aber sein Puls schlägt noch.« Sie legten ihm eine Sauerstoffmaske an und riefen: »Wir haben noch eine« – also eine Sauerstoffmaske. »Wir können noch jemanden mitnehmen.« Ich stieg in den Krankenwagen und inhalierte, und auch das zitternde, weinende Mädchen inhalierte längere Zeit. Mittlerweile war eine ganze Herde Journalisten eingefallen, die sich sofort auf das zitternde Mädchen stürzte. Die Ärmste war den ganzen Tag im Fernsehen.

Während ich mich um die Verletzten kümmerte, hatte ich mein eigenes Unwohlsein gar nicht gespürt. Erst als ich das Wort Sauerstoff hörte, fiel mir auf, dass ich selber komisch atmete. Aber ich kam noch nicht darauf, dass zwischen dem Vorfall und meinem Zustand eine Beziehung bestand. Ich war nicht verletzt. Deshalb hielt ich es für meine Pflicht, mich um die Opfer des Unfalls zu kümmern und zu helfen. (Was das für ein Unfall war, wusste ich nicht, aber auf jeden Fall musste es ein sehr schlimmer gewesen sein.) Weil mir, wie gesagt, schon morgens nicht besonders gut gewesen war, dachte ich, meine Beschwerden kämen daher.

Zufällig kam ein Kollege von mir vorbei, und wir entrissen das Mädchen den Fängen der Presse. Mein Kollege schlug vor, dass wir zusammen zu Fuß ins Büro gehen sollten, und ich war einverstanden. Von Kasumigaseki bis zu meiner Firma ist es etwa eine halbe Stunde zu Fuß. Beim Gehen fiel mir das Atmen schwer, aber ich musste mich nicht hinsetzen und ausruhen. Ich konnte einigermaßen normal gehen.

Als wir im Büro ankamen, hatten mich die Kollegen schon im Fernsehen gesehen und fragten: »Frau Izumi, fühlen Sie sich auch wirklich wohl?« Inzwischen war es schon nach zehn. Meine Kollegen meinten, ich sollte mich doch etwas ausruhen, aber ich hatte immer noch nicht begriffen, was passiert war, und machte mich an die Arbeit. Bald darauf kam die Nachricht aus der Personalabteilung: »Es scheint Giftgas gewesen zu sein. Kollegen, die sich unwohl fühlen, suchen bitte sofort ein Krankenhaus auf.« Inzwischen ging es mir wirklich immer schlechter. Also setzten sie mich an der Kreuzung Kamiyacho in einen Krankenwagen, der mich in das kleine Azabu-Hospital in der Nähe brachte. Etwa zwanzig Personen hatte man schon dort eingeliefert.

Etwa eine Woche lang litt ich unter erkältungsähnlichen Beschwerden. Ich hatte einen asthmaartigen Husten, und nach drei Tagen kriegte ich etwa 40 Grad Fieber. Ich dachte, das Thermometer sei kaputt – so schoss das Quecksilber in die Höhe. Eigentlich könnte meine Temperatur auch höher gewesen sein, denn das Quecksilber war ganz oben. Auf jeden Fall konnte ich mich nicht mehr rühren.

Auch als das Fieber schon gefallen war, wurde ich diesen asthmatischen Husten noch einen Monat lang nicht los. Das war die Wirkung des Sarins auf meine Bronchien, glaube ich. Es waren qualvolle, lange Hustenanfälle. Mitten in einem Gespräch ging es plötzlich los. In der Werbung muss man mit Leuten sprechen, und die Arbeit fiel mir unter diesen Umständen ziemlich schwer.

Außerdem träumte ich immer wieder die gleiche Szene. Das Bild der Bahnbeamten mit den Löffeln im Mund hatte sich in meinem Kopf festgesetzt und tauchte immer wieder in meinen Träumen auf. Ich sah unzählige Menschen auf dem Boden liegen – soweit das Auge reichte. Viele Male bin ich nachts mit diesem Bild vor Augen aufgewacht. Es war 26 ziemlich beängstigend.

Wir waren genau vor dem Eingang des Ministeriums für Handel und Industrie. Menschen lagen mit Schaum vor dem Mund am Boden. Auf dieser Seite der Straße hatte man eine Szene wie aus der Hölle vor sich, doch auf der anderen Seite gingen die Leute zur Arbeit, als wäre nichts geschehen. Wenn ich, während ich jemanden versorgte, mal einen kurzen Blick nach drüben warf, sah ich, dass die Passanten herüberschauten und sich zu fragen schienen, was los sei, aber niemand ergriff die Initiative und überquerte die Straße. Als gehörten sie einer völlig getrennten Welt an. Alle gingen weiter, als gingen wir sie nichts an.

Ein paar Wachen vom Ministerium standen direkt vor unserer Nase. Drei sterbende Menschen lagen am Boden und warteten verzweifelt auf einen Rettungswagen, der nicht kam. Lange Zeit nicht kam. Doch niemand von den Leuten aus dem Ministerium hat Hilfe geholt. Nicht einmal ein Taxi haben sie gerufen.

Das Sarin wurde um 8.10 freigesetzt, das heißt, es dauerte über anderthalb Stunden, bis überhaupt ein Rettungswagen eintraf. Während dieser ganzen Zeit haben diese Leute uns uns selbst überlassen. Ab und zu wurde später im Fernsehen die Szene übertragen, wie der tote Herr Takahashi mit dem Löffel im Mund dalag. Für mich ein unerträglicher Anblick.

Murakami: *Wenn Sie selbst zu den Leuten gehört hätten, die auf dem Weg zur Arbeit auf der anderen Straßenseite vorbeigingen, meinen Sie, Sie wären hinübergegangen, um sich um die Verletzten zu kümmern?*

Ja, ich glaube schon. Ich hätte die Verletzten nicht einfach da liegen lassen. Auch wenn ich damit aus dem Rahmen gefallen wäre, wäre ich über die Straße gegangen. Um die Wahrheit zu sagen, ich hätte beim Anblick der ganzen Situation am liebsten laut losgeheult, aber ich riss mich zusammen. Es hätte ja keinen Sinn gehabt, auch noch zusammenzubrechen. Ich hatte den Eindruck, dass niemand da war, der einen kühlen Kopf behielt. Niemand, der sich um die Verletzten kümmerte. Alle starrten nur herüber und ließen uns im Stich. Deshalb musste ich etwas tun.

Ehrlich gesagt, empfinde ich weder besondere Wut noch Hass auf die Verbrecher, die das Sarin freigesetzt haben. Irgendwie kann ich diese Schlüsse nicht ziehen und bin vielleicht auch zu solchen Gefühlen nicht fähig. Eher bedrücken mich die Toten. Sie und ihre Familien, die dieses Leid ertragen müssen, das um so vieles größer ist als die Wut oder der Hass, die ich für diese Kriminellen aufbringen kann. Der Umstand, dass Mitglieder der Aum-Sekte die U-Bahn mit Sarin verseucht haben, ist für mich nicht ausschlaggebend. Ich denke nicht über die Täter nach.

Ich schaue mir auch nie Sendungen über Aum im Fernsehen an. Ich will sie nicht sehen. Ich gebe auch keine Interviews. Wenn es den Opfern und ihren Familien dient, dann spreche ich darüber, aber nur wenn es jemanden interessiert, was geschehen ist. Aber von der Presse möchte ich nicht belästigt werden.

Natürlich muss dieses Verbrechen streng bestraft werden. Vor allem der Gedanke an die Familien der Verstorbenen ist unerträglich. Was sollen sie denn jetzt machen …? Sie haben nichts davon, selbst wenn die Schuldigen zum Tode verurteilt werden. Vielleicht bin ich in Hinblick auf den Tod sehr sensibel geworden, weil direkt vor meinen Augen Menschen gestorben sind. Aber trotz allem finde ich, dass auch die schwerste Strafe für die Täter für die Familien kein Trost ist.

»Schon seit meiner Einstellung arbeite ich am Bahnhof Kasumigaseki, aber mir gefällt es hier auch am besten«

Masaru Yuasa (24)

Herr Yuasa ist viel jünger Herr Toyoda (vgl. Interview S. 42) oder der verstorbene Herr Takahashi. Er könnte ihr Sohn sein. Sein zerzauster Haarschopf und sein jungenhaftes, argloses Gesicht lassen ihn sogar noch jünger erscheinen.

Er ist in Chiba geboren und aufgewachsen. Da ein älterer Cousin von ihm bei der Bahn beschäftigt ist, begann sich Herr Yuasa dafür zu interessieren und besuchte die Fachoberschule Iwakura in Ueno, die für künftige Bahnbeamte die besten Voraussetzungen bietet. Ursprünglich wollte Herr Yuasa Fahrer werden und entschied sich für das Fach Maschinenbau. 1988 wurde er von der U-Bahn eingestellt und arbeitet seither an der Station Kasumigaseki, die ihm anscheinend richtig ans Herz gewachsen ist. Er macht den Eindruck eines aufrichtigen, unkomplizierten jungen Mannes, der seine täglichen Aufgaben mit einem praktischen Sinn für das Wesentliche erfüllt. Umso größer war sein Schock über den Giftgasanschlag.

Auf Anweisung eines Vorgesetzten half Herr Yuasa dabei, Herrn Takahashi, der auf dem Bahnsteig der Chiyoda-Linie zusammengebrochen war, auf einer Trage nach oben zu bringen. Dort wartete er auf den Krankenwagen, der aber erst sehr viel später eintraf. Er musste miterleben, wie Herrn Takahashis Zustand sich zusehends verschlechterte, ohne etwas für ihn tun zu können. Unglücklicherweise wurde Herr Takahashi nicht rechtzeitig behandelt und kam ums Leben. Herrn Yuasas Angst, Bestürzung und Zorn sind beinahe maßlos, was auch damit zusammenhängen könnte, dass sein Gedächtnis teilweise getrübt ist. Er hat selbst festgestellt, dass ihm einige Einzelheiten entfallen sind.

Derlei Gedächtnislücken erklären natürlich auch, dass Schilderungen derselben Szene häufig in Details voneinander abweichen. Herr Yuasa hat den 20. März wie folgt erlebt.

Auf der Oberschule hatten wir die Wahl zwischen den Zweigen Transportwesen und Maschinenbau. Viele von denen, die Transportwesen genommen haben, waren ganz schöne Streber. Hatten Fahrpläne in der Schreibtischschublade und so *(lacht)*. Ich interessiere mich auch für die Bahn, aber irgendwie auf einer anderen Ebene. Es ist keine Manie bei mir, wissen Sie?

Eine Anstellung bei der Japanischen Bundesbahn (JR) war das begehrteste Ziel. Viele meiner Mitschüler wollten Superexpress-Fahrer werden. Als ich mit der Schule fertig war, hat JR mich abgelehnt, aber andere private Bahngesellschaften wie Seibu, Odakyu und Tokyu sind ja auch allgemein beliebt. Allerdings muss man, um von ihnen eingestellt zu werden, in einer Gegend wohnen, die an diesen Linien liegt. Und schon mal bei ihnen gejobbt haben. Ziemlich streng, was?

Von Anfang an wollte ich gerne in der U-Bahn arbeiten. Oder überhaupt bei einer U-Bahn-Gesellschaft. Außerdem zahlen die Bahnen im Vergleich zu anderen Firmen gar nicht schlecht.

Zur Arbeit auf einer U-Bahn-Station gehören viele Aufgaben. Nicht nur Fahrkartenverkauf, Bahnsteigaufsicht und so, auch die Betreuung von Fahrgästen, die etwas verloren haben. Manchmal muss man auch Streitigkeiten zwischen den Fahrgästen schlichten, also eine Menge verschiedener Dinge. Es war ganz schön anstrengend, das alles mit achtzehn plötzlich machen zu müssen. Deshalb kam mir meine erste volle Schicht auch unheimlich lange vor. Nach dem letzten Zug ließ ich die Rollläden mit einem Seufzer der Erleichterung runter: »Das war's für heute.« Jetzt geht es mir nicht mehr so, das war nur am Anfang.

Am schlimmsten finde ich die Betrunkenen. Entweder sie wollen Freundschaft schließen, fangen Streit an oder kotzen alles voll. Kasumigaseki ist ja kein Vergnügungsviertel, deshalb kommt so was bei uns zum Glück eher selten vor, aber manchmal eben doch.

Murakami: *Wollten Sie nicht ursprünglich Fahrer werden? Haben Sie eine Fahrprüfung abgelegt?*

Nein, habe ich nicht. Ich hatte mehrmals die Gelegenheit und habe es auch erwogen, mich dann aber dagegen entschieden. Nach dem ersten Jahr gab es eine Prüfung für Fahrer, die viele gemacht haben, aber weil ich mich nach dem einen Jahr schon so an die Arbeit in der Station gewöhnt hatte, habe ich dann doch nicht teilgenommen. Wie gesagt, es gibt zwar Betrunkene und ein paar andere Sachen, die ich nicht mag, aber ich wollte trotzdem lieber noch eine Weile auf dem Bahnhof arbeiten. Wahrscheinlich hat sich mein Traum, Fahrer zu werden, durch die Arbeit auf dem Bahnhof allmählich verflüchtigt.

In Kasumigaseki treffen die drei Linien Marunouchi, Hibiya und Chiyoda zusammen. Jede hat ihr eigenes Personal. Ich war damals bei

Marunouchi. Das Hibiya-Büro ist das größte, aber Marunouchi und Chiyoda haben auch ihre eigenen Dienst- und Personalräume.

Am Sonntag vor dem Sarin-Anschlag am 20. März schob ich eine volle Schicht für die Chiyoda-Linie. Sie hatten nicht genug Leute zur Verfügung, und ich bin eingesprungen. Über Nacht muss immer eine vorgeschriebene Anzahl von Personal anwesend sein. Damit das klappt, helfen wir gegenseitig aus, wie in einer Familie.

Um 23.30 lassen wir die Rollläden runter, schließen die Schalter, machen die Fahrkartenautomaten aus, waschen uns und machen gegen ein Uhr Schluss. Die frühere Schicht hört gegen 23.30 auf und schläft ab ca. 24.00. Die Frühschicht steht um 4.30 Uhr wieder auf und die spätere um 5.30. Die erste Bahn fährt um 5.00.

Wir stehen auf, waschen uns, ziehen die Rollläden hoch und öffnen die Fahrkartenschalter. Dann wechseln wir uns ab mit Frühstücken. Den Reis und unsere Misosuppe kochen wir selbst. Die Essensvorbereitung gehört zu unseren Pflichten. Wir essen alle am gleichen Tisch, wie man so sagt.

An dem Tag gehörte ich zur späteren Schicht. Also stand ich um halb sechs auf, zog meine Uniform an und war um 5.55 am Fahrkartenschalter. Ich arbeitete bis sieben und ging dann von sieben bis halb acht zum Frühstück. Danach hatte ich bis Viertel nach acht Dienst an einem anderen Schalter. Dann machte ich Schluss.

Als ich gerade auf dem Weg ins Büro war, kam mir Stationsvorsteher Matsumoto mit einem Putzlappen entgegen. »Was haben Sie denn vor?« fragte ich ihn. Er müsse einen Waggon reinigen, antwortete er. Weil ich sowieso fertig war und die Hände frei hatte, bot ich meine Hilfe an. Herr Matsumoto und ich fuhren mit der Rolltreppe hinauf zum Bahnsteig.

Dort trafen wir die Kollegen Toyoda, Takahashi und Hishinuma, die mit irgendwelchen durchweichten Zeitungen herumhantierten. Sie stopften sie mit den Händen in Plastiktüten. Aus ihnen troff eine Flüssigkeit auf den Boden, die Herr Matsumoto mit dem Lappen aufwischte. Weil ich keinen Lappen hatte und der größte Teil der Zeitungen schon in den Plastiktüten war, gab es nichts zu helfen. Ich stand dabei und sah zu.

Ich überlegte, was die Flüssigkeit wohl sein konnte, hatte aber keine Vorstellung. Es roch sehr stark nach irgendwas. Herr Takahashi ging zu

31

einem Mülleimer am Ende des Bahnsteigs, wahrscheinlich, um noch mehr Zeitungen zum Aufwischen zu besorgen. Plötzlich brach er vor dem Mülleimer zusammen. Wir rannten alle zu ihm hin und riefen: »Was ist denn los?« Ich dachte, er wäre eben krank. Auf eine andere Idee bin ich damals gar nicht gekommen. »Können Sie gehen?« fragten die Kollegen, aber weil es nicht danach aussah, schickten wir über Funk nach einer Bahre.

Herr Takahashi sah furchtbar aus. Er konnte nicht sprechen. Wir legten ihn auf die Seite und lockerten seine Krawatte. Was hatte er nur Fürchterliches? ... Er sah wirklich sehr krank aus.

Wir trugen ihn nach unten ins Stationsbüro und forderten einen Rettungswagen an. Ich fragte Herrn Toyoda, an welchen Ausgang der Krankenwagen kommen würde. Dafür gibt es Vorschriften, deshalb fragte ich. Aber Herr Toyoda lallte nur etwas. Das kam mir komisch vor, aber ich erklärte es mir so, dass er vor Aufregung nicht richtig sprechen konnte.

Jedenfalls rannte ich zum Ausgang A 11. Ja, bevor ich Herrn Takahashi hinauftrug, rannte ich erst mal selbst dorthin, um auf den Krankenwagen zu warten und ihm Zeichen zu geben. Vor dem Ministerium für Handel und Industrie.

Auf dem Weg zum Ausgang begegnete ich einem Beamten von der Hibiya-Linie. »Am Hibiya-Bahnhof in Tsukiji hat es anscheinend eine Explosion gegeben«, erzählte er mir. Mehr Einzelheiten wisse er nicht. Auch auf unserem Bahnhof war am 15. März ein verdächtiger Gegenstand gefunden worden. »Das ist vielleicht ein komischer Tag heute«, dachte ich, während ich am Ausgang A 11 auf den Rettungswagen wartete.

Aber kein Krankenwagen ließ sich blicken. Bald kamen auch andere Beamte aus dem Stationsbüro nach oben. »Immer noch kein Krankenwagen? Was sollen wir jetzt machen?« fragten sie. Wir beschlossen, Herrn Takahashi schon mal nach oben zu tragen. Ich war ja die ganze Zeit draußen, aber die zwei oder drei Leute aus dem Stationsbüro erzählten mir, dass inzwischen unten allen reihum schlecht wurde. Eigentlich wollten sie nicht wieder runter. Später kam dann ja raus, dass es am Inhalt dieser Plastikbeutel lag.

Aber Herr Takahashi musste auf jeden Fall nach oben gebracht werden. Also gingen wir alle noch einmal runter. Im Büro saß eine Dame, der auch schlecht war, auf dem Sofa an der Tür. Herrn Takahashis Bahre lag im Raum auf dem Boden. Er bewegte sich überhaupt nicht mehr, war wie erstarrt. Sein Zustand hatte sich sehr verschlechtert, und er war kaum noch bei Bewusstsein. Die Kollegen versuchten ihn anzusprechen, aber er reagierte nicht. Zu viert trugen wir ihn auf der Bahre nach oben.

Wir warteten und warteten, aber kein Rettungswagen. Wir wurden furchtbar unruhig. Warum kam er nicht? Inzwischen weiß ich, dass die ganzen Krankenwagen nach Tsukiji gefahren waren. Man hörte die Sirenen in der Ferne, aber keine kam in unsere Richtung. Ich wurde fast wahnsinnig, weil ich dachte, sie wären aus Versehen woandershin gefahren. Am liebsten wäre ich hingerannt und hätte »Hierher!« geschrien. Ich bin tatsächlich ein Stück in die Richtung gerannt, aus der die Sirenen heulten, dann wurde mir schwindlig … Ich bildete mir ein, ich hätte zu wenig geschlafen.

Als wir mit Herrn Takahashi auf der Trage oben am Ausgang ankamen, standen schon Journalisten dort. Eine Reporterin machte ein Foto nach dem anderen von Herrn Takahashi. Anscheinend auch von mir. Gereizt, weil der Krankenwagen nicht kam, schrie ich sie an: »Keine Fotos!« Ihr Assistent trat dazwischen, und ich sagte auch zu ihm: »Keine Fotos!« Andererseits ist es natürlich die Aufgabe von Fotografen, Fotos zu machen.

Dann kam ein Bus von einem Fernsehsender. Später habe ich erfahren, dass es TV Tokyo war. Jemand fragte mich, was passiert sei. Ob er von TV Tokyo war, weiß ich nicht mehr. Jedenfalls war ich nicht in der Stimmung für ein Interview, solange der Krankenwagen nicht da war.

Mittlerweile war mir aufgefallen, dass die Leute vom Fernsehen einen großen Bus hatten. Also verhandelte ich mit ihnen: »Sie haben einen Wagen. Bitte, bringen Sie diesen Mann ins Krankenhaus.« Wahrscheinlich klang meine Stimme ärgerlich, aber ich weiß es nicht mehr, weil ich so aufgeregt war. Keiner wusste, was eigentlich los war, und es gab einiges Hin und Her. Sie waren nicht gleich einverstanden, und mit dem Palavern verging wieder Zeit.

Endlich klappten sie dann doch den Rücksitz runter, und wir legten Herrn Takahashi und noch einen anderen Angestellten [Herrn Ohori], dem es auch nicht gut ging, darauf. Er war die ganze Zeit mit Herrn Takahashi zusammen gewesen und hatte angefangen, sich zu übergeben, als er oben an die Luft kam. Herr Sawaguchi, ein weiterer Kollege von uns, fuhr auch mit.

»In welches Krankenhaus?« fragte der Fahrer, aber niemand wusste Bescheid. Also setzte ich mich auf den Beifahrersitz und dirigierte den Fahrer zum Hibiya-Krankenhaus, in das wir immer unsere Kranken schicken. Eine Frau sagte: »Halten Sie ein rotes Tuch oder so was aus dem Fenster, damit man weiß, dass es ein Notfall ist.« Später habe ich von Herrn Toyoda erfahren, dass sie früher bei JR beschäftigt war. Weil wir kein rotes Tuch hatten, gab sie uns ihr Taschentuch. Es war nicht rot, sondern irgendwie gemustert. Ich saß vorne und hielt den ganzen Weg bis zum Krankenhaus das Taschentuch aus dem Fenster.

Es war gegen neun, also ziemlich viel Verkehr. Inzwischen war ich total daneben von der ganzen Warterei auf den Krankenwagen, der nicht kam. Ich kann mich weder an das Gesicht des Fahrers noch an das von der Frau mit dem Taschentuch erinnern. Null. Ich hatte keine Zeit zu überlegen, was überhaupt geschehen war. Ich weiß nur noch, dass Herr Ohori sich auf dem Rücksitz übergeben hat.

Als wir ankamen, war das Krankenhaus noch nicht geöffnet. Ich erinnere mich nicht, um wie viel Uhr das genau war. Aber weil sie noch nicht offen hatten, war es vielleicht doch noch vor neun. Wir trugen Herrn Takahashi auf der Bahre zum Eingang, und ich ging an die Aufnahme und sagte, wir hätten einen Notfall. Dann ging ich wieder nach draußen und wartete bei Herrn Takahashi. Er rührte sich nicht mehr. Auch Herr Ohori war zusammengesunken und bewegte sich nicht. Aber vom Krankenhaus ließ sich niemand blicken. Anscheinend dachten sie, es sei wohl doch nicht so ernst. Ich war wohl ziemlich verwirrt gewesen und hatte keine genauen Angaben gemacht, nur gerufen: »Kommen Sie schnell. Es ist ein Notfall.« Jedenfalls warteten wir ewig, aber niemand kam.

Also ging ich wieder an die Aufnahme und rief mit lauter Stimme: »Bitte, kommen Sie doch! Es ist ernst!« Darauf kamen endlich ein paar Leute, die kapierten, dass der Zustand der beiden sehr kritisch war, und die sie sofort ins Krankenhaus trugen. Wie viel Zeit verstrichen war? Vielleicht zwei oder drei Minuten?

Herr Sawaguchi blieb an der Aufnahme, während ich mit dem Fahrer vom Fernsehen zurück zum U-Bahn-Ausgang A 11 fuhr. Inzwischen hatte ich mich etwas beruhigt, zumindest sagte ich mir dauernd, dass ich mich beruhigen müsste. Ich entschuldigte mich bei dem Fahrer dafür, dass Herr Ohori sich auf den Rücksitz erbrochen hatte, aber er wehrte ab. Erst jetzt schaffte ich es, eine einfache Unterhaltung zu führen. Ansonsten erinnere ich mich an kaum etwas.

Als wir ankamen, hatte man, glaube ich, Herrn Toyoda und Herrn Hishinuma nach oben gebracht, beide in völlig reglosem Zustand. Man versuchte sie mit Hilfe von Sauerstoffmasken und Brustmassagen wiederzubeleben. Um sie herum hockten Bahnpersonal und Fahrgäste vor dem Ministerium für Handel und Industrie. Noch niemand wusste, was überhaupt passiert war.

Endlich traf ein Rettungswagen ein. Ich kann mich nicht genau erinnern, aber ich glaube, Herr Toyoda und Herr Hishinuma wurden getrennt transportiert. Nur einer kam in den Krankenwagen, das heißt, der andere wurde vermutlich mit einem PKW befördert. Die beiden waren die Einzigen, die abgeholt wurden. Keine der anderen Personen befand sich in einem so kritischen Zustand.

Inzwischen hatte sich um den Ausgang A 11 eine Menschentraube gebildet. Viele Journalisten, Polizei, Feuerwehr. An die Menschenmenge erinnere ich mich noch gut. Die Medienleute waren in ihrem Element, hielten den Angestellten und Fahrgästen ihre Mikros vor die Nase, um sie zu interviewen. Zu diesem Zeitpunkt durfte man den Bahnhof wahrscheinlich schon nicht mehr betreten.

Nachdem alles ordnungsgemäß abgesperrt war, machte ich mich zu Fuß zum Hibiya-Krankenhaus auf. Im Foyer war der Fernseher eingeschaltet. Die Nachrichten berichteten über den Giftgasanschlag, und ich erfuhr, dass Herr Takahashi gestorben war. Durch einen laufenden Untertitel. »Ach«, dachte ich. »Es war zu spät, er hat es nicht geschafft …« Es tat mir furchtbar leid.

Mein eigener Zustand war nicht sehr ernst. Meine Pupillen waren verengt, und alles um mich herum wirkte dunkel. Ich hustete auch ein bisschen, aber nicht sehr. Sie hängten mich zur Sicherheit eine Weile an einen Tropf. Dabei konnte ich die ganze Zeit meine Kleider anbehalten. Ich bin wirklich gut davongekommen. Von allen Opfern, die in der Nähe waren, hatte ich die schwächsten Symptome. Vielleicht weil ich so früh schon draußen war. Herr Ohori war danach noch ewig im Krankenhaus.

Nach der Infusion ging ich mit ein paar Kollegen zum Bahnhof zurück. Wir setzten uns ins Dienstzimmer der Marunouchi-Linie und besprachen alles Mögliche. Es war schon Abend, bis ich endlich nach Hause kam. Ein langer Tag. Ich nahm mir den nächsten Tag frei. Am 22. März hatte ich wieder die 24-Stunden-Schicht.

Ehrlich gesagt, sind meine Erinnerungen an den Giftgasanschlag ziemlich lückenhaft. An die ein oder andere Einzelheit kann ich mich sehr deutlich erinnern, anderes ist ganz verschwommen. Vielleicht weil ich so aufgeregt war. Wie Herr Takahashi zusammengebrochen ist und wir ihn ins Krankenhaus gebracht haben, weiß ich noch genau. Alles andere ist undeutlich.

Ich war nicht besonders eng befreundet mit Herrn Takahashi. Er war der stellvertretende Stationsvorsteher und ich nur einer von den Jungen, also war unsere Stellung sehr unterschiedlich. Sein Sohn arbeitet auch bei der Bahn, an einer anderen Station, und ist etwa in meinem Alter. Herr Takahashi hätte also mein Vater sein können. Aber wenn ich direkt mit ihm sprach, habe ich den Altersunterschied nie so stark empfunden. Er war kein Mensch, der auf solchen Unterschieden bestand. Alle mochten ihn wegen seiner Gelassenheit. Gegenüber den Fahrgästen war er auch immer höflich und freundlich.

Der Anschlag hat mich nie so belastet, dass ich es nicht mehr aushalten konnte und mir gewünscht hätte, irgendwo anders zu arbeiten. Ich arbeite seit meiner Einstellung hier am Bahnhof Kasumigaseki. Ich habe zwar keine Vergleichsmöglichkeit, aber mir gefällt es hier irgendwie am besten.

»Da war Herr Takahashi noch am Leben«

Minoru Miyata (54)

Herr Miyata arbeitet seit sechs Jahren als Fahrer für TV Tokyo. Er verbringt oft viele Stunden in Bereitschaft, bis ein Auftrag hereinkommt und er die Ausrüstung für Außenaufnahmen so schnell wie möglich zum Ort des Geschehens transportieren muss. Er ist jedoch nicht fest angestellt. Oft geht es in seinem Beruf um Sekunden, und es kann auch vorkommen, dass er plötzlich von Tokyo nach Hokkaido fahren muss. Kein leichter Job.

Herr Miyata arbeitet seit 1965 als Fahrer. Schon als Kind hat er sich für Autos interessiert, und wenn er über sein Lieblingsthema spricht, leuchtet sein Gesicht förmlich auf. Er hatte kaum je einen Unfall, und auch Strafzettel sind für ihn eine Seltenheit. Als er die Opfer des Sarin-Anschlags ins Krankenhaus brachte, konnte er es jedoch nicht vermeiden, die eine oder andere Regel zu brechen.

Er ist in Tokyo geboren und aufgewachsen, ist verheiratet und hat ein Kind. Sein Alter von fast fünfundfünfzig sieht man ihm nicht an. Er spricht rasch, aber deutlich. Er entscheidet schnell, und seine Tatkraft hat bei dem Anschlag vielen geholfen.

Ich fahre einen Toyota-Bus (Hi-Ace). Auf der Seite steht groß der Name des Senders. Er ist mein Einsatzwagen. Die Teams wechseln öfter, aber der Bus bleibt immer der Gleiche, vollgepackt, bereit zum Ausrücken, wenn irgendwo etwas los ist. Regulär geht meine Arbeitszeit von 9.30 bis 18.00 Uhr, aber manchmal mache ich Überstunden oder werde mitten in der Nacht gerufen. Das kommt aber nicht so häufig vor.

Als Fahrer muss man Profi sein. Wenn ein anderer Sender schneller ist, gibt es Ärger. Ein Auto kann nur so schnell fahren, wie es eben fährt. Deshalb muss man, wenn man schnell sein will, die voraussichtlich weniger befahrene Route nehmen. In meiner Freizeit studiere ich gern Karten und Stadtpläne und versuche, mir die kleineren Straßen zu merken. Ich kenne die gesamte Region wie meine Westentasche und fast jeden Weg, auch wenn ich ihn das erste Mal fahre.

Beinahe jeden Tag passiert irgendetwas. Zu tun gibt es immer. Auf die faule Haut legen kann ich mich nicht *(lacht)*.

Am 20. März waren wir ab 8.30 vor Ort. Eigentlich war ich mit einem Kameramann auf dem Weg nach Ueda gewesen. Es ging um Börsengeschäfte, aber da es sich nur um eine Recherche handelte, bestand keine Eile. Ich hatte vor, von der Kreuzung Kamiyacho geradeaus zur Kreuzung Showa-Dori zu fahren, aber an der ersten Kreuzung war schon der Teufel los. Ich überlegte, was denn los sein könnte, und fuhr langsamer, um zu schauen. »Kann passieren, dass sie uns hierher abkommandieren, bevor wir in Ueda ankommen«, meinte der Kameramann. Wir waren zu dritt im Wagen, der Kameramann, sein Assistent und ich. Also fuhren wir noch langsamer.

Kurz vor dem Shimbashi-Tunnel erreichte uns wie auf ein Stichwort der Anruf vom Sender, dass wir zur U-Bahn-Station Kasumigaseki fahren sollten, auf den Platz, wo die Ministerien sind: Außenministerium, Finanzministerium, Ministerium für Handel und Industrie, Ministerium für Fischerei und Ackerbau … Als wir dort ankamen, sahen wir, dass am U-Bahn-Ausgang vier oder fünf Bahnbedienstete in grünen Uniformen irgendwie verletzt waren. Zwei oder drei lagen ausgestreckt am Boden, und ein paar andere krümmten sich. Ein junger Stationsgehilfe schrie: »Schnell, rufen Sie einen Krankenwagen!«

Wir waren der erste Fernsehsender vor Ort. Es kam nur ein einziger Rettungswagen. Mehrere Leute wurden aus dem U-Bahnhof getragen. Daneben stand ein Polizist und bellte in sein Funkgerät: »Schnell, Krankenwagen hierher!« Aber weil inzwischen in Tsukiji und an verschiedenen anderen Orten Panik ausgebrochen war, schaffte es keine Ambulanz bis Kasumigaseki. Es wurden sogar normale Polizeiwagen eingesetzt, um die Opfer zu transportieren. Alle schrien durcheinander. Ikeda – so heißt der Kameramann – hat diese ganzen Szenen gedreht.

Da sprach uns jemand von den Verletzten an: »Wie wäre es, wenn Sie statt zu filmen jemanden ins Krankenhaus bringen würden?« Es klang vorwurfsvoll. Allerdings kamen ja auch keine Rettungswagen, und wir hatten den Bus, also sollten wir jemanden transportieren.

Wegen der Ausrüstung und anderer Erfordernisse geht das nicht so einfach, und wir drei mussten erst beratschlagen. Aber es wäre zu mies gewesen, die Verletzten einfach liegen zu lassen, und wir beschlossen, dass ich sie fahren sollte. Ich fragte den aufgeregten jungen Bahnbeamten, wohin wir sollten. »Ins Hibiya-Krankenhaus«, sagte er, was ich ein bisschen seltsam fand, denn das nähere wäre das Toranomon-Hospital gewesen. Später stellte sich dann heraus, dass das Hibiya irgendwie mit der U-Bahn-Gesellschaft verbunden ist.

Wir hatten natürlich kein Blaulicht, also setzte sich der junge Bahnbeamte auf den Beifahrersitz und hielt, während wir zum Hibiya-Krankenhaus fuhren, ein rotes Taschentuch aus dem Fenster. Das rote Taschentuch hatten wir von einer jungen Frau – vielleicht eine Krankenschwester – am Bahnhof geliehen. Sie sagte, wir sollten damit winken, damit man uns als Notfall erkennt. Im Wagen hatten wir den stellvertretenden Stationsvorsteher Herrn Takahashi, der dann gestorben ist, und noch einen Mann, dessen Namen ich nicht weiß. Auf jeden Fall auch ein U-Bahn-Beamter. Er war ungefähr dreißig und nicht so schwer verletzt wie Herr Takahashi. Immerhin konnte er selbständig in den Wagen steigen. Wir legten beide flach auf den Rücksitz.

Weil der junge Bahnbeamte ununterbrochen fragte: »Herr Takahashi, wie geht es Ihnen?« erfuhr ich den Namen des Mannes. Er war jedoch kaum bei Bewusstsein und konnte offenbar nicht sprechen, nur stöhnen. Unsere Ausrüstung hatten wir ausgeladen, für den Fall, dass sie gebraucht wurde.

Das Hibiya-Krankenhaus liegt in der Nähe vom Bahnhof Shimbashi, neben dem Hotel Daiichi. Es ist ein ziemlich großes Krankenhaus. Wir brauchten etwa drei Minuten, bis wir dort waren … Der junge Bahnbeamte hielt während der ganzen Fahrt das Taschentuch aus dem Fenster. Wir überfuhren sämtliche roten Ampeln und fuhren gegen die Fahrtrichtung durch Einbahnstraßen. Die Polizei hat uns gesehen, aber wir hatten freie Fahrt. Mir war bewusst, dass es um Leben und Tod ging.

Aber jetzt kommt's. Stellen Sie sich vor: Das Krankenhaus ließ uns nicht rein. Eine Krankenschwester kam nach draußen. Obwohl wir ihr erklärten, dass die Verletzten im Bahnhof Kasumigaseki eine Gasvergiftung davongetragen hatten, sagte sie, es stünde kein Arzt zur Verfügung oder so etwas und ließ uns nicht vor. Ließ uns einfach auf der Straße stehen. Warum sie das getan hat, werde ich nie begreifen.

Der junge Bahnbeamte ging an die Aufnahme und flehte fast unter Tränen: »Bitte, er stirbt. Tun Sie doch etwas.« Ich war mit ihm drin. Da war Herr Takahashi noch am Leben. Seine Augenlider flatterten. Nachdem wir ihn aus dem Wagen gehoben hatten, legten wir ihn auf den Boden. Der andere Mann kauerte am Straßenrand. Uns war vor Wut

39

das Blut in den Kopf gestiegen, aber wir warteten, ich weiß nicht mehr, wie lange, eine ganze Weile.

Endlich kam ein Arzt, und die beiden Verletzten wurden ins Gebäude gebracht. Um es kurz zu machen, sie hatten dort überhaupt keine Ahnung, was passiert war. Niemand hatte dem Krankenhaus mitgeteilt, dass Verletzte unterwegs waren, noch weniger, woher und weshalb. Die Ärzte tappten völlig im Dunkeln. Wussten nicht, was zu tun war. Inzwischen war es nach halb elf, das heißt, seit dem Anschlag war eine Ewigkeit vergangen. Und das Krankenhaus war nicht informiert, was passiert war. Wir hatten anscheinend die ersten Opfer des Anschlags gebracht.

Der junge Bahnbeamte tat mir richtig leid. Vor seinen Augen wurde über Leben und Tod seines Kollegen oder Vorgesetzten entschieden. Verzweifelt rief er immer wieder: »Schnell, schnell, bitte, untersuchen Sie ihn.« Ich war selbst so besorgt, dass ich noch über eine Stunde vor dem Krankenhaus herumstand. Als sich nichts tat, fuhr ich schließlich zurück zum Tatort. Seit damals bin ich nicht mehr im Hibiya-Krankenhaus gewesen, und den jungen Bahnbeamten habe ich auch nie wieder gesehen. Abends erfuhr ich, dass Herr Takahashi gestorben war. Das tat mir sehr leid. Ein Mensch, den ich gefahren hatte, war gestorben.

Ob ich zornig auf die Aum-Sekte bin? Nein, direkt zornig kann ich nicht sagen. Verständnislos eher. Was soll so was? Das ist doch absurd. Diese Leute behaupten, nur getan zu haben, was ihr Anführer Asahara ihnen gesagt hat, also auf Befehl gehandelt zu haben, aber trotzdem sind sie doch die Täter. Also müssen sie vor Gericht gestellt werden und mit der Todesstrafe rechnen.

Ich bin beruflich mehrmals in ihrem Hauptquartier in Kamikuishiki gewesen. Der größte Teil der Anhänger dort wirkte irgendwie weggetreten, so als fehle ihnen die Seele. Sie weinen nicht, und sie lachen nicht. Ausdruckslos wie No-Masken. Ich vermute, das kommt von der Gehirnwäsche. Aber die das Sagen haben, sind anders. Die haben sehr wohl einen Ausdruck, die denken auch. Sie lachen, sie weinen. Bei denen gab's keine Gehirnwäsche. Sie haben die Anweisungen gegeben. Sie haben sich mit Asahara zusammengetan, um ihren »Höchsten Staat« zu errichten. Für sie gibt es keine Rechtfertigung und keine Entschuldigung. Vielleicht wäre es am besten, alle Drahtzieher zum Tode zu verurteilen?

Wenn man so lange für die Medien gearbeitet hat wie ich, hat man eine Menge gesehen. Ich bin sogar nach dem Erdbeben in Kobe gewesen. Trotzdem war der Sarin-Anschlag anders als alles andere – die reinste Hölle. Sicher, es gab viele Probleme durch die Art der Berichterstattung, die ganze Sensationsmache und so. Aber eins ist sicher: hier wurde ein Alptraum Wirklichkeit.

»Ich bin kein Opfer, ich bin ein Mensch
mit einer außergewöhnlichen Erfahrung«

Toshiaki Toyoda (52)

Herr Toyoda stammt aus der Präfektur Yamagata und hat am 20. März 1961 – also auf den Tag genau vierunddreißig Jahre vor dem Sarin-Anschlag – bei der U-Bahn angefangen. »Nach der Schule bin ich buchstäblich nur mit einem Futon aus meinem Dorf nach Tokyo gekommen«, erzählt er. Eigentlich hatte er kein besonderes Interesse an der U-Bahn, aber durch die Vermittlung eines Verwandten bekam er dort Arbeit. Seither macht er Dienst auf dem Bahnsteig. An seiner Aussprache hört man immer noch ein bisschen, dass er aus Yamagata kommt.

Während unseres Gesprächs musste ich ständig an das Wort »Berufs-ethos« denken. Oder besser »Bürgerethos«. Seine vierunddreißig Dienst-jahre erfüllen ihn mit Stolz und haben ihn zu einem Menschen gemacht, auf den andere sich verlassen können. Er ist ein Mann, der seinen Beruf ernst nimmt, und ein pflichtbewusster Mitbürger.

Aus dem, was Herr Toyoda mir erzählte, gewann ich den Eindruck, dass seine beiden Kollegen, die unglücklicherweise ums Leben kamen, als sie das Sarin beseitigen wollten, seine Wertmaßstäbe mehr oder weniger teil-ten.

Zweimal pro Woche geht er joggen, sodass er keine Schwierigkeiten hat, auch die körperlichen Arbeiten auszuführen, die der Dienst am Bahn-hof erfordert. Er nimmt sogar an sportlichen Wettkämpfen teil. Es macht ihm Spaß, die Arbeit zu vergessen und einmal richtig ins Schwitzen zu kommen.

Während der vier Stunden, die unser Gespräch dauerte, beklagte er sich kein einziges Mal. »Ich möchte meine Schwäche überwinden und den Anschlag bald vergessen«, sagt er. Doch das ist vielleicht gar nicht so ein-fach.

Seit ich Herrn Toyoda interviewt habe, beobachte ich, wenn ich mit der U-Bahn fahre, die Beamten auf den Bahnsteigen mit großer Aufmerksam-keit. Sie haben wirklich keinen leichten Beruf.

Als Erstes möchte ich betonen, dass ich eigentlich möglichst wenig über diese Sache sprechen will. Ich habe die Nacht vor dem Anschlag mit dem verstorbenen Herrn Takahashi auf dem Bahnhof verbracht. Ich war an diesem Tag stellvertretender Stationsvorsteher für die Chi-yoda-Linie, und zwei Kollegen sind gestorben, während ich im Dienst war und die Verantwortung hatte. Männer, mit denen ich an einem Tisch gegessen habe. Wenn ich davon spreche, muss ich immer daran denken. Wenn ich ganz ehrlich bin, möchte ich mich gar nicht erinnern.

Murakami: *Ich kann verstehen, wie schmerzhaft das für Sie sein muss. Auf keinen Fall möchte ich Wunden aufreißen, die gerade erst begonnen haben zu heilen. Doch je mehr lebendige Augenzeugenberichte ich sammeln kann, desto authentischer wird mein Buch. Ich möchte wirklichkeitsgetreu übermitteln, was Menschen bei dem Anschlag am 20.3.1995 erlebt haben. Wenn Sie über etwas nicht sprechen möchten, müssen Sie das nicht. Erzählen Sie mir bitte nur, was Sie berichten wollen.*

Natürlich ist es sehr wichtig, diese Dinge weiterzugeben. Auch wenn ich mir immer wieder wünsche, alles zu vergessen, erinnere ich mich doch an vieles.

An dem Tag hatte ich die 24-Stunden-Schicht und übernachtete auf dem Bahnhof. Mein Dienst ging bis acht Uhr morgens. Gegen 7.40 übergab ich den Bahnsteig 5 an den stellvertretenden Stationsvorsteher Okazawa. »Keine besonderen Vorkommnisse.« Nachdem ich anschließend die Fahrkartensperren und so weiter überprüft hatte, ging ich ins Stationsbüro, wo sich (der jetzt verstorbene) Herr Takahashi befand. Wenn ich auf den Bahnsteig ging, blieb Herr Takahashi im Stationsbüro, und umgekehrt.

Kurz vor acht kam Herr Hishinuma (der ebenfalls in Ausübung seiner Pflicht verstorben ist), um sich um einen leeren Zug zu kümmern. Herr Hishinuma war bei der Transportabteilung und deshalb für die Fahrer und Schaffner zuständig. Es war schönes Wetter an dem Tag, und als wir unseren Tee tranken, machte er einen Scherz. »Wenn ich im Dienst bin, gibt es keine Verspätungen«, sagte er. Alle waren ziemlich guter Laune.

Um acht ging Herr Takahashi nach oben auf den Bahnsteig, während ich im Büro blieb und mit der nächsten Schicht die Aufgaben für den Tag besprach. Bald kam Herr Okazawa ins Büro, nahm das Interkom und sagte: »In Tsukiji ist was explodiert, und sie mussten die Hibiya-Linie anhalten.« Wenn die Hibiya-Bahn gestoppt wird, bedeutet das Arbeit für uns in Kasumigaseki, denn die Züge werden hierher zurückgeschickt. Als Nächstes erhielten wir einen Anruf aus der Zentrale: 43

»Verdächtiger Gegenstand in einem Waggon entdeckt. Bitte identifizieren.« Ich bat Herrn Okazawa am Apparat zu bleiben, während ich mich auf den Weg zum Bahnsteig machte, um nachzuschauen.

Doch als ich ankam, waren alle Türen des Zuges A 725 K geschlossen, und er schien bereit zur Abfahrt zu sein. Auf dem Bahnsteig waren überall Flecken wie von Kerosin oder etwas Ähnlichem. Jeder Waggon hat vier Türen. Ich konnte erkennen, dass die Flecken von der zweiten Tür in einem der vorderen Wagen ausgingen. Um einen Pfeiler herum lagen sieben oder acht Stücke zusammengeknülltes Zeitungspapier. Herr Takahashi stand auf dem Bahnsteig. Offensichtlich hatte er versucht, das Zeug mit Zeitungspapier aufzuwischen.

Herr Hishinuma war in der Fahrerkabine und sprach mit dem Fahrer. Die Funktionsfähigkeit des Zuges schien nicht beeinträchtigt zu sein. In diesem Moment fuhr auf dem gegenüberliegenden Gleis 6 ein Zug ein, dessen Fahrtwind wahrscheinlich das Sarin überall verteilte.

Da das viele Zeitungspapier nicht in einen normalen Mülleimer passte, rief ich Herrn Takahashi zu: »Ich geh mal ein paar Plastiktüten holen« und ging zum Büro zurück. Dort sagte ich zu den Stationsgehilfen: »Auf dem Bahnsteig hat jemand Kerosin oder so was verschüttet, holen Sie bitte einen Lappen. Alle, die nichts anderes zu tun haben, kommen mit.« Herr Okazawa übergab an jemanden und folgte mir. Jetzt wurde über Lautsprecher angekündigt, dass die Hibiya-Linie eingestellt war.

Was passiert ist, nachdem ich mit dem Sarin in Berührung gekommen bin, weiß ich nicht mehr so genau, aber auf dem Rückweg zum Bahnsteig hat mir offenbar jemand einen Lappen gegeben. Fast jeden Tag muss irgendetwas auf dem Bahnsteig aufgewischt werden. Wenn man Schmutz oder Wasserlachen nicht sofort beseitigt, stürzt vielleicht ein Fahrgast und verletzt sich dabei. Wenn zum Beispiel jemand Sake verschüttet, streuen wir Sägemehl drauf und fegen es zusammen. Das gehört zu den Finessen unserer Arbeit.

Wie gesagt, diese in Zeitungspapier gewickelten Päckchen lagen an einem Pfeiler. Herr Okazawa hielt die Plastiktüten auf, ich bückte mich und stopfte das Zeitungspapier hinein. Was es war, wusste ich nicht, aber es war mit einer öligen Substanz durchtränkt. Da der Fahrtwind der Bahn es nicht bewegt hatte, war es wahrscheinlich ziemlich schwer. Herr Hishinuma kam uns helfen, und wir stopften nun zu dritt die

Zeitungen in Plastiktüten. Anfangs hielt ich es für Kerosin, obwohl es nicht danach roch, und auch nicht nach Benzin. Der Geruch ist schwer zu beschreiben.

Ich habe das erst später gehört, aber der Geruch war Herrn Okazawa offenbar so unerträglich, dass er sein Gesicht abgewandt hielt. Ich fand ihn auch ziemlich widerlich. Früher habe ich mal eine Einäscherung auf dem Land erlebt, daran erinnerte mich der Gestank, oder an eine tote Ratte. Eben ziemlich durchdringend.

Ich weiß nicht mehr, ob ich Handschuhe anhatte. Zur Sicherheit habe ich zwar immer welche dabei, aber mit Handschuhen kann man Plastiktüten so schlecht öffnen. Daher habe ich wohl keine getragen. Außerdem hat mir Herr Okazawa später erzählt: »Sie haben mit bloßen Händen gearbeitet, Herr Toyoda, und das Zeug ist von Ihren Fingern getropft.« Später habe ich gehört, dass das im Endeffekt sogar gut war. Handschuhe hätten sich mit Sarin vollgesaugt, das ich dann mit mir herumgeschleppt hätte. An meinen bloßen Händen dagegen ist es abgelaufen.

Nachdem wir die Zeitungen in Tüten gepackt hatten, war immer noch von dem kerosinartigen Zeug auf dem Bahnsteig. Damals fürchtete ich, es könnte explodieren. Aus Tsukiji hatte man etwas von einer explosiven Substanz gemeldet, und nur wenige Tage davor, am 15. März, war ein präparierter Attachékoffer auf unserer Station gefunden worden, der auch von Aum dort plaziert worden sein soll. Er enthielt Botulinus-Erreger. Der Stationsgehilfe, der den Koffer aus dem Mülleimer holte und vorübergehend zu einer unbelebten Fahrkartensperre brachte, glaubte, sein letztes Stündlein hätte geschlagen.

Wegen meines Berufs sage ich immer zu meiner Frau: »Denk dran, dass ich vielleicht eines Tages nicht mehr nach Hause komme.« Man weiß nie, was auf dem Bahnsteig passieren kann. Jemand setzt Sarin frei, oder einer zieht im Streit das Messer. Oder ein Verrückter kommt von hinten und stößt einen Stationsbeamten auf die Gleise. Und wenn wir eine Bombe finden, kann ich auch nicht einfach zu einem Untergebenen sagen: »Kümmern Sie sich mal darum.« Das mag an meinem Charakter liegen, aber so was muss ich selber tun.

Wir benutzten transparente Mülleimerbeutel. Während wir überlegten, wo wir sie möglichst rasch deponieren könnten, vergaßen wir wahrscheinlich, sie oben zuzubinden. Herr Okazawa und ich brachten sie ins Büro. Herr Takahashi blieb auf dem Bahnsteig, um weiter sauber zu machen.

Im Büro wartete Herr Sugetani, dessen Schicht gerade anfing. Inzwischen zitterte ich am ganzen Körper. Ich versuchte, den Fahrplan zu lesen, aber die Zahlen verschwammen mir vor den Augen. Herr Sugitani sagte: »Ich rufe für Sie in der Zentrale an.« Vorläufig lehnte ich die Tüten gegen einen Stuhl im Dienstraum.

Während ich die Tüten in den Dienstraum gebracht hatte, war der A 725 K weitergefahren. Man hatte die verdächtigen Objekte beseitigt, die Wagen ausgewischt und den Zug einfach weiterfahren lassen. Das gehörte zu Herrn Hishinumas Zuständigkeitsbereich. Wahrscheinlich hatte er sich mit der Zentrale in Verbindung gesetzt und die Anweisung erhalten, den Zug bis zur nächsten Haltestelle weiterfahren zu lassen.

Herr Takahashi hat immer ganz vorne am Kopf des Zuges auf dem Bahnsteig gestanden. Mit Sicherheit hat er sofort gehandelt, als ein Fahrgast ihn auf »etwas Komisches im Zug« hinwies. Ich war natürlich nicht dabei, aber höchstwahrscheinlich hat Herr Takahashi es selbst in die Hand genommen, das Zeug nach draußen zu schaffen. Schließlich war er am nächsten dran.

Auf dem gegenüberliegenden Bahnsteig ist eine Mülltonne, aus der er sich vermutlich die Zeitungen geholt hat, um den Boden im Zug aufzuwischen. Er und Herr Hishinuma. Nachdem Herr Hishinuma dem Fahrer seine Anweisungen gegeben hat, haben die beiden wahrscheinlich den Boden gewischt. Wenn ein Lappen in der Nähe gewesen wäre, hätten sie den natürlich benutzt, aber so blieb ihnen in der Eile nur das Zeitungspapier. Schließlich war Hauptverkehrszeit, und die Bahnen fuhren in einem Abstand von nur zwei bis drei Minuten.

Nach einem Blick auf die Uhr im Büro überlegte ich, ob ich rasch eine Notiz schreiben sollte. Ich habe es mir angewöhnt, immer alles gleich zu notieren, denn ich muss später alles in ein Logbuch eintragen, da sind Notizen unerlässlich. Der Zwischenfall hatte um 8.10 stattgefunden, aber ich schaffte es nicht, eine 8 zu schreiben, weil meine Hand so stark zitterte und ich kaum den Kugelschreiber halten konnte. Überhaupt zitterte ich am ganzen Körper, aber ich konnte doch nicht einfach so rumsitzen. Ich konnte auch immer schlechter sehen und die Zahlen nicht mehr erkennen. Mein Gesichtsfeld wurde immer kleiner. Ich verstand überhaupt nicht, was los war.

Dann kam die Nachricht, dass Herr Takahashi auf dem Bahnsteig zusammengebrochen war. Ein Kollege, der beim Aufwischen geholfen hatte, besorgte eine Trage und versuchte, zusammen mit einem anderen Herrn Takahashi zu helfen. Weil ich so zitterte, konnte ich nichts tun, als das Tastentelefon zu bedienen. Ich rief die Zentrale an, um zu melden, dass Herr Takahashi krank war und wir Hilfe brauchten, aber nun versagte mir auch die Stimme.

Mit diesem Zittern würde ich am nächsten Tag nicht zur Arbeit kommen können, deshalb wollte ich sicherheitshalber meine Büroarbeit jetzt erledigen. Man hatte schon die Ambulanz für uns gerufen, und ich wusste nicht, wann wir aus dem Krankenhaus zurück sein würden. Ganz bestimmt noch nicht am nächsten Tag. Zitternd packte ich zusammen. Währenddessen standen die Tüten mit den saringetränkten Zeitungen die ganze Zeit direkt neben mir.

Als man Herrn Takahashi auf der Bahre hinaustrug, war er schon bewusstlos, und ich rief ihm zu: »Issho, lass dich nicht unterkriegen!« Aber er rührte sich nicht. Das Einzige, was ich zu diesem Zeitpunkt mit meinem eingeschränkten Gesichtsfeld noch erkennen konnte, war ein weiblicher Fahrgast, eine Dame, die im Büro saß. Da fielen mir die Plastiktüten ein. Wenn sie hier explodierten, wären Fahrgäste und Personal in höchster Gefahr.

Ich erfuhr, dass Herrn Takahashis Zähne aufeinander schlugen wie bei einem epileptischen Anfall. Als ich die Tüten aufhob, um sie wegzuschaffen, fiel mir ein, dass ich zuerst etwas wegen Herrn Takahashi unternehmen musste. Ich gab die Anweisung, ihm ein Taschentuch in den Mund zu stopfen. »Aber passt auf, dass ihr nicht gebissen werdet.« Ich hatte gehört, dass man das im Falle eines epileptischen Anfalls tut.

Ich muss grauenhaft ausgesehen haben. Mir lief die Nase, und meine Augen tränten, aber ich merkte nichts davon. Später haben mir die Kollegen erzählt, dass ich kaum noch zu erkennen gewesen sei.

Ich beauftragte einen gerade eingetroffenen Kollegen, die Plastiktüten wegzubringen. In einen der Schlafräume, wo es nicht so gefährlich wäre, wenn sie explodierten. Dort wären sie hinter einer Stahltür eingeschlossen.

Später habe ich erfahren, dass die Dame das verdächtige Objekt im Zug entdeckt und bei uns gemeldet hatte. Als ihr schlecht wurde, war sie in Nijubashi ausgestiegen und mit der nächsten Bahn nach Kasumi-gaseki gefahren.

Dann kam Herr Hishinuma vom Bahnsteig zurück. »Was ist das bloß für ein Zeug, das wir da gefunden haben? Ich zittere wie noch nie in meinem Leben. Ich bin ja schon lange bei der Bahn, aber so was ist mir noch nie untergekommen«, sagte er. Inzwischen konnte auch er nicht mehr richtig sehen, aber er hatte das Signal für die nächste Bahn geben müssen, weil Herr Takahashi ausgefallen war.

Ich war der Meinung, jetzt meine Pflicht getan zu haben. Als Erstes hatte ich das verdächtige Objekt beseitigt. Hishinuma und Takahashi waren beide im Büro. Damit waren die dringlichsten Aufgaben erledigt. Ich wies einen Stationsgehilfen an, am Ausgang A 11 vor dem Handelsministerium auf den Krankenwagen zu warten. Dort ist es am einfachsten für einen Rettungswagen, jemanden aufnehmen. Ich ließ Herrn Takahashi auf der Bahre ins Büro bringen, bis der Krankenwagen käme.

Dann ging ich mir das Gesicht waschen. Meine Nase lief, die Augen tränten, und ich bot nicht gerade einen berauschenden Anblick. Ich wollte mich ein bisschen herrichten, zog meine Jacke aus und wusch mir das Gesicht über dem Waschbecken. Dazu ziehe ich mir immer die Jacke aus, damit sie nicht nass wird. Eine Angewohnheit von mir. Später stellte sich heraus, dass das genau richtig war. Die Jacke war nämlich mit Sarin getränkt. Auch sich das Gesicht zu waschen war natürlich gut.

Das Zittern wurde allmählich immer schlimmer. Nicht wie bei Schüttelfrost, wenn man erkältet ist, sondern viel heftiger. Mir war auch nicht kalt, aber ich zitterte unablässig. Auch als ich mir die Arme fest um den Körper schlang, wurde es nicht besser. Ich holte ein Handtuch aus meinem Spind. Während ich mir im Gehen das Gesicht abtrocknete, konnte ich mich plötzlich nicht mehr aufrecht halten und brach zusammen. Mir war sehr übel, und ich kriegte keine Luft mehr.

Herr Hishinuma und ich sind etwa zur gleichen Zeit zusammengebrochen und bekamen Schmerzen. Ich habe Herrn Hishinumas Stöhnen noch im Ohr: »Ahhh, tut das weh.« Ich hörte auch noch, wie andere sagten: »Der Krankenwagen ist unterwegs. Halten Sie durch.« Und: »Er muss jeden Moment da sein.« An das, was danach geschah, habe ich keine Erinnerung.

Ich bin gar nicht auf die Idee gekommen, dass ich eventuell sterben könnte. Wahrscheinlich hat nicht einmal Herr Takahashi geahnt, dass er sterben musste. Immerhin war ja ein Rettungswagen unterwegs, der uns in ein Hospital bringen würde. Größere Sorgen als um den Tod machte ich mir um meine Arbeit, um das, was ich noch zu erledigen hatte.

Ich hatte eine Menge Schaum vor dem Mund. Das Handtuch hielt ich fest umklammert, wollte es einfach nicht loslassen. Plötzlich hatte ein Kollege eine gute Idee. Wir hatten ja Atemgeräte im Dienstraum, die ein Kollege namens Konno mir und Herrn Hishinuma auf den Mund legte. Mein Zustand war so schlecht, dass ich mir im Gegensatz zu Herrn Hishinuma die Maske nicht selbst mit der Hand auf den Mund drücken konnte. Daraus schließe ich, dass es mir zu diesem Zeitpunkt schlechter ging als ihm. Die Augen hatte ich weit aufgerissen.

Da man die einzige Bahre im Büro für Herrn Takahashi gebraucht hatte, gab es keine mehr für uns. Jemand beschaffte eine Trage aus dem Büro von Uchisawaicho, und weil meine Symptome schwerer waren, trugen sie mich zuerst nach oben. Herrn Hishinuma legten sie auf ein paar frische Laken und trugen ihn damit hinauf. Dann warteten wir alle am Ausgang A 11 auf den Krankenwagen.

Ich wurde in die Jie-Universitätsklinik eingeliefert, kam aber erst gegen elf Uhr am nächsten Morgen wieder zu Bewusstsein. Ich hatte zwei Schläuche im Mund, die Sauerstoff in meine Lungen pumpten, und konnte nicht sprechen. Ich bekam Infusionen in den Hals, die irgendetwas in beide Arterien leiteten. Meine Familie saß um mich herum.

Später besuchten mich vier meiner Kollegen aus Kasumigaseki. Weil ich nicht sprechen konnte, lieh ich mir einen Kuli, den ich auch kaum halten konnte, aber irgendwie schaffte ich es, den Namen Issho zu schreiben. Ich nannte Herrn Takahashi immer beim Vornamen. Einer der Kollegen legte die Arme überkreuz. Das sollte heißen, Herr Takahashi hatte nicht überlebt. Dann wollte ich nach Herrn Hishinuma fragen, aber der Name fiel mir einfach nicht ein. Mein Gedächtnis versagte. Also schrieb ich nur »Trans« für Transportabteilung. Wieder legte mein Kollege die Arme überkreuz. Da wusste ich, dass auch er ums Leben gekommen war.

Danach schrieb ich noch »Kasumi«. Gab es noch mehr Opfer unter den Kollegen an unserer Station? Aber den anderen ging es gut, ich war der schwerste Fall.

»Ich habe überlebt«, dachte ich. Ich wusste zwar immer noch nicht genau, was passiert war, aber ich hatte an der Schwelle zum Tod gestanden und überlebt. Die Erkenntnis, noch einmal davongekommen zu sein, verstärkte sich, je mehr besorgte Menschen mich besuchten. Ich war glücklich, dass ich noch lebte, und schämte mich gleichzeitig, weil die anderen beiden tot waren. Das bedrückte mich so, dass ich in der Nacht des 21. März kaum schlafen konnte. Wie manche Kinder in der Nacht vor einem Ausflug vor Aufregung nicht schlafen können. So ein Gefühl war das, wissen Sie?

Dank meiner Kollegen war ich gerettet worden. Sie waren mir so schnell sie konnten zur Hilfe geeilt, und mein Leben wurde gerettet.

Ich musste bis zum 31. März im Krankenhaus bleiben. Nachdem ich mich eine Weile zu Hause erholt hatte, ging ich schließlich am zweiten Mai wieder zur Arbeit. Meine körperlichen Kräfte kehrten allmählich zurück, aber meine seelische Verfassung war nicht die beste. Zum einen konnte ich kaum schlafen. Auch wenn ich einschlief, schreckte ich nach zwei oder drei Stunden wieder hoch und lag wach. So ging es tagelang. Das war sehr anstrengend.

Schließlich wurde ich ungemein reizbar. Schon beim kleinsten Anlass fuhr ich aus der Haut. Ich war irgendwie übererregbar. Weil ich natürlich auch nichts trinken durfte, hatte ich keine Möglichkeit, mich zu entspannen. Konzentrieren konnte ich mich auch nicht. Inzwischen bin ich viel entspannter, trotzdem rege ich mich immer noch leicht über irgendwelche Nichtigkeiten auf.

Meine Frau hat am Anfang sehr viel Rücksicht auf mich genommen, aber weil ich ununterbrochen meine Wut an ihr ausließ, wurde es sogar ihr zu viel. Es war höchste Zeit, dass ich wieder zur Arbeit ging. Ich wollte wieder meine Uniform tragen und auf dem Bahnsteig arbeiten. Die Rückkehr zur Arbeit war der erste Schritt zur Heilung.

Ich habe keine körperlichen Beschwerden, aber seelisch bin ich sehr belastet. Darüber muss ich hinwegkommen. Als ich wieder zu arbeiten anfing, hatte ich natürlich Angst, so etwas könnte wieder passieren. Um die Angst zu überwinden, muss man eine positive Lebenseinstellung haben, sonst schleppt man das Bewusstsein, ein Opfer zu sein, für den Rest seines Lebens mit sich herum.

Es ist eine Tragödie, dass unschuldige Menschen ums Leben gekommen oder verletzt wurden, nur weil sie mit der U-Bahn fuhren. Einige von ihnen leiden immer noch seelisch oder körperlich. Wenn ich an diese Leute denke, weiß ich, dass ich nicht das Recht habe, mich ewig als Opfer zu sehen. Deshalb sage ich: »Ich bin kein Opfer, ich bin ein Mensch mit einer besonderen Erfahrung.« Ehrlich gesagt, habe ich noch einige Symptome, aber ich bemühe mich, möglichst nicht daran zu denken. Immerhin bin ich am Leben und nicht bettlägerig. Dafür bin ich dankbar.

Die Angst und die seelischen Wunden sind natürlich noch da, und ich kann sie nicht loswerden. Ich finde keine Worte für die Familien der Kollegen, die im Dienst ums Leben gekommen sind.

Ich versuche, Aum nicht zu hassen. Das überlasse ich den Zuständigen. Mein Hass würde ja auch nichts nützen. Ich verfolge auch nicht die Berichterstattung. Das brauche ich nicht, ich weiß auch so Bescheid. Was hätte ich denn davon, wenn ich alles in allen Einzelheiten verfolgen würde? Das Urteil und die Strafen interessieren mich nicht. Das entscheiden die Richter.

Murakami: *Was meinen Sie mit »ich weiß auch so Bescheid«?*

Dass unser gesellschaftliches Klima Menschen wie die Mitglieder von Aum hervorbringen kann. Wenn man wie ich täglich mit so vielen Fahrgästen zu tun hat, erkennt man das. Es ist eine Frage der Moral. Wenn man auf dem Bahnhof arbeitet, bekommt man die Menschen von ihrer negativsten Seite zu Gesicht. Zum Beispiel: Es gibt Leute, die, wenn wir gerade den Abfall zusammengefegt haben, eine Kippe oder ein Stück Papier genau auf die Stelle werfen. Es gibt zu viele, die statt Verantwortung zu übernehmen nur an sich selbst denken.

Natürlich habe ich auch positive Erlebnisse. Ein Fahrgast, so um die fünfzig, der immer mit dem ersten Zug fährt und mich schon früher jeden Morgen gegrüßt hat, glaubte anscheinend eine Zeit lang, ich wäre gestorben, weil er mir nicht mehr begegnet ist. Gestern Morgen sagte er zu mir: »Dass Sie am Leben geblieben sind, bedeutet, dass Sie noch viel vorhaben. Machen Sie weiter so!«

»Dafür bin ich auch sehr dankbar«, antwortete ich. »Machen wir beide weiter so!« Ein so freundlicher Gruß macht einen richtig froh.

Aus Hass entsteht gar nichts.

»Ich habe nicht gerade Angst, U-Bahn zu fahren, aber ich gehe nicht mehr gern allein auf die Straße«

Tomoko Takatsuki (26)

Frau Takatsuki lebt mit ihrem Mann bei ihrer Großmutter im Bezirk Shibuya. Zur Zeit des Sarin-Anschlags wohnte das frisch verheiratete Paar noch in Kawasaki.

Ihr jetziges Heim ist seit langem im Besitz der Familie, und ihre Mutter ist schon dort aufgewachsen. Ihre Großmutter vermietet Teile des oberen Stockwerks, in dem auch Frau Takasaki und ihr Mann leben. »Wir wohnen hier sehr zentral«, sagt sie. »Außerdem zahlen wir nicht viel Miete.« Aber ihre Großmutter fügt hinzu: »Ich bin nicht mehr so gut auf den Beinen. Vielleicht haben sie sich um mich Sorgen gemacht.«

Frau Takatsuki sieht jünger aus als 26. Man könnte sie noch für eine Studentin halten. Als wir um das Interview baten, sagte sie scheinbar distanziert: »Ich bin doch gar nicht verletzt worden. Sie sollten lieber wirklich Betroffene fragen ...«, aber im Laufe unseres Gesprächs wurde mir klar, dass der Anschlag sie auch heute noch belastet. Sie ist eine starke Persönlichkeit, aber nicht der Typ, der Fremden sofort von sich erzählt. Erst ganz allmählich gab sie etwas von sich preis.

Während des Interviews verließ ihr großer, schweigsamer Mann taktvoll den Raum. Sie hat ihn auf einer Party kennen gelernt, auf die sie anfangs gar nicht gehen wollte.

Übrigens war das Gespräch mit Frau Takatsuki das erste für dieses Buch.

Meine Arbeitsstelle ist in Kamiyacho, und von Kawasaki brauchte ich über eine Stunde dorthin, obwohl ich die Fahrt nie als besonders lang empfunden habe. Eine Stunde Fahrt zur Arbeit ist ja ziemlich normal für eine Angestellte.

Die Züge sind immer sehr voll, also gehe ich an normalen Tagen früh – gegen halb sieben – aus dem Haus, denn ich mag das Gedränge nicht. Besonders in der Odakyu-Linie sind eine Menge komischer Typen unterwegs (*lacht*). Es macht mir auch nichts aus, früh aufzustehen, aber ausgerechnet an dem Tag hatte ich mich verspätet.

Ich stehe um halb sechs auf, frühstücke und mache mich auf den Weg. Um halb acht bin ich dann in der Firma. Die Arbeit beginnt erst um neun, also habe ich anderthalb Stunden Zeit, gemütlich am Schreibtisch zu sitzen, Zeitung zu lesen und noch etwas zu essen.

Ich bin jetzt seit fünf Jahren bei meiner Firma beschäftigt. Ich habe zwar Politik und Wirtschaft studiert, aber als ich dort anfing, wurde ich drei Monate ausgebildet und entwickle jetzt Software für innerbetriebliche Zwecke. In unserer Abteilung arbeiten etwa 150 Personen, mehr Männer als Frauen.

Der Anschlag am 20. März fiel zwischen zwei Feiertage, sodass nur ungefähr die Hälfte der Kollegen zur Arbeit kamen, aber weil wir nichts Besonderes vorhatten, habe ich mir nicht freigenommen.

Weil mein Mann in Yotsuya arbeitet, fuhren wir meist zusammen mit der Odakyu-Linie in die Stadt, aber an dem Tag war ich eben spät dran und ging allein aus dem Haus.

Ich stieg in Kasumigaseki aus, um wie immer in die Hibiya-Linie zu wechseln, aber weil die Bahnen so voll waren und ich bis zu meinem Arbeitsbeginn noch etwas Zeit hatte, wollte ich den Rest doch lieber zu Fuß gehen. Ich brauche dafür etwa fünfzehn Minuten. Plötzlich sah ich, dass auf dem Bahnsteig ein Bahnbediensteter lag, dem es sehr schlecht zu gehen schien. Seine Kollegen standen nur herum und unternahmen nichts. Das wunderte mich. Ich blieb stehen, um das Ganze zu beobachten. Normalerweise hätte ich mich gleich auf den Weg die Treppe hinauf gemacht, um in die andere Bahn umzusteigen, doch nun zögerte ich.

Kurz darauf kam ein anderer Bahnbeamter die Treppe herunter. »Aha«, dachte ich. »Der hat einen Krankenwagen gerufen. Dann will ich mal gehen.« Aber plötzlich fühlte ich mich selbst ganz elend. »Das kommt davon, wenn man bei so was zuschaut. Das belastet«, dachte ich. Frauen sind ja auch sensibler in solchen Dingen, nicht wahr? Also beschloss ich, lieber sofort nach draußen zu gehen.

Als ich die Treppe hochging, war mir ganz schummrig im Kopf, meine Nase lief und die Augen tränten mir. Ich dachte, ich hätte mir eine Erkältung eingefangen. Dann wurde alles dunkel um mich herum, was ich dem Fieber zuschrieb. Wenn man Fieber hat, ist man doch so ein bisschen weggetreten, oder? Ich ging ein Stück weiter, aber mir wurde immer elender. »Hätte ich mir bloß nicht angeguckt, wie der Mann da lag«, dachte ich.

Als ich in der Firma ankam, taten mir die Augen noch immer weh. Auch meine Nase lief noch, und meine Augen tränten. Ich jammerte ziemlich herum. Die Augen taten mir so weh, dass ich nicht arbeiten konnte. Der Raum war dunkel, und ich schaute nach, ob das Licht nicht ausgeschaltet war. Wie konnte es so dunkel sein, wo doch alle Lichter an waren? Als hätte ich eine sehr dunkle Sonnenbrille auf. Alle wunderten sich und fanden es überhaupt nicht dunkel.

Einige Zeit später kam der Geschäftsführer und fragte: »Fühlt sich hier irgendjemand nicht wohl?« Ich sagte ihm, dass mir die Augen so wehtaten. Im Fernsehen hatten sie genau diese Beschwerden geschildert, und er schickte mich ins Krankenhaus. Zu diesem Zeitpunkt wusste man aber noch nicht, dass es sich um Giftgas handelte. Irgendeine Explosion in der U-Bahn, mehr war nicht bekannt. Noch eine Kollegin aus unserer Firma war verletzt worden, viel schlimmer als ich. Sie musste eine Woche im Krankenhaus liegen.

Schließlich stellte sich heraus, dass das Sarin nicht in der Bahn, mit der ich gefahren war, freigesetzt worden war, sondern dass ich es auf dem Bahnsteig eingeatmet hatte. Es kam aus einem Zug auf dem gegenüberliegenden Gleis. Ich war hinten ausgestiegen, und das Gas war vorne in der anderen Bahn, also genau da, wo ich ausstieg ... Das war Pech, aber der Bahnbeamte in Kasumigaseki ist ja sogar gestorben.

Als ich aus dem Bahnhof kam, waren keine Krankenwagen zu sehen gewesen, und alle Passanten liefen ganz normal herum. Woran hätte man denn merken sollen, dass etwas nicht stimmte? Nur der eine Bahnbeamte war zusammengebrochen. Ich hatte angenommen, er habe einen Herzanfall oder so etwas. Und wenn ich ihn nicht gesehen hätte, wäre ich wahrscheinlich weitergegangen, ohne je etwas zu merken.

Jedenfalls taten mir die Augen weh, also musste ich zum Augenarzt. Ich wusste nicht so recht Bescheid. Ich ging zu einem normalen Augenarzt, aber der warf nur einen Blick in meine Augen und sagte: »Alles in Ordnung. Ihre Pupillen sind etwas verengt, aber das ist nichts Schlimmes.« Aber als ich sagte, dass sie mir so wehtäten, untersuchte mich sein Vorgesetzter. »Das sieht böse aus«, sagte er. »Sie müssen in ein richtiges Krankenhaus.« Also nahm ich ein Taxi zum Toranomon-Hospital, weil das das nächste war. Mittlerweile waren Hunderte von Menschen dort eingetroffen, und man schickte mich in die Jie-Universitätsklinik, aber im Taxi hörte ich im Radio, dass sie auch überfüllt war. Ja, dann also St. Lukas – auch voll? ... Ich war ratlos.

Schließlich riet mir jemand, ins Teishin-Krankenhaus nach Gotanda zu fahren, wo es vielleicht leerer wäre. Inzwischen hatte ich im Taxi aus den Nachrichten erfahren, dass Sarin die Ursache war. Aber ich wusste nicht, welche Behandlung ich brauchte. Nicht einmal die Ärzte waren sich im Klaren darüber *(lacht)*. Beim Augenarzt hatten sie mir vorsichtshalber die Augen ausgespült. Das hatte etwas geholfen. Als ich dem Arzt im Krankenhaus das erzählte, sagte er gleich: »Gut, dann machen wir das jetzt auch, wir spülen allen die Augen.« *(Lacht)* Und die Schwestern stimmten ihm zu: »Wir haben keine Ahnung, schaden kann's jedenfalls nicht.«

Gut war auch, dass ich mich sofort umgezogen hatte, als ich im Büro ankam. Wir tragen Uniformen in der Firma.

Später machten sie eine Blutuntersuchung und hängten mich an den Tropf. Ich musste im Krankenhaus bleiben. Mir war ziemlich übel, denn ich habe sowieso einen schwachen Magen. Das gab mir noch den Rest. Nach einer Weile verging die Übelkeit, aber meine Augen taten immer noch weh, und ich bekam Fieber.

Ich blieb einen Tag im Krankenhaus. Mein Mann machte sich natürlich furchtbare Sorgen. Wir wussten ja nicht richtig, was los war. Weil mir die Augen wehtaten, konnte ich nicht fernsehen, raus konnte ich auch nicht, also hatte ich keine Möglichkeit zu erfahren, was passiert war. Trotzdem fühlte ich mich damals nicht besonders verunsichert.

Am 21. hatte ich frei, am 22. ging ich wieder zur Arbeit, konnte aber keine zehn Minuten am Computer sitzen. »Ich geh nach Hause«, sagte ich. Aber meine Kollegen schienen mir nur halb zu glauben. »Ja, wenn Sie meinen ...« war die Reaktion. Ich sagte ihnen, dass ich diese Haltung nicht sehr nett fände, aber die Antwort war auch nur: »Woher sollen wir wissen, wie Sie sich fühlen?« Natürlich standen mir diese Symptome nicht ins Gesicht geschrieben. Niemand verstand mich.

Etwa eine Woche lang konnte ich nicht richtig arbeiten. Es war mir unmöglich, meinen Blick auf einen Punkt zu richten. Alles verschwamm mir vor den Augen. Als ich versuchte, das zu erklären, bekam ich zur Antwort: »Sie hatten ja nie besonders gute Augen, oder?«

Ich ging mehrmals zum Arzt, aber es dauerte ungefähr einen Monat, bis ich wieder ganz normal sehen konnte. Selbst jetzt tun mir noch manchmal ein bisschen die Augen weh. Darüber mache ich mir Gedanken. Eine gewisse Unsicherheit ist geblieben. Nicht dass meine Sehkraft beeinträchtigt wäre, aber ich merke es doch bei der Arbeit.

Aus der Berichterstattung habe ich erfahren, dass einige Opfer des Anschlags Angst haben, mit der U-Bahn zu fahren. Das war bei mir nicht der Fall. Vielleicht, weil das Sarin nicht in meiner Bahn gewesen war. Als ich zwei Tage danach mit der U-Bahn zur Arbeit gefahren bin, war ich eigentlich nicht besonders ängstlich. Es waren ja auch andere Leute in der Bahn – wie soll ich sagen, der Vorfall hatte keine Realität mehr. Obwohl ganz in meiner Nähe ein Mensch gestorben war, kam er mir irgendwie unwirklich vor.

In letzter Zeit habe ich öfter Kopfschmerzen. Vielleicht kommt das vom Sarin, andererseits hatte ich auch früher schon manchmal Kopf-schmerzen. Aber sie kommen jetzt häufiger … Und wenn ich meine Augen überanstrenge, wird mir leicht übel. Das verunsichert mich am meisten. Wenn ich einmal anfange, darüber nachzudenken, hört das Grübeln nicht mehr auf, bis ich es mir verbiete und sage: »Schluss jetzt, das ist weiter nichts.« Ein Arzt im Fernsehen hat gesagt, wenn die Symptome einmal weg sind, braucht man keine Angst mehr vor Spät-folgen zu haben. Aber wer kann das wissen? Ich hoffe nur, es kommt nichts nach.

Natürlich bin ich wütend. Ich finde nicht, dass diese Verbrecher Gnade verdient haben. Ich will wissen, warum sie das getan haben. Ich verlange eine Erklärung und eine Entschuldigung von denen. Ich beste-he darauf.

Ich denke oft daran, dass ich hätte tot sein können. Ich habe immer noch ein bisschen Angst, allein auf die Straße zu gehen. Es hat nichts mit der U-Bahn zu tun. Deshalb gehe ich jetzt möglichst immer mit meinem Mann zusammen aus dem Haus. Vielleicht ist das eine psy-chische Nachwirkung. Oft frage ich mich, wann ich sterben werde. Ich war schon immer ziemlich nervös, und wenn ich darüber nachdenke, bekomme ich Magenschmerzen.

Mein Mann kümmert sich wirklich sehr um mich. Er macht sich fast größere Sorgen als ich. Er meint, ich hätte vielleicht nicht so schnell aus dem Krankenhaus entlassen werden dürfen. Wenn irgendetwas ist, denkt er immer gleich, es liegt am Sarin. Er ist für mich da. Ich wünsch-te, wir hätten mehr Zeit füreinander. Wenn wir uns morgens an der U-Bahn verabschieden, denke ich jedes Mal: »Nein, ich will nicht.« Seit dem Anschlag haben wir uns nicht gestritten. Früher kam das dauernd vor. Inzwischen frage ich mich immer, wie das wäre, wenn wir uns nach einem Streit am Bahnhof trennen würden und einem von uns würde etwas zustoßen.

»Am Tag nach dem Sarin-Anschlag
bat ich meine Frau um die Scheidung«

Mitsuteru Izutsu (38)

Herr Izutsu arbeitet gegenwärtig als Einkäufer von Garnelen für ein großes Unternehmen. Nachdem er die Hochschule der Handelsmarine in Tokyo beendet hatte, ist er zunächst eine Weile zur See gefahren, bis eine Krise in der Seefahrt ihn mit dreißig Jahren dazu brachte, seine seemännische Laufbahn abzubrechen und einen Schreibtischjob bei einer Importfirma für Garnelen anzunehmen. Sieben Jahre später wechselte er zu seiner jetzigen Firma, wo er nun seit zwei Jahren als Experte für den Garneleneinkauf tätig ist.

Die Einfuhr von Meeresfrüchten ist im Vergleich zum Fleischimport teuer. Da die Marktpreise stark schwanken, ist das Risiko in dieser Branche hoch, und ein hohes Maß an Auslandserfahrung ist erforderlich. Herr Izutsu hatte kein spezielles Interesse am Garnelenhandel, aber da er einen Beruf ausüben wollte, der mit dem Ausland zu tun hat, erschien ihm der Handel mit Meeresfrüchten passend. Eigentlich hatte er vor zwei Jahren eine eigene Firma gründen wollen und in der Hoffnung, etwas Kapital zu erhalten, seinen jetzigen Arbeitergeber aufgesucht. »Jetzt wo die Bubble-Economy geplatzt ist, ist der Zeitpunkt ungünstig«, sagte man ihm. »Aber vielleicht wollen Sie eine Zeit lang bei uns arbeiten?« So war er am Ende seiner Reise angelangt und wurde Angestellter – eine eher ungewöhnliche Laufbahn.

Deshalb unterscheidet sich seine Perspektive auch ein wenig von der eines durchschnittlichen Angestellten. Im Gespräch mit ihm spürte ich seinen sehr unabhängigen Geist. Er sagt seine Meinung, aber er ist nicht rechthaberisch. Er ist ein Mensch mit einer eigenen Denkweise und eigenen Wertvorstellungen.

Während des Studiums hat er Judo betrieben und ist immer noch gut in Form. Er wirkt jugendlich, kleidet sich sorgfältig und hat eine Schwäche für schöne Krawatten. Ein Fachmann für Garnelen, der eines Morgens auf dem Weg zur Arbeit plötzlich einen Sarin-Anschlag erlebte.

Im Augenblick wohne ich in Shin-Maruko, doch damals lebte ich in Sakuragicho in Yokohama. Meine Firma ist in Kokkai-Gijidomae im Zentrum von Tokyo, und ich fahre mit der Toyoko-Linie bis zu meinem U-Bahn-Anschluss. Arbeitsbeginn ist um Viertel nach neun, aber meist versuche ich schon so gegen acht da zu sein. Um diese Zeit sind die Bahnen noch nicht so voll, und im Büro ist auch noch keiner, sodass ich in Ruhe einiges erledigen kann. Gewöhnlich wache ich um sechs Uhr morgens auf. Ich bin ein Morgenmensch. Dafür gehe ich abends auch schon um zehn ins Bett. Zumindest wenn nichts Besonderes los ist, aber natürlich ist meist irgendwas los. Überstunden, Geschäftsessen oder ich gehe mal mit den Kollegen was trinken.

Am 20. März war ich etwas später dran als sonst. Kurz vor sieben stieg ich in die Toyoko-Linie, kam um Viertel vor acht in Naka-Meguro an und fuhr mit der Hibiya nach Kasumigaseki, wo ich in die Chiyoda-Linie umstieg. Dem Sarin war ich zwischen den Haltestellen Kasumigaseki und Kokkai-Gijidomae ausgesetzt.

Wenn ich in Kasumigaseki umsteige, setze ich mich immer in den ersten Wagen der Chiyoda-Linie, weil ich dann dem Aufgang, den ich zu meiner Firma nehme, am nächsten bin. Als ich auf dem Bahnsteig ankam, läutete es schon, und ich sprang schnell noch in die Bahn, aber dann blieb sie einfach stehen. Zwei Bahnbeamte wischten den Boden vor mir. Eine wässrige Flüssigkeit war aus einer Schachtel herausgeflossen … Natürlich hatte ich damals keine Ahnung, aber es war Sarin. Die Bahn wartete, während die Beamten die Flüssigkeit aufwischten. Deshalb hatte ich sie auch noch gekriegt.

Nein, sie wischten den Boden nicht mit Lappen, sondern benutzten Zeitungspapier dazu. Dieser Kasten schien auch in Zeitungspapier eingewickelt gewesen zu sein, und sie benutzten es, um den Boden zu reinigen. Die Bahn sollte ja so schnell wie möglich weiterfahren, und da hatten sie keine Zeit, sich Wischlappen zu holen. Ein Beamter trug den Kasten nach draußen, und der Zug fuhr endlich ab. Später habe ich erfahren, dass er gestorben ist. Der andere Beamte, der ihm geholfen hatte, starb einen Tag später.

Die Bahn hatte ungefähr fünf Minuten gehalten. Die ganze Zeit hatten die Beamten direkt vor meiner Nase sauber gemacht. Die Bahn war nicht besonders voll, aber es war kein Sitzplatz mehr frei. Deshalb war ich stehengeblieben und hatte ihnen bei der Arbeit zugesehen. Wenn ich jetzt darüber nachdenke, kommt es mir so vor, als sei da ein Geruch gewesen, aber damals habe ich nicht darauf geachtet und mir nichts dabei gedacht. Aber alle Fahrgäste husteten, als hätte jemand etwas zurückgelassen, das nun verdunstete. Aber trotzdem stand niemand auf und wechselte den Platz. Als der Zug abfuhr, war der Boden immer noch feucht, und ich entfernte mich vier oder fünf Meter von der Stelle.

Bis ich in Kokkai-Gijidomae ausstieg, fiel mir in dem Zug weiter nichts Besonderes auf. Wie gesagt, viele husteten, aber mehr war nicht. Ich machte mir keine weiteren Gedanken und ging ins Büro. Wir haben dort ständig den Fernseher laufen, damit wir die Wechselkurse verfolgen können. In den Nachrichten sah ich, dass etwas Seltsames im Gange war. Es herrschte ein Riesenaufruhr. Hauptsächlich wurde Tsukiji gezeigt.

Übrigens war ich am Tag davor gerade erst von einer zehntägigen Geschäftsreise nach Südamerika zurückgekommen. Der nächste Tag war Feiertag, Frühlingsanfang, und ich hätte eigentlich nicht ins Büro kommen müssen, aber ich wollte nachschauen, was sich so angesammelt hatte. Jedenfalls wunderte ich mich über die unangenehme Dunkelheit im Büro. Zuerst kam ich gar nicht auf die Idee, dass in der Bahn, mit der ich gefahren war, Sarin gewesen war, aber dann fühlte ich mich allmählich immer schlechter. Verengte Pupillen seien ebenfalls ein Symptom, hieß es im Fernsehen. Meine Kollegen rieten mir, sofort ins Krankenhaus zu fahren.

Zuerst suchte ich einen Augenarzt in der Nähe auf und ließ mir die Pupillen untersuchen. Auch wechselndes Licht brachte sie nicht dazu, sich zu verändern. Einige Polizisten waren schon dort gewesen, um sich untersuchen zu lassen, und man hatte sie ins Akasaka-Hospital in der Nähe überwiesen. Dort waren auch schon Opfer des Anschlags eingetroffen, bei denen man wie am Fließband den Blutdruck maß usw. Bis dahin hatte man noch kein Gegenmittel. Ich kam für eine halbe Stunde an einen Tropf, dann hieß es: »Diejenigen, denen es besser geht, können nach Hause gehen. Kommen Sie bitte morgen wieder.« Sie machten keine Blutuntersuchung. Wenn ich es jetzt bedenke, haben sie mich im Akasaka-Hospital überhaupt nicht gründlich untersucht.

Dass ich eine Sarin-Vergiftung hatte, wusste ich jetzt aus dem Fernsehen. Ich war in genau der Bahn gewesen, genau in dem Wagen ... Im Akasaka-Hospital wurde ich nur sehr notdürftig behandelt. Was blieb mir anderes übrig, als nach Hause zu gehen und zu sterben (*lacht*)? Obwohl ich noch gut dran war, denn ich hatte in der Bahn gestanden und war dann nach hinten gegangen. Die Leute, die sich nicht weggesetzt hatten, lagen lange im Krankenhaus. Das habe ich später von einem Polizeibeamten erfahren, der den Fall untersuchte.

Weil sich meine Pupillen einfach nicht erweitern wollten, ging ich ungefähr zehn Tage lang täglich ins Akasaka-Hospital zum Augenarzt, aber eigentlich wurde ich kaum behandelt.

Nach dem Anschlag habe ich sogar noch bis halb sechs im Büro gearbeitet. Natürlich hatte ich keinen Appetit, zu Mittag zu essen. Der kalte Schweiß brach mir aus, ich hatte Schüttelfrost, und alle fanden, ich sähe bleich aus. Wenn ich umgefallen wäre, wäre ich natürlich nach Hause gefahren, aber das passierte nicht ... Andere tippten auf Heuschnupfen. Weil ich gerade aus Südamerika zurückgekommen war, hätte es ja wirklich eine Allergie sein können. Aber ich konnte den Blick nicht auf einen bestimmten Punkt konzentrieren und hatte Kopfschmerzen. Glücklicherweise erledige ich meine Arbeit hauptsächlich am Telefon und konnte das Lesen einer Angestellten überlassen.

Am nächsten Tag war Feiertag, sodass ich mich ins Bett legen und erholen konnte. Es war immer noch dunkel, und ich hatte keine Energie. Nachts konnte ich nicht schlafen. Anscheinend habe ich auch gestöhnt. Ich träumte kurz und schreckte dann wieder hoch. Ich hatte Angst einzuschlafen, weil ich dachte, ich würde vielleicht nie wieder aufwachen.

Ich lebe jetzt allein, aber damals hatte ich Familie – Frau und Kinder. Entschuldigen Sie die peinlichen Einzelheiten (*lacht*). Jedenfalls war ich damals bei meiner Familie und hatte doch das Gefühl, völlig allein zu sein ...

Als ich die Kleider, die ich an dem Tag angehabt hatte, aufhängte, klagten die Kinder darüber, dass ihre Augen brannten. Ich habe zwei Kinder, das ältere ist schon groß, aber das jüngere geht noch in die Grundschule. Ihm taten die Augen weh. Ich war mir nicht sicher, aber ich dachte, es könnte nichts schaden, den Anzug und die Sachen, die ich angehabt hatte, vorsichtshalber wegzuwerfen. Sogar die Schuhe habe ich weggeschmissen.

Immerhin sind Menschen ums Leben gekommen und schwer verletzt worden, da ist man natürlich wütend auf die Verbrecher. Aber bei mir ist es vielleicht ein bisschen anders als bei den übrigen Leuten im Zug, die Opfer des Anschlags wurden. Ich bin schon ärgerlich, klar, aber weil meine Symptome verhältnismäßig schwach waren, ist mein Groll eher unpersönlich.

Es hört sich vielleicht seltsam an, aber ich kann nicht sagen, dass ich diesen religiösen Fanatismus nicht begreife, ich habe schon immer einen Sinn für solche Dinge gehabt. Zumindest würde ich so etwas nicht von vornherein von mir weisen. Das Schicksal und die Mythen haben mich schon als Kind fasziniert, deshalb wollte ich auch zur See. Aber eine Gruppe zu bilden oder mich einer Organisation anzuschließen, widerstrebt mir völlig. Ich habe keinerlei Interesse an religiösen Gruppierungen, was aber nicht heißt, dass ich grundsätzlich gegen so etwas bin. Es ist mir zumindest nicht ganz fremd.

Wissen Sie, mir ist etwas Seltsames passiert. Als ich in Südamerika war, hat mich ein Angestellter der japanischen Botschaft in Kolumbien zum Karaoke eingeladen, und wir wären am nächsten Tag beinahe wieder in dasselbe Lokal gegangen, aber ich hatte dann doch Lust, ein anderes auszuprobieren. Und genau an diesem Tag ging eine Bombe in dem ersten Laden hoch. Ich weiß noch, wie ich, als ich wieder hier gelandet bin, gedacht habe: »Wenigstens ist Japan ein ungefährliches Land.« Und dann gehe ich am nächsten Tag zur Arbeit und mir passiert das (lacht). Das ist doch beinahe ein Witz. In Südamerika oder in Südostasien ist es ganz anders als in Japan; der Tod ist nie sehr fern. Unfälle sind für die Leute etwas Selbstverständliches. Ganz anders als in Japan.

Offen gesagt, am Tag nach dem Anschlag habe ich meine Frau um die Scheidung gebeten. Unsere Ehe ging schon seit einiger Zeit nicht gut, und ich hatte in Südamerika viel nachgedacht und wollte das nach meiner Rückkehr sowieso mit ihr besprechen. Dann passierte das mit dem Sarin-Anschlag. Und als ich nach Hause kam, hat sie trotzdem kaum ein Wort mit mir gesprochen.

Nach dem Unglück habe ich vom Büro zu Hause angerufen und meiner Frau erzählt, was passiert war und welche Symptome ich hatte, aber sie reagierte fast überhaupt nicht. Vielleicht hat sie aber auch überhaupt nicht richtig verstanden, was los war. Dadurch wurde ich aber umso entschlossener. Oder vielleicht war ich auch wegen meines Zustands erregt und bin deshalb sofort mit der Scheidungssache rausgerückt. Ohne den Sarin-Anschlag hätte ich vielleicht noch etwas abgewartet. Ich bin ziemlich sicher, dass ich zumindest an dem Tag noch nichts gesagt hätte. Im Grunde war der Schock der Auslöser.

Es gab bei uns schon seit längerem große familiäre Probleme, sodass ich mich selbst gar nicht mehr so wichtig nahm. Wenn ich gestorben wäre, wäre das eben ein Unfall gewesen.

Ich male jetzt als Hobby und mache Holzschnitte. In meiner Nähe wohnt ein Berufsmaler, der mir Unterricht gibt. Abends und am Wochenende male ich. Meist Aquarelle, Landschaftsbilder, mir gefallen ruhige Motive. Ich bin gern allein oder unterhalte mich mit dem Maler. Auch noch in meinem Privatleben über Garnelen zu sprechen, habe ich nicht die geringste Lust.

»Zum Glück war ich eingenickt«

Aya Kazaguchi (23)

Frau Kazaguchi ist in Machiya, im Bezirk Arakawa, geboren und hat immer dort gelebt. Es gefällt ihr dort sehr, und sie möchte nirgendwo anders hinziehen. Sie wohnt bei ihren Eltern. Ihre kleine Schwester ist vierzehn Jahre jünger als sie. Obwohl sie Geld verdient und eigentlich ein unabhängiges Leben führen könnte, sitzt sie noch bei ihren Eltern im »Nest«.

Nach der Oberschule besuchte sie eine Handelsschule und lernte EDV und Buchhaltung. Danach fand sie eine Stelle in einer Textilfirma und ist für eines der firmeneigenen Labels zuständig, eine exklusive Kollektion, die auf den verspielten »Rüschengeschmack« junger Mädchen und Frauen aus besseren Kreisen zielt. Ihre Stelle hat sie durch Beziehungen ihres Vaters bekommen, der ebenfalls in der Textilbranche arbeitet. Frau Kazaguchi hat zwar kein ausgeprägtes Interesse an Textilien, aber sie ist froh, dass sie bei ihrer Arbeit ihre Computerausbildung einsetzen kann.

Ihre Hobbys sind Reggae, Snowboard- und Skateboardfahren und Surfen. »Ich bin eine Banausin«, sagt sie von sich und lacht. Sie treibt gern Sport mit ihren Freunden, von denen sie viele schon in der Grundschule kannte. Die meisten von ihnen sind auch in Machiya geblieben.

Sie ist ein fröhlicher, sportlicher Mensch und scheint ihre Ungebundenheit in vollen Zügen zu genießen. Mit ihrer unbekümmerten und frischen Art gefällt sie sicher auch den jungen Männern. Nicht zu reden von ihrem schönen glatten Haar, das ihr bis zur Taille reicht. Übrigens könnte sie dem Alter nach meine Tochter sein – ihre Mutter ist so alt wie ich.

Von Machiya brauche ich ungefähr vierzig Minuten bis ins Büro. Vom Bahnhof Machiya nehme ich die Chiyoda-Linie bis Nijubashimae, gehe zu Fuß zum Bahnhof Yurakucho und steige dort in die Yurakucho-Linie nach Shintomicho ein. Meist komme ich dann um fünf nach neun in der Firma an. Die Arbeit beginnt um zwanzig nach, also habe ich immer noch ein bisschen Zeit. Ich bin noch nie zu spät gekommen. Ich nehme fast immer die gleichen Bahnen.

Sie sind immer total überfüllt. In der Chiyoda-Bahn zwischen Machiya und Otemachi ist es am schlimmsten. Man kann nicht mal die Arme bewegen. Beim Einsteigen werden die Leute einfach reingedrückt. Natürlich sind auch Grabscher in der Bahn. Ekelhaft!

In Otemachi gibt es viele Umsteigemöglichkeiten, und danach wird es ein bisschen leerer. Nijubashimae ist schon die nächste Haltestelle, also ist meine Bahn eigentlich fast die ganze Zeit so voll, dass man sich nicht rühren kann, nur einfach starr dastehen. Ich bemühe mich, einen Stehplatz an der Tür zu kriegen, und nicke, gegen die Masse von Leuten gelehnt, ein bisschen ein. Ja, wirklich, ich kann im Stehen einschlafen. Die meisten können das. Ich mache einfach ganz gemütlich die Augen zu. Bewegen kann man sich sowieso nicht, also habe ich es so bequemer. Die Gesichter der anderen Leute sind auch so nah – ungefähr so ... Also schließe ich lieber die Augen und mache ein Nickerchen.

Der 20. März war ein Montag, stimmt's? Ja, genau, Montag. Montags haben wir immer schon ab halb neun eine Besprechung. Deshalb bin ich an dem Tag schon um zehn vor acht aus dem Haus gegangen und mit einem früheren Zug gefahren. Der war natürlich etwas leerer. Ich bin eingestiegen, habe mich in meinem Eckchen zwischen den Sitzen und der Tür zu meinem Nickerchen eingerichtet.

Ich steige immer durch die zweite Tür in den ersten Wagen ein. Ich quetsche mich in die Ecke an der Tür und rühre mich nicht mehr vom Fleck. Aber in Nijubashimae ist der Bahnsteig auf der anderen Seite, und ich muss mich in Otemachi zur anderen Tür durchwursteln.

An dem Tag auch. Dazu muss ich aber die Augen aufmachen, stimmt's (*lacht*)? Plötzlich kriegte ich keine Luft mehr und hatte so einen starken Druck auf der Brust. Ich versuchte, tief einzuatmen, aber es klappte nicht richtig. Das fand ich komisch und dachte, es käme bestimmt vom frühen Aufstehen (*lacht*). Ich bin eine, die nur schwer aus dem Bett kommt. Aber das war mir doch ein bisschen zu stickig.

Solange die Tür auf war und Luft reinkam, ging es noch. Aber als in Otemachi die Türen schlossen, wurde es immer stickiger. Ich kann's nicht gut beschreiben, irgendwie, als ob die Luft weggedrückt würde. Als ob sie stillstehen würde, und die Zeit mit ihr ... na ja, das ist vielleicht ein bisschen übertrieben.

Ich hab eigentlich nur gedacht: »Wie komisch.« Dann fingen die Leute, die an den Haltegriffen hingen, an zu husten. Inzwischen war es auch nicht mehr voll, vor den Sitzen standen nur noch drei, vier Leute. Ich kriegte so schlecht Luft, dass ich nur noch daran dachte, wie ich am Bahnhof möglichst schnell aus der Bahn kommen könnte. Von Otemachi bis Nijubashimae sind es zwei oder drei Minuten, und die ganze Zeit schnappte ich verzweifelt nach Luft. Wenn man auf die Brust fällt, kann man manchmal nicht atmen. Man schafft es einzuatmen, kann aber die Luft nicht wieder rauspressen, so ein Gefühl war das.

Als ich mich kurz umschaute, sah ich an der Tür gegenüber irgendwas liegen, das in Zeitungspapier eingewickelt war. Ich stand direkt davor, bemerkte es aber erst jetzt. Es war ungefähr so groß wie ein Lunchpaket, und die Zeitung war ganz nass. Wasser oder so floss auf den Boden. Außerdem schaukelte es im Rhythmus der Bahn hin und her. Irgendwie ungewöhnlich. Man sah, dass es nichts Hartes war.

Ich bin in der Unterstadt geboren und weiß, dass die Fischhändler ihre Ware in Zeitungspapier einwickeln. Vielleicht hatte jemand Fisch gekauft und ihn vergessen. Andererseits würde ja kaum jemand früh morgens Fisch kaufen und dann damit in die U-Bahn steigen. Ein Mann schien das auch sonderbar zu finden und musterte das Ding ebenfalls eingehend. Er war ungefähr vierzig und trug einen Mantel. Sah aus wie ein Angestellter. Aber er fasste es nicht an.

Als wir in Nijubashimae ankamen, haben alle Leute, die mit mir ausstiegen, gehustet. Ich auch. Ungefähr zehn Leute husteten, daher wusste ich, dass es nicht an mir lag. Es war schon spät, und ich musste mich beeilen. Mein Herz hat in dem Augenblick, als ich ausstieg, wie wahnsinnig zu klopfen angefangen, und als ich den Gang zum anderen Bahnsteig entlangrannte, ging mir auf einmal die Puste aus. Daher ging ich langsamer, und mir wurde etwas besser. Meine Nase lief zwar wie verrückt, aber mein Herzschlag war wieder normal.

Bei der Besprechung im Büro wurde mir dann schlecht. Als ob ich brechen müsste. Dann kam die Nachricht, dass in der U-Bahn was passiert war. Aha, davon kam das also. Mir wurde ganz anders … ich bin nämlich ein ziemlicher Feigling. Ich bin dann sofort ins St. Lukas-Krankenhaus gefahren.

Dort hing ich zwei Stunden am Tropf, mein Blut haben sie auch untersucht. Dann durfte ich nach Hause gehen. Die Tests haben nichts Ungewöhnliches ergeben. Ich hatte sogar noch die gleichen Sachen an. Meine Pupillen waren auch nicht verengt. Mir war nur schlecht. Später hat mir ein Polizeibeamter gesagt, es sei gut gewesen, dass ich eingenickt war. So waren meine Augen geschlossen, und ich habe flacher geatmet (*lacht*). Ich hatte eben einfach Glück.

»Den meisten kommt es doch nur auf die Sensation an«

Hideki Sono (36)

Herr Sono arbeitet in der Zweigstelle einer großen Designerfirma in Aoyama. Nachdem der japanische Wirtschaftsboom vorüber war, steckten die meisten Firmen der Modebranche in einer Krise, oder, wie Herr Sono es formuliert: *»Wir sind wieder zur Besinnung gekommen.«* Anscheinend war er der Zeit der Bubble-Economy, in der ältere Männer mit jungen Mädchen herumzogen und überteuerte Markenkleidung verkauft wurde, überdrüssig geworden und ist jetzt sogar erleichtert, dass die ganze Aufregung vorbei ist. »Endlich können wir wieder zur Normalität zurückkehren.«

Auch wenn Herr Sono von sich behauptet, er sei der »ideale Verkäufer«, macht er überhaupt nicht den Eindruck eines hartgesottenen Vertreters. Er wirkt kein bisschen aufgedreht, sondern eher introvertiert. Aus Zechtouren, Betriebsausflügen und Golf macht er sich nicht viel. Wenn er mal auf den Golfplatz geht, ist sein letztes Spiel meist so lange her, dass er seine Partner fragen muss, welchen Schläger er nehmen soll. So viel zum Golf.

»In unserer Gesellschaft sind doch alle nur hinter dem Geld her. Da kann man verstehen, wenn junge Leute sich nach spirituellen Werten sehnen. Das trifft natürlich nicht auf mich selbst zu.« Nach dem Anschlag hatte er ziemlich heftig unter Nachwirkungen leiden, hegt jedoch keinen persönlichen Groll gegen die Urheber von Aum. Warum er keinen Zorn verspürt, weiß er nicht.

»Ich arbeite in der Textilbranche, habe aber selbst so gut wie gar kein Interesse an Mode. Ich sehe etwas, dann kaufe ich es, ohne groß darüber nachzudenken.« Weshalb er wohl dann so gut gekleidet ist?

Meine Frau und ich leben allein. Wir haben vor dreizehn Jahren, als wir vierundzwanzig waren, geheiratet.

Wir wohnen in Chiba. Um halb acht gehe ich aus dem Haus und steige um viertel nach in Machido in die Chiyoda-Bahn. Natürlich bekomme ich keinen Sitzplatz und muss die ganze Fahrt – 45 Minuten – stehen. Manchmal wird dann in Otemachi etwas frei, und ich setze mich hin, weil ich noch halb im Schlaf bin. Wenn ich einen Sitz habe, kann ich mich eine Viertelstunde ausruhen, das ist viel.

Am 20. März, also am Tag des Anschlags, bin ich eine halbe Stunde früher als sonst von zu Hause aufgebrochen. Ich wollte vor Arbeitsbeginn noch etwas erledigen. In der Zeit fanden gerade die Moden-schauen statt, und ich hatte deshalb unheimlich viel zu tun.

Außerdem standen wir kurz vor der Inventur und mussten unseren Durchschnittsumsatz errechnen. Wir haben gewisse Quoten zu erfüllen, und ich musste die Zahlen innerhalb dieser einen Woche an unsere Zentrale weiterleiten und in der darauffolgenden Woche selbst zu einer Besprechung dorthin fahren. Ob die Bilanzen gut oder schlecht waren, daran kann ich mich überhaupt nicht mehr erinnern.

Am 20. März hörte meine Frau bei der Werbezeitschrift auf, bei der sie seit sechs Jahren als Redakteurin beschäftigt war. Die Arbeit war einfach zu anstrengend. Jetzt arbeitet sie freiberuflich als Werbetexterin. Außerdem hat sie an dem Tag Geburtstag. Deshalb erinnere ich mich auch so gut an den 20. März.

Ich steige immer in den ersten Waggon. So bin ich dem Ausgang am nächsten, der zum Hanae Mori Building auf der Omotesando führt. An dem Tag hatte ich zufällig für die ganze Fahrt von Ochanomizu einen Sitzplatz ergattert. »Welche Wohltat zu sitzen!« dachte ich, da war ich auch schon eingenickt. Ich schlief richtig gut. In Kasumigaseki wachte ich auf. Das ist vier Haltestellen von Ochanomizu entfernt. Mein eigener Husten hatte mich geweckt. Und es roch irgendwie komisch. Eine Menge Leute verzogen sich in den nächsten Wagen. Deshalb ging die Tür zwischen den Wagen dauernd auf und zu.

Als ich die Augen öffnete, sah ich einen Bahnbeamten in grüner Uniform hereinkommen und wieder hinausgehen. Der Boden war nass. Die nasse Stelle war ungefähr fünf Meter von mir entfernt. Die Verbrecher hatten das Sarin in Ochanomizu freigesetzt und waren ausgestiegen. Aber weil ich fest geschlafen hatte, habe ich nichts gesehen. Die Polizei hat mich immer wieder befragt, aber es war nichts zu machen, ich habe nichts gesehen. Deshalb erschien ich ihnen sogar verdächtig. Ich war auf dem Weg nach Aoyama, und das Hauptquartier von Aum befindet sich auch in Aoyama.

Die Bahn fuhr weiter nach Kokkai-Gijidomae, wo alle aussteigen mussten. Es wurde über Lautsprecher nichts erklärt; es hieß nur: »Bitte aussteigen. Dieser Zug fährt nicht weiter.« Zwischen Kasumigaseki und Kokkai-Gijidomae ging es mir wirklich miserabel. Ich hustete und bekam keine Luft. Als wir in Kokkai-Gijidomae ankamen, konnten sich einige Leute in meiner Nähe kaum noch bewegen. Eine etwa fünfzigjährige Dame musste von Bahnbeamten aus dem Zug getragen werden. Im Wagen waren ungefähr zehn Leute, und mehrere hielten sich Taschentücher vors Gesicht und husteten.

»Was ist hier nur los?« überlegte ich, aber ich musste ja zur Arbeit. Ich hatte eine ganze Latte von Dingen zu tun. Auf dem Bahnsteig hockten eine Menge Leute. Die Bahnbeamten hatten die Personen um sich gesammelt, denen es besonders schlecht ging, das müssen so um die fünfzig gewesen sein. Zwei oder drei waren völlig bewegungslos, ein oder zwei lagen auf dem Bahnsteig.

Seltsamerweise herrschte keine gespannte Atmosphäre. Ich fühlte mich ja auch ziemlich eigenartig. Ich konnte nicht einatmen, es war, als würde die Luft immer dünner, aber ich konnte immerhin gehen. Also glaubte ich, es gäbe kein Problem. Anstatt mich den »Kranken« anzuschließen, stieg ich in die nächste Bahn, die gleich kam.

Kaum war ich eingestiegen, wurden mir die Knie weich. Plötzlich konnte ich nichts mehr sehen. »Verflucht, ich hätte bei den anderen bleiben sollen«, war mein erster Gedanke.

Als ich am Bahnhof Omotesando ankam, sprach ich einen Bahnbeamten an. »Ich fühle mich nicht gut. War irgendetwas los in der U-Bahn?« »In Hatchobori ist anscheinend etwas explodiert«, antwortete er. »Aber mit der Bahn, mit der ich gerade gefahren bin, war auch etwas nicht in Ordnung«, sagte ich. »Da ist nur Benzin vergossen worden«, erklärte man mir. Eine völlig falsche Information. Also ging ich ins Büro des Bahnhofsvorstehers. »Mir geht es schlecht. Ich kann kaum etwas sehen«, sagte ich. Aber die Nachricht hatte den Bahnhof Omotesando noch überhaupt nicht erreicht. »Bitte nehmen Sie Platz und ruhen Sie sich etwas aus. Möchten Sie vielleicht etwas Kaltes trinken?« Alle waren sehr freundlich, aber sie wussten nicht Bescheid.

Ich gab es auf und ging nach oben ins Freie. Trotz des herrlichen Wetters kam es mir stockdunkel vor. Das sieht übel aus, dachte ich und ging in ein Krankenhaus ganz in der Nähe von meinem Büro. Aber natürlich konnte ich dort nicht richtig erklären, was passiert war. »Wahrscheinlich ist das ein Notfall, in der U-Bahn ist mir Folgendes passiert …«, sagte ich. Ich schilderte den Vorfall, so gut ich konnte. Dann rief ich im Büro an und sagte, dass ich mich nicht wohl fühlte und später käme. Schließlich wartete ich drei Stunden. Drei Stunden, in denen nichts unternommen wurde. Das Atmen fiel mir immer schwerer, um mich herum wurde es immer dunkler, ich war verzweifelt und versuchte, bei der U-Bahn-Zentrale anzurufen, um Informationen zu bekommen. Schließlich hatte man ja die erkrankten Fahrgäste auf dem Bahnsteig gesammelt. Aber ich kam nicht durch.

Um elf Uhr kam die Nachricht mit dem Sarin, und ich wurde untersucht. Endlich hatten sie's kapiert. Ich bekam sofort eine Infusion und ein Bett. Weil ich der erste Patient mit Sarin-Vergiftung in dem Krankenhaus war, waren die Ärzte auf einmal ganz begeistert. Sie umringten mich und piekten mich überall, um die Symptome zu erforschen. Dabei unterhielten sie sich unentwegt untereinander. »Guck mal, so oder so verhält sich das also.« Am Ende war ich drei Tage dort.

Nachts schlief ich gut, denn ich war sehr erschöpft. Im Krankenhaus habe ich mich eigentlich ganz gut erholt. Aber die drei Monate danach waren unheimlich schwer. Ich ermüdete sehr leicht. Nach der kleinsten Anstrengung war ich sofort völlig erledigt. Meine Augen waren schlecht, ich sah verschwommen, und mein Gesichtsfeld war nur ganz klein. In meinem Beruf muss ich viel Auto fahren, aber auf einmal war ich nachtblind. Meine Sehkraft ist immer gut gewesen, aber jetzt konnte ich im Dunkeln nicht mal mehr ein Straßenschild lesen. Und ich bin beruflich auf den Computerbildschirm angewiesen...

Wahrscheinlich war ich damals auch ein bisschen komisch im Kopf, denn ich warnte allen Ernstes meine Bekannten: »Nehmt euch lieber in Acht. Irgendetwas Seltsames geht in der Stadt vor. Es wird ganz bestimmt etwas geschehen.« Außerdem habe ich mir in einem Trekkingladen ein Survivalmesser gekauft *(lacht)*. Als ich wieder normal war, kam ich mir selber albern vor ... Doch damals war es mir bitterernst. Was soll man denn schon mit einem Survivalmesser anfangen?

Seltsamerweise empfinde ich keinen Zorn. Nur wenn ich an die Toten denke, fühle ich so etwas wie Zorn. Besonders traurig finde ich es, an die toten Bahnbeamten zu denken, die das Sarin aus dem Zug geschafft haben. Ohne sie wäre ich vielleicht nicht mehr am Leben. Aber einen persönlichen Hass auf die Täter habe ich nicht. Irgendwie habe ich mich damit abgefunden wie mit einem Unfall. Kommt diese Antwort unerwartet für Sie?

Murakami: *Nein, eigentlich erwarte ich gar nichts Bestimmtes. Es gibt da ja kein typisches Schema.*

Jedenfalls war mir die Berichterstattung in den Medien über die Aum-Sekte äußerst zuwider. Ich hatte überhaupt keine Lust, mir das anzusehen. Mein Misstrauen gegenüber der Presse hat sich dadurch verstärkt. Den meisten kommt es doch nur auf die Sensation an. Sie genießen es so richtig, mal sagen zu können:»Ach, wie furchtbar.«In letzter Zeit lese ich nicht einmal mehr Zeitschriften.

MARUNOUCHI-LINIE (Richtung Ogikubo)

Zugnummer A 777

Ken'ichi Hirose setzte in einem Zug der Marunouchi-Linie, der von Ikebukuro in Richtung Ogikubo fuhr, Sarin frei. Koichi Kitamura war sein Fahrer.

Hirose wurde 1964 in Tokyo geboren, war also zur Zeit des Anschlags dreißig Jahre. Nach seinem Abschluss an der Waseda-Oberschule studierte er Naturwissenschaften an der Waseda-Universität und legte als Bester seines Jahrgangs von hundert Studenten sein Examen in angewandter Physik ab. Er war ein mustergültiger Student, der 1989 sein Doktorandenstudium abschloss, illustre Stellenangebote ablehnte und stattdessen der Welt entsagte.

Er wurde ein wichtiges Mitglied der »Chemie-Brigade« im Aum-Ministerium für Wissenschaft und Technik. Zusammen mit seinem Komplizen Masato Yokoyama war Hirose eine Schlüsselfigur in Aums geheimem Plan, eine vernichtende Laserwaffe zu entwickeln. Er ist groß und wirkt ernst, sieht aber trotz seiner zweiunddreißig Jahre eher wie ein Junge aus. Seine Aussagen vor Gericht bringt er bedächtig, ruhig und sachlich vor.

Am Morgen des 18. März erhielt Hirose von seinem Vorgesetzten Hideo Murai den Befehl, Sarin in einer U-Bahn freizusetzen. »Als ich das hörte, erschrak ich, weil ich an die vielen Opfer dachte. Andererseits war mir auch klar, dass ich mit der Lehre nicht genug vertraut war, um mir solche Gedanken erlauben zu dürfen«, erklärte er vor Gericht. Angesichts der Schwere seiner Aufgabe empfand er als Mensch einen »starken instinktiven Widerstand«, aber seine Treue zu den Lehren der Sekte überwog. Jetzt sieht er seinen Irrtum ein, behauptet aber, er habe zu jenem Zeitpunkt keine realistische Möglichkeit gehabt, sich dem Befehl von oben – also Asaharas Befehl – zu verweigern.

Hirose wurde der Auftrag zuteil, an der Station Ikebukuro in den zweiten Wagen eines Marunouchi-Zuges in Richtung Ogikubo einzusteigen, an der Haltestelle Ochanomizu, Löcher in zwei Pakete Sarin zu stechen und sich dann von Kitamura draußen mit dem Auto abholen zu lassen. Die Nummer des Zuges war A 777. Detaillierte Anweisungen erhielt Hirose von seinem »Älteren Bruder« Yasuo Hayashi. Noch vor

Tagesanbruch wurde in Kamikuishiki trainiert, und Hirose durchstach seine Beutel mit so viel Kraft, dass er seine Schirmspitze verbog.

Am Morgen des 20. März verließen Hirose und Kitamura das Ajid in Shibuya und fuhren mit dem Auto zum Bahnhof Yotsuya. Dort fuhr Hirose mit einer Bahn der Marunouchi-Linie nach Shinjuku und stieg dort in die Saikyo-Linie nach Ikebukuro um. Er kaufte sich an einem Bahnhofskiosk eine Sportzeitung und wickelte seine Sarin-Beutel darin ein. Als die Zeit gekommen war, stieg er in den entsprechenden Marunouchi-Zug und stellte sich vor die mittlere Tür des zweiten Wagens. Als er sich anschickte, die Beutel zu durchstechen, raschelte das Zeitungspapier so laut, dass ein Schulmädchen aufmerksam wurde – oder zumindest bildete Hirose sich das ein.

Er konnte die Spannung nicht mehr ertragen und stieg in Myogadani oder Korakuen aus. Als er auf dem Bahnsteig stand, überkam ihn heftiges Entsetzen über das, was er zu tun im Begriff war. »Ich hätte am liebsten den Bahnhof verlassen, ohne etwas zu tun«, sagte er und gab zu, er habe »die Menschen, die einfach so aussteigen konnten, unheimlich beneidet«. Im Nachhinein gesehen, war das ein schicksalhafter Augenblick. Hätte er jetzt den Bahnhof verlassen, wäre Hunderten von Menschen großes Leid erspart geblieben.

Aber Ken'ichi Hirose biss die Zähne zusammen und rang seine Zweifel nieder. »Es geht um nichts Geringeres als die Erlösung«, sagte er sich. Es ging allein um die Tat, und außerdem war er auch nicht der Einzige, die anderen taten ja in diesem Augenblick genau das Gleiche. Er durfte sie nicht im Stich lassen. Hirose stieg wieder in den Zug. Aber weil ihn die neugierige Mittelschülerin beunruhigte, nahm er jetzt den dritten Wagen. Als sich der Zug der Haltestelle Ochanomizu näherte, nahm er die Beutel mit Sarin aus seiner Tasche und ließ sie unauffällig zu Boden gleiten. Dabei löste sich das Zeitungspapier, und der Plastikbeutel wurde sichtbar, doch er merkte es gar nicht. Er hatte auch gar keine Zeit dazu, denn er wiederholte unablässig ein Aum-Mantra, um sich zu ermutigen. Als der Zug in Ochanomizu ankam und die Türen sich öffneten, stach er wie in Trance mit seiner Schirmspitze in die Beutel.

Ehe er zu Kitamura in den wartenden Wagen stieg, wusch er die Schirmspitze mit Wasser aus einer Plastikflasche ab und warf ihn in den Kofferraum. Obwohl er sich sehr in Acht genommen hatte, zeigte Hirose selbst bald eindeutige Symptome einer Sarin-Vergiftung. Er sprach mit schwerer Zunge und bekam kaum Luft. Sein rechter Oberschenkel zuckte unkontrolliert.

Eilig injizierte sich Hirose das Atropinsulfat, das er von Ikuo Hayashi erhalten hatte. Als Naturwissenschaftler war Hirose die Gefährlichkeit von Sarin von Anfang an bekannt gewesen, aber es war noch weit toxischer, als er es sich vorgestellt hatte. In dieser Minute war in der Bahn, die er mit Sarin verseucht hatte, vermutlich schon die Hölle losgebrochen. »Und vielleicht muss ich jetzt auch sterben«, dachte er plötzlich. Ihm fiel ein, dass Ikuo Hayashi gesagt hatte, er solle sich im Fall auftretender Beschwerden sofort im Aum Shinrikyo-Krankenhaus in Nakano melden und von den Ärzten dort behandeln lassen. Er ließ Kitamura nach Nakano fahren, musste aber zu seiner völligen Überraschung feststellen, dass die Ärzte des Krankenhauses nicht die geringste Ahnung von dem Sarin-Anschlag hatten. Also kehrten die beiden sofort ins Ajid in Shibuya zurück, wo Hirose von Ikuo Hayashi eine Notfallbehandlung erhielt.

Wieder in Kamikuishiki eingetroffen, meldeten die Täter Shoko Asahara »Auftrag erfüllt«, worauf Asahara befriedigt sagte: »Es hat sich gezeigt, dass man dem Ministerium für Wissenschaft und Technik wichtige Aufgaben anvertrauen kann.« Als Hirose berichtete, dass er unterwegs den Wagen gewechselt habe, weil ein Fahrgast aufmerksam geworden sei, sagte Asahara: »Ich habe eure Astralleiber ständig beobachtet und gesehen, dass Sanjayas [Hiroses Sektenname] Astralleib dunkel war. Da dachte ich mir schon, dass etwas geschehen muss. Das war es also.«

»Die Lehre besagt, dass menschliche Gefühle das Ergebnis irriger Sichtweisen sind. Wir müssen unsere Gefühle überwinden«, erklärte Hirose. Er hat zwei Beutel mit Sarin perforiert, und 900 Milliliter des flüssigen Giftstoffes ergossen sich auf den Boden des Waggons. Die Folgen waren ein Toter und 358 Schwerverletzte.

Am Bahnhof Nakano-Sakaue meldete ein Fahrgast, dass jemand zusammengebrochen sei, zwei Schwerverletzte (von denen einer gestorben ist und die andere – »Shizuko Akashi«* – eine Zeit lang im Koma lag) wurden aus dem Zug getragen, während der Bahnbeamte Sumio Nishimura das Sarin aufhob und aus dem Bahnhof brachte (vgl. Inter-

* Alle geänderten Namen in Anführungszeichen.

view S. 92). Doch der Zug, dessen Boden immer noch voller Sarin war, fuhr weiter.

Um 8.38 traf er an der Endhaltestelle Ogikubo ein. Neue Fahrgäste stiegen ein, und der Zug fuhr wieder zurück. Auch diese Fahrgäste klagten über Beschwerden. Mehrere Bahnbeamte aus Ogikubo wischten den Boden, aber auch ihnen ging es bald so schlecht, dass sie ins Krankenhaus eingeliefert werden mussten. Der Zug wurde schließlich in Shin-Koenji aus dem Verkehr gezogen.*

---

* Ken'ichi Hirose ist am 17. Juli 2000 zum Tode verurteilt worden. Koichi Kitamura wurde zu lebenslänglicher Haft verurteilt und hat Berufung eingelegt. (Anm. d. Übers.)

»Es war, als sähe ich eine Sendung im Fernsehen«

Mitsuo Arima (41)

Herr Arima wohnt in Yokohama. Durch seine klaren Gesichtszüge, seine adrette Kleidung und aufrechte Haltung wirkt er deutlich jünger. Er selbst charakterisiert sich als optimistischen Menschen, der sich gern amüsiert. Er ist sehr beredt, aber nicht dogmatisch. Auf den ersten Blick wirkt er sehr unbeschwert, aber wenn man sich eine Weile mit ihm unterhält, merkt man doch, dass er nicht mehr ganz so jung ist. Immerhin ist vierzig ein Alter, in dem viele Menschen anfangen, über den Sinn des Lebens nachzudenken.

Herr Arima ist bei einer Kosmetikfirma angestellt und spielt mit einigen Kollegen in einer Band – er ist der Gitarrist. Er ist verheiratet und hat zwei Kinder.

Herr Arima hatte Pech: wegen beruflicher Verpflichtungen fuhr er am Tag des Anschlags mit der Marunouchi-Linie, die er sonst kaum benutzt.

Die ganze Woche davor hatte ich eine scheußliche Grippe. Zum ersten Mal, seit ich arbeite, musste ich das Bett hüten. Bis dahin war ich fast nie krank.

Am 20. März fuhr ich nach längerer Abwesenheit ins Büro, weshalb ich auch ein bisschen früher da sein wollte, um einen guten Eindruck zu machen *(lacht)*. Also ging ich zwanzig Minuten früher aus dem Haus.

Ich sitze immer ganz gemütlich in der Yokohama-Linie und lese die Zeitung, bis ich in Hachioji ankomme, wo mein Büro ist. Aber an dem Tag musste ich in unser Büro in Shinjuku zu einer Sonderbesprechung der Geschäftsführer, die einmal im Monat stattfindet. Ich wollte also am Vormittag an der Besprechung in Shinjuku teilnehmen und mich nachmittags mal wieder im Büro in Hachioji blicken lassen.

Die Besprechung beginnt immer um halb zehn. Kurz vor sieben ging ich aus dem Haus, nahm die Yokosuka-Linie bis Shimbashi, dann die Ginza-Linie bis Akasaka-Mitsuke und stieg dann in die Marunouchi-Bahn nach Shinjuku-Gyoenmae, das heißt, ich brauche ungefähr anderthalb Stunden. Ab Akasaka-Mitsuke leert sich die Bahn, und man bekommt auf jeden Fall einen Sitzplatz. Aber kaum hatte ich mich hingesetzt, nahm ich einen seltsamen beißenden Geruch wahr. In der Bahn riecht es ja oft komisch. Ich weiß noch, dass eine Frau mir gegenüber sich ein Taschentuch vor die Nase hielt, aber sonst war nichts

Außergewöhnliches zu bemerken. Ich bin mir nicht einmal sicher, ob das wirklich der Geruch von Sarin war. Da bin ich erst später draufgekommen.

Wir kamen in Shinjuku-Gyoenmae an, und ich machte mich auf den Weg in die Firma. Als ich ausstieg, war es merkwürdig finster, als wären alle Lampen ausgeschaltet worden. Ich hatte bei strahlend schönem Wetter das Haus verlassen, aber als ich jetzt aus der U-Bahn kam, wirkte es ganz trüb. Ich dachte, das Wetter hätte sich verschlechtert, aber als ich in den Himmel schaute, war nicht eine Wolke zu sehen. Zu der Zeit nahm ich ein Medikament gegen Heuschnupfen, und ich dachte, das könnte mein Sehvermögen beeinträchtigt haben.

Ich kam in der Firma an, aber es blieb dunkel. Außerdem fühlte ich mich so schlapp, dass ich mich nur an den Schreibtisch setzen und aus dem Fenster starren konnte. Nach der Besprechung gingen wir alle zum Essen. Um mich herum war es immer noch dunkel, und ich hatte keinen Appetit. Mir war auch nicht danach, mich zu unterhalten, also aß ich schweigend. Da brach mir auf einmal der kalte Schweiß aus. In dem Nudellokal lief der Fernseher, und es wurde pausenlos über den Sarin-Anschlag berichtet. Meine Kollegen zogen mich auf: »Vielleicht ist es eine Sarin-Vergiftung.« Aber ich wusste ja, dass es an dem Heuschnupfenmittel lag, und lachte mit ihnen.

Am Nachmittag wurde die Besprechung fortgesetzt, aber meine Beschwerden besserten sich nicht. Es ging mir so schlecht, dass ich beschloss, mich von einem Spezialisten für Heuschnupfen untersuchen zu lassen, und die Besprechung gegen zwei Uhr verließ. Inzwischen war mir der Gedanke gekommen, dass es vielleicht doch mit Sarin zusammenhängen könnte.

Trotzdem suchte ich keines der Krankenhäuser in der Nähe auf, sondern ging zu meinem Hausarzt, der mir das Heuschnupfenpräparat verschrieben hatte. Dazu musste ich den ganzen Weg nach Yokohama zurückfahren. Als er hörte, dass ich mit der U-Bahn gefahren war, bevor die Symptome aufgetreten waren, untersuchte er meine Pupillen und ordnete meine sofortige Einweisung ins Krankenhaus an.

Er brachte mich im Krankenwagen in die Städtische Universitätsklinik von Yokohama. Ich konnte ohne Hilfe aus dem Krankenwagen aussteigen und gehen, weil meine Symptome noch nicht so stark waren. Aber in der Nacht bekam ich Kopfschmerzen. Nach zwölf, mitten in der Nacht. Es war ein dumpfer, anhaltender Schmerz. Ich rief sofort nach der Schwester, und sie gab mir eine Spritze. Es war kein stechender Schmerz, sondern er umschloss hart wie eine Schraubzwinge meinen Kopf. Er dauerte nur eine Stunde an, aber ich rechnete mit dem Schlimmsten. Als der Schmerz nachließ, schöpfte ich jedoch wieder Hoffnung und dachte, es werde sich schon bessern.

Die Augentropfen, die sie mir gegeben hatten, um meine Pupillen wieder zu erweitern, wirkten ein bisschen zu gut. Als ich am nächsten Tag aufwachte, waren sie so stark erweitert, dass mich alles blendete... Also spannten sie Papier um mein Bett, um das Licht abzuhalten. Deshalb dauerte es noch einen Tag, bis meine Pupillen wieder normal waren.

Am Vormittag brachte mir meine Familie die Zeitung, aber ich konnte sie noch nicht selbst lesen. Ich erfuhr, wie furchtbar der Anschlag gewesen war. Es hatte Tote gegeben. Ich hätte auch ums Leben kommen können. Doch seltsamerweise erschien mir die Gefahr, in der ich geschwebt hatte, nicht als real. Ich konnte nur daran denken, dass mit mir alles in Ordnung war. Ich war mittendrin gewesen, aber statt zu erschauern, als ich von den Todesfällen hörte, kam es mir vor, als sähe ich eine Sendung im Fernsehen, als hätte das alles nichts mit mir zu tun.

Erst sehr viel später fragte ich mich, wie ich so gefühllos hatte sein können. Ich glaube, erst im Herbst fing ich an, allmählich zu begreifen.

Murakami: *Was meinen Sie konkret mit »gefühllos«?*

Zum Beispiel, wenn vor mir ein Mensch zu Boden stürzt, würde ich ihm helfen, so hoffe ich zumindest. Aber ich überlege mir, ob ich auch helfen würde, wenn das Gleiche etwas weiter weg, sagen wir fünfzig Meter von mir entfernt, passieren würde. Vielleicht würde ich denken, dass es mich nichts angeht, und einfach weitergehen. Damit ich nicht zu spät zur Arbeit komme oder so... Das meine ich.

Nach dem Krieg hat unsere Wirtschaft geboomt, und wir haben überhaupt kein Gefühl für Not mehr. Nur noch materielle Dinge zählen. Das Gefühl, dass man anderen Menschen kein Leid zufügen darf, ist nur noch schwach ausgeprägt. Das ist alles schon einmal gesagt worden, aber es verfolgt mich. Wie kann man mit so einer Einstellung Kinder erziehen? Das meine ich mit gefühllos.

Komischerweise war ich im Krankenhaus, wo alle in hellster Aufregung herumrannten, überhaupt nicht panisch, eher zu gelassen. Auch wenn zum Beispiel jemand einen dummen Witz über Sarin losließ, machte mir das überhaupt nichts aus. So wenig bedeutete mir das. Im Sommer hatte ich fast vergessen, dass so etwas wie ein Sarin-Anschlag überhaupt stattgefunden hatte. Wenn ich in der Zeitung etwas über Schadensersatzforderungen von Opfern las, dachte ich: »Ach, das schon wieder.« Als hätte die ganze Sache nichts mit mir zu tun.

Übrigens bin ich der Ansicht, dass das Individuum auch in der japanischen Gesellschaft einen stärkeren Stellenwert bekommen muss. Ich arbeite seit zwölf Jahren für die gleiche Firma und kenne mich deshalb mit diesem Phänomen aus. Trotz all dieser brillanten Köpfe hat Aum auch nichts Besseres zustande gebracht, als sich in eine Art Massenterrorismus zu stürzen. So schwach ist bei uns das Individuum.

»Alles hat damit angefangen,
dass mein Bus zwei Minuten früher kam«

Kenji Ohashi (41)

Erstes Interview

Herr Ohashi arbeitet seit 22 Jahren bei einem großen Autohändler und leitet gegenwärtig das Servicecenter seiner Firma im Bezirk Ota.

Zur Zeit des Anschlags war das große neue Kundendienst-Center noch nicht ganz fertig, und er arbeitete in einem provisorischen Büro in Honancho im Bezirk Suginami. Herr Ohashi war auf der Fahrt zum Büro in Honancho in der Marunouchi-Linie dem Sarin ausgesetzt.

Herr Ohashi ist ein alter Hase in der Autobranche und arbeitet seit langem in der Kundenbetreuung. *»Meine Arbeit ist so ähnlich wie die eines Hotelportiers«*, sagt er. Ursprünglich war er Mechaniker, ein solider Mann, der sich hochgearbeitet hat. Über den Anschlag spricht er in seiner wohlüberlegten, aufmerksamen Art. Mit seinem kurzen Haar und dem robusten Körperbau ist er das Abbild eines arbeitenden Mannes. Er ist ein eher schweigsamer Mensch.

Er wohnt in Edogawa, ist seit zehn Jahren verheiratet und hat drei Kinder. Ein Jahr vor dem Anschlag hatte die Familie ein neues Haus bezogen, und er hatte das Büro gewechselt.

Herr Ohashi leidet immer noch stark unter den Folgen seiner Vergiftung, hat sich aber einer Selbsthilfegruppe angeschlossen und nimmt aktiv an deren Aktionen teil. Er ist dabei, ein Selbsthilfenetz aufzubauen, das die Betroffenen verbindet. Nach unserem anderthalbstündigen Gespräch quälten ihn starke Kopfschmerzen. Daher möchte ich mich bei ihm entschuldigen und ihm meinen tiefen Dank für sein Entgegenkommen ausdrücken.

Ich bin immer von Koiwa mit JR nach Yotsuya gefahren, um nach Nakano zu kommen. Von zu Hause habe ich den Bus zum Bahnhof Koiwa genommen oder bin mit dem Rad gefahren, meist aber mit dem Bus.

Am 20. März, also dem Tag des Anschlags, bin ich wie immer um kurz nach sieben aus dem Haus gegangen. Aber wie es der Zufall wollte, kam der Bus zwei Minuten zu früh. Normalerweise kam er immer später, aber diesmal eben früher. Ich rannte, aber ich erwischte ihn nicht mehr und musste auf den nächsten Bus um halb acht warten. Als ich in Yotsuya ankam, hatte ich schon zwei U-Bahnen verpasst. Im Grunde ist mir das alles nur passiert, weil der Bus zwei Minuten zu früh abgefahren ist. So ein Pech habe ich noch nie gehabt. Davor bin ich immer ganz pünktlich hin- und hergependelt.

Ich steige in der Marunouchi-Bahn meist in den dritten Wagen von vorn ein. Auch an dem Tag. Von dort hat man die beste Aussicht. Wenn man über die Dächer guckt, sieht man die Sportplätze der Sophia-Universität. Das ist wie eine erfrischende Brise. Der dritte Wagen war so leer wie sonst nie. In Yotsuya wird es für gewöhnlich so voll, dass man fast nie einen Sitzplatz kriegt. Man kann nur hoffen, dass es danach irgendwann klappt. Aber an dem Tag waren nicht mehr als zehn Leute im Wagen. Da hatte ich bereits das Gefühl, dass etwas nicht stimmte.

Schon beim Einsteigen fielen mir zwei Personen in seltsamer Haltung auf. Ein Mann hing völlig zusammengekrümmt auf seinem Sitz, und eine Frau kauerte am Boden. Sie hatte sich mit eingezogenem Kopf zusammengerollt. Außerdem roch es ganz komisch. Am Anfang dachte ich, ein Betrunkener hätte sich erbrochen oder so. Es war kein stechender Geruch, eher süßlich wie nach etwas Verfaultem. Auch nicht wie Farbverdünner. In unserer Werkstatt werden ja auch Wagen gespritzt, also weiß ich, wie Farbverdünner riecht. Er sticht einem auch nicht so in die Nase wie dieses Zeug.

Immerhin kriegte ich einen Sitzplatz, und was war dagegen das bisschen Gestank. Als ich saß, schloss ich die Augen und schlief ein. Normalerweise lese ich in der Bahn, aber es war Montag, und ich war müde. Ich schlief eigentlich nicht richtig, sondern döste nur so. Geräusche nahm ich noch wahr. Deshalb sprang ich reflexartig auf, als die Durchsage »Nakano-Sakaue« kam, und stieg aus.

Es war düster. Die Lampen auf dem Bahnsteig leuchteten nur schwach. Mein Hals fühlte sich ganz trocken an, und ich musste husten, ein schlimmer trockener Husten. Am Ausgang des Bahnhofs sind ein Trinkbrunnen und eine Bank, und ich beschloss, mir dort den Mund auszuspülen. Da hörte ich, wie ein langer, junger Bahnbeamter schrie: »Jemand ist ohnmächtig geworden!« Als ich mich noch einmal umdrehte, sah ich, dass der Mann in der Bahn nun ganz zusammengebrochen war und ausgestreckt neben den Sitzen lag.

Mir ging es selbst nicht allzu gut. Ich gurgelte an dem Trinkbrunnen. Die Nase lief mir, und meine Knie zitterten. Weil ich keine Luft bekam, setzte ich mich erst mal auf die Bank. Ungefähr fünf Minuten später wurde der bewusstlose Mann auf einer Bahre weggetragen, und der Zug fuhr weiter.

Ich hatte keine Ahnung, was mit mir los war. Inzwischen war es stockdunkel vor meinen Augen, obwohl ich eigentlich keine Schmerzen oder so hatte. Meine Nase hörte nicht auf zu laufen, und ich keuchte, als hätte ich gerade einen Marathonlauf hinter mir. Meine Knie zitterten, und überhaupt fühlte sich die ganze untere Hälfte meines Körpers kalt und verkrampft an.

Insgesamt wurden etwa fünf oder sechs Fahrgäste in das Bahnhofsbüro gebracht, zwei auf einer Bahre. Die Bahnbeamten hatten auch keine Ahnung, was los war. Vier oder fünf von ihnen standen ratlos herum und fragten, was passiert sei. Nach zwanzig oder dreißig Minuten kam dann die Polizei, um uns zu befragen. Obwohl es mir ziemlich schlecht ging, versuchte ich möglichst deutlich zu sprechen. Einige hatten das Bewusstsein verloren, und ich hatte Angst zu sterben, wenn ich auch bewusstlos würde. Deshalb versuchten sie, uns zum Reden zu bringen, vermutete ich, und ich zwang mich zu sprechen.

Mittlerweile ging es auch den Bahnbeamten schlecht. Es wurde dunkel vor ihren Augen. Wir waren alle mindestens vierzig Minuten in dem Büro, und die Beamten hatten die gleiche Luft geatmet. Wahrscheinlich ist ihnen deshalb schlecht geworden. Es wäre besser gewesen, früher nach draußen zu gehen.

Endlich gingen wir nach oben. Die Feuerwehr hatte in einer Gasse eine provisorische Notaufnahme eingerichtet. »Setzen Sie sich erst mal hierhin«, sagte man uns. Aber es war so schrecklich kalt. Viel zu kalt, um auf einer dünnen Plastikplane auf dem Boden zu sitzen. Immerhin war es ja erst März. Ich stützte mich auf ein Fahrrad, das dort abgestellt war. »Du darfst nicht bewusstlos werden«, sagte ich mir unentwegt. Zwei Leute legten sich hin, aber die anderen lehnten sich wie ich nur irgendwo an. Es war wirklich zu kalt. So vergingen zwanzig Minuten. Vierzig Minuten waren wir im Dienstraum gewesen, zwanzig Minuten draußen, also verging insgesamt eine Stunde, ohne dass jemand von uns behandelt wurde.

Weil wir nicht alle in den Krankenwagen passten, wurde ich mit einem Polizeibus ins Nakano-Krankenhaus gebracht. Dort musste ich mich hinlegen und wurde untersucht. Das Ergebnis war offenbar nicht gut, und ich wurde gleich an einen Tropf gehängt. Im Polizeiwagen hatte ich im Radio etwas über die Symptome der Vergiftung gehört und begriffen, dass ich wahrscheinlich vergiftet worden war. Also war zu diesem Zeitpunkt das Nakano-Krankenhaus schon informiert, dass es sich um Sarin handelte. Trotzdem trugen wir noch unsere sarinverseuchte Kleidung, und bald litt auch das Krankenhauspersonal unter Augenbeschwerden.

Den ganzen Vormittag war mir furchtbar kalt. Sogar unter einer Heizdecke klapperte ich vor Kälte. Mein Blutdruck war bei 180, normalerweise habe ich, glaube ich, höchstens 150. Trotzdem war ich nicht beunruhigt, eher verwirrt.

Am Ende war ich zwölf Tage im Krankenhaus. Ich hatte grausame Kopfschmerzen. Schmerzmittel wirkten nicht. Das war wirklich qualvoll. Die Kopfschmerzen kamen und gingen den ganzen Tag über in Wellen, mal stärker, mal schwächer. Hohes Fieber hatte ich auch. Zwei Tage lang fast vierzig Grad.

In den ersten drei, vier Tagen hatte ich Krämpfe in den Beinen und schlimme Atembeschwerden, als stecke mir etwas im Hals. Sehen konnte ich auch nicht richtig. Wenn ich aus dem Fenster schaute, sah ich überhaupt nichts Helles. Außerdem war alles verschwommen. Dinge in größerer Entfernung konnte ich überhaupt nicht erkennen.

Ich bekam fünf Tage lang Infusionen. Dann war mein Cholinesterase-Wert wieder annähernd normal, und der Tropf wurde abgenommen. Auch meine Pupillen erholten sich langsam wieder, aber wenn ich meinen Blick auf einen bestimmten Punkt richtete, durchzuckten Stiche wie elektrische Schläge meine Augen. Oder als würde mit Nadeln hineingestochen.

Nach meiner Entlassung ließ ich mich für einen Monat krankschreiben, um mich zu erholen. Ich litt immer noch an furchtbaren Kopfschmerzen. Außerdem war ich noch so wacklig auf den Beinen, dass ich unterwegs zur Arbeit womöglich gestürzt wäre.

Morgens wachte ich schon mit Kopfschmerzen auf. Wie bei einem heftigen Kater. Mein Kopf dröhnte bei jedem Pulsschlag, jedem Herzschlag. Obwohl dieser Zustand anhielt, nahm ich keine Medikamente und hielt die Schmerzen irgendwie aus. Nach einer Sarin-Vergiftung noch ein falsches Medikament zu nehmen, wäre nicht gut, dachte ich mir, und verzichtete ganz auf Kopfschmerztabletten.

Einmal in der Woche, am Mittwoch, fuhr ich ins Nakano-Kranken-haus, um mich untersuchen zu lassen. Augen, Brust und so weiter. Meine Pupillen waren wieder normal, aber die Ärzte konnten sich auch nicht erklären, warum es mir solche Schmerzen bereitete, einen be-stimmten Punkt zu fixieren.

Ich hatte mir also den ganzen April freigenommen und begann An-fang Mai nach den Feiertagen wieder mit der Arbeit in unserem neuen Showajima-Center. Wir stellten Schreibtische auf, schlossen Com-puter an und arbeiteten den ganzen Tag durch bis spät in den Abend hinein. Ehrlich gesagt, das war ziemlich dumm von mir, denn ich hatte immer noch Kopfschmerzen. Am schlimmsten waren sie, als im Juni die Regenzeit einsetzte. Ich hatte permanent das Gefühl, als drücke et-was sehr Schweres auf meinen Kopf. Und der stechende Schmerz, wenn ich etwas fixierte, kam auch immer wieder.

Ich hatte Angst, mit der Bahn zu fahren. Sobald sich die Türen schlossen, bekam ich furchtbare Kopfschmerzen. Sobald ich ausgestie-gen und durch die Sperre nach draußen gegangen war, hoffte ich auf Besserung, aber der Druck auf meinen Kopf wollte nicht weichen. Kon-zentrieren konnte ich mich überhaupt nicht. Wenn ich mich über eine Stunde mit jemandem unterhielt, kriegte ich schon Kopfschmerzen. Das ist heute noch so. Als ich Mitte April bei der Polizei meine Aussage zu Protokoll gab, war ich völlig erledigt, aber das hat auch fünf Stunden gedauert.

Nach einer Woche Urlaub im August verspürte ich auf einmal eine Besserung. In der Bahn fühlte ich mich ganz normal, die Kopfschmer-zen waren nicht mehr so schlimm wie vorher. Vielleicht hatte sich die Anspannung gelegt, weil ich von der Arbeit weg war. Nach den Ferien ging mir die Arbeit zwei oder drei Tage gut von der Hand, aber nach einer Woche war wieder alles beim Alten. Kaum stieg ich in die Bahn, gingen die schlimmen Kopfschmerzen los.

Am 28. August brauchte ich drei Stunden bis zu meinem Arbeits-platz. Unterwegs musste ich aussteigen und mich ausruhen, damit der Schmerz nachließ. Dann stieg ich wieder in die Bahn, die Kopfschmer-zen wurden unerträglich, ich musste wieder aussteigen. Das wieder-holte sich mehrere Male. Um halb elf kam ich endlich in der Firma an.

Es ist mir etwas peinlich, aber auf eine Empfehlung hin suchte ich einen Psychologen – Herrn Dr. Nakano – im St. Lukas-Krankenhaus auf. Nachdem ich ihm meinen Fall und meine Symptome beschrieben hatte, sagte er: »Das ist Quatsch, was Sie da machen. Sie arbeiten sich ja selbst zu Tode!« Er nahm kein Blatt vor den Mund. »Welche Medikamente nehmen Sie?« fragte er. »Keine«, antwortete ich. »Auch das ist Unsinn«, sagte er. Seither gehe ich jede Woche zur Beratung zu ihm. Ich erzähle ihm, was in der Woche passiert ist, wie ich mich in der Bahn gefühlt habe und so weiter. Je nach Zustand bekomme ich manchmal Medikamente, gegen die Kopfschmerzen und auch Schlafmittel. Wenigstens kann ich jetzt nachts wieder schlafen.

Schließlich ließ ich mich noch drei Monate beurlauben, in denen ich zur Beratung ging und Medikamente nahm. Ich habe nämlich eine posttraumatische Belastungsstörung. Die gleichen Symptome treten zum Beispiel bei Erdbebenopfern aus Kobe oder Vietnam-Veteranen auf. Sie sind die Folge von starkem Stress. Ich habe mich nach dem Anschlag vier Monate lang gezwungen, bis spät in die Nacht zu arbeiten. Damit habe ich mich übernommen und den Stress verschlimmert. Dank meines einwöchigen Sommerurlaubs hatte die Anspannung nachgelassen.

Dr. Nakano war anfangs sehr erstaunt, dass ich so lange weitergemacht hatte. »Denken Sie nicht so viel nach, grübeln Sie nicht. Genießen Sie Ihr Leben, so gut es geht«, rät er mir immer. Eine posttraumatische Belastungsstörung ist anscheinend sehr schwer zu heilen. Wenn man die Erinnerungen nicht auslöschen kann, bleiben seelische Verletzungen zurück und mit ihnen die Symptome. Ich würde die Erinnerung gern auslöschen, aber das geht nicht so einfach. Alles, was ich tun kann, ist, mit der Krankheit zu leben, mich möglichst nicht zu überarbeiten und Stress zu vermeiden.

Im September, Oktober und November ging ich nicht zur Arbeit. Aber es fällt mir immer noch schwer, mit der Bahn zu fahren. Ab Koiwa sitze ich eine Stunde im Zug. Wenn ich in Hamamatsucho in die Einschienenbahn umsteige, wird der Druck in meinem Kopf stärker. In der Firma nehme ich dann eine Kopfschmerztablette, aber es dauert etwa eine halbe Stunde, bis ich wieder voll da bin. Von außen betrachtet, sehe ich ganz normal aus, deshalb verstehen die Leute meinen Zustand nicht. Aber mein Chef ist sehr anständig. Er sagt immer: »Wenn ich eine andere Bahn genommen hätte, wäre mir vielleicht das Gleiche passiert.«

Als ich nach dem Anschlag im Krankenhaus lag, hatte ich fürchterliche Alpträume. Am besten kann ich mich an einen Traum erinnern, in dem mich jemand aus meinem Bett am Fenster zerrte und mich durch das Zimmer schleifte. Oder ich drehte mich um und sah plötzlich jemanden hinter mir stehen, der eigentlich tot war. Überhaupt begegnete ich öfter Toten.

Früher habe ich manchmal geträumt, ich wäre ein Vogel und könnte fliegen, aber wenn ich es nun träumte, wurde ich abgeschossen, stürzte zu Boden und wurde totgetrampelt. Was früher ein schöner Traum war, hat sich in einen Alptraum verwandelt.

Meine Empfindungen, was die Täter angeht, gehen über Hass und Zorn hinaus. Aber selbstverständlich hasse ich sie auch. Ich will, dass man schnell mit ihnen fertig wird – mehr habe ich im Augenblick dazu nicht zu sagen.

Zweites Interview

Ich hatte Herrn Ohashi Anfang Januar 1996 interviewt, führte aber Ende Oktober ein zweites Gespräch mit ihm. Es interessierte mich, welche Fortschritte er gemacht hatte. Er litt noch immer unter Kopfschmerzen und Mattigkeit. Sein dringendstes persönliches Problem daneben war, dass man ihm in der Firma seinen bisherigen Arbeitsbereich weggenommen hatte; eine Woche vor unserem zweiten Gespräch hatte er es erfahren. *»Warum schonen Sie sich nicht noch eine Weile«*, hatte sein Chef zu ihm gesagt, *»und übernehmen eine Tätigkeit, die nicht so anstrengend ist, damit Sie bald wieder gesund sind?«* Nach einigen Gesprächen wurde entschieden, dass ein älterer Kollege Herrn Ohashis Aufgaben als Leiter des Servicecenters übernehmen sollte.

Dennoch hatte Herr Ohashi, als ich ihn nun nach längerer Zeit wiedersah, eine gesündere Gesichtsfarbe. Er fährt inzwischen immer von seinem Haus in Edogawa mit dem Motorrad in die Praxis zu Dr. Nakano (vor allem, weil er in der Bahn immer noch Kopfschmerzen bekommt). Auch zu unserem Gespräch kam er mit dem Motorrad. Er wirkte jünger als damals. Und er lächelte.

Doch wie er selbst sagt, sind Schmerzen letztlich unsichtbar, und nur der Betroffene selbst kennt ihre wahre Intensität.

Nach unserem ersten Gespräch bin ich im Februar, März und April dieses Jahres (1996) morgens gegen halb neun ins Büro und um drei Uhr wieder nach Hause gegangen. Ich hatte den ganzen Tag Kopfschmerzen. Sie kamen in Wellen, mal stärker, mal schwächer. Auch im Moment habe ich sie, wahrscheinlich werde ich sie für lange Zeit haben. Es fühlt sich an wie ein Gewicht, das auf meinen Kopf drückt, wie ein leichter Kater, den ganzen Tag. Jeden Tag.

Ein, zwei Wochen – von Ende August bis Anfang September – war es besonders schlimm. Ich war die ganze Nacht wach und konnte es nur mit Tabletten und Eisbeuteln aushalten. Mein Chef hat mir gesagt, ich solle nur noch vormittags arbeiten, aber die Kopfschmerzen werden einfach nicht weniger. Wenn ich im Büro ankomme, nehme ich als Erstes zwei Tabletten, und wenn die Schmerzen dann nachlassen, nehme ich keine mehr. Heute morgen habe ich auch eine genommen, damit wir reden können …

Murakami: *Schaffen Sie es denn? Es tut mir leid …*

Nein, nein, das macht nichts. Die Schmerzen sind chronisch, ich bin daran gewöhnt. Sie breiten sich von irgendeinem Punkt in der Mitte meines Kopfes aus. Jetzt ist es auf der linken Seite, aber an manchen Tagen wandern die Schmerzen von links nach rechts oder über den ganzen Schädel …

In diesem Jahr habe ich ein Datenverarbeitungsprogramm für Kostenvoranschläge eingerichtet, das auf meiner zwanzigjährigen Erfahrung basiert. Wenn der Computerbildschirm grün ist, geht es. Es gibt drei, vier Farben, die meinen Augen wehtun. Richtig fixieren kann ich auch immer noch nicht. Wenn ich in eine Richtung schaue, plötzlich gerufen werde und mich umdrehe, haut mich der Schmerz fast um. Das passiert andauernd. Es ist seltsam, wenn ich nach links sehe, ist der stechende Schmerz im linken Auge, schaue ich nach rechts, ist er im rechten. Als ob es durchbohrt würde. Wenn es sehr schlimm ist, würde ich mich am liebsten umbringen. Der Tod wäre eine Erleichterung.

Ich war bei mehreren Augenspezialisten, aber sie konnten die Ursache nicht finden. Sie haben mich kurz angeguckt und gesagt, alles sei in Ordnung. Das war's. Mehr wurde nicht geredet. Nur einer hat gesagt, Bauern hätten häufig die gleichen Symptome. Anscheinend greift der Umgang mit Düngemitteln die Nerven an und ruft die gleichen Symptome hervor.

Nun ist der Sommer vorbei, und ich habe noch immer diese Kopf-

schmerzen, von denen ich Ihnen schon damals erzählt habe. Ich komme bloß noch pro forma ins Büro. Sie beschäftigen mich zwar, aber trotz meiner zehn Dienstjahre bin ich all meiner Aufgaben als leitender Angestellter enthoben. Mein Chef sagt, zu viel Stress am Arbeitsplatz sei schlecht für meine Gesundheit. Aber das Ergebnis dieser Fürsorge ist natürlich, dass ich kein vollwertiger Angestellter mehr bin.

Natürlich bin ich dankbar, dass sie mich schonen wollen, und nach dem Anschlag habe ich ja auch härter gearbeitet als sonst. Um der Firma Unannehmlichkeiten zu ersparen, habe ich meine Kopfschmerzen verschwiegen, auch wenn das Unsinn war.

Ehrlich gesagt, ich fühle mich im Moment nicht ausgefüllt. Um es deutlicher zu sagen, man hat mich aufs Abstellgleis geschoben. Sogar mein Schreibtisch wurde umgestellt. Ich gehe zwar ins Büro, aber es gibt nichts Richtiges für mich zu tun. Ich sitze allein da und sortiere Quittungen. Jeder könnte das machen. Meine jahrelangen Erfahrungen kann ich dabei nicht einsetzen.

Oft mache ich irgendwelche Pläne – »wie wäre es, wenn du dies und jenes tätest?« Aufs ganze Leben gesehen, macht ein verlorenes Jahr nicht viel aus, oder? Immerhin habe ich schon zwanzig Jahre engagiert gearbeitet. Für einen Einundvierzigjährigen habe ich viel erreicht, also könnte ich mir eine Pause leisten, versuche ich jedenfalls, mir einzureden. Aber wenn ich realistisch bin, muss ich damit rechnen, noch lange so leben zu müssen. Ich kann nicht in die Zukunft sehen. Im Moment arbeite ich von morgens bis zwölf Uhr mittags und bin schon völlig erledigt.

Wegen der Auszahlung meiner Unfallversicherung wurde mein Jahresbonus auf 250.000 Yen gekürzt. Finanziell ist es jetzt ziemlich eng. Der Bonus ist für einen Angestellten lebenswichtig, er reicht ja kaum für das, was im Monat fehlt. Ich habe gerade erst ein Haus gebaut und muss noch dreißig Jahre abbezahlen. Dann bin ich siebzig.

Auch wenn ich rasende Kopfschmerzen habe, sieht man mir das nicht an. Was das bedeutet, weiß nur ich. Stellen Sie sich mal vor, Sie müssten Tag für Tag einen unheimlich schweren Helm aus Stein auf dem Kopf tragen. Aber wahrscheinlich kann niemand meinen Zustand nachvollziehen. Ich fühle mich völlig isoliert. Wäre ich nur damals gleich gestorben, wie viel einfacher wäre alles gewesen. Aber ich muss an meine Familie denken und weitermachen.

»Ausgerechnet an dem Tag bin ich zufällig in die erste Tür eingestiegen«

Soichi Inagawa (64)

Herrn Inagawas graues Haar wird schon etwas schütter, aber es ist sorgfältig frisiert. Er hat ein rundes, rosiges Gesicht, obwohl er nicht besonders füllig ist. Seit über zehn Jahren ist er Diabetiker und muss daher eine Diät einhalten. Dennoch ist er einem Schälchen Sake mit Freunden nicht abgeneigt.

Er trägt einen gut gebügelten dunkelgrauen Anzug mit Weste. Er spricht sehr präzise; man spürt, dass er stolz auf sein Berufsleben zurückblickt, das er kurz nach dem Krieg aufgenommen hat. Er macht den Eindruck, als könne er noch jahrelang weiterarbeiten.

Herr Inagawa stammt aus Kofu, einer Provinzstadt in den Bergen, zwei Stunden westlich von Tokyo. Nach seinem Abschluss auf einer Berufsfachschule für Elektriker kam er 1949 nach Tokyo und fing bei einer Baufirma an. Im Laufe der Zeit wechselte er von der Baustelle in die Verwaltung über und ging mit sechzig als Leiter der Geschäftsabteilung in den Ruhestand. Andere Stellen wurden ihm angeboten, aber: »*Ich hatte plötzlich die Nase voll von Vorgesetzten.*« Er und zwei gleichaltrige Freunde beschlossen, eine eigene Firma für Beleuchtungsartikel zu gründen. Ihr Büro befindet sich direkt über dem Bahnhof Shin-Nakano.

Die Geschäfte gehen gut, wenn auch nicht übermäßig. »*Aber es ist ein herrliches Gefühl, niemandem Rechenschaft schuldig zu sein.*«

Herr Inagawa und seine Frau leben in Ichikawa. Ihre beiden Kinder sind ausgezogen, und die Inagawas haben drei Enkelkinder, von denen das jüngste erst nach dem Sarin-Anschlag geboren ist.

Herr Inagawa trägt immer zwei Glücksbringer bei sich, die ihm seine Frau gegeben hat, auch wenn er eigentlich an solche Dinge nicht glaubt.

Ich gehe um 7.25 aus dem Haus, damit ich um zwanzig vor neun im Büro bin. Wir fangen um neun an, aber es ist ja meine Firma, da muss ich es nicht so genau nehmen.

Am 20. März hatte ich ab Ochanomizu einen Sitzplatz, weil da viele Leute umsteigen. Ich stieg in Shinjuku in die Marunouchi-Linie um und bekam sogar wieder einen Sitzplatz. Ich steige immer in den dritten Wagen von vorne ein.

An dem Tag saß ich auf dem ersten Sitz im dritten Wagen. Da sah ich, wie sich zwischen den Sitzen eine Pfütze ausbreitete, als würde irgendwo eine Flüssigkeit auslaufen. Ich wusste nicht, was es war, jedenfalls hatte es die Farbe von Bier. Außerdem roch es komisch, es stank sogar. Deshalb wurde ich auch darauf aufmerksam.

Die Bahn war ungewöhnlich leer. Normalerweise ist sie so voll, dass man keinen Sitzplatz kriegt, aber damals stand niemand, und auch nur wenige Leute saßen. Im Nachhinein ist mir klar geworden, dass wahrscheinlich der merkwürdige Geruch die Fahrgäste vertrieben hatte.

Ein Mann, der ganz allein neben der Sarin-Pfütze saß, beunruhigte mich. Als ich einstieg, dachte ich, er sei eingeschlafen, aber allmählich rutschte er immer mehr nach unten. »Komisch«, dachte ich. »Ob ihm schlecht ist?« Dann hörte ich kurz vor Nakano-Sakaue ein dumpfes Geräusch. Ich hatte gelesen, aber als ich aufschaute, sah ich, dass der Mann vom Sitz gefallen war und mit dem Gesicht nach oben auf dem Boden lag.

Du meine Güte, dachte ich. Wir waren kurz vor der Station. Sobald die Tür aufging, sprang ich aus dem Zug, um Hilfe zu holen. Aber ein junger Mann rannte an mir vorbei nach vorn und holte einen Bahnbeamten.

Dem Mann, der ohnmächtig geworden war, gegenüber saß eine Frau, die auch in schlechtem Zustand zu sein schien. Sie war so zwischen vierzig und fünfzig – ich kann das Alter bei Frauen so schlecht schätzen. Jedenfalls eine Frau in mittlerem Alter. Der Mann war älter. Der Bahnbeamte schaffte es, ihn allein aus der Bahn zu ziehen, dann kam noch einer, und sie trugen zu zweit die Frau raus. Ich stand währenddessen auf dem Bahnsteig.

In der Zwischenzeit hatte ein Bahnbeamter eine Tüte mit einer Flüssigkeit aufgehoben und auf den Bahnsteig gebracht. Niemand wusste, dass Sarin darin war, sie war einfach ein verdächtiger Gegenstand, der aus dem Zug entfernt werden musste. Ich stieg in einen anderen Wagen wieder ein, denn ich wollte nicht in dem Gestank bleiben, und die Bahn fuhr weiter. An der nächsten Station in Shin-Nakano stieg ich aus.

Aber als ich durch die U-Bahn-Gänge lief, begann meine Nase zu laufen. Dann musste ich niesen und husten. »Jetzt kriege ich auch noch eine Erkältung«, dachte ich. Plötzlich wurde es auch noch dämmrig vor meinen Augen. Das passierte alles fast gleichzeitig. Ich wunderte mich, denn sonst fühlte ich mich noch ganz gut. Ich war hellwach und konnte gehen.

Wie gesagt, unser Büro liegt direkt über dem Bahnhof, und ich ging hinauf. Noch immer war es dunkel. Das Naselaufen und der Husten hatten auch nicht aufgehört. »Mir ist nicht so gut, ich lege mich ein bisschen hin«, sagte ich und legte mich mit einem kühlen Tuch über den Augen aufs Sofa. Ein Kollege empfahl mir, ein warmes Tuch zu nehmen, also nahm ich ein heißes und wärmte eine Stunde lang meine Augen. Dann waren sie wieder in Ordnung. Ich sah den blauen Himmel wieder. Bis dahin war er schwarz gewesen. Ich hatte die Gegenstände zwar sehen können, aber nicht ihre Farben.

Ich arbeitete, als wäre nichts gewesen. Um zehn rief meine Frau an. »In der U-Bahn ist etwas Schlimmes passiert, aber dir geht es doch gut, oder?« Ich wollte nicht, dass sie sich Sorgen machte, und antwortete: »Ja, mir geht's prima.« Immerhin waren meine Augen ja wieder in Ordnung.

Beim Mittagessen in einem Nudellokal in der Nähe sah ich im Fernsehen, was los war. Ich hatte zwar den ganzen Morgen über in der Nähe Sirenen heulen gehört, aber nicht darauf geachtet. Im Fernsehen hörte ich zum ersten Mal, dass es einen Sarin-Anschlag gegeben habe. Als sie sagten, die Pupillen der Opfer seien verengt, sodass alles dunkel erscheine, dachte ich: »Aha, wie bei mir.« Aber inzwischen waren meine Augen ja wieder in Ordnung, und ich zog keine Schlüsse.

Ich ließ meine Augen im Nakano-Krankenhaus untersuchen. Sobald sie meine verengten Pupillen sahen, spritzten sie mir ein Gegenmittel und hängten mich an den Tropf. Eine Blutuntersuchung ergab, dass mein Cholinesterase-Wert sehr niedrig war. Ich sollte im Krankenhaus bleiben, bis er wieder normal war. Ich rief also im Büro an: »Ich bin im Krankenhaus. Für wie lange, weiß ich noch nicht. Tut mir leid, aber könntet ihr meinen Schreibtisch aufräumen?« Dann rief ich zu Hause an, und meine Frau schimpfte mit mir, weil ich gesagt hatte, es ginge mir prima (*lacht*).

Insgesamt war ich sechs Tage im Krankenhaus. In dieser Zeit hatte ich eigentlich keine Schmerzen. Obwohl ich direkt neben dem Sarin gestanden hatte, waren meine Symptome merkwürdigerweise sehr schwach. Bestimmt hatte der Wind das Gas von mir weggeblasen. In der Bahn weht immer ein Luftzug von vorne nach hinten durch, deshalb wäre es schlimmer gewesen, wenn ich hinten gesessen hätte, wenn auch nur für ein oder zwei Stationen. Das nennt man Schicksal.

Ich habe auch seither keine Angst, mit der U-Bahn zu fahren. Alp-träume habe ich auch nicht. Vielleicht habe ich einfach ein dickes Fell, aber eigentlich finde ich, dass es Schicksal war. Zum Beispiel steige ich normalerweise nie durch die erste Tür in den dritten Wagen ein, ich nehme immer die zweite. Dann hätte der Fahrtwind das Sarin zu mir hingeweht. Aber ausgerechnet an dem Tag bin ich zufällig ohne beson-deren Grund in die erste Tür eingestiegen. Purer Zufall.

Mein Leben lang habe ich mich nie besonders vom Glück begünstigt gefühlt. Richtiges Pech hatte ich allerdings auch nie. Ich hatte ein ziem-lich ereignisloses, durchschnittliches Leben … und dann kommt so was.

»Wenn nicht ich, dann hätte eben jemand anders die Beutel mit Sarin aufgehoben«

Sumio Nishimura (46)

Herr Nishimura ist stellvertretender Stationsvorsteher am Bahnhof Naka-no-Sakaue. Er war es, der die Beutel mit Sarin aus der Marunouchi-Bahn entfernte.

Herr Nishimura lebt in der Präfektur Saitama und hat zwei Töchter. Die Stelle bei der U-Bahn hat er durch die Vermittlung eines Schulfreundes be-kommen. Stellen bei der Bahn gelten als etwas »Sicheres« und sind auf dem Land hoch angesehen. Deshalb war Herr Nishimura sehr froh, als er 1969 die Einstellungsprüfung bestand.

Er ist von durchschnittlicher Größe und eher schmal. Seine Gesichts-farbe ist gesund, sein Blick fest. Wenn ich zufällig in einer Kneipe neben ihm säße, fiele es mir vermutlich schwer zu erraten, welchen Beruf er aus-übt. Auf den ersten Blick wüsste ich, dass er nicht der Typ für eine sitzende Tätigkeit ist. Beim näheren Hinsehen könnte man sich denken, dass er für seine Arbeit gute Nerven braucht. Deshalb ist es sein größtes Vergnügen, nach der Arbeit mit seinen Freunden noch Sake zu trinken.

Herr Nishimura hat sich freundlicherweise bereit erklärt, seine Ge-schichte zu erzählen, obwohl er offenkundig ungern über den Anschlag spricht – oder, wie er es ausdrückte, »nicht daran rühren möchte«. Der An-schlag war für ihn natürlich ein grauenhaftes Erlebnis, das er so schnell wie möglich aus seinem Gedächtnis streichen möchte.

Das gilt wahrscheinlich nicht nur für Herrn Nishimura, sondern für das gesamte Personal. Das Tokyoter U-Bahn-System möglichst reibungslos und ohne Zwischenfälle funktionsfähig zu halten, ist ihr wichtigstes und beinahe einziges Ziel. Sie wollen die Vergangenheit nicht unnötig wieder-käuen. Deshalb war es auch nicht ganz einfach, Angehörige des Bahnper-sonals zu Gesprächen zu bewegen. Zugleich wollen sie aber auch nicht, dass der Anschlag in Vergessenheit gerät, und damit ihre verstorbenen Kol-legen. Ich möchte Herrn Nishimura meinen tiefen Dank für seinen wichti-gen Beitrag zu diesem Buch aussprechen.

Unsere Arbeit ist in zwei Schichten – die normale Tageschicht und die 24-Stunden-Schicht – eingeteilt. Die 24-Stunden-Schicht geht von acht Uhr morgens bis zum nächsten Morgen um acht. Natürlich müssen wir nicht die ganze Zeit wach bleiben, sondern schlafen zwischendurch in einem Ruheraum. Anschließend haben wir einen Tag frei und danach kommt wieder die Tagesschicht. So hat jede Woche zwei 24-Stunden-Schichten und zwei freie Tage.

Bei der 24-Stunden-Schicht kann man meist morgens nicht einfach gehen, denn zwischen 8.00 und 9.30 ist die Spitzenverkehrszeit, und wir müssen meist Überstunden machen. Meine 24-Stunden-Schicht war am Morgen des 20. März zu Ende, aber ich hatte noch »Bereitschaftsdienst«. In diese Zeit fiel der Anschlag.

Der 20. März lag zwischen zwei Feiertagen, aber trotzdem waren es genauso viele Fahrgäste wie sonst auch im Berufsverkehr. Nach Kasumigaseki werden die Marunouchi-Züge in Richtung Ogikubo ziemlich schnell leerer. Von Ikebukuro bis Kasumigaseki steigen dauernd eine Menge Leute zu, aber danach wird nur noch ausgestiegen.

Während der Bereitschaft muss ich die Arbeit der Kollegen überwachen, aufpassen, dass alles reibungslos läuft, dass der Schichtwechsel ordnungsgemäß vonstatten geht, dass es zu keinen Verspätungen kommt und so weiter.

Der fragliche A 777 kam von Ikebukuro und fuhr in Richtung Ogikubo. Er kam pünktlich um 8.26 in Nakano-Sakaue an. Als er hielt, rief ein Fahrgast aus einem der vorderen Wagen nach der Stationsaufsicht: »Kommen Sie schnell! Hier geht es jemandem nicht gut!«

Da ich etwa fünfzig Meter entfernt auf dem Bahnsteig stand, konnte ich nicht richtig verstehen, was er sagte, aber irgendetwas schien passiert zu sein. Also rannte ich hin. Auch wenn etwas Außergewöhnliches passiert, kann die andere Aufsicht nicht einfach über die Gleise springen. Deshalb bin ich hingegangen. Ich betrat den dritten Wagen von vorn durch die hinterste der drei Türen und sah einen etwa fünfundsechzigjährigen Mann am Boden liegen. Ihm gegenüber war eine fünfzigjährige Frau von der Sitzbank gerutscht. Beide keuchten, schnappten nach Luft, und blutiger rosa Schaum stand auf ihren Lippen. Auf den ersten Blick schien der Mann bewusstlos zu sein. Mein erster Gedanke war: »Herrje, ein Liebesdoppelselbstmord.« Natürlich völliger Unsinn, aber das kam mir eben als Erstes in den Kopf. Der Mann ist später gestorben, und die Frau ist, soweit ich weiß, schwerstbehindert.

Die beiden waren die einzigen Fahrgäste in diesem Wagen. Sonst war niemand da. Nur der Mann auf dem Boden und die Frau gegenüber, und zwei Plastikbeutel neben der Tür. Ich hatte sie beim Betreten des

Waggons sofort entdeckt. Die Beutel waren etwa dreißig Zentimeter im Quadrat und enthielten eine Flüssigkeit. Einer war noch prall gefüllt, der andere schon ausgelaufen. Die klebrige, stinkende Flüssigkeit rann über den Boden.

Der Geruch, der davon ausging, ist schwer zu beschreiben. Zuerst habe ich immer gesagt, wie Farbverdünner, aber eigentlich roch es eher verbrannt. Ich bin so oft gefragt worden, aber ich kann ihn nicht beschreiben. Es stank eben.

Inzwischen waren noch andere Beamte hinzugekommen, und wir trugen den Mann aus dem Zug. Wir hatten nur eine Bahre, also trugen wir zuerst den Mann raus und dann die Frau auf unseren verschränkten Armen. Wir legten sie auf den Bahnsteig. Weder der Fahrer noch der Schaffner des Zuges hatten etwas von dem Vorfall bemerkt.

Dann gaben wir das Signal zur Weiterfahrt. Man kann einen Zug nicht zu lange halten lassen, und wir hatten keine Zeit, den Boden aufzuwischen. Aber da waren dieser Gestank und der nasse Boden. Also ging ich ins Büro und rief bei der Endhaltestelle Ogikubo an und sagte: »Der dritte Wagen des A 777 muss gereinigt werden. Können Sie sich darum kümmern?« Nun wurde allmählich allen schlecht, die mit dem A 777 zu tun gehabt hatten, den Kollegen und auch den Fahrgästen. Das war ungefähr um 8.40.

Von Nakano-Sakaue bis Ogikubo sind es fünf Stationen. Die Fahrt dauert zwölf Minuten. Der A 777 fuhr anschließend gleich als 877 wieder zurück. Aber die Fahrgäste, die den A 877 in Ogikubo bestiegen, fühlten sich dann auch nicht gut. Als der Zug in Ogikubo angekommen war, wischte man den Boden – ich glaube, sie wischten sogar noch, als der Zug schon wieder fuhr – und alle, die putzten, wurden krank. Ebenso wie die Fahrgäste, die von Ogikubo nach Shin-Koenji fuhren. Endlich kam die Meldung, dass mit dem Zug etwas nicht stimmte.

In Ogikubo sind, glaube ich, ziemlich viele Fahrgäste eingestiegen. Die meisten Sitzplätze waren die ganze Zeit besetzt, einige Leute standen. Da wir den Zug nun überprüfen mussten, warteten wir darauf, dass er um 8.53 in Nakano-Sakaue einlief. Aber man zog ihn schon in Shin-Koenji aus dem Verkehr.

Nachdem wir also die beiden kranken Fahrgäste aus dem Zug getragen hatten, hob ich die beiden Plastikbeutel mit Sarin mit Hilfe einer

Zeitung hoch, die ich auf der Gepäckablage fand, und legte sie neben einem Pfeiler auf dem Bahnsteig ab. Es waren viereckige Beutel aus Kunststoff, wie sie für Infusionen im Krankenhaus verwendet werden. Sie enthielten eine Flüssigkeit. Ich trug wie immer bei der Arbeit weiße Nylonhandschuhe und bemühte mich, die nassen Stellen nicht zu berühren. Weil ich dachte, der Mann und die Frau hätten sie irgendwie für ihren Selbstmord benutzt, hielt ich sie für gefährlich und benachrichtigte die Polizei. Ein Kollege holte eine weiße Plastiktüte, wie man sie im Supermarkt bekommt, wir packten das Sarin hinein und knoteten sie oben zu. Mein Kollege brachte sie ins Stationsbüro. Ich wusste nicht, dass er sie in einen Eimer neben der Tür legte.

Da inzwischen immer mehr Fahrgäste über Übelkeit klagten, versammelten wir sie im Büro. Auch viele Kollegen schienen angegriffen. Polizisten und Feuerwehrleute trafen ein und begannen mit ihrer Befragung, aber nach kurzer Zeit fühlten auch sie sich schlecht. Das war so seltsam, dass wir endlich die Plastiktüte entsorgten. Ich erinnere mich, dass die Polizei sie irgendwohin brachte.

Als ich zum Telefonieren ins Büro gekommen war, hatte ich nicht darauf geachtet, aber mir lief die Nase, und meine Augen waren gereizt. Mir tat nicht direkt etwas weh, aber ich konnte nicht mehr richtig sehen. Nur wenn ich versuchte, etwas zu fixieren, spürte ich einen Schmerz in den Augen. Bald verschwamm die Beleuchtung und alles andere.

Gegen 8.55 ging ich ans Waschbecken, um mir das Gesicht zu waschen, und legte mich um 9.00 im Ruheraum hin. Wir erfuhren, dass auch an anderen Orten etwas passiert war. Der Vorfall in der Hibiya-Linie war etwas früher eingetreten. Inzwischen waren alle in Panik und die Fernsehreporter außer Rand und Band.

Mir ging es inzwischen ziemlich schlecht, und ich verließ den Bahnhof. Krankenwagen rasten um die Kreuzung Nakano-Sakaue herum, um Verletzte einzusammeln und abzutransportieren. Ich fand keinen Krankenwagen, der mich mitnahm, und wurde stattdessen in einem Polizeispezialfahrzeug ins Krankenhaus gebracht, wo ich gegen halb zehn ankam. Sechs Kollegen aus Nakano-Sakaue waren dort. Mich und noch einen anderen behielten sie im Krankenhaus, wo sie bereits im Bilde waren, dass Sarin die Ursache war. So wurde ich dementsprechend behandelt. Meine Augen wurden ausgespült, und ich kam sofort an den Tropf. Ich musste Namen und Adresse in die Aufnahmekartei eintragen, aber wie viele konnte ich wegen meiner Augen nicht richtig schreiben.

Insgesamt war ich sechs Tage im Krankenhaus. Der 20. März war der schlimmste. Ich war völlig erschöpft, hatte nur die Kleider, die ich am Leib trug, und wurde pausenlos untersucht. Der Cholinesterase-Wert in meinem Blut war ungewöhnlich niedrig. Erst nach drei, vier Monaten, in denen ich ständig Infusionen erhielt, war er wieder einigermaßen normal. So lange erweiterten sich auch meine Pupillen nicht. Ihre Verengung war bei mir hartnäckiger als bei anderen. Bis zu meiner Entlassung blieben sie so.

Nachdem man meine Frau benachrichtigt hatte, kam sie sofort ins Krankenhaus, aber es ging ja in meinem Fall nicht um Leben und Tod. Ich hatte keine gravierenden Symptome und war auch nicht bewusstlos geworden. Mir lief nur die Nase, und meine Augen brannten.

Dennoch verbrachte ich eine harte Nacht. Mein ganzer Körper fühlte sich an wie Eis. Ich weiß nicht genau, ob dieses Gefühl Traum oder Wirklichkeit war, jedenfalls war es mir deutlich bewusst. Ich wollte nach der Schwester klingeln, aber ich konnte den Knopf einfach nicht drücken. Ich stöhnte, so schlimm war das. Das passierte zweimal. Ich schreckte hoch, versuchte zu klingeln und scheiterte.

Wenn man bedenkt, dass ich die Sarin-Beutel angefasst habe, bin ich wirklich glimpflich davongekommen. Vielleicht hatte es auch mit der Windrichtung im U-Bahn-Schacht zu tun. Wahrscheinlich habe ich die Beutel aufgehoben, ohne die Dämpfe direkt einzuatmen. Denn einige, die das Zeug an den anderen Bahnhöfen angefasst haben, sind gestorben. Ich bin ziemlich trinkfest, und meine Kollegen sagen, das war's, was mich gerettet hat. Weil ich nicht so leicht einen Rausch bekomme. Ich weiß es nicht.

Ich habe eigentlich nie wirklich gegeglaubt, dass ich auch hätte sterben können. Meine Augen taten weh, und ich schlief den ganzen Tag. Nicht mal fernsehen konnte ich. Nachts war mir ziemlich langweilig, aber ich war relativ entspannt, weil die schlimmsten körperlichen Beschwerden ziemlich schnell vorbei waren. Am 25. März wurde ich entlassen und ging ab 1. April wieder zur Arbeit. Ich langweilte mich zu Hause und fand es an der Zeit, mal wieder rauszukommen und zu arbeiten.

Die Täter von Aum habe ich, offen gesagt, am Anfang gar nicht gehasst. Vielleicht, weil ich nicht genau wusste, wer sie waren.

Aber je mehr Tatsachen ans Licht kamen, desto wütender wurde ich. Es ist unverzeihlich, völlig arglose Unbeteiligte zu töten. Zwei meiner Kollegen sind durch die Schuld dieser Leute ums Leben gekommen. Ich weiß nicht, ob ich mich beherrschen könnte, wenn ich die Gelegenheit hätte, sie zusammenzuschlagen. Selbstverständlich sollten sie zum Tode verurteilt werden. Manche sind ja für die Abschaffung der Todesstrafe, aber Verbrecher, die so etwas getan haben, kann man doch nicht begnadigen.

Die Beutel mit dem Sarin habe ich nur aufgehoben, weil ich eben gerade da war. Wenn nicht ich, dann hätte es eben ein anderer getan. Arbeit bedeutet, seine Pflicht zu erfüllen. Wegschauen kann man nicht.

»Es ging mir ziemlich schlecht, trotzdem habe ich ganz nach Plan meine Milch gekauft«

Koichi Sakata (50)

Herr Sakata lebt in Futamatagawa in der Nähe von Tokyo. Er lebt mit seiner Frau und seiner Mutter in einem erst kürzlich renovierten, hellen geschmackvollen Haus. Geboren ist er in Shinkyo (heute Changchun) in der japanisch besetzten Mandschurei. Sein Vater war Soldat und starb während des Krieges an Typhus. Danach heiratete Herrn Sakatas Mutter den älteren Bruder ihres verstorbenen Mannes.

Als Buchhalter ist Herr Sakata äußerst genau im Umgang mit seinen Papieren. Zu jeder meiner Fragen konnte er einen Zeitungsausschnitt, eine Quittung oder eine Notiz aus seiner Ablage hinzuziehen. Bewundernswert. Ich vermute, dass er in seinem Büro ebenso gewissenhaft vorgeht. Natürlich ist auch seine Wohnung sehr aufgeräumt.

Sein Hobby ist Go. Außerdem spielt er gerne Golf, obwohl er so viel im Büro zu tun hat, dass er nur etwa fünfmal im Jahr dazu kommt, Golf zu spielen. Er ist körperlich robust und war noch nie krank – bis er infolge des Sarin-Anschlags zum ersten Mal in seinem Leben im Krankenhaus war.

Ich arbeite seit elf Jahren für eine Gesellschaft, die Asphalt für den Straßenbau herstellt. Ich habe mehrmals die Stelle gewechselt. Das ist jetzt meine dritte Firma, aber immer hatte ich mit Öl zu tun. In meiner ehemaligen Firma gab es Probleme mit der Geschäftsleitung, also haben wir uns zusammengetan und sind – eins, zwei, drei – abgesprungen. Und haben aus dem Nichts eine Firma aufgebaut.

Ob ich viel zu tun habe? Es geht. Nicht so viel wie vorher in der Bubble-Economy. Jetzt wo sie am Ende ist, stagnieren die Geschäfte im Baugewerbe. Dann der Niedergang der Ölindustrie. Unsere Zulieferfirmen können jetzt billigeres Öl aus dem Ausland beziehen, und wir müssen Umstrukturierungen vornehmen.

Ich verlasse das Haus um sieben und gehe die anderthalb Kilometer zum Bahnhof in zwanzig Minuten zu Fuß, als Training. Mein Blutzuckerspiegel ist in letzter Zeit zu hoch, also tut mir Bewegung nur gut. Von Futamatagawa fahre ich mit der Sotetsu-Linie nach Yokohama, von dort mit der Yokosuka-Linie bis zum Bahnhof Tokyo und nehme zum Schluss eine Marunouchi-Bahn bis nach Shinjuku-Sanchome.

Dazu brauche ich etwa anderthalb Stunden. Ab Ginza oder Kasumiga-seki bekomme ich meist einen Sitzplatz, also ist es ganz bequem.

Am 20. März, dem Tag des Anschlags, ist meine Frau wegen einer Gedenkfeier für ihren verstorbenen Vater zu ihrer Familie gefahren. Sie war also nicht zu Hause. Ich machte mich wie immer auf den Weg und stieg am Bahnhof Tokyo in die Marunouchi-Bahn, in den dritten Wagen von vorn. Das mache ich immer, wenn ich Milch kaufen will.

Murakami: *Wenn Sie Milch kaufen wollen?*

Ja, wenn ich Milch kaufen will, steige ich in Shinjuku-Gyoenmae aus. Ich trinke immer Milch zum Mittagessen und kaufe mir in einem Laden in der Nähe jeden zweiten Morgen die Menge, die ich für zwei Tage brauche. Wenn ich keine kaufe, steige ich in Shinjuku-Sanchome aus und fahre im letzten Wagen. Aber weil an dem Tag mein Milchtag war, wurde ich Opfer des Sarin-Anschlags. Das nenne ich Pech.

Schon am Bahnhof Tokyo bekam ich einen Sitzplatz. Hirose, der Täter, hat ausgesagt, er sei zuerst in den zweiten Wagen eingestiegen, habe ihn unterwegs einmal verlassen und sei dann in den dritten Wagen wieder eingestiegen. Er durchstach die Sarin-Beutel in Ochanomi-zu, und zwar genau da, wo ich saß, nämlich an der mittleren Tür des dritten Wagens. Ich war zu sehr in die Lektüre der Zeitschrift *Diamond* vertieft, um etwas zu bemerken. Wie das denn sein könne, hat mich später der Inspektor gelöchert, aber so war es eben. Ich hatte sogar das ungute Gefühl, dass er mich verdächtigte.

Bald wurde mir komisch. Auf der Höhe von Yotsuya fühlte ich mich richtig schlecht. Mir lief auf einmal die Nase. Ich dachte, ich hätte mich erkältet, weil mir auch der Kopf dröhnte und mir vor den Augen alles dunkel wurde, als hätte ich eine Sonnenbrille auf.

Erst befürchtete ich, es sei eine Gehirnblutung oder so. So etwas hatte ich noch nie erlebt, deshalb nahm ich natürlich das Schlimmste an. Nur von einer Erkältung konnte das nicht kommen, es musste etwas Gravie-rendes sein. Ich hatte das Gefühl, gleich umzukippen.

Ich erinnere mich fast gar nicht an die anderen Leute im Wagen. Ich war zu sehr mit meinem eigenen Zustand beschäftigt, um auf meine Umgebung zu achten. Irgendwann erreichte die Bahn Shinjuku-Gyoenmae, und ich stieg aus. Mir war schwindlig, und alles um mich her war schwarz. »Das war's«, dachte ich. Das Gehen fiel mir entsetzlich schwer. Ich tastete mich in Richtung Ausgang zur Treppe vor. Als ich draußen ankam, war es so stockfinster wie in der Nacht. Es ging mir sehr schlecht, aber trotzdem kaufte ich meine Milch wie immer. Ist das nicht merkwürdig? Ich ging in den Supermarkt und kaufte Milch. Ich kam gar nicht auf den Gedanken, es nicht zu tun. Nachträglich ist es mir ein Rätsel, warum ich in dem Zustand noch Milch kaufen gegangen bin ...

Ich schlich ins Büro und legte mich auf die Couch im Foyer. Aber mir wurde einfach nicht besser, sodass eine Kollegin mir riet, ein Krankenhaus aufzusuchen. Also machte ich mich gegen neun Uhr ins Shinjuku-Krankenhaus auf, das ist ja nicht weit. Während ich dort wartete, kam ein Büroangestellter in die Aufnahme und redete davon, dass ihm in der U-Bahn komisch geworden sei. Da dachte ich: »Der hat bestimmt das Gleiche. Eine Gehirnblutung.«

Ich blieb fünf Tage im Krankenhaus. Ich wäre gern früher entlassen worden, aber mein Cholinesterase-Wert war noch nicht wieder normal. »Kurieren Sie sich erst mal gründlich aus«, hat der Arzt gesagt. Trotzdem bin ich früher gegangen. »Ich muss am Samstag zu einer Hochzeit«, habe ich ihnen gesagt. Es dauerte aber zwei Wochen, bis ich wieder besser sehen konnte. Eigentlich sehe ich immer noch schlecht. Ich fahre zwar Auto, aber im Dunkeln kann ich die Schilder kaum erkennen. Ich habe mir eine neue, stärkere Brille machen lassen. Als ich vor kurzem auf einer Versammlung der Opfer des Anschlags war, hat der Anwalt gesagt, alle, die jetzt schlechter sehen als vorher, sollten sich melden. Viele Hände gingen hoch. Also liegt es am Sarin.

Mein Gedächtnis ist übrigens auch viel schlechter geworden. Ich komme einfach nicht mehr auf die Namen von Leuten. Weil ich viel mit Leuten von Banken zu tun habe, stecke ich mir immer einen Merkzettel in die Tasche, auf dem steht, wer Filialleiter von welcher Bank ist ... Früher ist mir das ganz leicht gefallen. Außerdem liebe ich Go und spiele fast jeden Tag in der Mittagspause. Aber kurz danach weiß ich schon nicht mehr, wie ein Spiel ausgegangen ist. Zuerst glaubte ich, es läge am Alter, aber das allein kann es nicht sein. Diese Vergesslichkeit beunruhigt mich sehr. Inzwischen ist erst ein Jahr vergangen, aber was wird in zwei oder drei Jahren sein? Bleibt das so oder verschlimmert es sich?

Ich habe keine besondere Wut auf die Täter. Anscheinend sind sie von ihrer Sekte benutzt worden. Auch wenn ich Asahara im Fernsehen sehe, bin ich nicht von Hass erfüllt. Ich finde, man sollte stattdessen stärker den wirklich schwer verletzten Opfern helfen.

»Am Abend vor dem Gasanschlag haben wir beim Essen noch gesagt, was für ein Glück wir haben«

Tatsuo Akashi (37), der ältere Bruder der schwer verletzten Shizuko Akashi

Shizuko Akashi wurde durch den Sarin-Anschlag in der Marunouchi-Linie so schwer verletzt, dass sie zeitweise nur noch dahinvegetierte. Inzwischen befindet sie sich in einer Reha-Klinik. Ihr älterer Bruder ist bei einem Autohändler in Itabashi beschäftigt. Er ist verheiratet und hat zwei Kinder.

Nach dem Unglück kümmerten er und seine schon betagten und gebrechlichen Eltern sich abwechselnd um Shizuko. Die Szenen, die sich im Krankenhaus abspielten, haben ihn sehr mitgenommen, gibt Tatsuo mit gesenktem Kopf zu. Er liebt seine Schwester sehr und kann seinen Zorn über das sinnlose Verbrechen gar nicht recht in Worte fassen. Im Gespräch spürt man hinter seinem Lächeln und seiner sanften Stimme die Tiefe seiner Qual und Bitterkeit.

Warum wurde ausgerechnet seine pflichtbewusste, liebe Schwester, die doch nicht mehr für sich beanspruchte als eine kleine Nische zum Leben, das Opfer dieser Leute? Diese Frage wird sich ihr Bruder, bis zu dem Tag, an dem Shizuko das Krankenhaus auf ihren eigenen Füßen verlassen kann, immer wieder stellen.

Wir sind nur zwei Geschwister und vier Jahre auseinander. Mein Sohn und meine Tochter sind auch vier Jahre auseinander, und meine Mutter sagt immer, sie benehmen sich genauso wie Shizuko und ich, als wir Kinder waren. Das soll wohl heißen, dass wir uns gestritten haben (*lacht*).

Aber ich kann mich gar nicht daran erinnern, dass wir uns viel gestritten haben. Vielleicht über Kleinigkeiten wie das Fernsehprogramm oder Süßigkeiten. Obwohl meine Mutter oft erzählt, dass Shizuko, wenn sie etwas Süßes oder so bekam, immer gesagt hat: »Gib Tatsuo aber auch was!« Das macht meine kleine Tochter übrigens genauso. Vielleicht weil sie jünger ist oder ein Mädchen, ich weiß es nicht genau.

Shizuko war schon als kleines Mädchen sehr hilfsbereit und weichherzig. Wenn zum Beispiel im Kindergarten oder in der Grundschule ein Kind weinte, ging sie gleich zu ihm hin, um es zu trösten.

Außerdem war sie von Natur aus sehr gewissenhaft. Ab der sechsten Klasse hat sie ein Tagebuch geführt. Keinen Tag hat sie ausgelassen und drei Hefte vollgeschrieben.

Nach der neunten Klasse beschloss sie, mit der Schule aufzuhören und auf eine Schule für Schneiderinnen zu gehen. Weil unsere Eltern langsam alt wurden, wollte sie, statt auf die Oberschule zu gehen, lieber schnell arbeiten, um es ihnen ein bisschen leichter zu machen. Ich weiß noch, dass ich damals dachte: »Sie hat einen viel besseren Charakter als ich.« Sie war wirklich ein liebes, pflichtbewusstes Mädchen. Damit meine ich auch, dass sie immer alles gut durchdachte. Sie pfuschte nie, nur um schnell fertig zu sein.

Sie machte also die Ausbildung als Schneiderin und fand auch eine Stelle. Leider machte die Firma nach drei oder vier Jahren pleite. Sie versuchte, eine neue Stelle zu finden, aber sie hatte kein Glück. Darum fing sie in einem Supermarkt an. Sie war ein bisschen enttäuscht, aber sie hätte unsere Eltern nie im Stich gelassen und wollte in ihrer Nähe bleiben.

Dort hat sie zehn Jahre gearbeitet. Meist an der Kasse. Sie fuhr immer mit dem Bus zum Supermarkt. Nach zehn Jahren galt sie als altgediente Kraft. Noch heute, nach zwei Jahren im Krankenhaus, wird sie als Festangestellte geführt. Der Supermarkt hat uns überhaupt nach dem Anschlag sehr viel geholfen.

Murakami: *Warum ist sie denn eigentlich an dem Tag mit der Marunouchi-Linie gefahren, wo sie doch sonst den Bus nahm?*

An dem Tag sollte sie an einem Einführungsseminar in Suginami teilnehmen. Im April werden immer neue Leute eingestellt, und Shizuko sollte helfen, ihnen alles zu erklären. Im Jahr davor war sie auch bei dem Seminar dabei gewesen, und ihr Chef hatte sie wohl wieder darum gebeten.

Am 19. März, dem Sonntag vor dem Anschlag, gingen meine Eltern, meine Frau, die Kinder und ich alle zusammen in die Stadt, um einen Ranzen für meinen Sohn zu kaufen, weil er in die Schule kam. Um die Mittagszeit holten wir Shizuko vom Supermarkt ab, um mit ihr in einem Nudellokal in der Nähe etwas zu essen. In den Supermärkten ist ja sonntags immer besonders viel Betrieb, aber irgendwie konnte sie sich freimachen, und wir aßen zusammen. Das machen wir häufig, wir sind als Familie sehr verbunden.

Als sie erzählte, dass sie am nächsten Tag nach Suginami müsse, sagte ich: »Gut, ich bringe dich mit dem Auto zum Bahnhof.« Ich muss sowieso die Kinder zum Kindergarten und meine Frau zum Bahnhof fahren. Anschließend stelle ich den Wagen ab und fahre mit der Bahn zur Arbeit.

Aber meine Schwester sagte: »Ach, mach dir keine Umstände. Ich fahre mit der Vorortbahn bis zur Saikyo-Linie und steige dann später in die Marunouchi-Bahn um.« Darauf sagte ich: »Das dauert ewig. Am besten, du fährst gleich nach Kasumigaseki und steigst dort in die Marunouchi-Linie um.« Hätte ich das nur nicht gesagt. Nachträglich weiß ich, dass Shizuko, wenn ich das nicht vorgeschlagen hätte, wahrscheinlich nicht Opfer des Anschlags geworden wäre.

Shizuko verreiste sehr gern. Sie hatte eine sehr gute Freundin aus der Schulzeit, mit der sie ab und zu Urlaub machte. Aber in einem Supermarkt ist es nicht wie in einer normalen Firma, die Angestellten bekommen selten drei oder vier Tage am Stück frei. Deshalb musste sie sich immer eine ruhige Zeit aussuchen und jemanden finden, der sie vertrat, wenn sie freinehmen wollte.

Sie war ganz verrückt nach Disneyland und war mehrmals mit ihrer Freundin dort. Und manchmal, wenn sie sonntags frei hatte, lud sie uns alle dorthin ein. Davon haben wir noch Fotos. Shizuko mochte diese wilden Fahrten – wie Achterbahn und so. Meine Frau und mein Sohn sind genauso. Ich hasse diese Dinger. Während die drei sich also auf diesen grässlichen Geräten amüsierten, fuhr ich mit der Kleinen Karussell. »Amüsiert euch nur, ich warte hier«, sagte ich immer. Doch, wenn wir zusammen etwas unternahmen, war es meistens Disneyland.

Zu besonderen Gelegenheiten kaufte Shizuko immer Geschenke für uns. Zum Beispiel, wenn unsere Eltern oder die Kinder Geburtstag hatten, oder zu unserem Hochzeitstag. Sie hatte alle Daten im Kopf und wusste, was jeder sich besonders wünschte. Sie trank selbst nie Alkohol, fand aber heraus, welche Marken gut waren, und schenkte sie dann unseren Eltern. Sie war immer so lieb und aufmerksam. Von jeder Reise brachte sie Geschenke für uns und Teegebäck für ihre Kollegen mit.

Sie gab sich unheimlich Mühe, an ihrem Arbeitsplatz gute Beziehungen zu pflegen, und nahm sich das winzigste Problem, die beiläufigste Bemerkung sehr zu Herzen. Sie ist ein Mensch, der es allen recht machen möchte.

Murakami: *Entschuldigen Sie, wenn ich diese Frage stelle, aber wollte Shizuko denn nie heiraten?*

Doch, es gab auch Kandidaten, aber entweder wohnten sie zu weit weg oder sie hatte das Gefühl, sich nicht mehr genug um unsere Eltern kümmern zu können, also wurde am Ende nichts daraus. Ich habe geheiratet und bin ausgezogen, also verspürte sie die Verpflichtung, sich um unsere Eltern zu kümmern. Die Knie meiner Mutter wollten nicht mehr richtig, und sie musste damals schon am Stock gehen. Shizuko hat ein starkes Verantwortungsbewusstsein. Ein viel stärkeres als ich.

Außerdem hat die Firma zugemacht, in der mein Vater arbeitete, und meine Eltern brauchten die finanzielle Unterstützung. Shizuko arbeitete sehr hart. »Ich brauche keinen Urlaub«, hat sie immer gesagt und wie verrückt geschuftet.

Am 20. März holte ich sie also bei den Eltern ab und brachte sie und meine Frau zum Bahnhof. Das war so gegen Viertel nach sieben. Meine Frau musste an dem Tag besonders früh an ihrer Arbeitsstelle sein. Anschließend lieferte ich die Kinder kurz vor halb acht im Kindergarten ab und ging dann zur Haltestelle, um nach Itabashi ins Geschäft zu fahren.

Wenn meine Frau und meine Schwester die Bahn um 7.20 genommen haben, sind sie kurz vor acht in Kasumigaseki angekommen. Der Weg durch die Gänge zu den Bahnsteigen der Marunouchi-Linie ist ziemlich weit. So hat Shizuko haargenau die Bahn mit dem Sarin erwischt. Und steigt ausgerechnet in den verseuchten Wagen. Das einzige Mal im Jahr, an dem sie mit der Marunouchi-Linie fuhr.

Am Bahnhof Nakano-Sakaue wurde sie bewusstlos, und man hat sie ins Krankenhaus eingeliefert. Der Bahnbeamte, der eine Mund-zu-Mund-Beatmung bei ihr durchgeführt hat, soll dabei ebenfalls Sarin eingeatmet haben und zusammengebrochen sein. Ich weiß nicht, wer er ist, ich bin ihm nie begegnet.

Ich habe von dem Anschlag über unsere Zentrale erfahren. Sie liegt an der Hibiya-Linie, sodass einige Kollegen dort betroffen waren und ins Krankenhaus kamen. Deshalb fragten sie bei uns nach, ob alles in Ordnung sei. Ich schaltete den Fernseher ein und sah, was los war.

Als Erstes rief ich meine Frau an, ihr war nichts passiert. Dann meine Mutter – sie war diejenige, die Shizuko im Notfall als Erste angerufen hätte. Aber sie hatte sich nicht gemeldet. »Dann wird wohl alles in Ordnung sein. Wahrscheinlich ist sie schon bei ihrem Seminar«, sagte ich zu meiner Mutter. Aber irgendwie beunruhigte es mich, dass ich mich nicht mit ihr in Verbindung setzen konnte. Zeitlich konnte sie sehr wohl in dem fraglichen Zug gesessen haben. »Es muss ja nichts Schlimmes passiert sein. Sich Sorgen zu machen, nützt auch nichts«, versuchte ich mich selbst zu beruhigen. Trotzdem wurde ich immer unruhiger. Ich war gerade mit dem Firmenwagen unterwegs zu einem Kunden, als mein Büro mich anrief – ich solle mich dringend bei meiner Mutter melden. Das war zwischen halb elf und elf. »Die Polizei hat angerufen«, sagte sie. »Shizuko wurde in der U-Bahn verletzt und ist ins Krankenhaus gebracht worden. Du musst sofort hinfahren.«

Ich raste in die Firma zurück, fuhr mit der Bahn nach Shinjuku und kam gegen zwölf im Krankenhaus an. Ich hatte vom Büro aus schon dort angerufen, aber nicht viel über ihren Zustand in Erfahrung bringen können. Als ich fragte, ob sie in Lebensgefahr sei, hieß es, sie liege im Koma. Wie kritisch ihr Zustand war, wusste ich nicht, denn auch Familienmitgliedern wird nur persönlich Auskunft erteilt.

In der Notaufnahme wimmelte es nur so von Opfern des Anschlags. Sie bekamen Infusionen oder wurden gerade untersucht. Im Fernsehen hatten sie etwas von Giftgas gesagt, aber sonst nichts Genaues. Man erklärte mir mit einfachen Worten, dass meine Schwester eine pestizidähnliche Chemikalie eingeatmet hatte.

Ich durfte nicht einmal gleich zu ihr, obwohl ich ihren Zustand unbedingt mit eigenen Augen sehen wollte, aber man sagte mir gar nichts und ließ mich nicht auf die Station. Im Krankenhaus herrschte ein unglaublicher Betrieb und großes Chaos. Shizuko lag auf der Intensivstation. Auch später konnte ich sie nur tagsüber von halb eins bis eins und abends von sieben bis acht sehen.

Murakami: *Aber am ersten Tag konnten Sie sie überhaupt nicht sehen?*

Doch, ich wartete zwei furchtbare Stunden lang. Schließlich durfte ich ganz kurz zu ihr. Sie trug ein Krankenhausnachthemd und war an ein Dialysegerät angeschlossen. Ihre Nieren waren sehr schwach und konnten das viele Gift in ihrem Blut nicht ohne Hilfe herausfiltern. Sie hing an mehreren Schläuchen gleichzeitig. Ihre Augen waren geschlossen. Die Krankenschwester sagte mir, sie schliefe. Als ich sie berühren wollte, hielt der Arzt mich davon ab, weil ich keine Handschuhe trug.

Als ich ihr ins Ohr flüsterte: »Shizuko, ich bin's, Tatsuo, dein Bruder«, schien sie ganz leicht zu zucken. Damals dachte ich, sie hätte meine Stimme gehört, aber der Arzt sagte, das sei unmöglich. Wahrscheinlich habe sie nur im Schlaf einen Muskelkrampf gehabt. Sie habe Spasmen, seit sie eingeliefert worden war.

Es hört sich schrecklich an, aber ihr Gesicht sah aus wie das einer Toten, nicht einer Schlafenden. Sie hatte eine Sauerstoffmaske über dem Mund, und ihr Gesicht war vollkommen ausdruckslos. Kein Zeichen von Schmerz oder Qual. Das Gerät, das ihren Herzschlag aufzeichnete, schlug kaum aus. Nur ab und zu flackerte es ein bisschen. So schlecht ging es ihr. Dieser Anblick tat mir sehr weh.

»Offen gesagt ist ihr Zustand äußerst kritisch«, erklärte mir der Arzt. »Heute Nacht wird sich alles entscheiden. Sie bekommt hier alles, was sie braucht. Bitte, lassen Sie sie jetzt allein.«

Ich verbrachte die Nacht im Wartesaal des Krankenhauses, falls sich etwas ereignen sollte. Als ich bei Tagesanbruch nach ihrem Befinden fragte, hieß es, ihr Zustand sei augenblicklich stabil.

Am Abend [des 20. März] waren auch meine Eltern, meine Frau und die Kinder ins Krankenhaus gekommen. Es war ja nicht abzusehen, was passieren würde, also sollten sie auch dabei sein. Die Kinder waren natürlich noch zu klein, um zu verstehen, was los war. Aber als ich sie sah, löste sich meine Anspannung, und ich fing an zu weinen. »Es ist etwas Schlimmes mit Tante Shizu passiert«, sagte ich. Die Kinder sind furchtbar erschrocken. Sie wussten, dass es wirklich etwas Schlimmes war, denn sie hatten mich noch nie weinen sehen. »Papa, Papa, wein doch nicht!« Sie versuchten mich zu trösten, und dann heulten wir alle. Meine Eltern sind noch von der alten Schule und bemühten sich, ihre Gefühle nicht zu zeigen. Im Krankenhaus rissen sie sich die ganze Zeit zusammen, aber zu Hause haben sie die ganze Nacht geweint.

Meine Frau und ich nahmen uns eine Woche Urlaub. Am Mittwoch, dem 22. März, erklärte uns der Arzt endlich, wie es um meine Schwester stand. Ihr Blutdruck und ihre Atmung hätten sich inzwischen bis zu einem gewissen Grad stabilisiert, ihre Gehirnfunktionen müssten noch weiter untersucht werden. »Auch wenn ihr Zustand jetzt einigermaßen stabil ist, können wir noch für nichts garantieren«, sagte er.

Die Auswirkungen von Sarin wurden uns nicht erklärt. Man zeigte uns nur eine Röntgenaufnahme ihres Gehirns. Es sei »geschwollen«. Tatsächlich wirkte es, verglichen mit der Aufnahme eines normalen Gehirns, ziemlich aufgebläht. Ob das vom Sarin oder von längerer Unterversorgung mit Sauerstoff herrührte, wusste man noch nicht.

Sie musste immer noch künstlich beatmet werden, da sie es aus eigener Kraft nicht schaffte. Das konnte aber nicht für immer so weitergehen, und am 29. März wurde ein Schnitt an ihrer Kehle vorgenommen, damit ihr ein Atemventil eingesetzt werden konnte. Das hat sie jetzt noch.

Als Shizuko in Shinjuku im Krankenhaus war, habe ich sie jeden Tag nach der Arbeit pünktlich um sieben besucht. Mein Chef hat mich immer von einem Kollegen hinfahren lassen. Ich habe damals sehr stark abgenommen, aber ich habe fünf Monate durchgehalten, bis sie am 23. August in ein anderes Krankenhaus verlegt wurde.

Ich habe mir notiert, dass sie am 24. März zum ersten Mal die Augen bewegt hat. Sie hatte sie nicht weit aufgemacht, sondern hinter halb geschlossenen Lidern die Augäpfel gerollt, als ich sie ansprach.

Murakami: *Das war doch ein Fortschritt, nicht wahr?*

Ja, das fand ich auch, aber der Arzt hat behauptet, sie könne nichts wahrnehmen. Es sei nur ein Zufall gewesen. Er hat mich davor gewarnt, mir allzu große Hoffnungen zu machen. »Laut einer Statistik, die auf einer Untersuchung von Gehirnschäden beruht, die durch Quetschungen und Blutungen infolge von Verkehrsunfällen aufgetreten sind, ist keine weitere Besserung ihres Zustands zu erwarten«, eröffnete man uns am 1. April. Das hieß, sie würde für den Rest ihres Lebens kaum bei Bewusstsein sein, nicht sitzen und nicht sprechen können. Also für immer ein Pflegefall bleiben.

Das war natürlich ein Schock. »Besser, Shizuko wäre tot«, hat meine Mutter damals gesagt. »Sie hätte sich selbst und euch so etwas nie angetan.«

Eigentlich dachte ich genauso und konnte meine Mutter sehr gut verstehen, aber wie ich sie trösten sollte, wusste ich nicht. »Wenn Shizukos Leben wertlos wäre, hätte Gott sie bestimmt getötet«, sagte ich. »Aber sie lebt, und es gibt vielleicht doch noch eine Möglichkeit, dass sie gesund wird. Wir müssen nur fest genug daran glauben, Mutter.« Da fing meine Mutter an, furchtbar zu weinen.

Das war für mich das Schlimmste. Es war schon grausam, dass meine Schwester verunglückt war. Aber dass jetzt meine Eltern sagten, es wäre besser, sie wäre tot, konnte ich kaum ertragen ... Das war zehn Tage nach dem Anschlag.

Nicht lange danach ist mein Vater zusammengebrochen. Am 6. Mai wurde bei ihm Krebs diagnostiziert, und er musste im Kashiwa-Krebszentrum operiert werden. Ich pendelte täglich zwischen den beiden Krankenhäusern hin und her. Meiner Mutter ging es auch nicht gerade gut. Es war eine grausame Zeit für uns alle, auch für die Kinder.

Im August wurde Shizuko in ein Krankenhaus in West-Shinjuku verlegt. Dort gab es einen jungen Arzt, der sich sehr für Reha-Therapien engagierte. Inzwischen ist Shizuko so weit, dass sie die rechte Hand bewegen kann. Ganz allmählich lernt sie, sich ein bisschen zu bewegen. Wenn man sie fragt: »Wo ist dein Mund?« führt sie die rechte Hand zum Mund.

Es ist immer noch nicht leicht für sie, selbst zu sprechen, aber anscheinend versteht sie eine ganze Menge von dem, was wir sagen. Der Arzt bezweifelt zwar, dass sie ihre Beziehung zu den einzelnen Familienmitgliedern (Vater, Mutter, Bruder, Schwägerin, Neffe und Nichte) genau begreift. Ich sagte zwar immer zu ihr »Hallo, dein Bruder ist da«, aber ob sie weiß, was ein Bruder ist, ist nicht sicher. Sie hat ja auch fast völlig das Gedächtnis verloren.

Wenn ich sie frage, wo sie bisher gewohnt hat, antwortet sie nur »ich weiß nicht«. Am Anfang beantwortete sie alle Fragen – nach den Namen unserer Eltern, ihrem eigenen Alter, der Anzahl der Geschwister, ihrem Geburtsort – mit »ich weiß nicht«. Sie wusste nur ihren eigenen Namen. Doch allmählich kehren ihre Fähigkeiten zurück. Im Moment nimmt sie an zwei Reha-Programmen teil: körperliche Regenerierung und Zurückgewinnung ihrer Sprechfähigkeit. Sie lernt, im Rollstuhl zu sitzen, auf dem rechten Bein zu stehen, die rechte Hand zu bewegen, ihr angewinkeltes Bein auszustrecken und die Vokale a, i, u, e, o zu artikulieren.

Da sie den Mund noch nicht gut genug bewegen kann, um zu essen, wird sie künstlich durch die Nase ernährt. Ihre Halsmuskeln sind steif. Die Stimmbänder sind eigentlich in Ordnung, aber die Muskeln, die sie bewegen, sind starr.

Der Arzt sagt, das Ziel der Therapie sei, dass sie auf eigenen Füßen das Krankenhaus verlassen kann. Ob sie es schaffen wird, hat er nicht gesagt. Aber ich habe großes Vertrauen zu diesem Arzt und auch zum Krankenhaus.

Inzwischen gehe ich nur noch jeden zweiten Tag ins Krankenhaus, um Wäsche abzuholen und so weiter. Dann komme ich immer erst gegen elf Uhr abends nach Hause. Mein Leben ist völlig aus den Fugen geraten. Ich habe inzwischen wieder ziemlich zugenommen, wahrscheinlich weil ich immer erst kurz vor dem Schlafengehen esse.

Dreimal in der Woche gehe ich nach der Arbeit allein ins Krankenhaus. Sonntags besuchen wir Shizuko mit der ganzen Familie. Meine Mutter kommt auch mit. Mein Vater ist wieder zu Hause, aber wenn er ausgeht, bekommt er oft Fieber, also kann er nicht mitkommen.

Murakami: *Das bedeutet, Sie tragen jetzt die ganze Verantwortung, nicht wahr?*

Natürlich, es ist ja immerhin meine Familie. Nur für meine Frau tut es mir leid. Wenn sie mich nicht geheiratet hätte, müsste sie das alles jetzt nicht mitmachen. Auch für die Kinder ist es nicht leicht. Wenn meine Schwester gesund wäre, würden wir Ausflüge machen und unser Leben genießen.

Aber als Shizuko zum ersten Mal etwas gesagt hat, waren wir überglücklich. Es klang nur wie »Uuhh«, kaum mehr als ein Stöhnen, aber ich habe vor Freude geweint. Eine Krankenschwester, die dabei war, hat sie gelobt und mitgeweint.

Und seltsamerweise hat Shizuko immer weiter »aah« und »uuh« gesagt und selbst angefangen zu weinen. Natürlich habe ich keine Ahnung, was ihre Tränen bedeuten. Dem Arzt zufolge werden die Gefühle aus dem Kopf »herausgeweint«, wenn sie das erste Mal nach außen dringen. Das sei der allererste Schritt.

Am 23. Juli sagte sie das erste Wort vor meinen Eltern: »Mama!« Da meine Eltern zum ersten Mal seit vier Monaten die Stimme ihrer Tochter hörten, mussten sie auch weinen.

Inzwischen kann sie sogar lachen. Sie lächelt auch. Es sind einfache Scherze, mit denen man sie zum Lachen bringen kann – wenn ich Furzgeräusche mit dem Mund mache und so. Dann frage ich: »Wer hat hier gefurzt?« Und sie sagt »Tatsuo«. So weit sind wir mittlerweile. Sie kann den Mund immer noch nicht gut bewegen, und man muss sich große Mühe geben, sie zu verstehen. Aber die Hauptsache ist, sie kann überhaupt etwas sagen.

Wenn ich sie frage, was sie machen möchte, antwortet sie: »Spazie-rengehen.« Immerhin hat sie einen Willen. Sie sieht noch sehr schlecht. Anscheinend kann sie nur mit dem rechten Auge ein wenig sehen.

Am Abend vor dem Anschlag haben wir noch alle zusammen ge-gessen und gesagt: »Was haben wir doch für ein Glück. Die ganze Fami-lie sitzt beisammen und fühlt sich wohl . . .« Ein so bescheidenes Glück, das diese Kerle schon am nächsten Tag zerstört haben . . . Sie haben uns unser bisschen Freude gestohlen.

Unmittelbar nach dem Anschlag war ich fast wahnsinnig vor Wut. Ich tigerte im Krankenhaus durch die Gänge und schlug mit der Faust gegen die Wände und die Pfeiler. Damals wusste ich noch nicht, dass es diese Verrückten von Aum waren, aber egal wer es war, ich hätte ihnen den Schädel einschlagen können. Ich habe es selbst nicht gemerkt, aber noch einige Tage danach waren meine Hände wund. »Was habe ich denn mit meinen Händen gemacht?« habe ich meine Frau gefragt. »Das kommt, weil du überall dagegen geschlagen hast«, hat sie gesagt. So verzweifelt und wütend war ich.

Aber jetzt, nach fast zwei Jahren, geht es wieder aufwärts. Das haben wir nicht zuletzt allen in der Firma meiner Schwester, meinen Kolle-gen, meinem Chef, den Ärzten und Krankenschwestern zu verdanken. Sie alle haben uns so sehr geholfen.

»Disneyland«

Shizuko Akashi (31)

Am 2. Dezember 1996 hatte ich mit Shizuko Akashis älterem Bruder Tatsuo über das gesprochen, was vor und nach dem Sarin-Anschlag geschehen war, bei dem Shizuko so schwere Verletzungen erlitten hatte. Am folgenden Abend beabsichtigte ich, sie in ihrem etwas außerhalb gelegenen Krankenhaus besuchen.

Bis zum letzten Moment war ich mir nicht sicher, ob Tatsuo mir den Besuch tatsächlich gestatten würde. Er sagte es zwar nicht, aber es fiel ihm sichtlich schwer, seine Einwilligung zu geben. Man kann sich gut vorstellen, wie taktlos es ihm im Innersten erscheinen musste, die grausamen Behinderungen seiner Schwester den Blicken eines Fremden preiszugeben. Selbst wenn es nichts dagegen einzuwenden gab, dass ich sie sah, so stieß doch der Umstand, dass danach die ganze Welt in einem Buch über Shizuko lesen könnte, bei seiner Familie bestimmt nicht gerade auf lebhafte Zustimmung. Daher empfand ich als Schriftsteller eine besonders starke Verantwortung – nicht nur gegenüber der Familie, sondern natürlich auch Shizuko gegenüber.

Doch wenn ich in meinem Buch über sie berichten wollte, musste ich Shizuko unbedingt selbst kennen lernen. Obwohl mir ihr Bruder schon ausführlich alles berichtet hatte, erschien es mir nur fair, der jungen Frau persönlich zu begegnen. Selbst wenn sie auf meine Fragen nur mit Schweigen reagieren konnte, hatte ich zumindest versucht, Shizuko zu interviewen.

Um ehrlich zu sein, ich war selbst gar nicht so überzeugt davon, dass ich über sie würde schreiben können, ohne jemanden zu verletzen.

Auch wenn ich heute, am Tag nach unserer Begegnung, an meinem Schreibtisch sitze, bin ich nicht überzeugt davon. Aber mir bleibt nichts anderes übrig, als das zu schreiben, was ich empfunden habe. Ich bete darum, dass ich mit meinen Worte niemanden verletze.

Es ist Dezember, draußen herrscht eine winterliche Atmosphäre. Der Herbst ist allmählich verklungen. Alle Blätter sind längst abgefallen, und das Jahr neigt sich dem Ende zu. Im Dezember vor einem Jahr haben wir mit den Vorbereitungen für dieses Buch begonnen. Shizuko Akashi ist eine meiner letzten Gesprächspartnerinnen. Allerdings unterscheidet sie sich von den anderen dadurch, dass sie ihre Gedanken nicht in Worte fassen kann.

Zufälligerweise wurde genau am Tag meines Besuchs Yasuo Hayashi auf der fernen Insel Ishigaki von der Polizei verhaftet. Er war der letzte der Attentäter, der sich noch auf freiem Fuß befand. Man nannte Hayashi die »Mördermaschine«, weil er am Bahnhof Akihabara in der Hibiya-Linie drei Beutel Sarin geöffnet und auf diese Weise acht Menschen getötet hatte.* Darüber hinaus hatte es 250 Verletzte gegeben. Ich las die Nachricht in der Abendzeitung und fuhr dann zu Shizuko ins Krankenhaus. Einem Polizeibeamten zufolge, so stand es in der Zeitung, sei Hayashi dem Druck, ständig auf der Flucht zu sein, nicht mehr gewachsen gewesen.

Die Tatsache, dass Hayashi nun gefasst war, berührte mich nur wenig. Dadurch wurde das Leid, das er so vielen zugefügt hatte, nicht rückgängig gemacht. Die Leben, die er am 20. März 1995 zerstört hatte, waren unwiederbringlich verloren. Aber vielleicht machte es doch einen Unterschied, dass er verhaftet war.

Ich kann den Namen und die Anschrift von Shizukos Krankenhaus nicht nennen. Und ich muss hinzufügen, dass die Namen Shizuko und Tatsuo Akashi Pseudonyme sind, die ich auf Wunsch der Familie verwendet habe.

Diese Vorsichtsmaßnahmen wurden getroffen, weil Sensationsreporter bereits einmal versucht hatten, sich mit Gewalt Zugang zu Shizuko zu verschaffen. Ein Schock konnte für sie einen Rückfall bedeuten, ganz zu schweigen von dem Chaos, das ein Presseansturm im Krankenhaus hervorrufen würde. Das bereitete Tatsuo besonders Sorge.

Shizuko wurde im August 1995 auf die Reha-Station dieser Klinik gebracht. Bis dahin hatte sie fünf Monate lang auf der Intensivstation eines anderen Krankenhauses gelegen, wo lebenserhaltende Maßnahmen im Vordergrund standen. Die dortigen Ärzte hatten es für ausgeschlossen gehalten, dass Shizuko jemals allein im Rollstuhl zur Treppe fahren können würde. Sie war in einem nur halb bewussten Zustand ans Bett gefesselt und nicht imstande, die Augen zu öffnen und Muskeln zu bewegen. Nach ihrer Überweisung in die Reha-Klinik hat Shizukos Genesungsprozess alle Erwartungen übertroffen. Sie ist in der Lage, in einem Rollstuhl zu sitzen, und wird anstelle eines Spazier-

---

* Yasui Hayashi wurde wegen seiner Beteiligung am Sarin-Anschlag im Juni 2000 zum Tode verurteilt. (Anm. d. Übers.)

gangs von einer Schwester durch die Station geschoben; sie kann sogar eine einfache Unterhaltung führen. Ihre Fortschritte kann man wirklich als ein Wunder bezeichnen.

Doch ihr Gedächtnis scheint sie fast völlig verloren zu haben. Leider hat sie kaum Erinnerungen an ihr Leben vor dem Anschlag. Die Ärzte sagen, sie befinde sich »geistig auf dem Niveau einer Grundschülerin«. Tatsuo kann sich nicht gut vorstellen, was »auf dem Niveau einer Grundschülerin« genau bedeutet, und auch ich kann mit dieser Einschätzung nicht viel anfangen. Bezieht sich das auf das Niveau ihrer Denkprozesse oder auf sämtliche Vorgänge in ihrem Hirn? Oder auf das Wissen und die Informationen, die sie verloren hat? Gewiss ist nur das Folgende:

1) Ein Teil ihrer geistigen Fähigkeiten ist nicht mehr da.

2) Es ist bisher nicht abzusehen, ob sie je wiederhergestellt werden können.

Sie erinnert sich an einige Ereignisse nach dem Anschlag, aber auch davon hat sie vieles vergessen. Tatsuo vermag nicht einzuschätzen, was sie noch weiß und was nicht.

Ihr linker Arm und ihr linkes Bein sind fast vollständig gelähmt. Wenn man diese Körperteile nicht bewegen kann, bereitet das bestimmte Probleme. Im vergangenen Sommer musste operativ eine Sehne in ihrer linken Kniekehle durchtrennt werden, damit ihr angewinkeltes linkes Bein ausgestreckt werden konnte. Diese Operation war sehr schmerzhaft.

Ihren Mund kann sie nicht ausreichend bewegen, um normal zu essen oder zu trinken. Auch Zunge und Kiefer sind noch fast gelähmt. Man ist sich dessen nicht bewusst, aber beim Essen und Trinken führen wir mit der Zunge und dem Kiefer hochkomplizierte Manöver aus. Erst wenn wir die Fähigkeit dazu verlieren, wird uns ihre Bedeutung klar. Das ist augenblicklich Shizukos Situation ...

Erst nach vielen Monaten ausdauernder Übung hat sie gelernt, weiche Speisen wie Joghurt oder Eis zu sich zu nehmen. Sie isst besonders gern Erdbeerjoghurt, aber leider muss sie den größten Teil ihrer Nahrung noch über einen Schlauch durch die Nase aufnehmen. Das Ventil, das zur künstlichen Beatmung in ihren Hals eingesetzt wurde, ist noch geblieben. Im Moment ist es mit einem Metallblättchen abgedeckt – ein blankes Andenken an ihren Kampf gegen den Tod.

Ihr Bruder schiebt sie langsam im Rollstuhl ins Foyer. Sie ist eine zierliche Frau mit einer kurzen Bobfrisur. Im Gesicht ähnelt sie ihrem Bruder; ihr Ausdruck ist schwer zu deuten. Ihre Wangen sind ganz leicht gerötet, sie sieht nicht krank aus. Nur ihre Augen blicken ein wenig schlaftrunken, wie bei einem Menschen, der gerade aufgewacht ist. Wenn nicht der Schlauch in ihrer Nase wäre, sähe man ihr vielleicht gar nichts an.

Keines ihrer Augen ist ganz geöffnet. Aber wenn man genau hinsieht, erkennt man einen Lichtpunkt in der Pupille. Ein kleines, aber hell strahlendes Licht, das ich zuerst gar nicht bemerkt hatte und das meinen Blick zu ihrem innersten Sein lenkte, das keine Schmerzen empfand.

»Guten Tag«, sagte ich.

»Guten Tag«, sagt Shizuko. Es hört sich an wie »Huu Taa.«

Ich stelle mich mit Hilfe ihres Bruders kurz vor. Shizuko nickt. Man hatte ihr meinen Besuch angekündigt.

»Bitte haben Sie keine Hemmungen, ihr Fragen zu stellen«, ermutigt mich ihr Bruder.

Ich bin verwirrt. Was soll ich sie überhaupt fragen?

»Wer schneidet Ihnen denn die Haare?« frage ich sie als Erstes.

»Die Schwester«, antwortet sie. Eigentlich hört es sich an wie »weftaa«, obwohl ich es aus dem Zusammenhang gleich errate. Sie antwortet prompt, ohne zu zögern. Ihr Verstand arbeitet schnell, nur ihre Zunge und ihr Kiefer können nicht Schritt halten.

Anfangs ist Shizuko nervös und ein bisschen scheu, weil ich anwesend bin. Natürlich kann ich das nicht gut beurteilen, aber Tatsuo fällt der Unterschied auf.

»Warum bist du denn heute so schüchtern?« neckt er sie. Doch als ich darüber nachdenke, wird mir klar, dass jede junge Frau schüchtern reagiert, wenn sie einem Fremden begegnet und körperlich nicht auf dem Posten ist. Ehrlich gesagt, ich war selbst ein wenig nervös.

Bevor wir das Interview verabredeten, hatte Tatsuo mit seiner Schwester über mich gesprochen. »Herr Murakami ist ein Schriftsteller, der in einem Buch über dich schreiben möchte. Was hältst du davon? Darf er über dich schreiben? Ist es dir recht, wenn ich mit ihm über dich spreche? Darf er mal herkommen?«

»Gut«, hatte Shizuko sofort gesagt.

Im Gespräch mit ihr fällt mir als Erstes die Geschwindigkeit auf, mit der sie sich für ja oder nein entscheidet. Das könnte eine Grundschülerin wahrscheinlich nicht. Bei kaum einer Antwort zögert sie.

Trotzdem ist sie schüchtern. Natürlich.

Ich habe ihr gelbe Blumen in einer kleinen gelben Vase mitgebracht. Gelb habe ich gewählt, weil es eine Farbe voller Lebenskraft ist. Schade, dass Shizuko die Farbe der Blumen nicht sehen kann. Sie braucht sehr helles Sonnenlicht, um Dinge zu erkennen.

»Aaee«, sagt Shizuko – unverständlich für mich – und bewegt den Kopf ein bisschen. Aber die gelben Blumen auf dem Tisch verströmen Wärme im Krankenzimmer, und ich hoffe, dass wenigstens ein bisschen davon auf Shizuko abstrahlt.

Über ihrem Pyjama trägt Shizuko einen hochgeschlossenen rosa Morgenmantel, und auf ihrem Schoß liegt eine Decke. Um die Schultern hängt ein Schal, aus dem ihr rechter Arm ein wenig verkrampft hervorschaut. Tatsuo, der neben ihr steht, ergreift die Hand von Zeit zu Zeit und streichelt sie liebevoll. Ihre Hand dient Shizuko als wichtiges Kommunikationsmittel, wenn die Worte versagen.

Vom langen Liegen ist ihr Haar am Hinterkopf ein wenig dünn.

»Bisher hast du ja meist kürzere Worte benutzt«, sagt Tatsuo lächelnd zu ihr. »Das war für uns immer sehr leicht zu verstehen, aber mittlerweile kannst du längere Sätze sagen. Die sind für uns zwar manchmal ein bisschen schwierig zu verstehen. Das heißt, du machst Fortschritte, aber dein Mund kommt noch nicht so ganz mit.«

Ich kann kaum die Hälfte von dem verstehen, was sie sagt. Tatsuo versteht natürlich viel mehr. Und die Krankenschwester noch mehr.

»Die Schwestern hier sind fast alle jung, sehr engagiert und freundlich. Wir sind ihnen zu größtem Dank verpflichtet«, sagt Tatsuo. »Stimmt's, Shizuko, sie sind sehr lieb.«

»Feeaa ieb«, sagt Shizuko.

»Shizuko wird manchmal sauer, wenn ich nicht gleich verstehe, was sie sagt. Dann darf ich nicht heimgehen, bis ich sie verstanden habe. Wie letztes Mal. Stimmt's, Shizuko?«

Verlegenes Schweigen...

»Warum bist du denn so verlegen?« neckt Tatsuo sie wieder und lacht. »Das hast du doch selbst gesagt, oder nicht? Ich darf nicht gehen, bevor ich nicht alles verstanden habe.«

Endlich lächelt Shizuko auch. Wenn sie lächelt, leuchtet sie richtig auf. Ihr Lächeln wirkt strahlender als das anderer Menschen, aber das hat vielleicht damit zu tun, dass sie die Bewegungen ihrer Gesichtsmuskeln nicht so unter Kontrolle hat. Dennoch vermute ich, dass Shizuko schon immer so gelächelt hat – es passt so gut zu ihrem Gesicht. Mir kommt der Gedanke, dass ihr Bruder sie schon vor langer Zeit, als sie noch Kinder waren, auf diese Weise geneckt haben mag und dass Shizuko dabei ebenso gestrahlt hat.

»Übrigens hat Shizuko noch vor kurzem geweint und gejammert, wenn ich gehen musste«, erzählt Tatsuo. »Jedes Mal musste ich ihr dasselbe erklären, bis sie mit der Zeit aufgehört hat, sich zu beschweren: Ich muss nach Hause, sonst warten die Kinder und werden ganz traurig. Du bist nicht die Einzige, die allein ist; die Kleinen brauchen mich auch. Inzwischen versteht sie das. Das ist ein großer Fortschritt. Obwohl sie sich bestimmt sehr einsam fühlt, wenn ich sie hier ganz allein zurücklasse.«

Schweigen.

»Deswegen würde ich auch gern öfter ins Krankenhaus kommen und länger mit ihr reden«, sagt Tatsuo. Obwohl es für ihn wahrhaftig schon nicht einfach ist, sie jeden zweiten Tag zu besuchen. Von seiner Firma aus braucht er bis dorthin fünfzig Minuten.

Nach der Arbeit fährt er in die Klinik, unterhält sich eine Stunde mit seiner Schwester und füttert sie mit Erdbeerjoghurt. Er macht Sprechübungen mit ihr und versucht, ihre verlorenen Erinnerungen an die Vergangenheit wieder zum Leben zu erwecken. »Da und da waren wir doch zusammen ... Das und das haben wir gemacht ...«

»Es ist besonders schwer zu akzeptieren, dass unsere gemeinsamen Familienerinnerungen wie gekappt und anscheinend ganz verschwunden sind. Eigentlich ist das für mich fast das Schwerste«, sagt Tatsuo. »Manchmal, wenn ich ihr von früher erzähle, fängt meine Stimme unwillkürlich an zu zittern. Dann fragt sie mich: ›Bruder gut?‹

Die Besuchszeit im Krankenhaus dauert bis acht Uhr abends, aber bei Tatsuo wird schon mal ein Auge zugedrückt. Nach seinem Besuch nimmt er Shizukos Wäsche und fährt mit dem Wagen zurück zu seiner Firma. Von dort geht er fünf Minuten zu Fuß zur U-Bahn-Station. Die Fahrt nach Hause dauert eine Stunde, er muss dreimal umsteigen. Bis er ankommt, sind die Kinder schon im Bett. Dass er so wenig Zeit für sie hat, belastet den Familienmenschen Tatsuo sehr. Dieses anstrengende

Leben führt er seit einem Jahr und acht Monaten. Es wäre gelogen, wenn er behauptete, er wäre nicht erschöpft. Wie lange er noch so weitermachen kann, weiß niemand.

Auf der Rückfahrt im Auto sagt Tatsuo: »Wenn es ein gewöhnlicher Unfall gewesen wäre, könnte ich mich leichter damit abfinden. Es gäbe dann eine Ursache oder so etwas wie einen Grund. Aber wenn ich an dieses vollkommen sinnlose, idiotische Verbrechen denke, werde ich einfach nicht damit fertig. Ich kann es nicht ertragen!« Er schüttelt heftig den Kopf, und wir schweigen eine Zeit lang.

»Können Sie mir zeigen, wie Sie Ihre rechte Hand bewegen?« bitte ich Shizuko, und sie bewegt die Finger ihrer rechten Hand. Sie gibt sich Mühe, aber die Finger bewegen sich sehr langsam. Ganz langsam öffnet sie sie, und ganz langsam schließt sie sie wieder.

»Würde es Ihnen etwas ausmachen, meine Hand zu halten?«

»Gut«, sagt Shizuko.

Ich lege vier Finger in ihre kleine Handfläche – sie hat Hände wie ein Kind –, und die Finger ihrer Hand schließen sich so zart wie die Blütenblätter einer schlafenden Blume. Es sind die warmen, weichen Finger einer jungen Frau. Und sie sind viel kräftiger, als ich es erwartet hatte. Sie umklammert meine Hand wie ein Kind, das zum Einkaufen geschickt wurde, sein Geld. Ich spüre ihren starken Willen. Sie ist eindeutig auf der Suche nach etwas, das aber nichts mit mir zu tun hat, über meine Person hinausgeht. Aber diese Suche dreht sich mehrmals im Kreis und kehrt dann zu mir zurück. Entschuldigen Sie diese unverständliche Erklärung, aber das war mein spontaner Eindruck.

Ich hatte das sichere Gefühl, dass etwas in ihrem Kopf nach draußen zu gelangen versucht. Etwas Wichtiges. Aber es gelingt ihr nicht, es freizulassen. Sie hat – vielleicht nur vorläufig – die Kraft verloren, es an die Oberfläche zu bringen. Und doch existiert dieses Etwas eingeschlossen, aber unversehrt in den Mauern ihres Inneren. Aber ihre Hand teilt mir mit, dass es existiert.

Sie hält meine Hand sehr lange. Als ich »danke« sage, öffnet sie langsam einen Finger nach dem anderen.

»Die Worte ›tut weh‹ oder ›müde‹ werden Sie von meiner Schwester nie hören«, erzählt mir Tatsuo auf der Heimfahrt. »Seit einem Jahr und drei Monaten macht sie jeden Tag Therapie. Sie trainiert ihre Arme und Beine, unterzieht sich Sprechübungen und allen möglichen Behandlungen bei verschiedenen Spezialisten. Nichts davon ist leicht. Im Gegenteil, alles ist sehr anstrengend, und die Ärzte und Schwestern fragen sie oft, ob sie müde sei. Aber in der ganzen Zeit hat sie das nur dreimal bejaht. Mehr nicht. – Deshalb hat sie auch so große Fortschritte gemacht, das sagen alle, die mit ihr zu tun haben. Sie war bewusstlos, war lange an ein Beatmungsgerät angeschlossen, konnte den Mund nicht öffnen. Viele Mediziner hielten eine Besserung für ausgeschlossen. Und jetzt kann sie sprechen – das ist doch wie ein Wunder.«

»Was haben Sie vor, wenn Sie wieder gesund werden?« frage ich sie.

»Ei-fen«, sagt sie.

Ich verstehe nicht.

»Reisen, oder?« fragt Tatsuo nach kurzem Überlegen ...

»Ja«, sagt Shizuko und nickt.

»Und wohin möchten Sie fahren?« frage ich.

»Iinian.« Das versteht niemand von uns, aber nach ein bisschen Hin und Her wird klar, dass sie Disneyland meint.

»Disneyland?« fragt Tatsuo.

»Ja«, sagt Shizuko und nickt diesmal heftiger.

Es ist gar nicht so leicht, Reisen und Disneyland miteinander in Verbindung zu bringen. Wir (die wir in Tokyo leben) kämen nicht auf die Idee, einen Ausflug ins Disneyland als Reise zu bezeichnen, aber für Shizuko ist Disneyland so weit entfernt wie für unsereinen Grönland. Ein Ausflug nach Disneyland wäre für sie schwieriger als für uns eine Reise ans Ende der Welt.

Tatsuos Kinder (acht und vier) können sich noch erinnern, wie sie mit ihrer Tante im Disneyland waren, und wenn sie Shizuko im Krankenhaus besuchen, erzählen sie ihr, wie lustig das damals war. So hat sich Disneyland in Shizukos Denken als ein Symbol für »Freiheit und Gesundheit« festgesetzt. Natürlich weiß niemand, ob Shizuko sich wirklich erinnert, dort gewesen zu sein. Es könnte eine ihr nachträglich eingepflanzte Erinnerung sein. Schließlich erinnert sie sich nicht einmal mehr an ihr eigenes Zimmer, in dem sie so lange gelebt hat.

Doch Disneyland ist, ob nun eine echte oder imaginierte Erinnerung, ein bedeutsamer Ort in Shizukos Bewusstsein. Ich kann das ahnen, aber was sie sich wirklich darunter vorstellt, kann niemand wissen.

»Möchten Sie mit der ganzen Familie nach Disneyland fahren?« frage ich sie.

»Ja«, sagt Shizuko.

»Mit Ihrem Bruder, Ihrer Schwägerin und den Kindern?«

Sie nickt.

Tatsuo wirft mir einen Blick zu. »Wenn sie wieder normal essen kann, ohne den Schlauch durch die Nase, dann können wir vielleicht alle zusammen wieder mal nach Disneyland fahren.« Er drückt ganz sanft ihre Hand.

»Ich hoffe, das wird bald sein«, sage ich zu Shizuko.

Wieder nickt sie. Ihre Augen blicken in meine Richtung, aber sie sieht »etwas anderes«, jenseits von mir.

»Und mit was willst du fahren, wenn wir in Disneyland sind?« fragt Tatsuo sie.

»Achterbahn vielleicht?« souffliere ich.

»Nein, Space Mountain!« fällt Tatsuo ein. »Das hat ihr immer besonders gefallen.«

Vor meinem Besuch im Krankenhaus hatte ich mir gewünscht, dass ich sie irgendwie ermutigen könnte, aber mir war nichts eingefallen. Jetzt war es sogar umgekehrt gekommen, und ich brauchte überhaupt nicht mehr darüber nachzudenken. Denn am Ende war sie diejenige, die *mich* ermutigt hat.

Während der Arbeit an diesem Buch habe ich viel über die Frage nach dem Sinn des Lebens nachgedacht. Was bedeutet es zu leben? Hätte ich an Shizukos Stelle die gleiche Willenskraft wie sie, mein Leben anzunehmen? Hätte ich den Mut, die Ausdauer und die Entschlossenheit? Könnte ich die Hand eines anderen Menschen mit solcher Wärme und Kraft umschließen? Würde die Liebe der anderen mich retten? Ich weiß es nicht. Ehrlich gesagt, ich bin mir gar nicht so sicher.

Menschen auf der ganzen Welt suchen Erlösung in Religionen. Aber wenn eine Religion verletzt und schadet, wo sollen sie dann Erlösung finden? Als ich mit Shizuko sprach, habe ich von Zeit zu Zeit versucht, ihr in die Augen zu schauen. Was sah sie? Was ließ diese Augen aufleuchten? Wenn sie jemals wieder ungehindert sprechen kann, möchte ich sie unbedingt fragen: »Was haben Sie an dem Tag gesehen, an dem ich Sie besucht habe?«

Aber dieser Tag ist noch in weiter Ferne. Davor kommt noch die Reise nach Disneyland.

MARUNOUCHI-LINIE
(Richtung Ikebukuro und zurück)

Zugnummer B 701 / A 801 / B 901

Das Team, das für die Marunouchi-Linie in Richtung Ikebukuro zuständig war, bestand aus Masato Yokoyama und Kiyotaka Tonozaki. Yokoyama war der Akteur, Tonozaki sein Gehilfe.

Yokoyama wurde 1963 in der Präfektur Kanazawa geboren und war zur Zeit des Anschlags einunddreißig. Er hatte angewandte Physik an der Tokai-Universität studiert und nach dem Examen bei einem Elektronikhersteller angefangen, seine Stelle jedoch bereits nach drei Jahren gekündigt, um der Welt zu entsagen. Von den fünf Tätern hinterlässt Yokoyama aus irgendeinem Grund den flüchtigsten Eindruck. Über ihn sind keine charakteristischen Episoden bekannt, und in den Aussagen der anderen Sektenmitglieder taucht sein Name kaum auf. Vermutlich ist er selbst von Natur aus auch kein besonders gesprächiger Mensch. Er war eine Art Staatssekretär im Ministerium für Wissenschaft und Technik. Zusammen mit Hirose arbeitete er an dem Geheimprojekt der »Automatischen Laserwaffe«. 1995 brachten die beiden Asahara als »Neujahrsopfer« ein selbst gefertigtes Gewehr dar. Yokoyama hat bis jetzt (Januar 1997) jede Aussage hinsichtlich des Sarin-Anschlags verweigert.

Tonozaki ist ein ähnlich unauffälliger Mann. 1964 wurde er in Aomori geboren. Nach der Schule übte er verschiedene Tätigkeiten aus und trat 1987 der Aum-Sekte bei. Er gehörte dem Bauministerium an.

Tonozaki, der den Wagen nach Shinjuku fuhr, hielt unterwegs an, und Yokoyama kaufte eine Ausgabe der Zeitung *Nihon Keizai Shimbun* und wickelte die beiden Beutel mit Sarin darin ein. Tonozaki hatte ursprünglich eine Sportzeitung besorgt, aber Yokoyama plädierte für eine Zeitung von allgemeinerem Interesse. Bevor er den Wagen verließ, stülpte sich Yokoyama eine Perücke über und setzte eine falsche Brille auf.

Um 7.39 stieg er in den fünften Wagen des Zuges B 701 der Marunouchi-Linie in Richtung Ikebukuro. Als der Zug in den Bahnhof Yotsuya einlief, stach er mehrere Male mit der geschärften Spitze seines Schirms in die in Zeitungspapier gewickelten Sarin-Beutel, die er auf dem Boden des Waggons platziert hatte. Dabei gelang es ihm lediglich, einen der Beutel zu durchstechen. Der zweite blieb unversehrt. Wären beide Beutel geöffnet worden, hätte es natürlich erheblich mehr Opfer in diesem Zug gegeben.

Yokoyama stieg in Yotsuya aus und wusch die Spitze seines Schirms in einer Toilette in der Nähe des Ausgangs. Dann stieg er zu Tonozaki in den Wagen, der schon draußen wartete.

Um 8.30 kam der Zug in Ikebukuro an und fuhr wieder zurück. Da das Sarin vermutlich nur langsam austrat, gab es bis zu diesem Zeitpunkt nur wenige Verletzte. Nachdem am Bahnhof Ikebukuro alle Fahrgäste ausgestiegen waren, wurde der leere Zug durchsucht, aber die Beutel wurden übersehen.

Um 8.32 verließ der Zug (als Nummer A 801) den Bahnhof in Richtung Shinjuku. Gleich nach der Abfahrt traten bei vielen Fahrgästen Beschwerden auf. Ein Fahrgast, der an der Haltestelle Korakuen ausstieg, meldete einen verdächtigen Gegenstand im Zug, und an der nächsten Station in Hongo-Sanchome entfernten Beamte der U-Bahn-Gesellschaft die Sarin-Beutel und reinigten rasch den Wagen. Zu diesem Zeitpunkt herrschte bereits auf den Bahnsteigen der Hibiya-Linie am Bahnhof Tsukiji großer Aufruhr.

Obwohl es eine große Anzahl von Verletzten gegeben hatte, fuhr der sarinverseuchte Zug weiter bis Shinjuku, wo er um 9.09 eintraf. Es ist kaum zu glauben, aber von dort fuhr der Zug unter der Nummer B 901 um 9.13 wieder zurück in die entgegengesetzte Richtung. Erst um 9.27 wurde er an der Haltestelle Kokkai-Gijidomae gestoppt, und die Fahrgäste wurden evakuiert. Nachdem Yokoyama den Sarin-Beutel durchstochen hatte, fuhr der Zug also noch eine Stunde und vierzig Minuten.

Aus diesen Fakten lässt sich vielleicht erschließen, welche Verwirrung bei den zuständigen Stellen der U-Bahn herrschte. Auch nach der Entdeckung des verdächtigen Gegenstandes im Zug B 801 und der Nachricht, dass es zahlreiche Verletzte gegeben hatte, war es niemandem eingefallen, den Zug aus dem Verkehr zu ziehen.

Auf dieser Strecke gab es zwar keine Todesfälle, aber über zweihundert Menschen wurden verletzt, zum Teil schwer.

21. März 1995. Um sich der Festnahme zu entziehen, versuchten Yokoyama und Hirose zu flüchten. Hisako Ishii übergab ihnen fünf

Millionen Yen Fluchtkapital und einen Wagen. Bis zu ihrer Verhaftung zogen die beiden in der Umgebung von Tokyo durch die Hotels und Saunaclubs.*

* Masato Yokohama wurde im September 1999 zum Tode verurteilt. Er hat Berufung eingelegt. Kyotaka Tonozaki wurde zu lebenslänglicher Haft verurteilt und hat Berufung eingelegt. (Anm. d. Übers.)

»›Was ist denn das?‹, dachte ich.
Aber die Bahnbeamten machten keine Anstalten,
etwas zu unternehmen«

Shintaro Komada (58)

Herr Komada hat lange bei einer großen Bank gearbeitet, bis er schließlich mit fünfzig zu einer Immobilienfirma versetzt wurde, die seiner Bank angeschlossen ist. Auch als er mit dreiundfünfzig das Ruhestandsalter (was man ihm keineswegs ansieht) erreicht hatte, blieb er weiter Angestellter der Firma. Augenblicklich leitet er eine Kunstgalerie, die sich in ihrem Besitz befindet. Obwohl er zunächst über keine Erfahrung auf diesem Gebiet verfügte, hat er in den vergangenen sechs Jahren ein großes Interesse für Malerei entwickelt.

Auf mich wirkte er weniger wie ein Banker, eher wie ein gewissenhafter, emsiger Familienmensch. Seine zweite Karriere scheint er mit großem Eifer zu verfolgen. *»Ich bin sehr ausdauernd«*, sagt er von sich selbst. Das bedeutete aber auch, dass er vor lauter Ausdauer noch neben den Sarin-Beuteln sitzen blieb, als es ihm schon schlecht wurde. *»Gleich bin ich da«*, dachte er und hielt auf seinem Platz aus. Dabei zog er sich schwere Verletzungen zu. Gerettet hat ihn der »Gegenwind«, in dem er saß. Sonst wäre die Sache vielleicht sehr böse für ihn ausgegangen.

Sein Hobby ist das Autofahren, und an seinen freien Tagen unternehmen er und seine Frau Ausflüge zu Museen.

Zur Arbeit fahre ich von Tokorozawa mit der Seibu-Linie nach Ikebukuro, von dort mit der Marunouchi bis Ginza, wo ich in die Hibiya-Linie nach Higashi-Ginza umsteige. Ich bin eine Stunde und zwanzig Minuten unterwegs. Es ist unheimlich voll, in der Seibu-Linie ist es besonders katastrophal. Weil die Fahrt von Ikebukuro bis Ginza genauso anstrengend ist, warte ich meist ein paar Bahnen ab, bis eine mal ein bisschen leerer ist. Das Gerangel um die Sitze ist mir zuwider, deshalb warte ich, bis ich ganz vorne in der Schlange bin und mich dann in Ruhe hinsetzen kann. Meist steige ich in die erste Tür des zweiten Wagens ein.

Ikebukuro ist die Endhaltestelle, also steigen dort alle aus. Am Tag des Anschlags, also am 20. März, waren nur wenige Leute in der Bahn. Normalerweise steigen aus einem Wagen fünfzehn oder zwanzig Personen aus, an dem Tag waren es nur fünf oder sechs. Das kommt schon mal vor, also habe ich mir nichts dabei gedacht.

Wenn alle Passagiere draußen sind, gehen ein paar Bahnbeamte durch den Zug, um nachzuschauen, ob auch niemand etwas vergessen hat.

Unglücklicherweise war die Person, die den Zug an dem betreffenden Tag kontrollierte, kein richtiger Bahnbeamter, sondern eine Aushilfe, so ein Junge im Anorak. Morgens setzen sie oft Studenten als Aushilfen ein, die statt der normalen grünen Uniform solche Anoraks von der Bahn tragen. In der Ecke neben dem rechten Sitz lag ein in Zeitungspapier eingewickeltes Paket von etwa dreißig Zentimetern Durchmesser. Ungefähr so groß (*zeigt mit der Hand*). Direkt vor mir. Ich habe noch überlegt, was es wohl sein könnte. Aber der Stationsgehilfe hat die Fahrgäste in die Bahn gelassen, ohne Notiz davon zu nehmen. Bestimmt hat er es gesehen, nur keine Lust gehabt, sich darum zu kümmern. Hätte er es gleich entfernt, hätte es viel weniger Verletzte gegeben. Das war wirklich eine verpasste Gelegenheit.

Jedenfalls fuhr der Zug mitsamt dem Paket los. Ich habe noch Glück gehabt, dass ich mich nicht neben das Sarin gesetzt habe, sondern ein Stückchen weiter links, sodass ich nicht direkt in der Richtung saß, in die der Fahrtwind das Giftgas wehte. Nach zwei, drei Minuten fuhr der Zug ab.

Als sich jemand übergeben musste, vermutete ich sofort, dass das mit dem Päckchen an der Tür zu tun hatte. Das Zeitungspapier und der Boden rundherum waren klatschnass. Wie man es auch dreht und wendet, der Stationsgehilfe, der das Paket gesehen, aber nicht entfernt hat, war ein Dummkopf. Bald fing es an zu riechen. Ich habe gehört, Sarin sei geruchlos, aber das kann nicht stimmen. Es roch irgendwie süßlich. So ähnlich wie Parfüm, nicht mal besonders unangenehm. Wenn es richtig gestunken hätte, wären wahrscheinlich alle in Panik geraten. Aber es roch, wie gesagt, nur süßlich.

Dann kamen die Haltestellen Shin-Otsuka, Myogadani, Korakuen. In Myogadani begannen viele Fahrgäste zu husten, sitzende und stehende. Ich natürlich auch. Alle holten ihre Taschentücher raus, um sie sich auf Mund und Nase zu drücken. Das war schon eine komische Szene. Der ganze Wagen hustete. Soweit ich mich erinnere, verließen ab Korakuen die meisten Leute die Bahn, weil ihnen das alles zu unheimlich wurde. Inzwischen hatten alle wie auf Kommando die Fenster geöffnet. Augenbrennen, Husten, Übelkeit … Obwohl ich mich nun ernsthaft fragte, was nur los sei, las ich weiter meine Zeitung, eine langjährige, liebe Gewohnheit von mir.

Als die Bahn in Hongo-Sanchome hielt, stiegen fünf oder sechs Bahnbeamte zu. Anscheinend wussten sie Bescheid. Einer hob das Paket mit bloßen Händen auf. Inzwischen war das Sarin über den Boden gelaufen, aber sie entfernten nur das Paket und wischten kurz über die Stelle. Dann fuhr die Bahn auch schon wieder weiter. In Ochanomizu stiegen noch mal fünf oder sechs Bahnbeamte ein und putzten den Boden.

Mittlerweile hustete ich ununterbrochen und konnte meine Zeitung kaum noch lesen. »Ist ja nicht mehr weit bis Ginza«, sprach ich mir selber Mut zu. Ich konnte die Augen überhaupt nicht mehr offen halten. Auf der Höhe von Awajicho wurde mir klar, dass es etwas Schlimmes sein musste. Trotzdem blieb ich mit geschlossenen Augen bis Ginza auf meinem Platz sitzen. Ich hatte keine starken Kopfschmerzen und musste mich auch nicht übergeben, aber ich war ganz benebelt.

Als ich in Ginza die Augen öffnete, war alles um mich herum dunkel, wie in einem Kino. Beim Aussteigen wurde mir schwindlig, aber ich schaffte es die Treppe rauf, indem ich mich quasi am Geländer hochzog, aber dabei brach ich fast zusammen.

Normalerweise wäre ich anschließend in die Hibiya-Linie umgestiegen, aber über Lautsprecher wurde angekündigt, die fahre wegen irgendeines Unfalls nicht. Also war da auch etwas passiert. Es lag jedenfalls nicht nur an mir.

Eins will ich Ihnen sagen: Wenn ich starke Schmerzen oder Brechreiz empfunden oder nichts mehr gesehen hätte, wäre ich natürlich sofort ausgestiegen. Aber so war es nicht. Das Unwohlsein breitete sich ganz langsam in meinem Körper aus, und als ich in Ginza ankam, war ich in einem grauenhaften Zustand. Ich bin noch nie ernsthaft krank gewesen und war auch noch nie im Krankenhaus. Ich war immer bei guter Gesundheit. Vielleicht habe ich deshalb so lange ausgehalten.

Ich stieg aus, und der Zug fuhr weiter, obwohl sie ihn schon in Hongo-Sanchome oder Ochanomizu hätten anhalten sollen. Die Fahrgäste waren derart in Panik, dass man etwas hätte merken müssen. Schon eine halbe Stunde, bevor ich eingestiegen war, herrschte am Bahnhof Kasumigaseki Chaos. Sie wussten, dass etwas Schlimmes passiert war, und hätten den Zug anhalten und die Fahrgäste in Sicherheit

bringen müssen. So hätte man die Zahl der Opfer gering halten können. Ein schreckliches Versäumnis. Wahrscheinlich hat auch die Kommunikation zwischen den einzelnen Stellen versagt.

Jedenfalls schleppte ich mich die Treppe hoch. Nichts wie raus,
dachte ich, sonst wird das dein Ende. Inzwischen spürte ich eine große
Gefahr. Ich kam irgendwo auf der anderen Seite in Yurakucho heraus
und wollte so schnell wie möglich ins Krankenhaus. Das Krankenhaus
in Ginza, zu dem ich sonst immer gehe, ist von Yurakucho aus noch
ziemlich weit. Weil ich Angst hatte, auf der Hauptstraße umzufallen,
ging ich durch kleinere, hintere Straßen. Ich torkelte wie ein Betrunkener. Es war alles so dunkel und verschwommen, und die ganze Zeit
hörte ich das Sirenengeheul und Geklingel von Krankenwagen und
Feuerwehr. Überall stolperten halbblind Leute herum. Irgendetwas
ganz Furchtbares war im Gange.

Zuerst ging ich in mein Büro und bat einen Kollegen, mich ins Krankenhaus zu bringen. »Jemand muss mich begleiten. Ich kann kaum
noch was sehen«, sagte ich. Im Krankenhaus waren schon zwei oder
drei Patienten mit den gleichen Symptomen. Als ich der Krankenschwester an der Aufnahme erklärte, dass ich nichts sehen könne, sagte sie, sie seien keine Augenklinik. Sie hatte überhaupt keine Ahnung.
Aber als immer mehr Leute mit den gleichen Symptomen kamen und
das Fernsehen die Einzelheiten brachte, begriff das Krankenhauspersonal allmählich, dass hier ein Notfall zu bewältigen war. Sie funktionierten die Sofas im Foyer zu Liegen um und machten Infusionen und so
weiter. Bald trafen auch medizinische Informationen per Fax ein.

Später verlegte man mich in ein anderes Krankenhaus, in dem ich
vier Tage blieb. Meine Augen besserten sich allmählich, und am zweiten Tag konnte ich schon wieder relativ normal sehen. Nur hatte ich
furchtbare Schmerzen im Kopf und in den Schläfen. An Schlaf war
nicht zu denken. In jeder Nacht wachte ich immer wieder auf und
schlief nie mehr als zwei oder drei Stunden. Ich hatte mich schon beinahe damit abgefunden, nie wieder ein nützliches Mitglied der Gesellschaft zu sein. Jedenfalls schienen die Aussichten denkbar schlecht.
Drei oder vier Menschen waren bereits gestorben und einige lagen im
Koma.

Zwei Tage nach meiner Entlassung fuhr ich wieder zur Arbeit, obwohl mein Zustand das eigentlich gar nicht erlaubte. Ich fühlte mich

schlapp und wurde sehr leicht müde. Außerdem konnte ich mir überhaupt nichts merken. Selbst bei Routineangelegenheiten musste ich
überlegen. Das war zwar seltsam, aber ich konnte dennoch nicht beurteilen, ob es tatsächlich vom Sarin kam. Einen Beweis dafür hatte ich
nicht. Außerdem sah ich Gespenster und traute mich nicht, Auto zu
fahren.

Eine Zeit lang hatte ich auch Angst, mit der U-Bahn zu fahren. Aber
es geht ja nicht anders, also musste ich mich dazu zwingen. Ganz
geheuer ist es mir noch immer nicht, aber was bleibt mir übrig? Wenn
man so was mitgemacht hat, kriegt man ganz schön Angst, wenn man
in einer großen Kiste aus Metall in einen dunklen Schacht unter die
Erde rast. Aber als Büroangestellter habe ich ja keine andere Wahl. Wie
soll ich sonst zur Arbeit kommen?

Ich werde wirklich wütend, wenn ich den Quatsch höre, den diese
Aum-Leute von sich geben. Warum mussten sie für so einen Typen
unschuldige Menschen töten? Wo soll ich hin mit meinem ganzen
Zorn ...? Ich finde, die ganze Bande muss so schnell wie möglich ab-
geurteilt und bestraft werden.

»Seltsamerweise war mir sofort klar:
Das ist Sarin«

Ikuko Nakayama (etwa 30)

Frau Nakayama stellte von Anfang an die Bedingung, dass ihr Name, ihre Adresse und ihr Alter nicht preisgegeben und ihre persönlichen Daten möglichst unkenntlich gemacht würden. Sie hegt immer noch großes Misstrauen gegenüber den Anhängern der Aum-Sekte. Besonders da sie in der Nähe eines Aum-Zentrums wohnt, befürchtet sie Schwierigkeiten, falls ihre Identität bekannt würde.

Sie ist um die dreißig, verheiratet und hat keine Kinder. Nach dem Studium war sie eine Weile in einem Büro beschäftigt und ist jetzt Hausfrau. Seit kurzem arbeitet sie als Japanischlehrerin für Ausländer, eine Tätigkeit, die sie interessant und befriedigend findet.

Von allen Opfern des Sarin-Anschlags, die ich interviewt habe, war sie eine der wenigen, die den Verdacht hatten, dass es sich um Sarin handeln könnte. Die meisten stolperten ahnungslos durch das alptraumhafte Chaos. Frau Nakayama erkannte die Symptome. *Die Pupillen verengen sich so – es muss Sarin sein!«* Während unseres Gesprächs beeindruckten mich ihre kühle Distanz und rationale Sichtweise sowie ihre ausgezeichnete Beobachtungsgabe, die sie zweifellos zu einer überaus tüchtigen Sprachlehrerin machen.

Sie verabscheut die Ideen der Aum-Sekte, die sich so fundamental von ihrer eigenen Weltanschauung unterscheiden. *»Angst habe ich nicht gerade«*, sagt sie selbst. Dennoch hatte ich den Eindruck, dass es noch eine Weile dauern wird, bis sie sich wieder sicher fühlt.

Im März zum Zeitpunkt des Sarin-Anschlags hatte ich gerade unheimlich viel zu tun. Ich gab an vier bis fünf Tagen in der Woche bis zu zehn Stunden Unterricht. Auf dem Weg zu einer dieser Stunden geriet ich in den Anschlag.

Der Schüler, zu dem ich unterwegs war, arbeitete in einer Firma in Otemachi, und ich wollte mit der Marunouchi-Linie zu ihm fahren. Mein Unterricht sollte um neun Uhr beginnen. Das ist zwar recht früh, aber viele nehmen ihren Unterricht lieber vor der Arbeit. Manchmal fangen wir sogar schon um acht oder halb acht an. Natürlich haben einige auch nach der Arbeit Unterricht.

Wie immer verließ ich um acht Uhr morgens das Haus und stieg in Ikebukuro in die U-Bahn um 8.32. Auf diese Weise komme ich pünktlich um neun zum Unterricht. In Otemachi steige ich aus, gehe die Treppe hoch und bin da.

Da in Ikebukuro die Marunouchi-Endhaltestelle ist, kann die Bahn auf jedem der beiden Gleise stehen. An dem Tag stand sie auf dem linken und war schon ziemlich voll. Auf der rechten Seite stellten sich schon Leute für die nächste Bahn an, und da ich genügend Zeit hatte, beschloss ich, auch noch zu warten, denn ich war etwas müde und hätte gern einen Sitzplatz gehabt. Die Bahnen fahren in einem Abstand von zwei, drei Minuten.

Als der Zug kam, stieg ich durch die erste Tür des zweiten Wagens ein und setzte mich auf die rechte Seite. Der Zug fuhr in Richtung Shin-Otsuka ab. In Japan geht es morgens in der U-Bahn ja recht ruhig zu, kaum jemand unterhält sich. Doch die Stille wurde andauernd von Gehuste durchbrochen. Ich dachte noch, dass aber wirklich auch jeder erkältet sei.

Wie Sie wissen, fährt die Marunouchi-Linie hinter Shin-Otsuka ein paar Haltestellen überirdisch – Myogadani, Korakuen. In Myogadani steigen sonst nicht viele Leute aus, aber an dem Tag verließen so viele den Zug, dass ich mich wunderte, mir aber weiter keine Gedanken machte.

Das Gehuste nahm kein Ende. In der Bahn herrschte ungewöhnlich grelles Licht oder zumindest das, was ich dafür hielt. Im Nachhinein finde ich, dass es eher gelblich war. Oder ein Gelb, das allmählich immer blasser wurde. Ich bin früher einmal wegen einer Anämie ohnmächtig geworden, so ähnlich war es. Vielleicht kann man das nur nachvollziehen, wenn man es erlebt hat.

Allmählich fiel es mir immer schwerer zu atmen. Der Waggon war neu, und ich vermutete, der Geruch käme vielleicht von den neuen Materialien und den Klebern. Also drehte ich mich um und öffnete ein Fenster. Weil es ein neuer Zugtyp war, ging das ganz leicht, aber ich war die Einzige, die das tat. Also wartete ich einen Moment und machte dann noch eins auf.

Meine Atemwege waren schon immer empfindlich. Bei Erkältungen bekomme ich meist fürchterliche Halsschmerzen und schlimmen Husten. Vielleicht kann ich deshalb die Dämpfe von neuem Kunststoff so schlecht vertragen. Obwohl es erst März war und draußen nicht gerade warm, musste ich die Fenster öffnen. Ich verstand gar nicht, wie die anderen Fahrgäste diesen sonderbaren Geruch ertrugen. Obwohl sonderbar vielleicht nicht das richtige Wort ist…

Es war auch kein durchdringender Geruch. Wie soll ich sagen? Es war mehr ein Gefühl als ein Geruch – Atemnot im wahrsten Sinne des Wortes. Ich öffnete die Fenster, um etwas Durchzug zu machen. Ich glaube, das war zwischen Myogadani und Korakuen. An beiden Stationen stiegen eine Menge Leute aus. Aber niemand reagierte, als ich mich umwandte und zwei Fenster öffnete.

Murakami: *Es machte also niemand eine Bemerkung über die schlechte Luft oder wunderte sich? Obwohl es doch alle hätten merken müssen?*

Niemand sagte etwas. Keine Reaktion, keinerlei Kommunikation. Ich habe etwa ein Jahr in Amerika gelebt. Wenn das Gleiche in Amerika passiert wäre, hätte es einen Riesenaufruhr gegeben. Alle hätten gerätselt und gemeinsam nach der Ursache gefahndet. Als mich die Polizei später befragte, ob denn keine Panik ausgebrochen sei, fiel mir ein, dass alle ganz ruhig geblieben waren und niemand ein Wort gesprochen hatte.

Durch das Zugfenster sah ich, wie die Ausgestiegenen hustend auf dem Bahnsteig standen.

Hinter Korakuen fiel mir das Atmen immer schwerer, und der gelbliche Farbton vertiefte sich. Ob ich es überhaupt bis zur Arbeit schaffen würde? Zumindest wollte ich es versuchen und zwar in der Bahn bleiben, aber in Hongo-Sanchome in einen anderen Wagen umsteigen. Inzwischen war es im Wagen schon ziemlich leer, und hier und es gab freie Plätze, was äußerst ungewöhnlich ist. Morgens um diese Zeit ist es normalerweise brechend voll.

Ich wollte durch die mittlere oder hintere Tür aussteigen. Inzwischen hielt ich es nicht mehr aus. Ich sah, wie ein Mann in Polizeiuniform und mit weißen Handschuhen eine Tür vor mir einstieg, ein in Zeitungspapier gewickeltes Paket mit beiden Händen aufhob und nach draußen trug. Ein Stationsvorsteher brachte einen viereckigen Plastikbehälter, und sie legten das Paket hinein. Zwei oder drei andere Bahnbeamte rannten hin und her. Das ereignete sich, während ich aus der Bahn ausstieg. Das Bild, wie der Polizist mit den weißen Handschuhen das in Zeitungspapier gewickelte Paket aufhebt, hat sich mir stark eingeprägt.

Der Zug hielt ziemlich lange, und ich ging zwei Wagen zurück und stieg wieder ein. Auch dieser Wagen war fast leer, man konnte die Fahrgäste zählen. Ich fühlte mich schon sehr schlecht. Meine Augen zuckten krampfartig, obwohl ich keine Schmerzen hatte. Um mich herum sah alles gelb und verschwommen aus.

Ich beschloss, in Awajicho auszusteigen. Nur drei Leute stiegen aus: eine etwa zwanzigjährige Frau, ein fünfzigjähriger Mann und ich. Seltsamerweise wurde mir plötzlich klar: »Das ist Sarin.« Meine Pupillen waren verengt. Es gehört zu meinem Beruf, dass ich täglich Zeitung lese und die Nachrichten sehe. Daher wusste ich über den Sarin-Anschlag in Matsumoto Bescheid. Damals bin ich auf den Begriff »Verengung der Pupillen« gestoßen.*

Murakami: *Aber Sie waren sehr gefasst, nicht wahr?*

Ja, seltsamerweise war ich ganz ruhig. »Das ist Sarin«, dachte ich. Angesichts dieser gefährlichen Situation, deren Ursache ich nicht einschätzen konnte, habe ich wohl all diese Kenntnisse mobilisiert.

Auf dem Bahnsteig waren nur wir drei – die junge Frau, der Mann und ich. Unfassbar für einen Bahnsteig der Marunouchi-Linie um diese Uhrzeit. Die Frau setzte sich auf eine Bank und presste sich ein Taschentuch gegen den Mund, als sei ihr schlecht. Der Mann lief hin und her, wobei er wiederholte: »Da stimmt was nicht, da stimmt was nicht.« Und dann: »Ich kann nichts mehr sehen, ich bin blind.« (Später habe ich gehört, er habe sich bald gar nicht mehr bewegen können, aber das weiß ich nicht sicher.)

»Hier stimmt wirklich etwas nicht. Wir müssen ins Krankenhaus.« Ich fasste die Frau unter, und wir machten uns zu dritt auf den Weg zum Stationsbüro. Der Stationsvorsteher war zwar ziemlich konfus, machte aber immerhin den Versuch, einen Krankenwagen zu rufen. Leider hob unter der Notrufnummer niemand ab. Da bekam ich zum

* Am 27. Juni 1994 setzten Mitglieder der Aum-Sekte in einem Viertel der Stadt Matsumoto mit Hilfe eines Lastwagens mit Gasventil Sarin frei. Bei diesem Anschlag kamen sieben Menschen ums Leben, Hunderte wurden verletzt. Hauptverdächtiger war monatelang eines der Opfer, der 44 Jahre alte Maschinenverkäufer Yoshiyuki Kouno, verheiratet, drei Kinder. Die Medien gaben ihm den Namen »Giftgasmann« und er erhielt Schmähbriefe und Morddrohungen. Seine Frau wurde bei dem Anschlag so schwer verletzt, dass sie ins Koma fiel. Erst nach Monaten wurde der Verdacht gegen Herrn Kouno aufgegeben, und Polizei und Medien entschuldigten sich öffentlich bei ihm. (Anm. d. Übers.)

ersten Mal Angst. Alles, worauf ich bisher vertraut hatte, schien nicht mehr zu gelten.

Nun herrschte Chaos. Allerdings war unser Zug später dran als die übrigen von dem Anschlag betroffenen Bahnen, auf den anderen Bahnhöfen herrschte inzwischen schon helle Panik. Unsere Bahn war schon einmal mit den Sarin-Beuteln an Bord nach Ikebukuro und zurück gefahren.

Eine Sache ärgert mich heute noch. In Ikebukuro werden die Türen geschlossen und die Züge inspiziert. Die Beamten schauen nach, ob jemand etwas vergessen hat. Vielleicht lag das Zeug in einem toten Winkel, und sie haben es übersehen. Hätten sie sich nicht ein bisschen gründlicher umschauen können?

Bei der Notrufzentrale kamen wir einfach nicht durch, also entschied der Bahnbeamte, wir sollten zu Fuß gehen. Zwei, drei Minuten vom Bahnhof entfernt gibt es ein Krankenhaus. Ein junger Stationsgehilfe begleitete uns. Es war gut, dass wir in Awajicho ausgestiegen waren, denn wären wir bis Hongo-Sanchome weitergefahren, wäre alles viel schlimmer geworden, weil wir mit den Sarin-Beuteln in einem abgeschlossenen Raum geblieben wären.

[Frau Nakayama wurde fünf Tage auf der Unfallstation behandelt.]

Nach dem Anschlag konnte ich mehrere Monate nicht arbeiten. Ich litt unter Atemnot. Das war sehr problematisch, da ich bei meiner Arbeit viel sprechen muss. Natürlich hatte ich eine unheimliche Wut. Und ich wusste, dass die Täter Mitglieder der Aum-Sekte waren … Aber heute ist der Wunsch, die Sache zu vergessen, stärker als mein Zorn, ehrlich gesagt. Im Krankenhaus und am Anfang auch zu Hause wollte ich genau wissen, was passiert war. Ich stürzte mich auf jede Nachricht im Fernsehen. Doch jetzt ist mir das zuwider. Ich will nichts über den Anschlag hören; wenn in den Nachrichten etwas darüber gesagt wird, schalte ich sofort um. Ich empfinde großen Abscheu vor dieser sinnlosen Tat. Besonders, wenn ich an die Opfer denke, an die Menschen, die heute noch unter den Folgen leiden. Wenn in einem Bericht der Anschlag erwähnt wird, wird es mir noch immer eng in der Brust. So etwas darf nie wieder passieren.

Nachdem ich viele Berichte über Aum gehört habe und ein wenig
über die Hintergründe Bescheid weiß, bin ich zu dem Schluss gelangt,

dass die Beschäftigung mit der Sekte sich nicht lohnt. Immerhin habe ich aufgehört, den Bildschirm anzuschreien. Diese Leute haben eine ganz andere Moral, sie denken anders als wir und waren restlos von ihrer Tat überzeugt. Sie leben nicht in der gleichen Welt wie wir, es sind Menschen aus einer anderen Dimension … Nachdem mir das klar geworden war, hat mein Zorn sich etwas gelegt. Natürlich möchte ich trotzdem, dass sie rechtskräftig verurteilt werden.

Von allen Fragen hasse ich am meisten die Frage, welche Nachwirkungen ich verspüre. Ich lebe in dem Glauben, dass es mir gut geht. Es scheint kaum medizinische Probleme zu geben, obwohl es natürlich aufgrund mangelnder Erfahrungswerte Unsicherheitsfaktoren gibt. Ich hasse es nur, danach gefragt zu werden. Obwohl meine Abneigung gegen die Frage nach den Spätfolgen ebenfalls eine Spätfolge sein könnte.

Ich glaube, in mir besteht der Wunsch, das Geschehene in eine andere Dimension zu verbannen. Ich möchte es irgendwo verstauen. Möglichst aus der Welt schaffen …

Ein halbes Jahr nach dem Anschlag hätte ich mich wahrscheinlich noch geweigert, dieses Interview zu geben. Jetzt während unseres Gesprächs fällt mir auf einmal auf, dass ich seit damals nie mehr am Unglücksort gewesen bin. Ich mochte Hongo-Sanchome immer sehr, aber ich bin seitdem nicht mehr dort gewesen. Nicht, dass ich Angst hätte … es ist mir nur irgendwie unangenehm.

»Ich tippte gleich auf Sarin oder Zyanid«

Dr. Toru Saito (1948 geb.)

Dr. Saito arbeitet seit zwanzig Jahren in der Notfallmedizin der Toho-Universität von Omori. Das Personal dieses Zentrums ist auf die Behandlung von Fällen spezialisiert, bei denen Sekunden über Leben und Tod entscheiden. Häufig bleibt keine Zeit zu überlegen. Dann sind die Erfahrung und die Intuition von erfahrenen Ärzten wie Dr. Saito gefragt. Seine Kenntnisse und diagnostischen Fähigkeiten sind außergewöhnlich. Er drückt sich klar und präzise aus, und es ist äußerst beeindruckend, ihn bei seiner Arbeit zu sehen. Seine täglichen Aufgaben erlauben ihm kaum einen Moment der Entspannung. Ich bin ihm sehr dankbar, dass er dennoch die Zeit für dieses Interview erübrigen konnte.

Ich bin Herz-Kreislauf-Spezialist auf der Station 2 für Innere Medizin. Im Mittelpunkt meiner Arbeit im Zentrum stehen daher Sofortmaßnahmen bei Herzinfarkten und anderen Störungen in diesem Bereich. Das Zentrum hat ein Team aus erfahrenen Ärzten verschiedener medizinischer Spezialbereiche zusammengestellt, von denen jeder über mindestens fünf bis fünfzehn Jahre Erfahrung verfügt. Etwa zwanzig Ärzte arbeiten hier rund um die Uhr.

Am Tag vor dem Sarin-Anschlag war ich der verantwortliche Stationsarzt. Dieser Dienst geht von Sonntagmorgen neun Uhr bis Montagmorgen neun Uhr. Während des Tages arbeite ich gewöhnlich auf der Station und kümmere mich um die Patienten.

Am Morgen saß ich mit einer Instantnudelsuppe im Ärztezimmer und sah fern. Zehn oder fünfzehn Minuten nach acht trafen die ersten Berichte ein: »Giftgasanschlag im U-Bahnhof Kasumigaseki. Mehrere Schwerverletzte.« Ich tippte sofort auf Zyanid oder Sarin, denn Sarin war ja auch bei dem Anschlag in Matsumoto im Spiel gewesen.

Murakami: *Also hielten Sie es nicht für möglich, dass es sich um Gas aus den städtischen Gasleitungen handelte?*

Das wäre in einer U-Bahn-Station sehr unwahrscheinlich. Ich vermutete von Anfang an ein Verbrechen. Nach dem Anschlag in Matsumoto war der Verdacht ja bereits auf die Aum-Sekte gefallen. Daher hatte ich sofort die Assoziation »Giftgas – Verbrechen – Aum – Sarin oder Zyanid...«.

Ich rechnete damit, dass die Opfer in unsere Klinik gebracht würden. Also sollten wir uns auf die Behandlung von Sarin- oder Zyanid-Vergiftungen vorbereiten. Für Zyanid-Vergiftungen halten wir sogar immer einen speziellen Behandlungskoffer bereit. Gegen Sarin gibt es zwei Medikamente: Atropin und PAM*. Beide hatten wir in der Vergangenheit schon verwendet.

Vor dem Anschlag in Matsumoto wusste ich fast nichts über Sarin. Es war nicht notwendig, dass wir uns damit beschäftigten, da es sich um eine spezielle, militärisch eingesetzte Substanz handelt. Aber nach dem Anschlag in Matsumoto wurden Symptome wie ein niedriger Cholinesterase-Gehalt im Blut oder eine Verengung der Pupillen festgestellt. Genug, um zu begreifen, dass es sich bei dem Giftstoff um eine organische Phosphorverbindung handeln musste.

Organische Phosporverbindungen werden seit langem bei der Herstellung von Pestiziden für die Landwirtschaft verwendet. Es ist vorgekommen, dass Menschen davon eingenommen haben, um Selbstmord zu begehen. Innerhalb der vergangenen zwanzig Jahre haben wir hier zehn solcher Fälle behandelt. Einfacher ausgedrückt, Sarin ist ein gasförmiges Phosphat.

Murakami: *Das heißt, wenn jemand ein Pestizid zu sich nimmt, hat das ähnliche Auswirkungen wie Sarin: ein Absinken des Cholinesterase-Gehalts im Blut und eine Verengung der Pupillen?*

Ja, genau die gleichen Symptome. Übrigens kommen die Pflanzenschutzmittel meist in einer flüssigen Form auf den Markt, die sich nicht verflüchtigt. Deshalb ist es kein Problem, Rosen und so weiter damit zu besprühen. Sarin hingegen ist ein flüchtiges Organophosphat. Dank des Anschlags in Matsumoto wissen wir, dass wir bei Sarin-Vergiftungen die gleichen Behandlungsmethoden anwenden können wie bei Phosphorvergiftungen.

Da Atropin auch bei einer starken Verlangsamung des Pulses oder zur Vorbereitung auf eine Narkose gegeben wird, verwendet man es auch außerhalb der Notfallbehandlung im Krankenhaus. PAM dagegen ist ein spezielles Gegenmittel bei Vergiftungen durch Organophosphate. Das heißt, die pharmazeutische Abteilung eines Krankenhauses verfügt meist nur über einen kleinen Vorrat davon.

* Pyridinaldoximmethyljodid, ein Sarin-Gegenmittel

Als im Fernsehen über den Anschlag berichtet wurde, war von Sarin oder Zyanid die Rede. Da zu diesem Zeitpunkt auch ein paar Ärzte im Praktikum anwesend waren, sagte ich ihnen, sie sollten schon mal nachsehen, was sie über Sarin herausfinden könnten. Wir hatten die Auswirkungen des Anschlags in Matsumoto in einer meiner Veranstaltungen an der Universität durchgenommen und ein zehnminütiges Videoband aus Fernsehübertragungen als Anschauungsmaterial für die Studenten zusammengestellt. Das sollten sie sich zur Sicherheit schon einmal anschauen. Danach hatten sie eine Ahnung, dass wir es wahrscheinlich mit Sarin zu tun hatten. Falls es doch Zyanid wäre, hatten wir genug Atropin zu Verfügung. So gerüstet, warteten wir auf die ersten Verletzten.

Gegen halb zehn berichtete das Fernsehen, dass die Feuerwehr in Tokyo Acetonitril entdeckt habe. Die Feuerwehr verfügt über einen Spezialwagen, in dem chemische Analysen vor Ort durchgeführt werden können. Dabei hatten sie Acetonitril isoliert, das ein Bestandteil von Zyanid ist.

Endlich erhielten wir über unsere Hotline einen Anruf, dass wir uns bereitmachen sollten, ein Opfer des U-Bahn-Anschlags aufzunehmen. Also trafen wir alle Maßnahmen, die im Falle einer Zyanid-Vergiftung nötig sind, und warteten in der Notaufnahme. Der Patient wurde um 10.45 Uhr eingeliefert. Wenn man ihn kniff, zuckte er ein bisschen, befand sich aber sonst in einem komatösen Zustand und zeigte kaum Reaktionen. Seine Pupillen waren stark verengt. Hätte es sich um eine Zyanid-Vergiftung gehandelt, wäre eine so genannte Acidose feststellbar gewesen: eine Übersäuerung des Blutes. Acidose ist ein Hinweis auf Zyanid, wohingegen verengte Pupillen auf Sarin deuten. Das sind entscheidende Indizien bei der Diagnose.

Die Blutuntersuchung ergab keinen Hinweis auf Acidose. Die Reflexe waren sehr schwach. Wir stimmten alle überein, dass der Patient die Symptome einer Sarin-Vergiftung zeigte. Dagegen sprach der Nachweis von Acetonitril, von dem im Fernsehen die Rede war.

Um ganz sicherzugehen, behandelten wir einstweilen auf Zyanid-Vergiftung. Etwa eine halbe Stunde später erlangte der Patient das Bewusstsein zurück. Nach der Injektion besserte sich sein Zustand dramatisch, und er zeigte wieder Reaktionen.

Anscheinend hatte die Zyanid-Behandlung gewirkt. Bis heute wissen wir nicht genau warum. Es besteht die Möglichkeit, dass dem Sarin Acetonitril beigegeben wurde, um seine Verflüchtigung zu verlangsamen, damit die Täter unbeschadet entkommen konnten. Reines Sarin hätte sich vermutlich so schnell verflüchtigt, dass sie sofort getötet worden wären.

Gegen elf bestätigte die Polizei, dass es sich um Sarin handelte. Auch das erfuhr ich aus dem Fernsehen. Wir in der Klinik wurden nie direkt benachrichtigt. Alle unsere Informationen hatten wir aus dem Fernsehen. Inzwischen war eindeutig klar, dass die Patienten unter den Symptomen einer Sarin-Vergiftung litten, und wir gaben bereits Atropin.

Dann rief ein Arzt aus der Shinshu-Universitätsklinik an. Er hatte die Opfer des Anschlags in Matsumoto behandelt und rief alle Krankenhäuser und Unfallkliniken in Tokyo an, um ihnen anzubieten, die Daten der Ergebnisse seiner Sarin-Behandlung zu faxen. »Ja, bitte, sofort her damit«, sagte ich, worauf rasch eine Menge Material eintraf.

Das Wichtigste, das wir bei der Sichtung der Daten erfuhren, war die Methode, Patienten, die stationär behandelt werden mussten, von den ambulanten Fällen zu unterscheiden. Ohne praktische Erfahrungen fehlte uns in dieser Hinsicht das Urteilsvermögen. Dem Bericht zufolge war es nicht notwendig, Patienten mit verengten Pupillen, die noch gehen und sprechen konnten, in der Klinik zu behalten. Leute, deren Cholinesterase-Wert normal war, benötigten keine Sofortmaßnahmen. Diese Erkenntnisse waren uns eine immense Hilfe. Hätten wir alle unterschiedslos aufnehmen müssen, wären wir in großen Schwierigkeiten gewesen.

Murakami: *Könnten Sie bitte mit einfachen Worten erklären, wobei es sich um Cholinesterase handelt?*

Wenn man seine Muskeln bewegen möchte, senden die Nervenenden mit Hilfe von Acetylcholin einen chemischen Befehl aus. Erreicht dieser die Muskeln, bewegen sie sich, ziehen sich zusammen. Danach bewirkt das Enzym Cholinesterase eine Neutralisierung des Acetylcholin-Befehls, die wiederum die Bereitschaft für die nächste Aktion erzeugt. Und so fort.

Wenn jedoch das Enzym Cholinesterase ausgeht – eine so genannte Cholinesterasehemmung entsteht –, funktioniert nur noch die Botschaft des Acetylcholins, und die Muskeln bleiben kontrahiert. Die Muskeln arbeiten aber durch abwechselnde Kontraktion und Entspannung. Wenn sie also in einem kontrahierten Zustand bleiben, kommt das einer Lähmung gleich. Für die Augen bedeutet das eine dauerhafte Verengung der Pupillen.

Das Fax aus Matsumoto informierte uns, dass ein Cholinesterase-Wert unter 200 eine stationäre Behandlung des Patienten erfordert. In der Regel erholten sich auch diese Patienten vollständig und konnten nach ein paar Tagen entlassen werden. Wenn der Cholinesterase-Gehalt im Blut nicht extrem niedrig ist, kommt es nicht zu entscheidenden Lähmungen. Auch unter den ambulanten Patienten waren einige mit sehr niedrigen Cholinesterase-Werten, die aber ansonsten kaum beeinträchtigt schienen. Die Verengung der Pupillen dauerte etwa vier oder fünf Tage an, aber ihre Atmung war nicht betroffen.

Die meisten Schwerverletzten kamen innerhalb eines Tages wieder zu Bewusstsein. Bei denjenigen, die wir nicht retten konnten, hatte die Herz- oder Lungentätigkeit bereits ausgesetzt, ehe sie eingeliefert wurden. Oder es ist uns nach ihrer Einlieferung mit Hilfe von Defibrilatoren gelungen, ihre Herztätigkeit wieder in Gang zu setzen, aber sie sind nun schwerstbehindert.

Murakami: *Haben Polizei und Feuerwehr bestimmte Maßnahmen empfohlen? Es wäre doch denkbar, dass in einem so ungewöhnlichen Fall bestimmte medizinische Richtlinien über eine zentrale Anlaufstelle weitergeleitet werden?*

Nein, unmittelbar nach dem Anschlag fand nichts dergleichen statt.

Aber das Gesundheitsamt in Tokyo hat am Spätnachmittag eine Mitteilung herausgeben. Warten Sie mal (*zieht eine Akte hervor und liest*). Das Fax stammt von 16.25. »Wir danken allen, die sich der Patienten des Anschlags am heutigen Morgen in Tokyo angenommen haben. Inzwischen haben wir einige Informationen über das Giftgas Sarin zusammengetragen. Bei Sarin handelt es sich … und so weiter und so weiter.« Als uns diese Nachricht erreichte, hatten wir die Situation eigentlich schon im Griff. Die Einzigen, die sich sofort mit uns in Verbindung gesetzt haben, waren die Leute von der Shinshu-Universitätsklinik. Dass sie uns ihre Unterlagen gefaxt haben, war uns eine echte praktische Hilfe.

Murakami: *Also waren alle Krankenhäuser bei der Behandlung der Opfer mehr oder weniger auf sich selbst gestellt?*

Ja, das kann man sagen. Es gab nur unzureichende Kenntnisse über

Sarin, und so traten viele Probleme auf. In einem Krankenhaus zum Beispiel wurde den behandelnden Ärzten und Krankenschwestern plötzlich selbst schwindlig. Das lag daran, dass die Kleider der Patienten mit Sarin getränkt waren. Das Personal hatte nicht gewusst, dass es die Kranken sofort hätte ausziehen müssen. Wir selbst hatten am Anfang auch nicht daran gedacht. In unserer Klinik wurden ein Schwerverletzter und sechsundzwanzig leichter Verletzte behandelt.

HIBIYA-LINIE (ab Naka-Meguro)

Zugnummer B 711 T

Toru Toyoda setzte das Sarin in einem Zug der Hibiya-Linie frei, der von Naka-Meguro zum Tobu-Tiergarten fuhr. Katsuya Takahashi war sein Fahrer.

Toyoda wurde 1968 in der Präfektur Hyogo geboren. Zur Zeit des Anschlags war er siebenundzwanzig Jahre alt. Er hatte angewandte Physik an der Universität von Tokyo studiert und ein ausgezeichnetes Examen abgelegt. In einem Labor für weiterführende Studien absolvierte er seine Magisterprüfung und war schon dabei zu promovieren, als er plötzlich sein Studium aufgab und der Aum-Sekte beitrat. Toyoda gehörte also zu den zahlreichen Naturwissenschaftlern innerhalb der »Superelite« von Aum und war Mitglied der »Chemie-Brigade« des Ministeriums für Wissenschaft und Technik.

Bei der Verhandlung trug Toyoda kurz geschnittenes Haar, ein weißes Hemd und eine schwarze Jacke. Seine Wangen waren eingefallen und sein Gesicht angespannt. Ein junger Mann, der mit seinem ernsthaften, zornigen Blick den Anschein eines »Wahrheitssuchers« erweckt. Er scheint der Typ zu sein, der niemals aufgibt, sobald er sich einmal zu etwas entschlossen hat, ein Mensch, der jede Aufgabe zu Ende führt. Vielleicht gehört er auch zu jenen Menschen, die sich freiwillig einem Prinzip opfern. Er wirkt hochintelligent, ist aber offenkundig nur an direkten, messbaren Fakten und Ergebnissen interessiert.

Er hat lange Shaolin-Kungfu praktiziert und hält den Rücken sehr gerade, das Kinn zeigt nach unten, die Lider sind wie aus Bescheidenheit oder zur Meditation gesenkt. Während der vielen Prozessstunden änderte er diese Haltung kaum. Nur wenn es im Gerichtssaal zu einer ungewöhnlichen Bewegung kam, öffnete er ruhig die Augen und sah sich um, ohne dass sein Blick an irgendetwas haften blieb. Toru Toyoda wirkte wie ein strenger Asket – vielleicht meditierte er wirklich die ganze Zeit.

Der Gegensatz zwischen ihm und dem kindischen, von sich eingenommenen Ken'ichi Hirose neben ihm hätte krasser nicht sein können. Als Beobachter konnte man sich einfach nicht vorstellen, was in

Toyoda vorging. Er schien seine Gefühlsregungen durch Willenskraft zu kontrollieren.

Toyoda hatte am 18. März von Hideo Murai, seinem Vorgesetzten im Ministerium für Wissenschaft und Technik, den Befehl erhalten, Sarin in der U-Bahn freizusetzen. Bis dahin war er mit der Entwicklung der Laserwaffe beschäftigt gewesen und hatte sich bereits bei verschiedenen illegalen Aktionen die Hände schmutzig gemacht. Aber selbst Toyoda war über den Plan, Sarin in der Metro freizusetzen, erschrocken. Aufgrund seiner Chemiekenntnisse und da er bereits an der geheimen Herstellung von Sarin in Satyam 7 beteiligt gewesen war, vermochte er sich die schwerwiegenden und tragischen Folgen des Anschlags leicht vorzustellen. Er konnte einschätzen, dass es um nichts Geringeres als einen Massenmord ging, den er mit eigenen Händen ausführen sollte.

Natürlich litt Toyoda unter inneren Zweifeln und Ängsten. Jeder einigermaßen aufrechten Person mit normalen menschlichen Empfindungen muss eine solche Tat unvorstellbar grausam erscheinen. Doch sich einem Befehl des »Meisters« zu widersetzen war gleichermaßen unvorstellbar. Es war, als sei er in einen Wagen gestiegen, der mit halsbrecherischer Geschwindigkeit einen steilen Abhang hinunterraste. Er konnte nicht mehr anhalten, und es fehlte ihm auch an Mut und Initiative, noch rechtzeitig auszusteigen.

Toyoda blieb nichts anderes übrig, als sich – wie es auch sein Kollege Hirose tat – mit verstärkter Konzentration der Lehre zu widmen, alle aufkommenden Zweifel niederzuhalten, seine Gefühle abzutöten, seine Vorstellungskraft im Zaum zu halten und die Tat zu rechtfertigen. Es war leichter, blind zu gehorchen, als Verantwortung zu übernehmen und mit Kraft und Entschlossenheit aus dem Wagen zu springen.

Toyoda verließ um 6.30 das Ajid in Shibuya, und Takahashi fuhr ihn mit dem Wagen in Richtung der Station Naka-Meguro. Unterwegs kauften sie eine Ausgabe der Tageszeitung *Hochi Shimbun* und wickelten die beiden mit Sarin gefüllten Beutel darin ein.

Die Bahn mit der Nummer B 711 T, die er nehmen sollte, fuhr um 7.59 in Richtung Tobu-Tiergarten. Er stieg in den ersten Wagen und setzte sich auf einen Platz in der Nähe der Tür. Wie jeden Morgen war der Zug voller Menschen auf ihrem Weg zur Arbeit. Für die Fahrgäste war der 20. März 1995 bis jetzt noch ein Tag wie jeder andere. Toyoda stellte seine Tasche zu seinen Füßen ab, nahm die in Zeitungspapier gewickelten Sarin-Beutel heraus und legte sie auf den Boden.

Toyoda war nicht viel länger als etwa zwei Minuten in diesem Zug. Als die Bahn in Ebisu, der nächsten Station, hielt, durchstach er, ohne zu zögern, die Beutel mehrere Male mit seiner Schirmspitze und stieg aus. Eilig rannte er die Treppe hinauf und sprang zu dem wartenden Takahashi ins Auto. Alles lief nach Plan.

Auf der Fahrt zurück zum Ajid zeigte Takahashi plötzlich die Symptome einer Sarin-Vergiftung, das einzige Missgeschick bei der Aktion und anscheinend die Folge von Sarin-Resten an Toyodas Schirmspitze oder Kleidung. Aber Shibuya und Ebisu waren ganz in der Nähe, und es entstand kein wirklicher Schaden.

Toyoda hatte beide Beutel erfolgreich durchstochen, und 900 Milliliter Sarin ergossen sich restlos auf den Boden des Zuges. Als der Zug zwei Haltestellen später Roppongi erreichte, begannen die Fahrgäste im ersten Wagen sich unwohl zu fühlen und brachen noch vor Kamiyacho, der nächsten Haltestelle, in Panik aus. Sie versuchten, die Fenster zu öffnen, aber auch dadurch war die Verseuchung nicht mehr zu verhindern. Viele brachen auf dem Bahnsteig in Kamiyacho zusammen und mussten ins Krankenhaus transportiert werden. Es gab einen Toten und 532 Verletzte, darunter auch etliche Schwerverletzte.

Mit leerem ersten Wagen fuhr der Zug B 771 T bis Kasumigaseki weiter. Dort wurden die übrigen Fahrgäste evakuiert und der Zug aus dem Verkehr gezogen.*

---

* Masato Yokoyama wurde im September 1999 zum Tode verurteilt. Er legte keine Berufung ein. Kiyotaka Tonozaki wurde im Februar 2000 zu lebenslänglicher Zwangsarbeit verurteilt. (Anm. d. Übers.)

»Wenn du dein Enkelkind nun nie zu sehen bekommst?«

Hiroshige Sugazaki (58)

Herr Sugazaki ist leitender Angestellter des Bauunternehmens Myojo, das der Meiji-Lebensversicherung angeschlossen ist.

Er stammt von der Insel Kyushu und ist ein typischer Vertreter der aufrechten, geradlinigen Inselbewohner. Alle krummen Sachen sind ihm zutiefst zuwider. Er war schon immer ein bisschen streitlustig und musste wohl aus diesem Grund zweimal die Mittelschule und dreimal die Oberschule wechseln. Obwohl er der Sohn eines Sake-Brauers ist, trinkt er kaum Alkohol.

Herr Sugazaki ist von zierlicher Statur, aber drahtig und zäh. Sein Auftreten und seine Stimme sind selbstbewusst und sein Gedächtnis ist erstaunlich akkurat. *»Da stimmt doch was nicht, wenn einer sich so genau und in allen Einzelheiten an alles erinnert«*, bemerkte ein wenig misstrauisch der Polizist, der seine Aussage zu Protokoll nahm. In seiner Familie ist Herr Sugazaki uneingeschränkter Herrscher und ein so strenger Vater, dass seine drei Töchter ihm noch nie widersprochen haben. Menschen wie er sind heutzutage selten geworden.

Ich möchte nicht den Eindruck erwecken, er sei ein sturer, harter Knochen, denn das ist nur einer seiner Charakterzüge. *»Früher war ich sehr streng, inzwischen bin ich als Mensch etwas weicher geworden. Im Büro bemühe ich mich jetzt, auch mal den Mund zu halten und im Verborgenen zu glühen«*, sagt er.

Nach dem Gasanschlag wurde Herr Sugazaki in größter Eile ins Krankenhaus gebracht, denn sein Herz und seine Lunge arbeiteten kaum noch. Die Ärzte und seine Familie hatten sich schon mit seinem möglichen Ableben abgefunden, doch wie durch ein Wunder erwachte er nach drei Tagen wieder aus dem Koma. Herr Sugazaki ist dem Tod nur um Haaresbreite entronnen.

Um halb sieben stehe ich auf, nehme ein einfaches Frühstück zu mir und gehe kurz nach sieben aus dem Haus. Ich fahre mit der Toyoko-Linie nach Naka-Meguro, das dauert eine halbe Stunde. Es ist zwar nicht allzu voll, aber einen Sitzplatz bekomme ich fast nie, und selbst wenn ich einen habe, steige ich um, wenn ein Expresszug kommt, denn ich bin von Natur aus ziemlich ungeduldig.

Wenn ich einen Sitzplatz habe, lese ich meistens, obwohl ich es seit dem Unfall nicht mehr so gern tue, denn meine Augen ermüden schnell … Ich lese gern historische Bücher. Damals las ich ein Buch mit dem Titel *Zero-Flieger*. Früher wäre ich gern geflogen und ich interessiere mich immer noch für Flugzeuge. Kaum war ich in die Toyoko-Linie eingestiegen, fing ich an, mein Buch zu verschlingen, denn es war ausgesprochen spannend. Deshalb habe ich beinahe nicht gemerkt, dass die Bahn schon in Naka-Meguro war.

Dort stellt man sich in Dreierreihen auf dem Bahnsteig der Hibiya-Linie auf. Ich stelle mich meist am dritten Wagen von vorne an, weil man da leichter einen Sitzplatz bekommt, aber an dem Tag war ich so mit meinem Buch beschäftigt, dass ich vor dem sechsten Wagen landete.

Die Tür ging auf, ich bog nach rechts ein und ergatterte den dritten Sitz. Dann kam eine Frau und quetschte sich noch als Vierte auf die Bank, die eigentlich nur für drei Personen vorgesehen ist. Deshalb wurde es ein bisschen eng, und ich holte lieber gleich mein Buch aus der Tasche meines dünnen Frühjahrsmantels, damit ich später nicht herumwursteln musste. Ich hatte nur noch zehn, zwanzig Seiten zu lesen und wollte bis zum Aussteigen das Buch fertig kriegen. Ich vertiefte mich also zwei, drei Minuten in meine Lektüre. Aber in Hiroo fiel mir plötzlich ein Mann in einem Ledermantel zu meiner Linken auf. Obwohl das Buch mich fesselte, nahm ich einen komischen Geruch wahr. Leder riecht ja auch manchmal seltsam. Es roch nach einem Desinfektionsmittel oder Nagellackentferner. »Der Kerl stinkt«, dachte ich und starrte ihn an. Er starrte zurück, wie um zu sagen »Ist was?«

Weil es so sehr stank, starrte ich ihn jedoch weiter an, aber er ignorierte mich und schaute an mir vorbei nach rechts. Ich folgte seinem Blick und sah ein etwa schreibheftgroßes Ding zu Füßen der Person liegen, die zwei Plätze rechts von mir saß. Eine Art Plastikbeutel. In den Nachrichten hieß es, er sei in Zeitungspapier eingewickelt gewesen, aber ich habe nur den Plastikbeutel gesehen. Und irgendetwas lief heraus.

»Aha«, dachte ich, »das stinkt hier so.« Trotzdem blieb ich sitzen. Dass die dritte Person rechts von mir verschwunden war, merkte ich irgendwo zwischen Hiroo und Roppongi.

Mittlerweile beschwerten sich alle über den Geruch und rissen die Fenster auf. Alle redeten durcheinander. Ich dachte noch: »Muss das sein, bei dieser Kälte die Fenster aufzureißen? So sehr stinkt es ja nun auch wieder nicht.« Dann kam eine ältere Dame und setzte sich neben mich, aber der ganze Boden war nass, also stand sie wieder auf und setzte sich auf einen Sitz gegenüber. Dabei stapfte sie mitten durch die Sarin-Lache.

Im hinteren Teil des Wagens saß jetzt kaum noch jemand, alle waren nach vorne geflüchtet und beschwerten sich über den Gestank. Wir näherten uns Roppongi. Mittlerweile drehte sich schon alles in meinem Kopf. Die Durchsage »Nächste Haltestelle Roppongi« ertönte. Ich vermutete, mein Blutdruck sei abgesackt, denn die Symptome waren ganz ähnlich. Mir war übel, ich hatte Sehstörungen, und der Schweiß brach mir aus.

Allerdings stellte ich keine Verbindung zu dem Geruch her. Ich war überzeugt, es läge an meinem Kreislauf. Viele von meinen Verwandten sind Ärzte, also kenne ich den Geruch von Spiritus und Desinfektionsmitteln sehr genau und redete mir ein, irgendein Mediziner habe einen Beutel davon verloren und der Inhalt sei herausgeflossen. Ich ärgerte mich, dass niemand das Zeug wegräumte. Heutzutage kommt alles immer mehr herunter. Wenn es mir ein bisschen besser gegangen wäre, hätte ich den Beutel wahrscheinlich selbst aufgehoben und auf den Bahnsteig geworfen.

Nein, ich habe nicht daran gedacht, den Sitz zu wechseln. Der Geruch kam mir bekannt vor, und ich fühlte mich nicht besonders belästigt. Ich habe mich nur über den Aufruhr gewundert und hätte es besser gefunden, die Fenster zu schließen, weil es so kalt war. Ansonsten habe ich mich nur gefragt, warum ich so erschöpft war.

Aber hinter Roppongi, als der Zug abbremste, wusste ich, dass etwas nicht in Ordnung war. Ich fühlte mich so mies, dass ich in Kamiyacho aussteigen, zwei oder drei Bahnen abwarten und mich etwas ausruhen wollte. Aber ich konnte nicht aufstehen, meine Beine versagten. Ich packte einen Haltegriff und zog mich daran hoch. Mein Buch war mir schon aus der Hand gefallen. Ich hangelte mich von Haltegriff zu Haltegriff, bis ich zu einer Stange an der Tür kam, die ich umklammerte. Eine Hand hielt ich ausgestreckt, um mich an der Wand des Bahnsteigs abzustützen, und stieg aus. Ich dachte noch, wenn ich die Wand nicht erreichte, würde ich auf den Boden stürzen und mir den Kopf aufschlagen. Dann verlor ich das Bewusstsein.

In Wirklichkeit bin ich gar nicht ausgestiegen. Ich hatte die Stange umklammert und war zu Boden geglitten. Was ich für die Wand hielt, war eigentlich der Boden des Wagens. Er fühlte sich kalt an an meiner rechten Hand. In einer Zeitschrift war ein Foto von mir, wie ich am Boden lag. Deshalb weiß ich, wie es war.

Außerdem haben sie mich gefilmt und im Fernsehen gezeigt. Ich lag ungefähr fünfunddreißig Minuten flach (*lacht*). Bis Viertel vor neun. In dem Bericht sieht man, wie zwei oder drei Beamte von der Hibiya-Linie mich wegtragen.

Als ich wieder zu Bewusstsein kam, war ich in der Toho-Omori-Universitätsklinik. Aber wann das war, weiß ich nicht. Vielleicht am Nachmittag desselben Tages, als ich einen Augenblick lang zu mir kam. Dann habe ich gleich wieder das Bewusstsein verloren.

Als ich endgültig wieder zu mir kam, wurde ich auf eine normale Station verlegt. Das war am 23. März, obwohl ich glaubte, dass es der Tag nach dem Anschlag (also der 21. März) war. Aber als ich meine Frau fragte, welcher Tag es sei, sagte sie, es sei der 23. Ich war nämlich drei Tage bewusstlos. Keinerlei Bewusstsein. Völlige Bewusstlosigkeit ist das Paradies. Das absolute Nichts. Nichts.

Ich hatte keine Nahtod-Erfahrung oder wie man das nennt. Das Einzige war, dass ich aus weiter Ferne wie vom Wind herbeigetragene Stimmen hörte. Wie das Geschrei von Kindern, wenn sie Baseball spielen. Aber ganz leise und wie vom Wind abgehackt ...

Damals war gerade eine meiner Töchter schwanger, im vierten Monat, glaube ich. Ich hatte es erst kurz davor erfahren. Anscheinend hat die jüngere Schwester meiner Frau zu mir gesagt: »Und wenn du dein Enkelkind nicht mehr zu sehen bekommst?« Bis dahin hatte ich keinerlei Reaktion gezeigt, wenn jemand mit mir sprach. Aber als ich das hörte, dachte ich plötzlich, »ich muss es sehen«, und kam zu mir. Meine Töchter hatten an meinem Bett gesessen, geweint und immer wieder gesagt: »Papa, bitte stirb nicht«, aber ich habe nur Gemurmel gehört. Aber die Worte »Was ist, wenn du deinen Enkel nicht zu sehen bekommst?« haben mich erreicht. Mein Enkel ist im September auf die Welt gekommen. Wahrscheinlich habe ich diesem Kind mein Leben zu verdanken.

Drei Tage lang war ich bewusstlos. Danach funktionierte mein Gedächtnis nicht mehr richtig. Wenn mir jemand etwas erzählte, hatte ich es nach einer halben Stunde wieder vergessen. Das ist wohl die typische Folge einer Sarin-Vergiftung. Der Chef meiner Firma hat mich mehrmals besucht, aber ich kann mich nicht daran erinnern. Also natürlich auch nicht an das, was wir gesprochen haben. Ich hoffe nur, dass ich nicht unhöflich zu ihm war. Er soll mich ungefähr zehnmal besucht haben, aber ich erinnere mich an nichts.

Erst nach etwa acht Tagen fing mein Gedächtnis wieder an, normal zu funktionieren. So lange hat es auch gedauert, bis ich endlich wieder etwas essen konnte. Während ich im Krankenhaus war, hatte ich keine körperlichen Symptome. Keine Augenschmerzen, keine Kopfschmerzen. Ich hatte überhaupt keine Schmerzen, nicht einmal gejuckt hat es mich. Nur mein Sehvermögen war beeinträchtigt. Aber das habe ich selbst gar nicht so gemerkt.

Eigentlich gehört es sich nicht, so was zu sagen, aber die Krankenschwestern waren allesamt Schönheiten. Sogar zu meiner Frau habe ich gesagt: »Schwester Soundso ist wunderschön. Man sagt zwar, schöne Frauen wären kalt, aber sie ist so lieb.« Als ich wieder zu Bewusstsein kam, habe ich mir anscheinend eingebildet, die Welt hätte sich in der Zwischenzeit verschönt (*lacht*).

Aber nachts im Krankenhaus kam die Angst. Das Bett hatte einen Metallrahmen. Wenn ich an diesen Rahmen stieß, hatte ich das Gefühl, eine feuchte Hand strecke sich nach mir aus, um mich in die Dunkelheit zu zerren. Am Tag war es hell, und immer war jemand in der Nähe, aber in der Nacht, wenn ich schlafen wollte und mit der Hand oder dem Fuß gegen den Bettrahmen stieß, griff diese kalte Hand nach mir. Je stärker mein Bewusstsein wurde und je besser ich mich erinnern konnte, desto schlimmer wurden diese Ängste. Ich merkte nicht, dass es Halluzinationen waren. Ich glaubte, ein Toter wäre in meinem Zimmer und flüsterte mir zu: »Komm, komm mit.« Ich hatte Angst, aber ich traute mich nicht, es jemandem zu sagen. Schließlich bin ich der Herr im Haus und kann nicht einfach so zugeben, dass ich Angst habe (*lacht*).

Deshalb wollte ich so bald wie möglich raus aus der Klinik. Wenn ich mein Essen nicht aufessen konnte, musste meine Frau es in einer Plastiktüte aus dem Krankenhaus schaffen, damit es so aussah, als wäre ich gesund und hätte besten Appetit. Auf die Weise konnte ich durchsetzen, dass ich nach elf Tagen entlassen wurde. Ursprünglich sollte ich fünfzehn Tage bleiben.

Aber zu Hause war es genau das Gleiche. Wenn ich auf die Tatami trat oder etwas Kaltes berührte, überkam mich diese Angst. Auch wenn ich allein im Bad war. Ich konnte nicht allein sein, ich bekam einfach Angst. Abends, wenn alle sich aus dem Wohnzimmer in ihre Zimmer zurückgezogen hatten, bekam ich Angst. In der Badewanne ließ ich mir von meiner Frau den Rücken schrubben. Wenn sie fertig war und wieder gehen wollte, habe ich gerufen:»Bleib hier, bis ich fertig bin. Ich will vor dir rausgehen.«(*Lacht*).

Die Angst, kalte Dinge zu berühren, hielt den ganzen April an. Im Mai verschwand sie.

Unter den Opfern scheint es einige zu geben, die auch heute noch Angst haben, mit der U-Bahn zu fahren. Ehrlich gesagt, so war das bei mir am Anfang auch. In der Firma dachten sie sich schon, dass ich nicht mit der U-Bahn fahren wollte, und boten mir an, stattdessen mit dem Superexpress zu fahren. Die Kosten würde die Firma übernehmen. Ich lehnte ab. Ich wollte nicht gehätschelt werden und auch nicht versuchen, vor den Problemen wegzulaufen. Am 10. Mai fuhr ich zum ersten Mal wieder zur Arbeit. Vom ersten Tag an nahm ich wieder die gleiche Hibiya-Bahn um 7.15, die, auf die der Anschlag verübt wurde. Ich setzte mich sogar in den gleichen Wagen, auf den gleichen Platz. Als wir durch Kamiyacho kamen, schaute ich mich um und dachte:»Hier war es.« In dem Augenblick wurde es mir schon ein bisschen mulmig. Aber als ich es geschafft hatte, war ich sehr erleichtert. Damit hatte ich irgendwie die Angst abgeschüttelt.

Die Menschen, die an Sarin gestorben sind, hatten bestimmt bis zum Schluss keine Ahnung, dass sie sterben würden. Natürlich waren sie auch die letzten Minuten vor ihrem Tod bewusstlos. Ihnen blieb keine Zeit, ihre Kinder und ihre Frauen noch einmal zu sehen. Denn niemand konnte vorhersehen, dass so etwas passieren würde. Was ich damit sagen will: Wozu um alles in der Welt mussten diese Menschen sterben?

Wer so etwas tut, hat die Höchststrafe verdient. Ich spreche im Namen der Verstorbenen. Sie haben nicht mehr die Möglichkeit, das zu fordern, aber ich bin am Leben geblieben. Warum mussten sie sterben? Nichts als Ausreden und Unsinn kriegen wir zu hören. Seine Anhänger hätten das getan, will sich dieser Asahara herausreden – so ein Quatsch. Die Leute haben aus Gier und Egoismus Menschen wie Insekten getötet. Das ist unverzeihlich. Ich bete, die Opfer mögen in Frieden ruhen.

»Als Soldat kenne ich mich ein bisschen mit Sarin aus«

Kozo Ishino (39)

Herr Ishino ist Absolvent der Akademie der Selbstverteidigungsstreitkräfte und gehört der Luftwaffe an. Gegenwärtig ist er Luftoffizier Zweiter Klasse, was etwa dem Rang eines Oberstleutnants entspricht.

Eigentlich hatte er ursprünglich gar nicht den Wunsch, den Selbstverteidigungsstreitkräften beizutreten. Als unpolitischer junger Mann hätte er auch auf eine renommierte Universität gehen und anschließend eine gute Stelle bei einer Firma annehmen können. Als sein älterer Bruder sein Studium an der Akademie der Selbstverteidigungsstreitkräfte begann und Herr Ishino an der Antrittszeremonie teilnahm, fand er, dass sein Bruder vielleicht *»gar keine so schlechte Idee«* gehabt hatte. Dennoch konnte er sich immer noch nicht vorstellen, selbst an der Akademie zu studieren. Die Aufnahmeprüfung für die Akademie absolvierte er *»nur so zur Übung«*.

Aber nach der Prüfung dachte er, dass es vielleicht doch seinen Reiz hätte, irgendetwas anderes aus seinem Leben zu machen, als eine typische Firmenkarriere einzuschlagen. Also beschloss er, einen Versuch zu wagen, obwohl ihm die Verteidigung Japans gar nicht besonders am Herzen lag. Herr Ishino sagt (mit gedämpfter Stimme): *»Eigentlich sind es auch nicht viele, die die Akademie aus diesem Grund besuchen.«*

Er hat eine so milde Ausstrahlung, dass man ihn niemals für einen Vertreter des Militärs halten würde, sondern eher für einen jungen kompetenten Technokraten. Zur Arbeit trägt er einen Anzug. Er wirkt besonnen und lächelt, wenn er spricht. Was seine Weltsicht und Wertvorstellungen angeht, ist er sehr aufrichtig und geradeheraus und ein absolut vorurteilsfreier Mensch.

Ich möchte mich besonders herzlich für dieses Interview bedanken, das er mir trotz großer Arbeitsüberlastung und Schlafmangel gegeben hat.

Für Flugzeuge hatte ich schon immer etwas übrig, obwohl ich nie Modellflugzeuge oder so etwas gesammelt habe. Ich hatte aber das Gefühl, dass der Mensch so klein ist, und wünschte mir einen größeren Überblick. Deshalb wollte ich, als ich in die Selbstverteidigungsstreitkräfte eintrat, unbedingt Pilot werden. Mein Bruder ist auch bei der Luftwaffe, aber das ist letztlich Zufall. Wir sind eine ganz durchschnittliche Familie, in der niemand Pilot ist.

Leider konnte ich schließlich doch nicht Pilot werden, weil meine Seh-
stärke den Anforderungen nicht entsprach. Während der vier Jahre an
der Akademie sind meine Augen – warum weiß ich nicht – kontinuier-
lich schlechter geworden, obwohl ich gar nicht so eifrig gelernt habe …
Ich dachte, ich schaffe es trotzdem, aber natürlich haben sie mich bei
den Tests erwischt (*lacht*). Damit war für mich der Traum vom Fliegen
beendet, und ich landete beim Bodenpersonal.

Seither bin ich bei der Luftraumüberwachung. Übers ganze Land
verteilt, haben wir achtundzwanzig Radarstützpunkte, die den japanischen Luftraum überwachen. Wenn ein unidentifiziertes ausländi-
sches Flugzeug in unseren Luftraum eindringt, alarmieren wir unsere
Abfangjäger und weisen ihnen das Ziel an. Es gehört zu unseren Aufgaben, mit Hilfe des Radars festzustellen, wohin wir unsere Piloten
schicken müssen.

Als ich nicht Pilot werden konnte, war ich, ehrlich gesagt, ziemlich
enttäuscht, aber nachdem ich es mir eine Weile überlegt hatte, kam ich
zu dem Ergebnis, dass mir hier auch noch andere Möglichkeiten offen
standen.

Meine erste Stationierung war die Radarstation in Wajima, in der
Präfektur Ishikawa auf der Halbinsel Noto. Am Anfang stecken sie
einen immer an so abgelegene Orte. Dort habe ich sechs Jahre verbracht.

Im Sommer war es wunderschön. Touristen kommen, auch junge
Mädchen. Aber im Winter gibt es dort nur Kinder und alte Leute. Es war
sehr einsam. Mit meiner Freizeit konnte ich gar nichts Richtiges anfangen. Außerdem war ich ledig, was zusätzlichen Stress bedeutet. Im
Sommer konnte man tauchen und mit dem Auto rumfahren, aber im
Winter war absolut nichts los. Ich bin in Osaka geboren und war auch
an die kalten Winter nicht gewöhnt. Deshalb hatte ich am Anfang große Schwierigkeiten, mich einzuleben. Aber Wajima ist wunderschön
und heute fast meine zweite Heimat.

Nach sechs Jahren dort wurde ich plötzlich nach Tokyo versetzt.
Eine ganz schöne Umstellung! (*Lacht*) Seitdem arbeite ich mit Unter-
brechungen im Hauptquartier in Roppongi.

Vor zehn Jahren – kurz nachdem ich nach Tokyo versetzt worden
war – habe ich geheiratet. Der Freund eines Freundes hat uns bekannt
gemacht. Meine Frau und ich haben zwei Kinder, unser Sohn ist acht,

unsere Tochter fünf. Vor sechs Jahren – auf dem Höhepunkt der Bubble-Economy – haben wir in Saitama ein Haus gekauft, wo wir jetzt wohnen.

Ich nehme immer die Yurakucho-Linie. Wenn es nicht regnet, steige ich in Sakuradamon aus und gehe zu Fuß bis Kasumigaseki. Von dort nehme ich die Hibiya-Linie nach Roppongi. Insgesamt bin ich etwa eineinviertel Stunden unterwegs.

Bei den Streitkräften gibt es keine regulären Bürozeiten, jede Einheit ist vierundzwanzig Stunden besetzt. Im Grunde gibt es eine Tagesschicht und eine Nachtschicht für alle Fälle. Normalerweise fange ich zwischen acht und neun Uhr morgens an. Unsere Besprechungen beginnen um neun.

Ich komme spät nach Hause, meist so um Mitternacht. Da schlafen die Kinder natürlich schon, aber wir haben einfach so ungeheuer viel Arbeit. Die ganze Organisation unserer Truppen, die Förderung der japanisch-amerikanischen Zusammenarbeit, die UN-Friedensmissionen. Unsere Aufgaben reichen bis in die kleinsten Bereiche. Manchmal ist nur der Fotokopierer kaputt, und wir müssen einen neuen kaufen. Auch das ist wichtig, denn schließlich geht es um das Geld des Steuerzahlers.

Um den 20. März geht das Steuerjahr zu Ende, und wir haben vergleichsweise weniger Arbeit, darum hatten einige Kollegen über die Feiertage Urlaub genommen. Ich hätte mir selbst gern eine Pause gegönnt, aber schließlich können wir nicht alle gleichzeitig wegbleiben.

Die Bahn war leerer war als sonst. Ich weiß noch, dass ich bis Sakuradamon sogar einen Sitzplatz hatte. Wir hatten an dem Tag keine Besprechung, und ich konnte mir Zeit nehmen. Um zwanzig nach acht kam ich in Sakuradamon an, ging zu Fuß nach Kasumigaseki und den U-Bahn-Eingang A 2 hinunter.

Als ich die Fahrkartensperre passieren wollte, stand da ein Schild »Wegen einer Bombendrohung ist der U-Bahn-Verkehr vorübergehend eingestellt« oder so etwas. Ich ging trotzdem weiter runter und sah, dass auf dem Bahnsteig eine ganze Menge Leute warteten. Ich dachte, wenn da Leute warten, wird ja sicher bald eine Bahn kommen. Also stellte ich mich dazu. Aber kein Zug ließ sich blicken. Ich gab auf und ging auf den Bahnsteig der Chiyoda-Linie, um dann von der Haltestelle Nogizaka zu Fuß zu gehen.

Aber der Chiyoda-Bahnsteig war dermaßen voll, dass man nicht durchkam. Zufällig stand auf dem gegenüberliegenden Gleis mit geöffneten Türen ein Zug der Hibiya-Linie, die von Naka-Meguro nach Kita-Senju fährt. Daher beschloss ich, durch den leeren Zug zu gehen. Ein paar andere taten das Gleiche. Während ich durch die vier oder fünf Wagen ging, hatte ich nicht den geringsten Verdacht, dass etwas nicht stimmen könnte. Auch auf dem Bahnsteig tat sich nichts Ungewöhnliches. Ein ganz normaler Zug, der wegen eines Defekts nicht fuhr. [Leider der Zug, in dessen erstem Wagen man Sarin entdeckt hatte. Er war zwar angehalten und geräumt worden, stand aber mit offenen Türen an der Station Kasumigaseki.]

Die Chiyoda-Linie fuhr noch. Sie hatte Verspätung, aber nach einer Weile kam doch eine Bahn, und ich stieg ein. Kurz bevor wir Nogizaka erreichten, fing ich an, mich schlapp zu fühlen. Beim Aussteigen hatte ich Herzklopfen, und das Treppensteigen fiel mir schwer. In meinem Beruf arbeite ich zu viel und schlafe zu wenig, achte also nicht genügend auf meine Gesundheit. Deshalb hielt ich es für einen Erschöpfungszustand aufgrund von Überarbeitung. Dann wurde es um mich herum dunkel, obwohl es ein sonniger Tag war, aber ich dachte mir nicht viel dabei. Erst als ich schon im Verteidigungsministerium angekommen war, fiel mir auf, dass da etwas nicht stimmen konnte. Vielleicht wurde auch die Beleuchtung überprüft?

Inzwischen berichtete das Fernsehen von den Vorfällen im U-Bahnhof Kasumigaseki. Der U-Bahn-Verkehr war eingestellt worden, und es herrschte große Aufregung. Mein Vorgesetzter riet mir, meine Frau anzurufen und ihr zu sagen, dass ich gut angekommen sei, was ich auch tat. Zu dem Zeitpunkt war die Sache mit dem Sarin noch nicht bekannt, und ich glaubte noch, es habe sich um einen gewöhnlichen Unfall gehandelt. Als ich am Schreibtisch saß und arbeiten wollte, hatte ich Schwierigkeiten, den Bildschirm zu erkennen, weil er so dunkel war. Nun wurde gemeldet, dass die U-Bahn mit Sarin verseucht worden war. Da wusste ich sofort, dass ich etwas davon abbekommen hatte.

Nein, nicht allen Angehörigen der Selbstverteidigungsstreitkräfte sind die Auswirkungen von Sarin bekannt. Aber als ich im Außenministerium arbeitete, wurde gerade das Verbot chemischer Waffen ratifiziert, und ich wusste von damals noch Bescheid. Außerdem hatte ich natürlich von dem Vorfall in Matsumoto gehört, obwohl ich mich nicht so sehr dafür interessiert hatte. Ehrlich gesagt, ich hatte damals nicht einmal geglaubt, dass wirklich Sarin eingesetzt worden war. Ich hatte ein anderes Gift vermutet. Ich konnte mir einfach nicht vorstellen, dass jemand mitten in Japan chemische Waffen herstellt. Zumal das gar nicht so einfach ist.

Ich wusste noch, dass Sarin eine Verengung der Pupillen hervorruft, und ging in die Toilette, um mir die Augen auszuwaschen und in den Spiegel zu schauen. Meine Pupillen waren wie kleine Punkte. Als ich in den Sanitätsraum kam, hatten sich dort schon zahlreiche Sarin-Opfer eingefunden. In unserer Behörde war die Zahl besonders hoch, vielleicht höher als bei anderen. Das lag möglicherweise daran, dass wir etwas früher anfangen als die meisten und viele die Hibiya- und Chiyoda-Linien benutzen. Aber soweit mir bekannt ist, leidet mittlerweile niemand mehr an den Folgen. [Herr Ishino wurde anschließend sofort in das Krankenhaus der Streitkräfte in Setagaya gebracht. Glücklicherweise waren seine Symptome nicht schwerwiegend, sodass er nur eine Nacht im Krankenhaus verbrachte. Das Gefühl der Erschöpfung und Mattigkeit hielt an, und seine Pupillen normalisierten sich erst nach einem Monat wieder.]

In Europa sind Terroranschläge häufiger, wenn auch nicht gerade alltäglich. Aber in Japan hat es bisher so etwas nicht gegeben. Als ich während meiner Ausbildung eine Zeit lang in Frankreich lebte, habe ich oft gedacht: »Was bin ich froh, dass Japan ein so sicheres Land ist.« Alle sagten, sie würden Japan um seine Sicherheit beneiden. Und kaum war ich wieder zurück, passierte so etwas! Und dabei war es nicht einmal ein gewöhnlicher Bombenanschlag, sondern ein Angriff mit einer chemischen Waffe. Für mich war das ein doppelter Schock.

»Wozu?« fragte ich mich. Die IRA – um ein Beispiel zu nennen – hat gewisse Gründe, die man zumindest annähernd verstehen kann. Aber dieser Sarin-Anschlag war völlig unbegreiflich. Ich hatte das Glück, mit geringfügigen Symptomen und ohne Spätfolgen davonzukommen, aber das hilft natürlich nicht denjenigen, die ums Leben gekommen sind oder noch immer unter den Folgen leiden. Für die Toten spielt es zwar keine Rolle mehr, aber ich kann mir trotzdem einen sinnvolleren Tod vorstellen.

Man kann nur hoffen, dass der Anschlag von allen Seiten gründlich untersucht wird. Persönlich bin ich der Ansicht, dass die Täter keine

Gnade verdienen. Da Japan ein Rechtsstaat ist, haben wir die Gelegenheit, den Fall ausführlich zu diskutieren und zu überprüfen, wo die Verantwortung liegt. Wir müssen ernsthaft über angemessene Strafen nachdenken. Die Art der Gehirnwäsche, die hier im Spiel war, stellt einen Präzedenzfall dar, und wir müssen neue Normen festsetzen. Damit in Zukunft solche schrecklichen Vorfälle verhindert werden, muss eine öffentliche Debatte darüber stattfinden, wie wir als Nation mit solchen Krisensituationen umgehen.

Nach dieser Erfahrung sollten wir als Nation eingehend darüber nachdenken, wie wir den Frieden und Wohlstand unseres Landes, die wir den Bemühungen der vorangegangenen Generationen verdanken, für die kommenden sichern und schützen können. Das ist meiner Ansicht nach für uns in Japan heute die Priorität. Wenn wir fortfahren, rein materiellen Zielen nachzujagen, sehe ich keine Zukunft für unser Land.

Murakami: *Sind Sie für Japans Zukunft eher optimistisch oder pessimistisch?*

Eher pessimistisch. Noch etwas ist mir seit dem Anschlag klar geworden. Ich bin inzwischen vierzig geworden und habe bisher ziemlich drauflos gelebt. Ich sollte mir allmählich über mich selbst und mein Leben tiefere Gedanken machen. Ängste verspüre ich eigentlich zum ersten Mal. Bisher habe ich immer sehr viel gearbeitet und glücklicherweise noch nie echte Sorgen gehabt.

»Mit dem Mädchen im Arm stolperte ich in Richtung Fahrkartensperre«

Michael Kennedy (63)

Herr Kennedy ist Jockey und stammt aus Irland. Er hat viele große Rennen gewonnen und ist nun im Ruhestand. Er wurde nach Japan eingeladen, um an der Schule des Japanischen Reitsportverbands in Chiba junge japanische Jockeys auszubilden.

Er ist in einem Vorort von Dublin geboren, wo er ein Haus besitzt. Er hat drei Söhne und zwei Töchter, alle sind verheiratet, und keines seiner Kinder lebt weiter als zehn Meilen von Herrn Kennedys Haus entfernt. Die Familie versteht sich sehr gut. »Mein Haus ist so eine Art Zentrale für alle.« Er hat zwei Enkel.

Der zierliche, lebhafte Mann wirkt gesund, offen und gesprächig. Japan gefällt ihm ausgezeichnet, und in den vier Jahren, die er inzwischen hier lebt, hat er sich immer wohl gefühlt. Das Einzige, was er vermisst, ist zu »plaudern«. Außerhalb der Großstadt sprechen nur wenige Menschen Englisch, und er fühlt sich zuweilen etwas einsam.

Jedenfalls macht es Herrn Kennedy große Freude, seine Erfahrungen an vielversprechende junge Jockeys weiterzugeben. Sooft unser Gespräch dieses Thema berührte, lächelte er.

Zweifellos bedeutete der Sarin-Anschlag für ihn einen großen Schock, und ich bin mir nicht sicher, ob er ihn vollkommen überwunden hat. Ein Anschlag wie dieser trifft natürlich Japaner wie Ausländer gleichermaßen, und ich habe großes Mitgefühl mit Herrn Kennedy, der einem so unverständlichen Ereignis in einem fremden Land ausgesetzt war, dessen Sprache er nur unzureichend spricht.

Einige Wochen nach unserem Interview war Herrn Kennedys Vertrag mit der Reitschule beendet, und er kehrte nach Irland zurück.

Ich lebe seit rund vier Jahren in Japan. Das ist eine lange Zeit, und meine Familie fehlt mir sehr. Immerhin mache ich zweimal im Jahr Urlaub in Irland, und meine Frau kommt mindestens einmal nach Japan, das heißt dreimal Flitterwochen pro Jahr (*lacht*). Auch nicht zu verachten, oder?

Ich bin seit dreißig Jahren Jockey. Mit vierzehn habe ich angefangen und war sechseinhalb Jahre Lehrling. Normalerweise dauert die Lehrzeit nur fünf Jahre, aber mein Boss hat immer gesagt, ich sei noch zu jung. So habe ich länger gelernt als die meisten. Ich hatte Glück und wurde mit zwanzig Profi. Natürlich habe ich auch ein paar Unfälle gehabt – sieben-, achtmal Rippen gebrochen, einmal das Brustbein angeknackst, die Schulter ausgekugelt, aber Gott sei Dank nichts Ernstes.

1979 habe ich aufgehört und wurde Manager eines Trainingszentrums mit 1500 Pferden in Irland. Ich war für die Anlagen zuständig – das Gelände, die Bahnen, die Koppeln. In meiner Freizeit und nach Feierabend kümmerte ich mich noch um ein Ausbildungszentrum für angehende Jockeys, das RACE – Racing Apprentice Centre of Education. Zweimal die Woche ging ich dorthin und schaute mir mit den Jungen Videos von Rennen an. Tagsüber hatte ich ab und zu ein Auge auf sie, wenn sie ritten, und sprach anschließend mit ihnen darüber.

Der Japanische Reitsportverband unterhält Beziehungen zu RACE. Daher habe ich viele Japaner kennen gelernt und mit ihnen über meine Erfahrungen gesprochen. Ich hatte keine Ahnung vom Pferderennen in Japan, aber die Japaner haben mich trotzdem als Trainer angeworben.

So bin ich im März 1992 nach Japan gekommen, um mir das Trainingszentrum anzuschauen, und habe auch die Rennbahnen in Miho und Mito besucht. Ich war in Utsunomiya und Tokyo. Die Anlagen haben mich sehr beeindruckt. Japan ist ein so schönes Land, und alle waren so nett zu mir. Nach zwei Wochen fuhr ich nach Irland zurück und sagte allen, dass ich mich entschlossen hätte, eine Stelle in Japan anzunehmen. Die waren vielleicht überrascht! (*Lacht*).

In den vier Jahren, seit ich in Japan bin, hat sich einiges geändert. Der Standard der Pferderennen hat sich ungemein verbessert. Ehrlich gesagt, ich fand am Anfang alles ziemlich veraltet. Die jungen Reiter sind jetzt viel inspirierter, haben mehr Phantasie. Dennoch bin ich der Meinung, dass sie sich noch mehr verbessern könnten, wenn sie kommunikativer mit den Pferden umgingen, aber das ist wahrscheinlich kulturell bedingt.

Also, am 20. März, dem Tag des Anschlags, war ich in Tokyo. Es war nämlich St. Patrick's Day. Kennen Sie bestimmt, oder? Der höchste irische Feiertag. Am Freitag den 17. haben sich alle Iren in der Irischen Handelsvertretung in Tokyo auf der Omotesando versammelt, getanzt und gefeiert. Ich habe dort übernachtet. Es ist jedes Jahr das Gleiche. Ich gehe auf die Party und übernachte in der Irischen Handelsvertretung.

Am Samstag habe ich bei Freunden in Setagaya übernachtet. Am Sonntag findet die Parade auf der Omotesando statt, deshalb bin ich nach Tokyo zurückgefahren. Davor war ich natürlich in der Kirche – in Setagaya gibt es nämlich eine kleine Franziskuskirche. Bei der Parade bin ich dem irischen Botschafter Mr. Sharkey begegnet, und er hat mich zu einem Abendessen in Roppongi eingeladen, zu dem alle kamen. Im Hard Rock Café, gar nicht förmlich. Es wurde sehr spät, zu spät, um nach Chiba zurückzufahren, obwohl ich nicht viel trinke, höchstens zwei Bier, und der Botschafter lud mich ein, bei ihm in Roppongi zu übernachten.

Am nächsten Tag stand ich um halb sieben auf, bedankte mich bei Mr. Sharkey und wollte mich verabschieden, aber er überredete mich, noch bis nach dem Frühstück zu bleiben. Anschließend schlenderte ich gemütlich zur U-Bahn-Station Roppongi. Ich wollte mit der Hibiya-Linie bis Kayabacho fahren und dort in die Tozai-Linie nach Nishi-Funabashi umsteigen.

Die erste Bahn war brechend voll. Ich weiß nicht mehr genau, wie viel Uhr es war, aber wahrscheinlich so gegen halb acht. Mir blieb nichts anderes übrig, als auf die nächste zu warten. Wundersamerweise war der erste Wagen zur Hälfte leer, und ich stieg durch die letzte Tür ein. Auf dem Boden war eine klebrige Pfütze von irgendeiner Flüssigkeit, und daneben lag Zeitungspapier, als ob jemand damit herumgewischt hätte. Ich überlegte noch, was das sein könnte. Offensichtlich mieden die Leute diese Pfütze, sie standen alle vorne im Wagen. Natürlich kannte ich den Grund dafür nicht, aber ich beschloss, mich ihnen lieber anzuschließen, und setzte mich auf einen freien Sitz. Jemand hatte ein Fenster geöffnet. Es herrschte ein durchdringender Geruch, aber ich fand ihn nicht so stark. Andererseits ist mein Geruchssinn auch nicht besonders ausgeprägt.

Jedenfalls war es kein schöner Duft, und meine Augen fingen an zu brennen. Aber da war die Tür schon zu, und der Zug fuhr ab.

In meiner Nähe begann eine junge Frau zu schwanken und stürzte zu Boden. Sie war erst Anfang zwanzig. Ich weiß nicht, ob sie gerettet wurde oder gestorben ist.

Als der Zug in Kamiyacho ankam, stürzten wir alle raus und warfen uns auf den Bahnsteig. Panik brach aus, aber alle halfen einander. Wir kauerten auf dem Bahnsteig. Ich dachte, nun sei alles in Ordnung, aber das stimmte natürlich nicht, denn die Dämpfe breiteten sich auch im Bahnhof aus.

Einige Fahrgäste sagten dem Fahrer Bescheid. Er sah sich den ersten Wagen an und machte über Funk sofort einen Notruf.

Eine Menge Leute lagen auf dem Bahnsteig, ich saß auf dem Boden. Mit der einen Hand hielt ich meine Schultertasche fest, mit der anderen stützte ich den Kopf der jungen Frau. Sie war wie bewusstlos. Meine Augen tränten wie verrückt.

Mit dem Mädchen im Arm stolperte ich in Richtung Fahrkarten-sperre, aber von dort strömten uns die Leute entgegen. An der Fahr-kartensperre wurde uns nur gesagt, wir sollten warten. Ich rief immer wieder auf Japanisch »bitte, bitte, bitte.« Aber die Passanten auf ihrem Weg zur Arbeit drängten sich einfach an uns vorbei.

Dann kam ein Mann mit einer Aktentasche, öffnete die Fahrkarten-barriere, nahm mir das Mädchen ab und trug sie die Treppe hinauf. Jemand half auch mir, mich die Treppe hinaufzuschleppen. Frische Luft! Jetzt waren wir gerettet.

Doch im selben Augenblick wurde mir unheimlich übel. Ich musste mich setzen und mich fürchterlich übergeben. Den gesamten Magen-inhalt. Es sah bestimmt eklig aus. Inzwischen waren um mich herum eine Menge Leute, denen es auch schlecht ging und die sich Taschen-tücher vor die Augen hielten. Niemand wusste, was los war.

»Helfen Sie uns. Rufen Sie einen Krankenwagen«, sagte ich, denn inzwischen war ich wirklich ziemlich in Panik. Etwa zehn Minuten später trafen die Krankenwagen ein, sechs oder sieben Fahrzeuge. Drei-ßig bis vierzig Leute lagen oder hockten dort am Boden. Ich wurde als einer der Ersten sofort aufgenommen und ins Krankenhaus gebracht.

Inzwischen war mir auch klar, dass es eine Gasvergiftung sein musste, weil es mir so katastrophal schlecht ging.

Der Zug, den wir in Kamiyacho verlassen hatten, fuhr weiter, und ich hatte zuerst vorgehabt, einfach auf die nächste Bahn zu warten. Wenn ich jetzt daran denke, kommt mir das so absurd vor. Aber zu dem Zeitpunkt hat natürlich niemand geahnt, dass es sich um ein tödliches Gift handelte.

Ich frage mich auch jetzt noch manchmal, was aus dem Mädchen geworden ist. Ich habe gehört, dass in Kamiyacho eine einundzwanzig-jährige Frau ums Leben gekommen ist. Ob sie das wohl war? Ich habe es nie erfahren. Vielleicht hat das Gas ihr besonders zugesetzt, weil sie so klein war. Ein leichtes Opfer. Sie tut mir so leid. Wahrscheinlich war sie auf dem Weg zur Arbeit. Sie war so ordentlich und schick angezogen. Ich wüsste gern, was aus ihr geworden ist.

Ich war vier Tage im Krankenhaus. Ständig waren Leute von der Reitschule bei mir, weil die Verbandszentrale ihren Sitz in Kamiyacho hat.

Als ich erst im Krankenhaus war, ging es mir gleich viel besser. Es war nichts Ernstes, aber der psychische Schock hatte mir den Rest gegeben – an die frische Luft zu kommen und zu glauben, es würde jetzt besser, während es nur schlimmer wurde! Im Krankenhaus dagegen fühlte ich mich in Sicherheit.

Eine Weile hatte ich noch Kopf- und Augenschmerzen, und es ging mir insgesamt nicht so gut, aber allmählich sind doch alle Beschwerden verschwunden. Nachdem ich aus dem Krankenhaus entlassen war, habe ich noch drei, vier Tage beim irischen Botschafter übernachtet. Sie waren wirklich ganz reizend zu mir.

Drei Wochen lang konnte ich fast nicht schlafen. Ich fürchtete mich davor einzuschlafen, denn dann träumte ich unweigerlich den gleichen Traum: dass mir jemand mit einem großen Hammer auf den Kopf schlug.

Dieser Traum war wirklich sonderbar. Am Anfang war der Hammer ungeheuer hart, und die Schläge taten sehr weh. Dann wurde er von Tag zu Tag weicher, bis die Schläge nicht härter waren als die mit einem Kissen.

Mit der Angst war es genauso. Ein unbekannter Mann kam aus der Dunkelheit und schlug mit dem Hammer auf mich ein, sodass ich aus dem Schlaf hochschreckte. Das wiederholte sich endlos. Ich hatte Angst einzuschlafen, denn dann kam der Traum. Meine Angst vor der Dunkelheit war so groß, dass ich die ganze Nacht das Licht anließ.

In diesen drei Wochen habe ich kaum geschlafen. Ich arbeitete wieder an der Reitschule, aber weil ich nicht schlafen konnte, war ich wie benebelt, nicht normal eben.

Inzwischen ist alles weg. Hundertprozentig. Kein Problem mehr.

Im Krankenhaus habe ich im Fernsehen gesehen, wie ich zusammengebrochen bin. Dieses Bild wurde auch in Irland übertragen. Eine meiner Töchter, die gerade zu Hause übernachtete, hat es gesehen und meine Frau gerufen. »Mama, komm schnell, in Tokyo hat es einen U-Bahn-Unfall gegeben. Papa ist dabei.« Erschrocken ist meine Frau die

Treppe runtergerannt und hat mich im Fernsehen gesehen. So wussten es alle, ehe ich ihnen noch Bescheid sagen konnte. Viele Leute haben mir Briefe geschrieben, und überhaupt waren alle sehr nett.

Murakami: *Tokyo gilt als eine der sichersten Metropolen der Welt, aber es ist doch seltsam, dass gerade dort ein solcher Anschlag geschehen ist?*

Genau. Ich habe meine Meinung darüber auch nicht geändert. Tokyo ist die sicherste Stadt der Welt und Japan ein wunderbares Land. Man kann ohne jede Furcht durch die Straßen gehen. Ich bin auch seither viele Male mit der U-Bahn gefahren. Ich habe keine Angst.

Mir kann man sowieso nicht so leicht Angst machen. Es gibt wenige Dinge auf der Welt, vor denen ich mich fürchte. Pferderennen sind gefährlich, aber ich habe nie Angst gehabt. Ich werde älter, aber ich fühle mich nicht so – darin liegt die einzige Gefahr (*lacht*).

Murakami: *Hat sich für Sie persönlich nach dem Anschlag etwas verändert?*

Ja, ich glaube schon. Ich beobachte mich selbst genauer. Wenn ich mich über alltägliche Dinge aufrege, sage ich mir jetzt, dass es sich nicht lohnt, wo doch jederzeit so etwas passieren kann.

Mein Leben? Rennen zu reiten – das habe ich mein ganzes Leben getan. Seit ich mich erinnern kann. Ich habe an den großen Rennen der Welt teilgenommen und viele Male gesiegt. Das war wunderbar. Und heute trainiere ich die jungen Jockeys und habe das Gefühl, mit ihnen zu reiten. Auch das ist herrlich und mein Leben.

»Diese Angst werde ich nie vergessen«

Yoko Iizuka (24)

Frau Iizuka ist in Tokyo geboren. Sie arbeitet bei einer großen Bank in der Stadt. Weil sie sportlich ist, hält man sie für extrovertiert. Sie selbst bescheinigt sich »ein ausgeglichenes Wesen«. Sie ist nicht der Typ, der sich in den Vordergrund drängt, dazu ist sie zu wohlerzogen.

Doch bei der Bearbeitung dieses Interviews ist mir klar geworden, dass sie gar nicht so entspannt und ausgeglichen ist. Im Gespräch mit ihr stößt man auf eine große innere Stärke und Entschlossenheit. Doch zugleich ist sie sehr verletzlich und zart.

Ich glaube, es war ziemlich schwer für sie, einem Fremden diese Erlebnisse zu schildern, an die sie sich am liebsten nicht mehr erinnern würde. Dennoch hoffe ich, dass dieses Interview ihr geholfen hat, einen Schlussstrich zu ziehen, wie sie selbst einmal gesagt hat, und ihr einen Schritt in eine positive Richtung ermöglicht.

Vor dem 20. März, an dem der Anschlag passierte, hatte ich zehn Tage Grippe mit 39 Grad Fieber, das einfach nicht runtergehen wollte. Ich glaube, ich habe einen Tag frei genommen, ich weiß nicht mehr genau. Aber sonst bin ich immer zur Arbeit gegangen. Ich mag nicht als Einzige frei nehmen, wenn das für die anderen Mehrarbeit bedeutet.

An dem Tag hatte ich 37 Grad, also nur erhöhte Temperatur, aber noch immer einen schrecklichen Husten, und von dem anhaltenden Fieber tat mir alles weh. Wegen der Medikamente, die ich genommen hatte, konnte ich auch die Symptome der Sarin-Vergiftung nicht richtig einschätzen ...

Immerhin hatte ich noch Appetit. Ich frühstücke immer ausgiebig, sonst arbeitet mein Kopf nicht richtig. Deshalb stehe ich meist schon so gegen halb sechs auf, damit ich mich in aller Ruhe fertig machen kann. So habe ich über zwei Stunden Zeit, bis ich kurz vor acht aus dem Haus gehe. Ich lese, ich sehe fern, schaue mir ein Video an. Alles Sachen, zu denen ich zu müde bin, wenn ich abends nach Hause komme.

Aber weil ich an dem Tag noch Fieber hatte, habe ich mich lieber ausgeschlafen und bin erst um halb sieben aufgestanden. Der 20. März war ein wichtiger Tag für mich, denn da sollte ich eine neue Aufgabe übertragen bekommen, und ich war am Morgen schon ziemlich aufgeregt.

Ich nehme immer die Hibiya-Linie und steige in Kasumigaseki in die Marunouchi-Linie um. Der erste Wagen ist zwar praktisch, wenn man später umsteigen will, aber meistens so voll, dass ich lieber in die letzte Tür des zweiten Wagens einsteige. Die Bahn kam auch gerade, und ich stieg schnell in die zweite, also in die mittlere Tür. Ich ging ein Stück zurück und blieb zwischen der zweiten und dritten Tür stehen.

Ich halte mich nie an den Griffen fest. Weil sie so schmutzig sind. Das haben meine Eltern mir eingeschärft, als ich klein war. Ich stehe freihändig.

Murakami: *Das ist sicher richtig, aber ist es denn nicht unsicher, sich nirgends festzuhalten?*

Meine Beine sind kräftig vom Tennisspielen. Ich trage hohe Absätze und habe einen sicheren Stand.

Ich nehme immer die Bahn um 8.03 in Richtung Tobu-Tiergarten und sehe meist dieselben Gesichter. Unheimlich viele husteten. Bis Roppongi vermutete ich, alle seien erkältet. »Das hat mir gerade noch gefehlt«, dachte ich und hielt mir ein Taschentuch vor den Mund.

Aber als wir in Roppongi hielten, stiegen etwa fünf Leute aus dem ersten Wagen und rannten zum Stationsvorsteher, der immer ganz vorne auf dem Bahnsteig steht. Die fünf Fahrgäste stürzten aus der Tür, als hätten sie es gar nicht erwarten können. Das wunderte mich. Anscheinend beschwerten sie sich über etwas. Deshalb fuhr der Zug mit einer kleinen Verspätung weiter.

Kurz vor Kamiyacho sagte ein Mann neben mir plötzlich: »Ich kann nichts mehr sehen.« Ein anderer brach zusammen. Links von mir schwankten einige Leute und stürzten dann zu Boden. In dem Moment brach das Chaos aus. Ein Mann rief: »Fenster auf. Sonst sterben wir«, und riss alle Fenster im Waggon auf.

Als der Zug in Kamiyacho ankam, schrien alle durcheinander: »Raus! Alle raus! Aussteigen!« Ich hatte keine Ahnung, was los war, stieg aber vorsichtshalber aus. Der Mann, der gesagt hatte, er könne nicht mehr sehen, stieg auch aus und brach auf dem Bahnsteig zusammen. Ein anderer Mann ging zur Fahrerkabine und hämmerte gegen die Scheibe. Der Stationsvorsteher von Kamiyacho stand am Ende des Bahnsteigs und informierte den Fahrer, dass etwas nicht in Ordnung war.

Der Beutel mit Sarin war an der dritten Tür des ersten Wagens abgelegt worden. An der Tür, durch die ich normalerweise einsteige. Als alle ausgestiegen waren und die Bahn leer war, habe ich es gesehen. Ein viereckiges Päckchen, aus dem eine Flüssigkeit austrat und eine Pfütze auf dem Boden bildete. Ich weiß noch, wie ich dachte, dass das die Ursache sein müsse. Aber vorher hatte man es wegen der Fülle in der Bahn nicht sehen können. Der Mann, der direkt vor dem Beutel gesessen hat, soll gestorben sein. Als der Zug in Kamiyacho einlief, stand ihm Schaum vor dem Mund, und er war anscheinend bewusstlos. Ein paar Leute trugen ihn aus dem Zug. Alle Fahrgäste aus dem ersten Wagen stiegen aus.

Mehrere Menschen kippten einfach auf dem Bahnsteig von Kamiyacho um. Noch mehr kauerten am Boden oder lehnten sich gegen die Wände. Ich fragte den Mann, der nicht mehr sehen konnte, wie es ihm gehe.

Es war mir schon klar, dass etwas Außergewöhnliches im Gange sein musste, aber ehrlich gesagt, so etwas Ernstes hätte ich nicht vermutet. Japan ist doch ein so sicheres Land. Waffen und Terroristen und so was gibt es bei uns nicht. Bis dahin habe ich nicht eine einzige beängstigende Erfahrung gemacht. Auch damals kam ich gar nicht auf die Idee, dass ich in Gefahr sein könnte und mich lieber aus dem Staub machen sollte. Es kann immer jemandem in der Öffentlichkeit schlecht werden, dann bietet man normalerweise seine Hilfe an. So war es auch auf dem Bahnsteig, die Fahrgäste kümmerten sich umeinander.

Schon als ich eingestiegen war, hatte ich das Gefühl gehabt, dass irgendetwas nicht stimmte. Es roch nach Farbverdünner oder Nagellackentferner. Ein durchdringender Geruch. Trotzdem konnte ich normal atmen, und mir war auch nicht übel. Weder in Roppongi noch in Kamiyacho. Vielleicht weil ich mir die ganze Zeit ein Taschentuch vor Mund und Nase gehalten habe. Aber ich hatte Kontakt mit Leuten, denen schlecht war, habe mit ihnen gesprochen und sie berührt. Vielleicht habe ich dabei etwas abbekommen. Darüber grüble ich immer wieder nach.

Die nachfolgende Bahn hatte schon die Station davor verlassen, und unser Zug musste weiterfahren, nur der erste Wagen war geräumt. Die Durchsage lautete:»Dieser Zug fährt bis Kasumigaseki. Bitte steigen Sie nicht in den ersten Wagen ein. Alle anderen Wagen stehen zu Ihrer Verfügung.« Meine größte Sorge war, dass ich zu spät zur Arbeit käme. Natürlich hatte ich ein etwas schlechtes Gewissen, die kranken Leute auf dem Bahnsteig zurückzulassen, aber meine Angst, an einem so wichtigen Tag zu spät zu kommen, war stärker.

Ich wollte so weit weg wie möglich von dem Beutel sein und ging ganz nach hinten bis zum vierten Wagen. Als ich in Kasumigaseki in die Marunouchi-Linie umsteigen wollte, wurde plötzlich alles um mich herum dunkel. Außerdem fühlte ich mich sehr matt. Ich dachte, das käme vielleicht von den Medikamenten, die ich gegen meine Erkältung genommen hatte, also achtete ich nicht darauf. Der Zug fuhr eine Weile überirdisch, aber der Himmel war dunkel, schwärzlich oder eher bräunlich, wie auf einem alten Foto. Ich wunderte mich, denn eigentlich war es ein klarer Tag.

Ich kam gerade noch rechtzeitig in der Bank an, sozusagen in letzter Minute. Ich zog mich um und fing an zu arbeiten. Aber es fiel mir schwer, und gegen halb zehn wurde mir ganz eigenartig. Ich konnte nichts mehr mit den Augen fixieren, nicht lesen. Dann wurde mir übel, als müsste ich mich übergeben. Aber der Tag war wichtig, und ich musste einfach durchhalten. Trotzdem ging alles, was ich mit dem rechten Ohr hörte, zum linken wieder heraus. Obwohl ich nichts kapierte, sagte ich die ganze Zeit »ja, ja« und tat so, als würde ich zuhören. Dabei war mir so schlecht, und der kalte Schweiß brach mir aus. Eine schlimme Übelkeit, andererseits hatte ich mich während der Grippe oft ähnlich gefühlt, sodass mir kein Unterschied auffiel. Nein, ich musste mich nicht erbrechen, mir war nur übel.

Nach elf gingen alle zum Mittagessen. Mir stand der Sinn natürlich nicht nach Essen, und ich suchte stattdessen die Krankenstation auf. Dort fand ich endlich heraus, dass ich eine Sarin-Vergiftung hatte. Es war so schlimm, dass ich sofort ins Krankenhaus fuhr.

[Frau Iizuka erholte sich nur sehr langsam. Eine Woche konnte sie nicht richtig sehen, litt sehr unter Übelkeit und Erschöpfung. Obwohl sie permanent Kopfschmerzen hatte, hat sie sich keinen einzigen Tag beurlauben lassen und ist aus Pflichtbewusstsein weiter zur Arbeit gegangen. Auch heute noch – nach über einem Jahr – leidet sie unter Mattigkeit. Seit dem Anschlag spielt sie kaum noch Tennis, denn bei fast jeder körperlichen Betätigung gerät sie sofort außer Atem, schon beim Treppensteigen. Ihr Zustand bessert sich nur ganz allmählich.]

Ich bin nie so besonders gern ausgegangen, aber in letzter Zeit verbringe ich noch mehr Samstage zu Hause. Wenn ich einmal ausgehe, bin ich sofort müde. Eigentlich schaffe ich es gerade so, zur Bank zu fahren, zu arbeiten und wieder zurückzufahren. Wenn ich nach Hause komme, bin ich völlig erledigt. Auch in der Bank werde ich nachmittags gegen drei sehr müde. Ich bin so schlapp, wie ich es früher nicht kannte. Erst seit dem Anschlag ist das so.

Vielleicht ist es auch psychisch. Ich habe versucht, den Anschlag zu vergessen. Aber diese Art von Angst wird man nicht so leicht los. Ich glaube, sie wird mir für den Rest meines Lebens im Gedächtnis bleiben. Je mehr ich mich bemühe, den Anschlag zu vergessen, desto häufiger muss ich daran denken – den Eindruck habe ich jedenfalls. Ich müsste es psychisch kontrollieren können.

Murakami: *Aber es ist wahrscheinlich sehr schwierig, die eigene Psyche unter Kontrolle zu bringen, oder?*

Ja, das stimmt schon. Manchmal kann ich es objektiv betrachten, dann wieder ertrage ich es nicht, mit der Erinnerung konfrontiert zu werden. Es kommt in Wellen. Das ist mir inzwischen klar. Plötzlich muss ich aus irgendeinem Grund an den Anschlag denken. Dann habe ich das Gefühl, in meinem Inneren verschließt sich etwas.

Ich träume auch oft davon. Gleich nach dem Anschlag gar nicht so sehr, erst in letzter Zeit häufen sich die Träume. Sie sind so realistisch, dass ich mitten in der Nacht vor Angst hochschrecke.

Aber es sind nicht nur die Träume. Wenn ich einen engen Raum betrete, blockiert mein Körper einfach. Besonders in der U-Bahn oder in einem unterirdischen Kaufhauseingang oder so. Ich will in die Bahn steigen, und meine Füße rühren sich nicht von der Stelle. Seit diesem Februar passiert das immer häufiger. Dabei ist seit dem Anschlag schon über ein Jahr vergangen. Ich habe dann das Gefühl, dass niemand mich versteht, aber alle Kollegen sind sehr rücksichtsvoll, und meine Familie ist auch sehr lieb zu mir. Aber was diese Angst wirklich bedeutet, kann niemand verstehen. Natürlich wünsche ich das auch niemandem …

Aber es ist eine große Hilfe, dass mein Vorgesetzter, meine Familie und meine Freunde mir so zur Seite stehen. Das weiß ich. Und dann gibt es ja auch Opfer, die viel schlechter dran sind als ich.

Meine Eltern wollten nicht, dass ich dieses Interview gebe, weil ich mich nicht an Dinge erinnern soll, die ich zu vergessen versuche. Aber ich möchte es als eine Art Schlussstrich sehen. Ich kann doch nicht bis in alle Ewigkeit den Tatsachen aus dem Weg gehen.

»In Japan existiert kein übergreifendes System der Katastrophenbekämpfung«

Dr. Nobuo Yanagisawa (geb. 1935),
Leiter der medizinischen Fakultät der Shinshu-Universität

Am 20. März, an dem sich der U-Bahn-Anschlag ereignete, fand ausgerechnet auch die Examensabschlussfeier der Shinshu-Universität statt. Als Leiter des Fachbereichs Medizin musste ich an den Feierlichkeiten teilnehmen und hatte mich zu diesem Anlass umgezogen. Außerdem hatte ich an dem Tag noch eine Besprechung mit der Aufnahmekommission, daher hatte ich mir keine weiteren Termine vorgenommen. Zumindest das war Glück im Unglück.

Als Verantwortlicher hatte ich alle Berichte über den Anschlag in Matsumoto gesammelt und die Ergebnisse zusammengestellt, die ebenfalls an diesem 20. März erscheinen sollten. So fügt sich manchmal eins zum anderen.

An diesem Morgen rief ein Reporter vom Shinano-Tageblatt in meinem Sekretariat an. Etwas Seltsames sei in Tokyo geschehen, das Ähnlichkeit mit dem Sarin-Anschlag in Matsumoto habe. Diese Nachricht erreichte mich gegen neun Uhr. Als ich etwas ratlos den Fernseher anschaltete, sah ich, dass die Opfer anscheinend alle die Symptome einer Organophosphat-Vergiftung aufwiesen: Augenschmerzen, tränende Augen, Sehstörungen, laufende Nasen, Erbrechen … Doch daraus allein konnte man nicht auf Sarin schließen. Auch bei anderen Vergiftungen treten diese Symptome auf.

Eines der Opfer klagte jedoch vor der Kamera über verengte Pupillen: »Ich sah in den Spiegel, und meine Pupillen waren kaum zu sehen.« Alle Anzeichen deuteten auf eine Vergiftung durch eine organische Phosphorverbindung hin. Und da nur die Leute aus der U-Bahn schwere Symptome zeigten, musste es wohl ein Gas sein. In der chemischen Kriegsführung gibt es organische Phosphorverbindungen wie Sarin, Soman oder Tabun. Offenbar lag der gleiche Fall wie in Matsumoto vor.

Bis ich überhaupt im Fernsehen davon erfuhr, waren bereits über hundert Menschen ins St. Lukas-Krankenhaus eingeliefert worden. Sich einer so großen Zahl von Opfern gegenüberzusehen, ohne die

Ursache genau zu kennen, vermag selbst Krankenhauspersonal in Panik zu versetzen. Das bereitete mir Sorge.

Bei dem Anschlag in Matsumoto hatten wir mit zahllosen Patienten, die rätselhafte Symptome hatten, vor einem ähnlichen Dilemma gestanden. Wir hatten vermutet, dass es sich um eine Vergiftung durch ein Organophoshat handelte und sie auf diese Vermutung hin behandelt. Niemand hatte eine Ahnung gehabt, dass es sich um Sarin handelte.

Ich rief sofort zwei Ärzte aus der Neuropathologie und der Notaufnahme an und beauftragte sie, mit St. Lukas und anderen Krankenhäusern, in die die Verletzten vermutlich gebracht wurden, Verbindung aufzunehmen. Wir faxten jedem einzelnen Krankenhaus, das im Fernsehen genannt wurde, die Information: »Behandeln Sie mit Atropin und PAM als Gegenmittel usw. usw.«

Als Erstes rief ich das St. Lukas-Krankenhaus an. Das war so zwischen zehn nach neun und halb zehn. Es war ständig besetzt, aber als ich es mit dem Mobiltelefon probierte, kam ich sofort durch, ließ mich mit dem Zuständigen für die Notaufnahme verbinden und gab einige allgemeine Hinweise für die Behandlung. Einzelheiten würde ich per Fax schicken. Normalerweise hätte ich als Erstes die Krankenhausleitung verständigen müssen, aber in diesem Fall erschien es mir effektiver, direkt mit den Ärzten zu sprechen. Anscheinend gab es trotzdem ein Missverständnis, denn später habe ich von jemandem erfahren, dass sie bis elf Uhr in der Bibliothek gewühlt haben, um das Toxin zu bestimmen.

Gegen zehn fingen wir damit an, die Faxe zu verschicken. Ich musste ja trotzdem zu dieser Abschlussfeier. Daher überließ ich diese Aufgabe den beiden Ärzten aus der Neuropathologie und Unfallaufnahme. Auf meinem Schreibtisch lagen die letzten Korrekturfahnen des Berichts über den Sarin-Anschlag in Matsumoto, in dem Symptome, Diagnose und Behandlungsweise von Sarin-Vergiftungen skizziert sind. Auch das faxten sie an alle möglichen Krankenhäuser. Im Nachhinein finde ich, es war ein unheimliches Glück, dass wir dieses Material zur Hand hatten. Andererseits waren es so viele Seiten und so viele Stellen, an die wir es faxen mussten, dass das Ganze einen unglaublichen Aufwand darstellte.

Das Wichtigste in einem solchen Katastrophenfall ist die Logistik. Das heißt, wie kann man die Opfer in einer sinnvollen Reihenfolge behandeln, die der Schwere ihrer Verletzungen entspricht? Natürlich müssen die ernsteren Fälle rascher behandelt werden als die leichteren. Hätten die Ärzte die Verletzten in der Reihenfolgen behandelt, in der sie eingeliefert wurden, hätte es viel mehr Tote geben. Wenn man die Situation nicht gut einschätzen kann, und Leute kommen herein und schreien: »Ich kann nichts mehr sehen«, kann das Ganze leicht in Panik ausarten. Wen soll der Arzt zuerst behandeln? Den, der keine Luft kriegt, oder den, der nichts mehr sieht? In akuten Notsituationen solche Entscheidungen treffen zu müssen ist das Schwierigste am Arztberuf überhaupt.

Murakami: *Gibt es für Katastrophenfälle dieser Art ein Handbuch für Ärzte, nach dem sie sich richten können?*

Nein, so etwas gibt es nicht. Bis zum Anschlag in Matsumoto hatten wir auch keinerlei Erfahrung mit derartigen Situationen.

Als ich gegen Mittag wiederkam, klingelten überall ununterbrochen die Telefone. Alle möglichen Krankenhäuser baten uns um Informationen, denn in über hundert Einrichtungen gab es Sarin-Opfer. Den ganzen Tag über schickten wir ein Fax nach dem anderen raus.

An einem normalen Tag ohne Abschlussfeier hätte ich ab halb neun Uhr morgens bis zum Hals in Arbeit gesteckt. Auch wenn ich irgendwie von dem Anschlag in Tokyo erfahren hätte, hätte ich doch bis zum Mittag keine Zeit gefunden, den Fernseher einzuschalten. Wahrscheinlich wären wir dann außerstande gewesen, so schnell zu reagieren. Zumindest das war eine glückliche Fügung.

Das Wirkungsvollste wäre gewesen, sich direkt mit der Feuerwehr in Verbindung zu setzen und ihr die Verteilung der Informationen zu übertragen. Aber alle unsere Versuche, die Feuerwehr zu erreichen, schlugen fehl.

Aus den Anschlägen in Tokyo und Matsumoto haben wir eine sehr wichtige Lehre gezogen: Auch wenn einzelne Rettungsdienste sehr effizient reagierten, klappte doch die Interaktion nicht. In Japan existiert kein übergreifendes System einer wirkungsvollen Katastrophenbekämpfung, es gibt keine Kommandozentrale. Beim großen Erdbeben von Kobe war es das Gleiche.

Ich finde, dass bei beiden Ereignissen der medizinische Apparat sehr adäquat reagiert hat. Auch die Notdienste und Sanitäter haben sich bewährt und großes Lob verdient. Ein amerikanischer Experte hat gesagt, die geringe Zahl von elf Toten bei 5000 Vergiftungsopfern grenze an ein Wunder. Das ist einzig dem Einsatz der Kräfte vor Ort zu verdanken, denn ein übergreifendes Alarmsystem hat nicht funktioniert.

Wir haben Verbindung zu über dreißig medizinischen Einrichtungen gehabt. In den Sieben-Uhr-Nachrichten am nächsten Morgen war von siebzig Schwerverletzten die Rede. Auch von einer verhältnismäßig schweren Sarin-Vergiftung kann sich ein Mensch bei entsprechender Behandlung innerhalb weniger Stunden erholen. Die Kenntnis macht den großen Unterschied.

Damals wollte ich unbedingt so viele Informationen wie möglich weitergeben und rief das Gesundheitsamt in Tokyo an, aber niemand ging ans Telefon. Erst nach halb neun erreichte ich endlich jemanden. Allerdings erklärte mir die Person, die abhob, sie hätten zu viel tun. Die machen ja nicht mal Nachtdienst, was sollte das also heißen?

Die Feuerwehr hätte schneller vor Ort sein, die Lage überblicken und Einsatzteams stellen müssen, die, mit präzisen Anweisungen ausgestattet, die Verletzten sozusagen vorsortierten. Dann hätten auch die Sanitäter sinnvoller vorgehen können. Außerdem hätte man auch mehr Notärzte gebraucht. Spezialisten können durchaus eine Panik verhindern.

Ehrlich gesagt, es ist im medizinischen Bereich beinahe undenkbar, dass Ärzte ungebeten irgendwelche Informationen an andere Krankenhäuser weitergeben. Jeder meint, es sei besser, den Mund zu halten und seine Kompetenzen nicht zu überschreiten. Doch bei diesem Anschlag hatte ich noch einen ganz anderen Gedanken.

Eine der sieben Personen, die in Matsumoto ums Leben gekommen sind, war eine Medizinstudentin unserer Universität. Eine besonders aufgeweckte Studentin, der eigentlich ein Platz bei der Examensabschlussfeier an diesem Tag gebührt hätte. Das hatte ich im Herzen behalten.

HIBIYA-LINIE (von Kita-Senju nach Naka-Meguro)

Zugnummer A 720 S und A 738 S

Yasuo Hayashi und Shigeo Sugimoto hatten den Auftrag, Sarin in einem Zug der Hibiya-Linie freizusetzen, der von Kita-Senju nach Naka-Meguro fuhr.

Hayashi ist 1957 geboren und war zur Zeit des Anschlags siebenund-dreißig. Neben Ikuo Hayashi [nicht verwandt] war er der Älteste im Ministerium für Wissenschaft und Technik und unterstand direkt Hideo Murai. Auch Yasuo Hayashi hat Naturwissenschaften studiert, aber im Gegensatz zur Wissenschaftselite Ikuo Hayashi, Toyoda und Hirose hatte er bereits Erfahrung mit den Härten und Enttäuschungen des Lebens. Sein Vater hatte für die Japanische Bundesbahn (JR) gearbeitet und war zwanzig Jahre zuvor gestorben. Yasuo hatte es nie leicht im Leben gehabt. Nur seine Mutter verwöhnte ihn als das jüngste ihrer drei Kinder.

Auf dem zweiten Bildungsweg kam er an die Kogakuin-Universität und studierte Künstliche Intelligenz. Ohne Aussichten auf eine Festanstellung jobbte er bei verschiedenen Firmen und ging dann ins Ausland. In Indien erwachte in ihm ein tiefes religiöses Interesse. In einem Yoga-Ashram lernte er die Aum-Sekte kennen und wurde zum Anhänger von Shoko Asahara. 1988 wurde er Mönch. Anschließend rückte er an die dritte Stelle im Ministerium für Wissenschaft und Technik der Aum-Sekte auf.

Er gilt zwar als einer der strengsten Verfechter der Sekte, hat aber auch eine sanfte Seite und war für viele der Jüngeren eine Art älterer Bruder.

Als alle am Morgen des 20. März während der »praktischen Übung« in Satyam sieben zwei Beutel Sarin erhielten, teilte man Yasuo Hayashi drei zu. Der Extrabeutel war ein fehlerhaftes Exemplar, um das er selbst gebeten hatte. Die Übung gehörte zu jener rituellen »Charakterprüfung«, die Hideo Murai (und wahrscheinlich Asahara) entworfen hatten. Auf die Frage, wer von den fünf den Extrabeutel nehmen würde, meldete sich Yasuo Hayashi sofort, worauf Murai wissend lächelte. »Es war, als hätte er gerade eine Wette gewonnen«, bemerkte Hirose, der dabei war, später etwas niedergeschlagen.

Yasuo Hayashi war von Asahara einmal der Spionage verdächtigt worden, was ihm anscheinend noch in den Knochen steckte. Vielleicht dieser persönlichen Kränkung wegen wollte er sich als besonders tollkühn und hart im Nehmen hervortun. Leider hat diese Einstellung in dem Hibiya-Zug, auf den er angesetzt war, zu den meisten Todesopfern und Verletzten des gesamten Anschlags geführt, denn unglücklicherweise gelang es ihm, alle drei Beutel zu durchstechen.

Yasuo Hayashi wurde von Shigeo Sugimoto zum Bahnhof Ueno gefahren. Unterwegs wickelte er seine drei Beutel mit Sarin sorgfältig in Zeitungspapier ein. Der Zug, den er besteigen sollte, war der um 7.43 aus Kita-Senju kommende A 720 S. Er stieg in den dritten Wagen, ließ seine in Zeitungspapier gewickelten Päckchen fallen und durchlöcherte sie zwei Haltestellen weiter in Akihabara gründlich mit der geschärften Schirmspitze. In Akihabara verließ er den Zug, stieg zu Sugimoto in den Wagen und war gegen halb neun wieder im Ajid in Shibuya. Er hatte seinen Auftrag ohne jedes Zögern erfüllt.

Als der Zug Akihabara verließ, war bereits Sarin ausgetreten und begann zu verdunsten. Schon an der nächsten Station – Kodemmacho – wurde einigen Fahrgästen im dritten Wagen schlecht. Die in Zeitungspapier gewickelten Päckchen wurden entdeckt. Um sie herum hatte sich bereits eine Pfütze gebildet. Ein Fahrgast erkannte in ihnen die Ursache seiner Beschwerden und beförderte das Paket mit dem Fuß auf den engen Bahnsteig von Kodemmacho, wo sich das Sarin-Gas mit großer Geschwindigkeit ausbreitete. Vier Menschen starben, darunter ein Angestellter von Japan Tobacco (JT), Herr Eiji Wada.

Inzwischen setzte der A 720 S mit einer Pfütze Sarin in einem seiner Waggons seinen Weg fort. Ningyocho, Kayabacho, Hatchobori ... mit jeder Haltestelle vermehrten sich die Opfer. Ein wahrer Höllenexpress.

Um 8.10, gleich nachdem der Zug Hatchobori verlassen hatte, drückte ein Fahrgast auf den Alarmknopf. Den Vorschriften zufolge darf ein Zug jedoch nicht im Tunnel alten, daher fuhr er bis Tsukiji und hielt dort an. Als die Türen sich öffneten, torkelten vier oder fünf Fahrgäste aus dem Wagen und brachen auf dem Bahnsteig zusammen. Erst jetzt bemerkte das Bahnpersonal, dass etwas nicht in Ordnung war. Der A 720 S wurde sofort aus dem Verkehr gezogen und die Ambulanz gerufen. Die erste Mitteilung an die U-Bahn-Zentrale kam vom Zugführer: Nach einer Explosion trete weißer Dampf aus dem Zug aus. Es gebe zahlreiche Verletzte. Demzufolge verbreitete sich zunächst die Nachricht von einer »Bombenexplosion in Tsukiji« auf allen Bahnhöfen.

Das Personal in Tsukiji dagegen erkannte sehr rasch, dass es sich um ein Giftgas handelte. »Giftgas!« riefen die Beamten, um die Fahrgäste dazu zu bringen, die Station möglichst schnell zu verlassen. Die Zentrale reagierte jedoch nur langsam. Erst mehr als zwanzig Minuten später, um 8.35, erging die Weisung, den Verkehr einzustellen sowie Fahrgäste und Personal zu evakuieren.

Auf einer Strecke von fünf Haltestellen kam es zu der katastrophalen Bilanz von acht Toten und 275 Verletzten.

Yasuo Hayashi, »die Mord-Maschine«, entkam und war über ein Jahr und neun Monate auf der Flucht, bis er im Dezember 1996 endlich auf Ishigaki gefasst wurde. Er soll auf seiner Flucht beständig einen kleinen buddhistischen Altar mit sich geführt haben, um für die Menschen zu beten, denen er das Leben genommen hatte.*

* Yasuo Hayashi wurde zum Tode verurteilt, Shigeo Sugimoto zu lebenslanger Haft.

»Ich musste an den Kredit und an unser Baby denken«

Noboru Terajima (35)

Herr Terajima ist Wartungstechniker für Fotokopiergeräte bei einem der großen Hersteller und fährt täglich mit der Hibiya-Linie von Soka bis Higashi-Ginza.

Sechs Monate vor dem Anschlag hat er geheiratet. Bis dahin lebte er allein in einer Wohnung in Soka; später nahm er einen Kredit auf und kaufte dort eine Eigentumswohnung. Kurze Zeit später wurde seine Frau schwanger. Am Wendepunkt seines Lebens vom jungen Mann zum Familienvater mit allen Verantwortlichkeiten und Verpflichtungen traf ihn der Sarin-Anschlag.

Als ihm an der Station Kodemmacho schlecht wurde, nachdem er Sarin eingeatmet hatte, dachte er als Erstes an sein ungeborenes Kind und an den Kredit für die Eigentumswohnung.

Wir trafen uns an einem sonnigen Sonntagnachmittag in Soka in einem Café im ersten Stock eines Gebäudes am Bahnhof. Vor dem Fenster sah man junge Leute und Familien die Straßen entlangschlendern. Viele hatten kleine Kinder dabei. Es herrschte eine entspannte und heitere Feiertagsstimmung.

Herr Terajima beantwortete meine Fragen wohlüberlegt und präzise, aber er ist kein Mensch, dem das Herz auf der Zunge liegt.

Eigentlich wäre ich gern Maler geworden. Doch gerade als ich mit der Schule fertig war, starb mein Vater, und wir brauchten unbedingt Geld. Mein ältester Bruder studierte. Zumindest einer von uns sollte einen Uni-Abschluss machen. Ich besuchte eine Berufsfachschule, weil ich durch die Aufnahmeprüfung für die Uni gefallen war. Danach musste ich schnellstens eine Stelle finden.

Zuerst arbeitete ich für ein Maklerbüro, wo es hoch herging. Keine halbe Sache, sage ich Ihnen. Jedenfalls wurde es mir zu anstrengend. Nach nur einem Jahr kündigte ich und fing bei meiner jetzigen Firma an. Ich hätte gern in der Werbeabteilung gearbeitet, aber es fehlte mir an Erfahrung und ich hatte keinen Führerschein, jedenfalls klappte es nicht. Immerhin bin ich in einer renommierten Firma gelandet. Die Sicherheit war mir das Wichtigste.

Im September vor dem Anschlag habe ich geheiratet und eine Eigentumswohnung in Soka gekauft, aber wir konnten sie erst im April übernehmen. Bis dahin haben wir noch in meiner Mietswohnung in Soka gewohnt und waren um den 20. März, als der Anschlag passierte, gerade dabei, unseren Umzug vorzubereiten. Wir hatten schon alle Geschäfte in der Nachbarschaft nach Kartons abgegrast und waren beim Packen.

Nein, ich habe früher nie daran gedacht, eine Eigentumswohnung zu kaufen. Eigentlich war es mir immer ziemlich egal, wo ich wohne. Aber an einem freien Tag hatten wir zum Spaß die Wohnung besichtigt, und sie gefiel uns so gut, dass wir sie kauften. Die Finanzierung geht über fünfundzwanzig Jahre. Eine Wohnung zu kaufen ist nicht gerade ein Pappenstiel.

Wir sind in Soka geblieben, obwohl meine Mutter in Saitama und meine Schwiegermutter in Shinagawa wohnt. Eigentlich hätten wir eine Wohnung irgendwo in der Mitte gebraucht, aber die Innenstadt ist unbezahlbar.

Wir haben eine kleine Tochter. Sie ist schrecklich wild. Vor zwei Jahren habe ich noch ein geruhsames Junggesellendasein geführt, auf einmal bin ich verheiratet, habe ein Kind und einen Kredit und bin völlig pleite. So schnell kann das gehen (*lacht*).

Ich hatte mir vorgenommen, entweder vor fünfunddreißig zu heiraten oder gar nicht, denn danach wird es zu schwierig. Mit vierunddreißig habe ich schließlich doch noch geheiratet. Ich kannte meine Frau von früher, vom Windsurfen. Sie ist drei Jahre jünger als ich. Seit meinem fünfundzwanzigsten Lebensjahr bin ich ein begeisterter Windsurfer. Jetzt komme ich nicht mehr dazu, aber als ich jünger war, bin ich stundenlang mit dem Auto bis Shonan und Zaimokuza an die Strände gefahren. Einmal in der Woche bin ich um fünf aufgestanden und habe mich auf den Weg gemacht. Damals hatte ich eben viel Energie. Das war, bevor Windsurfen so populär wurde. Ein Freund und ich haben uns ein gebrauchtes Brett gekauft und es am Strand aufbewahrt. Was wohl daraus geworden ist?

Mehr als Pachinko* ist heute in meiner Freizeit nicht drin (*lacht*). Zum Malen komme ich überhaupt nicht mehr. Wenn ich einmal damit anfange, kann ich nicht mehr aufhören. Und dazu fehlt mir die Zeit.

* Ein japanischer Spielautomat (Anm. d. Übers.)

Im März hatte ich sehr viel in der Firma zu tun. Mein Zuständigkeitsbereich liegt in Kasumigaseki*, das heißt bezahlte Regierungsaufträge inklusive Wartung, große Lieferungen und so weiter. Zu Ende des Steuerjahres, also im März, müssen die Behörden ihre sämtlichen Etats ausgeschöpft haben. Das bedeutet für uns die größte Hektik des Jahres. Der Anschlag ereignete sich zwischen zwei Feiertagen, aber ich konnte mir nicht freinehmen.

Ich frühstücke kaum etwas. Nur eine Tasse Kaffee und ein bisschen Gebäck. In die Firma fahre ich mit der Hibiya-Linie, weil ich da meist einen Sitzplatz bekomme. Normalerweise steige ich in die erste Tür des dritten Wagens ein. An dem Tag habe ich anscheinend die Bahn um 7.53 erwischt. Meist schlafe ich sofort ein, sobald ich sitze. Ich lese nicht mal Zeitung. Kurz vor Higashi-Ginza wache ich automatisch wieder auf. Immerhin habe ich schon dreimal verschlafen (*lacht*) und bin aus Versehen bis Kamiyacho gefahren.

Am Tag, an dem der Anschlag passierte, bin ich in Kodemmacho aufgewacht, weil über Lautsprecher eine Durchsage kam. »In Tsukiji hat eine Explosion stattgefunden. Der Zug wird eine Weile hier halten. Wir bitten Sie um etwas Geduld.« Ich blieb sitzen und wartete, bis sie sagten, der Verkehr sei eingestellt. Was blieb mir übrig, als auszusteigen. Auf dem Bahnsteig nahm ich den stechenden Geruch von Isopropylalkohol wahr. Da wir den zum Reinigen der Glasscheiben in unseren Kopiergeräten benutzen, kenne ich den Geruch genau. Ich habe das Zeug bei der Arbeit immer dabei.

Rechts neben einem Pfeiler auf dem Bahnsteig sah ich ein in Zeitungspapier gewickeltes Ding liegen. Möglicherweise sonderte das den Geruch nach Isopropylalkohol ab, aber ich achtete damals nicht darauf. Ich weiß noch, wie ich hinschaute und überlegte, ob der Geruch von dort käme. Um besser zu riechen, sog ich die Luft tief ein. Isopropylalkohol ist schließlich keine besonders gefährliche Chemikalie.

Als ich durch die Fahrkartensperre ging, sah ich nur eine Person, die zusammengebrochen war. Der Mann saß gegen einen Pfeiler gelehnt, und Schaum blubberte ihm aus dem Mund. Seine Hände zitterten. Aber er war der Einzige, und ich dachte, er sei einfach krank.

Ich verließ den Bahnhof und wollte mich zu Fuß in Richtung

* Der Stadtteil, in dem sich alle Ministerien und Behörden befinden (Anm. d. Übers.)   175

Nihombashi aufmachen. Aber draußen wurde mir auf einmal sehr schlecht – übel und schwindlig. Außerdem konnte ich kaum noch etwas sehen, mit oder ohne Brille. Alles verschwamm mir vor den Augen, und mein Kopf begann zu schmerzen. Ich hatte völlig die Orientierung verloren und wusste nicht mehr, wohin ich ging. Wenn ich in die gleiche Richtung wie alle anderen ging, würde ich schon irgendwohin kommen, dachte ich und ließ mich vom Strom der Menschen treiben.

Unterwegs musste ich mich mehrere Male hinsetzen, weil mir so schlecht war. Am liebsten wollte ich nach Hause, aber mein Büro war näher, und ich beschloss, erst mal dorthin zu gehen. Allerdings wusste ich den Weg nicht mehr und trabte zwei- oder dreimal die gleiche Strecke hin und her. Das Gehen fiel mir schwer. Ich glaubte, ich litte unter einem Anfall von Anämie. Ich überlegte sogar, ob ich in einem Laden einen Stadtplan kaufen sollte, andererseits hätte ich sowieso nichts lesen können.

Plötzlich befürchtete ich, dass mir eine Ader im Gehirn geplatzt war. Das soll in letzter Zeit häufiger bei Leuten um die dreißig vorkommen, und ich musste an den Kredit und an unser Baby denken. Was, wenn ich plötzlich tot umfiele?

Irgendwie schaffte ich es durch den Nebel bis Nihombashi. Von dort fuhr ich mit der Bahn bis Ginza und ging zu Fuß ins Büro – wie, weiß ich nicht mehr. Als ich etwa Viertel vor neun dort ankam, war die Morgenbegrüßung gerade im Gange. Ich zog meine Arbeitskleidung an, obwohl ich mich kaum noch auf den Beinen halten konnte. Aber die Kluft hatte ich an und wollte loslegen (*lacht*). Wohl aus Gewohnheit, denn sonst wäre ich in so einem Zustand nie in die Firma gefahren.

Schließlich konnte ich einfach nicht mehr und fuhr ins Hibiya-Krankenhaus, wo ich zwischen halb zehn und zehn Uhr ankam. Mittlerweile wurden schon eine Menge Leute dort behandelt. Als in den Nachrichten die erste Tür eines Waggons in Tsukiji erwähnt wurde, fiel es mir wie Schuppen von den Augen. Jetzt wusste ich, was das in Zeitungspapier gewickelte Ding in Kodemmacho gewesen war. Weil ich nach unten geschaut und geschnuppert hatte, hatte es mich schlimmer erwischt als andere.

Ich verbrachte eine Nacht im Krankenhaus. Nach einer Infusion ließen die Beschwerden nach, und meine Augen erholten sich allmählich.

Jetzt habe ich eigentlich nichts mehr. Vielleicht bin ich vergesslicher als früher. Mein Gedächtnis lässt mich oft im Stich. Deshalb notiere ich mir möglichst alles, was wichtig ist.

Murakami: *Und ist Ihnen der Geruch von Isopropylalkohol jetzt nicht zuwider?*

Nein, eigentlich nicht. Ich kenne den Geruch ja schon seit zig Jahren (*lacht*). Später habe ich im Fernsehen gehört, dass man bei der Herstellung von Sarin tatsächlich Isopropylalkohol verwendet. Also hatte ich Recht.

»Die Rettungsdienste waren nicht gerade eine große Hilfe«

Masanori Okuyama (42)

Herr Okuyama wirkte auf mich wie ein gelassener Mensch, obwohl ich das eigentlich nicht beurteilen kann, da wir nicht lange genug miteinander gesprochen haben.

Er ist in einer kleinen Stadt im Nordosten aufgewachsen und hat an einer Universität in der Nähe studiert. Als ältestes von drei Geschwistern war er *»ein fügsames Kind – ich tat immer, was man mir sagte. Außerdem war ich ganz verrückt nach Handball.«*

Er hat zwei Kinder, das ältere ist in der neunten Klasse und das jüngere in der sechsten. Als ich ihn fragte, ob er sich Gedanken über ihre Ausbildung machte, sagte er: *»Ach nein, deshalb mache ich mir keine Sorgen.«* Er scheint kein sehr strenger Vater zu sein und schimpft fast nie. Er arbeitet bei einem Hersteller für Einrichtungsgegenstände, der Kaufhäuser und große Supermarktketten beliefert. Anders als die meisten Vertreter muss er selten Einladungen geben und auch kaum Werbegeschenke verteilen. Die Kunden achten heutzutage streng darauf, dass keine Vergünstigungen angenommen werden, um Bestechungen und anderen Unregelmäßigkeiten vorzubeugen. *»Das macht es leichter, die Arbeit vom Privatleben zu trennen.«*

An seinen freien Tagen sieht er fern oder spielt Computerspiele. Er trinkt selten Alkohol, höchstens einmal eine Flasche Bier. Herr Okuyama scheint ein Mensch zu sein, der nach seinem eigenen Rhythmus lebt.

Er pendelt jeden Morgen mit der Hibiya-Linie nach Kamiyacho.

Am 20. März hatte ich nicht besonders viel zu tun, aber auch nicht wenig, weil ja das Steuerjahr zu Ende ging. Der darauf folgende Tag war ein Feiertag. Ich ging eine Stunde früher als sonst aus dem Haus, weil ich früh im Büro sein wollte, um noch einiges in Ordnung zu bringen. Ich bin ziemlich sicher, dass ich mit der Bahn um 7.50 in Kita-Senju abgefahren bin. Wie immer bin ich in den zweiten Wagen von vorne gestiegen.

Als der Zug in Kodemmacho eintraf, wurden wir über Lautsprecher gebeten auszusteigen. In der Bahn vor uns habe es eine Explosion gegeben. Also stiegen alle aus. Ich blieb auf dem Bahnsteig stehen und wartete darauf, dass die Bahn weiterführe oder eine andere käme. Ich hatte ein, zwei Minuten dort gestanden – jedenfalls nur ganz kurz –, als plötzlich ein Mann in meiner Nähe zu schreien anfing. Er war nur etwa zwanzig Meter von mir entfernt. Seine Stimme klang unheimlich und seltsam. Ich vermutete, dass er krank sei, und er wurde auch gleich weggebracht.

Etwa zur gleichen Zeit merkte ich, dass mir das Atmen schwerfiel, aber ich maß dem keine Bedeutung bei. Auf einmal krümmte sich nicht weit von mir entfernt eine Frau. Auch diesmal vermutete ich, dass ihr einfach schlecht sei. Dann erging über Lautsprecher die Aufforderung, die Station zu räumen. Es wurde auch ein Grund genannt, an den ich mich aber nicht erinnern kann.

In Kodemmacho befindet sich die Fahrkartensperre ungefähr in der Mitte der Bahnsteige, sodass die Leute, die vorne aus dem Zug steigen, ein Stück zurückgehen müssen, um den Bahnhof zu verlassen. Ich weiß nicht mehr genau, wann das war, aber ich legte – wahrscheinlich weil der Bahnsteig so voll war – diesen Weg durch den Zug zurück. Unterwegs sah ich, wie jemand umfiel. Daran erinnere ich mich noch genau.

Es kommt mir so vor, als hätte ich auf dem Bahnsteig hinter einem Pfeiler eine Pfütze gesehen. Und es roch nach irgendetwas, so ähnlich wie die Lösungsmittel, die auf Baustellen benutzt werden. Dieser Geruch nahm mir den Atem. Ich hatte als Kind schon Asthma und dachte, es hätte etwas damit zu tun. Die anderen Leute schienen es auch gar nicht eilig zu haben und strebten in aller Ruhe der Fahrkartensperre entgegen.

Als ich mich draußen umschaute, sah ich, dass ein Mann am Boden lag und Schaum vor dem Mund hatte. Jemand kümmerte sich um ihn. Überall kauerten Leute mit tränenden Augen und laufenden Nasen. Es war ein äußerst seltsamer Anblick. Ich hatte keine Ahnung, was los war, aber irgendwie lag Gefahr in der Luft. Da ich es sowieso nicht zur Arbeit schaffen würde und diese unbestimmte Gefahr spürte, beschloss ich, lieber eine Weile an Ort und Stelle zu bleiben.

Zuerst blieb ich stehen, aber dann setzte ich mich hin. Auf einmal wurde es um mich her ganz dunkel. Außerdem wurde mir schummrig, aber ich wunderte mich nur und kombinierte nicht, dass es zwischen der Explosion, dem Mann, der geschrien hatte, und den Leuten, die umgekippt waren, eine Verbindung gab. Und dass sie mich betreffen könnte, kam mir überhaupt nicht in den Sinn. Ich schaute mir das Ganze an und blieb instinktiv sitzen.

Obwohl es vielen wirklich sehr schlecht ging, versuchten sie, irgendwo hinzukommen. Darüber wunderte ich mich die ganze Zeit. Einige konnten sich nur mühsam aufrecht halten, und ein Mann kroch sogar! Dabei war ganz klar, dass sie es nie zur Arbeit schaffen würden.

Es saßen zwar eine ganze Menge Leute um mich herum, aber geredet habe ich eigentlich mit keinem. Nur zu einer Frau, die sich krampfhaft bemühte aufzustehen, habe ich gesagt: »Wenn Ihnen schlecht ist, bleiben Sie doch lieber sitzen.«

Murakami: *Ich war zwar nicht dabei und kenne die Atmosphäre nicht, aber eigentlich würde man doch annehmen, dass Menschen in einer solchen Situation miteinander sprechen, sich fragen, was passiert ist und so weiter.*

Ich habe mit niemandem gesprochen, aber ich weiß nicht genau, was die anderen Leute getan haben, ob sie sich unterhalten haben ... Natürlich habe ich mich gefragt, was passiert war, aber ich habe mit niemandem darüber gesprochen und einfach nur so da gesessen. Mir ging es auch nicht besonders schlecht.

Es dauerte ziemlich lange, bis ein Krankenwagen kam. Ich habe auch nur den einen gesehen. Also sind die Frau und andere, die stärker betroffen waren, mit Taxis ins Krankenhaus gefahren. Offensichtlich funktionieren in solchen Fällen die Rettungsdienste nicht so besonders gut.

Kurze Zeit später fuhr ich auch mit drei anderen Personen in einem Taxi ins Krankenhaus. Wir waren alle keine schweren Fälle, und es eilte nicht. Die anderen drei waren Büroangestellte. Bestimmt haben wir im Taxi etwas geredet, aber ich weiß nicht mehr was.

Wir fuhren nach Akihabara ins Mitsui-Gedächtnis-Hospital. Ich habe nicht die geringste Ahnung, warum wir uns für dieses Krankenhaus entschieden hatten. Vielleicht hat uns jemand hingeschickt. Jedenfalls waren wir gegen zehn dort, und ich rief in meiner Firma an. Sie wussten schon Bescheid, denn zwei weitere Kollegen von mir waren ebenfalls betroffen. Nicht schwer, sie hatten etwa die gleichen Symptome wie ich.

Ich blieb zwei Nächte im Krankenhaus. Sie gaben mir ein Medikament, das die Pupillen erweitern sollte. Meine Pupillen vergrößerten sich daraufhin so stark, dass mich nun alles blendete. Außerdem konnte ich eine Woche lang nicht richtig sehen. Abgesehen davon ging es mir im Krankenhaus nicht so schlecht. Nur mein Asthma fing wieder an, was natürlich sehr unangenehm ist, aber daran bin ich gewöhnt.

Ich leide unter Erschöpfung, aber ob das nun tatsächlich vom Sarin kommt, kann ich nicht sagen. Es könnte auch eine Alterserscheinung sein ... Ja, und ziemlich vergesslich bin ich auch, aber auch das kann an allem Möglichen liegen. Meine Rückenschmerzen sind in letzter Zeit heftiger geworden als früher, aber darunter leiden wohl die meisten Männer in meinem Alter. Da kann man keine eindeutige Grenze ziehen.

Wirklich beängstigend finde ich die Berichterstattung in den Medien. Besonders was im Fernsehen gezeigt wird, ist so einseitig. Es wird über irgendwelche Details berichtet, aber es entsteht der Eindruck von Objektivität. So werden Vorurteile erzeugt.

Ich habe immer noch die Szene vor dem Bahnhof Kodemmacho vor Augen. In dieser einen Ecke, wo die Verletzten saßen, herrschte Chaos. Aber das Leben darum herum ging seinen ganz normalen Gang. Auf der Straße fuhren die Autos. Wenn ich jetzt daran denke, erscheint mir dieser Kontrast so unheimlich. Aber im Fernsehen zeigten sie nur das Chaos. Der Eindruck war ein ganz anderer. Dadurch habe ich erst gemerkt, wie gefährlich das Fernsehen ist.

»Wenn man Tag für Tag mit der Bahn fährt, ist man mit allen Gerüchen vertraut«

Michiaki Tamada (43)

Herr Tamada arbeitet seit April 1972 als Schaffner bei der U-Bahn, das heißt, er war zum Zeitpunkt des Anschlags dreiundzwanzig Jahre dabei – wirklich ein Veteran. Seine offizielle Berufsbezeichnung lautet übrigens Oberschaffner.

Sein Beweggrund, U-Bahn-Schaffner zu werden, war eher ungewöhnlich. *»Ich wünschte mir eine freiere Zeiteinteilung, als sie ein Büroangestellter hat.«* Als U-Bahn-Beamter hat man beispielsweise wegen der Schichtarbeit immer wieder ganze Tage frei. Die Arbeitszeiten unterscheiden sich stark von denen in einem normalen Büro. Ich kann mir vorstellen, dass dies für Menschen, die einer Routine ausweichen möchten, sehr reizvoll ist.

Überhaupt wirkte Herr Tamada auf mich, je länger ich mit ihm sprach, wie ein Individualist. Ich hatte das Gefühl, dass er ganz nach seinem eigenen Rhythmus lebt.

Sein Hobby war das Skilaufen, aber vor sechs Jahren verletzte er sich dabei so schwer, dass er seitdem nicht mehr gefahren ist. *»Andere Hobbys habe ich eigentlich nicht«*, sagt er. An seinen freien Tagen unternimmt er nichts Besonderes. Er faulenzt ein bisschen oder macht Ausflüge mit dem Auto. Es scheint ihm nichts auszumachen, allein zu sein.

Er hat nie viel Alkohol getrunken, aber seit dem Anschlag hat er keinen Tropfen mehr angerührt. Sein Arzt hat ihn davor gewarnt, weil Sarin die Leber schädigt.

Er möchte helfen zu verhindern, dass der Anschlag in Vergessenheit gerät, und hat deshalb diesem Interview bereitwillig zugestimmt, obwohl er zeitlich stark in Anspruch genommen war.

Ich habe den Schulabschluss auf der Abendschule gemacht und mit einundzwanzig angefangen, bei der U-Bahn zu arbeiten. Am Anfang habe ich Fahrkarten gelocht, das Abfahrtssignal auf dem Bahnsteig gegeben usw. Ich glaube, ich war ein Jahr auf dem Bahnhof Iidabashi und zwei in Takebashi. Danach wurde ich als Schaffner in den Bezirk der Marunouchi-Linie versetzt.

Um vom Bahnsteigdienst in den Dienst im Zug versetzt zu werden, muss man eine Prüfung ablegen. Um Fahrer zu werden, muss man eine noch schwierigere schriftliche Prüfung absolvieren, einen Gesundheitstest machen, ein Gespräch führen usw. Zu meiner Zeit haben viele die Prüfung gemacht, und nur die Besten blieben übrig. Ich wollte wegen der kürzeren Arbeitszeiten in den Zugdienst überwechseln. Heutzutage gibt es da zwar kaum noch einen Unterschied, früher aber schon.

Ich fing 1975 im Bezirk Nakano an und fuhr dann die nächsten vierzehn Jahre in der Marunouchi-Linie. Später wurde ich dem Bezirk Yoyogi zugeteilt und fuhr in der Chiyoda-Linie. Erst vorletztes Jahr habe ich zu Hibiya übergewechselt.

Es ist anstrengend, von einer Linie auf eine andere umzusteigen, denn in vieler Hinsicht muss man wieder bei Null anfangen. Man muss sich die Lage der Bahnhöfe, ihren Bauplan usw. neu einprägen, um Sicherheit gewährleisten zu können. Und Sicherheit ist das Wichtigste, das dürfen wir bei unserer Arbeit nie aus den Augen verlieren.

Ich habe schon oft erlebt, dass ganz knapp ein Unfall verhindert wurde. Vor allem abends wimmelt es von Betrunkenen, von denen fällt hin und wieder einer fast vor die Bahn. Und wenn er hinter einem Pfeiler gestanden hat, kann man nicht viel tun, um so etwas zu verhindern. Im Berufsverkehr ist es auch ziemlich gefährlich, weil die Leute sich so dicht vor den Gleisen drängen.

Kita-Senju an der Hibiya-Linie ist besonders kritisch. Dort steigen so viele Fahrgäste ein, dass man zwischen ihnen und dem Zug kaum noch durchkommt. Das ist schon ziemlich beängstigend. Aber einen richtig schweren Unfall habe ich glücklicherweise noch nie erlebt.

Am 20. März hätte ich eigentlich frei gehabt, aber es fehlte an Personal, und ich wurde gebeten einzuspringen. Die Schicht begann um 6.45. Ich meldete mich in Naka-Meguro zum Dienst und fuhr dann mit der Bahn um 6.55 nach Minami-Senju. Dort bestieg ich den mir zugewiesenen Zug und fuhr in entgegengesetzter Richtung wieder zurück. An die genaue Abfahrtszeit erinnere ich mich nicht mehr, aber ich glaube, es war 7.55.

Der Zug war wie immer sehr voll. Während der Fahrt fiel mir nichts Besonderes auf. Irgendwann erreichte uns aus der Zentrale die Meldung: »In Tsukiji hat es eine Explosion gegeben. Bitte halten Sie den Zug an.«

In Kodemmacho, das war die nächste Haltestelle, hielten wir an, und ich machte eine Durchsage an die Fahrgäste – mit etwa dem Text, den ich von der Zentrale bekommen hatte: »Da es in Tsukiji vor kurzem zu einer Explosion gekommen ist, müssen wir vorübergehend hier halten. Sobald uns die Ursache des Unfalls bekannt ist, werden wir Sie in Kenntnis setzen. Bis dahin bitten wir Sie um etwas Geduld.«

Während des Stops in Kodemmacho ließen wir die Türen offen. Ich verließ meine Kabine und stellte mich zur Sicherheit auf den Bahnsteig, um Unvorhergesehenes im Blick zu haben.

Mehrere Fahrgäste fragten mich, wie lange es noch dauern würde. Da ich keine genaueren Informationen hatte, konnte ich ihnen nur sagen, dass es vermutlich ein bisschen länger dauern würde, da es anscheinend ja eine Explosion gegeben hatte.

Da morgens in Kodemmacho hauptsächlich Fahrgäste aussteigen, aber niemand zusteigt, war der Bahnsteig fast leer. Ich weiß nicht mehr, wie lange wir standen; ich schätze, zwanzig Minuten.

Mittlerweile hatte der Zug nach uns zwischen Akihabara und Kodemmacho auf der Strecke halten müssen, da wir im Weg standen.

Ich erhielt aus der Zentrale die Anweisung, meinen Zug zu räumen und weiterzufahren, damit der nachfolgende Zug einfahren konnte. Also machte ich die nächste Durchsage: »Dieser Zug fährt nicht weiter. Alle Fahrgäste werden gebeten auszusteigen. Wir bitten Sie, die Ungelegenheiten zu entschuldigen.« Danach erhielten wir aus der Zentrale die Nachricht, dass es länger dauern würde.

Eine Meldung zu dem, was nun wirklich passiert war, erreichte uns nicht, obwohl wir über Funk ein paar Nachrichten von den Kollegen am Bahnhof Tsukiji aufschnappten, die aber nicht viel Sinn ergaben. Ob es in Tsukiji eine Explosion gegeben hatte und wie viele Menschen verletzt worden waren, war nicht zu ermitteln. Offenbar herrschte große Verwirrung. Einige Fahrgäste seien ohnmächtig geworden, hieß es.

Da an einem U-Bahn-Zug selbst eigentlich kaum etwas explodieren kann, vermutete ich, dass es sich um eine Bombe handelte. Ein Terroranschlag also, nichts, was man auf die leichte Schulter nehmen konnte.

Nachdem ich meine Durchsage gemacht hatte und die Fahrgäste ausgestiegen waren, überprüften ein paar Kollegen die Wagen. Ich warf einen Blick durch den Zug, soweit ich sehen konnte, und schloss die Türen. Dann fuhren wir ab.

Einige Fahrgäste hatten sich beschwert. »Sie können uns doch nicht einfach hier aussteigen lassen!« Wir entschuldigten uns und erklärten ihnen, dass hinter uns ein Zug warte, dessen Fahrgäste auch aussteigen müssten.

Wir hielten in einem Tunnel zwischen Kodemmacho und Ningyocho, an Bord waren nur noch der Fahrer und ich. Ich schritt den gesamten Zug ab und inspizierte ihn, konnte aber nichts Ungewöhnliches entdecken.

Nur hatte ich irgendwie doch das Gefühl, dass mit dem Zug etwas nicht stimmte. Die Züge haben einen typischen Geruch, und nach dem zweiten und dritten Wagen spürte ich, dass irgendetwas anders war. Nein, eigentlich kein seltsamer Geruch, es war nur so ein Eindruck.

In den Bahnen riecht es nach Schweiß, Körperausdünstungen, Kleidern usw. Wenn man jeden Tag fährt, kennt man den typischen Geruch eines Zuges und merkt, wenn er sich plötzlich verändert hat. Instinktiv oder so.

Wir warteten dort etwa dreißig Minuten. Über Funk konnte ich die ganzen Gespräche zwischen der Zentrale und den Stationen mithören. Inzwischen hatte sich herausgestellt, dass gar keine Explosion stattgefunden hatte. Allmählich änderte sich der Inhalt der Gespräche.

Die Aufforderung, Angehörige des Personals mit gesundheitlichen Beschwerden sollten sich bitte melden, erging über Funk, aber mir war ja noch nicht schlecht.

Mittlerweile herrschte in Kodemmacho schon Chaos, aber davon hatte ich keine Ahnung. Während wir im Bahnhof standen und die Fahrgäste zum Aussteigen aufforderten, war mir nichts Außergewöhnliches aufgefallen. Die Schaffnerkabine ist ganz hinten, und die Sarin-Opfer waren ziemlich weit vorne. Der Abstand betrug ungefähr hundert Meter. Ich hätte es aber auf jeden Fall bemerkt, wenn jemand auf dem Bahnsteig umgekippt wäre, denn ich stand ja direkt da und hatte ihn die ganze Zeit im Auge, bis wir die Türen schlossen und aus dem Bahnhof fuhren.

Kurz nach der Anweisung für das Personal begann ich mich tatsächlich unwohl zu fühlen. Um mich herum wurde es ganz duster, sodass ich überlegte, ob die Beleuchtung abgeschaltet worden war. Mir lief die Nase, und mein Herz hämmerte. Ich wunderte mich, da ich ja nicht einmal erkältet war. Ich rief die Zentrale an und schilderte ihnen meinen Zustand. Es sei ernst, hieß es darauf, und wir fuhren die Haltestelle Ningyocho an, wo ich ausstieg.

Dort war ein Arzt im Dienst, aber er konnte nichts für mich tun und schickte mich ins St. Lukas-Krankenhaus. Also legte ich mich im Stationsbüro hin und wartete auf die Schichtablösung. Mein Zug konnte ohne einen Ersatzmann für mich nicht weiterfahren.

Mein Zustand blieb mehr oder weniger konstant. Mir lief sehr stark die Nase, und es wurde immer dunkler um mich herum. Aber mir wurde nicht schwindlig, und ich hatte auch keine Schmerzen. Meine Ablösung kam gegen Mittag, und ich wurde mit dem Rettungswagen ins Tajima-Krankenhaus gebracht. Dort waren keine Betten mehr frei, also schickten sie mich ins Militärkrankenhaus nach Setagaya. Da ich in Machida wohne, war das sowieso praktischer für mich.

Ich blieb eine Nacht im Krankenhaus. Am nächsten Tag waren meine Pupillen immer noch verengt, aber die Nase lief nicht mehr, und ich durfte nach Hause. Eigentlich leide ich unter keinerlei Nachwirkungen, abgesehen davon, dass ich weniger schlafe. Früher konnte ich sieben Stunden am Stück schlafen, heute wache ich nach vier oder fünf auf. Nicht weil ich etwas träume oder so – ich wache eben einfach auf.

Ob ich Angst habe? Wenn ich als U-Bahn-Beamter Angst vor der U-Bahn hätte, könnte ich nicht mehr arbeiten. Mitunter fühle ich mich vielleicht ein bisschen unsicher, bemühe mich aber, nicht an den Anschlag zu denken. Was passiert ist, ist passiert. Das Wichtigste ist zu verhindern, dass so etwas ein zweites Mal geschieht. Darauf versuche ich mich zu konzentrieren.

Ich bemühe mich auch, keinen persönlichen Groll gegen die Täter zu hegen. Hass nützt niemandem etwas. Natürlich ist es schrecklich, dass Kollegen von mir ums Leben gekommen sind. Wir, die hier beschäftigt sind, sind wie eine große Familie. Wie können wir den Hinterbliebenen helfen? Wir können fast nichts für sie tun. Nur aufpassen, dass es nicht wieder passiert. Das ist das Wichtigste. Deshalb dürfen wir den Anschlag auch nicht vergessen. Ich hoffe, dass meine Worte, wenn sie gedruckt sind, dazu beitragen werden, die Erinnerung wachzuhalten.

»Bestimmt hat irgendein Irrer
ein Pestizid ausgestreut«

Takanori Ichiba (39)

Herr Ichiba ist bei einer Designerfirma beschäftigt. Ich kenne mich in der Modebranche nicht besonders gut aus, aber ich kenne das Geschäft (mit Terassencafé) in Aoyama und erinnere mich, dass ich irgendwo einmal eine Krawatte von dieser Firma gekauft habe, die mir noch immer gut gefällt. Nach dem Interview habe ich ein paar rotbraune Chinos erstanden, die im Sonderangebot waren – Sie können also sicher sein, dass der Stil des Hauses nicht extravagant ist, eher klassisch-lässig.

Menschen, die in der Modebranche arbeiten, sehen seltsamerweise meist jünger aus, als sie sind. Herr Ichiba ist fast vierzig, hat aber ein sehr jugendliches Gesicht. Er wirkt überhaupt nicht wie ein Mann in mittleren Jahren; aber vielleicht erfordert es sein Beruf, dass er jugendlich wirkt. Auf seinem Gesicht schwebt stets ein leichtes Lächeln (natürlich lächelt er nicht unentwegt, aber man hat diesen Eindruck).

Ungeachtet seines sanften Auftretens hat Herr Ichiba einen scharfen Verstand. Als er an der Station Tsukiji die Lautsprecherdurchsage hörte, tippte er sofort auf einen Zusammenhang mit dem Anschlag in Matsumoto. Vor dem Bahnhof in Shibuya kümmerte er sich um einen verletzten Kollegen und brachte ihn ins Krankenhaus. Auch damit bewies er, dass er seinen Kopf zu gebrauchen vermag. Es ist nicht einfach, in Krisensituationen richtig zu reagieren.

Er zögerte, als ich ihn um das Interview bat. *»Was soll es bringen, jemanden wie mich zu befragen, der nur leicht verletzt wurde? Es gibt doch viel schwerere Fälle. Bei mir war doch gar nichts.«* Daraufhin erklärte ich ihm, es gehe mir nicht darum, wie schwer er verletzt wurde, sondern um seine Perspektive – seine Wahrnehmung.

Ich stamme aus Kumagaya in der Präfektur Saitama. Gleich nach der Schule habe ich bei einer Textilfirma angefangen und bin nicht lange danach zu meiner jetzigen Firma übergewechselt. Am Anfang waren wir nur zehn Angestellte, sodass der ganze Betrieb in einer Wohnung Platz hatte. Inzwischen ist die Firma sehr gewachsen.

Eine Firma zu gründen ist nicht schwer, und es kommt gar nicht so selten vor, dass allmählich aus einer kleinen eine große Firma wird. Das hängt sehr stark von der Weitsicht der Eigentümer und der Designer ab,

187

wenn die versagt, geht das Ganze den Bach runter. Bei der Produktion kann wegen der modernen Präzisionsmaschinen nicht so viel schief gehen, wenn nicht gerade gravierende Fehler gemacht werden. Aber Weitsicht und Kreativität kann man nicht speichern – sie sind nicht lange haltbar. Es gibt eine Menge Firmen, die ganz groß wurden und plötzlich doch wieder verschwanden.

In den dreizehn Jahren, die ich bei meiner Firma beschäftigt bin, ist sie ständig gewachsen. Inzwischen haben wir eigene Geschäfte mit über 350 Angestellten. Ungefähr hundert arbeiten im Büro. Ich sitze im Verkaufsmanagement und habe mit der Produktion zu tun. Unser Büro ist in Hiroo [im Südwesten des Zentrums von Tokyo].

Ich wohne im Stadtteil Edogawa; die für mich günstigste U-Bahn-Station ist Nishi-Kaisai. Vor zehn Jahren habe ich geheiratet und eine Eigentumswohnung gekauft. Wir haben zwei Kinder. Meine Tochter geht in die fünfte Klasse, mein Sohn in die dritte. Mir gefällt es, in der alten Unterstadt zu wohnen. Vielleicht, weil ich vom Land bin (*lacht*). Es ist entspannter dort.

Der 20. März fällt mit dem Höhepunkt der Verkaufssaison im Frühjahr zusammen, das heißt, wir haben um diese Zeit viel zu tun und können uns zum Frühlingsanfang auch kein verlängertes Wochenende gönnen. Unsere übliche Besprechung am Montagmorgen war um eine dreiviertel Stunde vorverlegt, sodass ich genau in den Sarin-Anschlag geriet.

In Kayabacho stieg ich in die Hibiya-Linie nach Hiroo um, aber mir ist nichts Besonderes aufgefallen. Ich war in einem mittleren Wagen, dem sechsten vielleicht. Alles war wie immer. Nach Hatchobori gab es eine Durchsage: »Da einige Fahrgäste erkrankt sind, wird der Zug an der nächsten Station länger halten.«

An der Haltestelle Tsukiji wurde gemeldet, zwei Fahrgäste seien ohnmächtig geworden. Dann hieß es, sogar drei Fahrgäste seien ohnmächtig. Da geriet der Schaffner selbst in Panik. Zuerst informierte er noch ganz sachlich die Fahrgäste, aber allmählich wurde er selbst verwirrt und ratlos. »Was ist hier bloß los?« schrie er ins Mikrofon.

»Oh, verdammt«, dachte ich. Aber niemand schien besonders beunruhigt zu sein. Wenn das Gleiche jetzt noch einmmal passieren würde, bräche wahrscheinlich sofort Panik aus, aber damals wusste man ja noch nichts. Dann fiel mir der Vorfall in Matsumoto ein. Nicht dass ich an Sarin gedacht hätte, aber mit Matsumoto assoziierte ich das Freisetzen von Giftstoffen und ich dachte: »Bestimmt hat irgendein Irrer ein Pestizid ausgestreut.« Zu der Zeit hatte ich überhaupt noch keine Ahnung von Aum. Die wurden doch erst später mit Sarin in Verbindung gebracht, oder?

Wir wurden angewiesen, den Bahnhof durch den hinteren Ausgang zu verlassen, da das Problem irgendwo im vorderen Teil des Zuges lag. Alle benahmen sich gesittet und gingen langsam auf den Ausgang zu. Ich war vorsichtig und presste mir ein Taschentuch auf den Mund, aber niemand sonst tat das. Anscheinend war ich der Einzige, der Gefahr witterte.

Aber ich war neugierig, was los war, und schaute auf den Monitor über dem Bahnsteig, während wir auf die Fahrkartensperre zugingen. Jemand lag bewusstlos auf dem Bahnsteig. Als ich den Bildschirm anstarrte, schrie mich ein Bahnbeamter an: »Machen Sie schon, gehen Sie bitte weiter!«

Oben kauerten überall Leute. Einige lagen, die meisten rieben sich die Augen. Es waren viele. Alle schienen etwas an den Augen zu haben. Einige waren wie geblendet, anderen kam alles dunkel vor … Ich beschloss, mir selbst anzusehen, was da vorging. Ich konnte nicht einfach fortgehen. Also stieg ich auf eine Fußgängerbrücke und beobachtete das Geschehen von oben. Meine Besprechung hatte ich abgeschrieben.

Bald kam ein Krankenwagen und sperrte die Straße für den Verkehr. Dann errichteten sie ein Zelt, in das die Verletzten gebracht wurden. Mittlerweile hatten sich auch auf der Fußgängerbrücke so viele Schaulustige versammelt, dass ich ging …

Ich fuhr mit der Ginza-Linie nach Shibuya, um von dort den Bus nach Hiroo zu nehmen. Die Bushaltestelle war völlig überfüllt, vermutlich, weil die Hibiya-Linie ausgefallen war. Auf einmal entdeckte ich einen jungen Kollegen, der sich an einem Geländer festhielt. Er war etwa fünfundzwanzig. Eine junge Frau, ebenfalls aus unserem Büro, kümmerte sich um ihn. Natürlich hatte sie noch keine Ahnung von dem Anschlag auf die Hibiya-Linie und dachte, er leide unter niedrigem Blutdruck oder so etwas, was ja morgens gar nicht so selten ist. Sie massierte ihm den Rücken und fragte die ganze Zeit: »Geht's? Geht's noch?« Offenbar war der Mann in einem Zug der Hibiya-Linie gewesen wie ich.

»Was ist passiert?« fragte ich ihn. »In der U-Bahn ...«, stammelte er. Da ich ja schon wusste, wie viele Menschen in Tsukiji zusammengebrochen waren, erkannte ich den Ernst der Lage. Er hatte keinen Kreislaufkollaps, sondern etwas Schlimmeres. Wir mussten ihn so schnell wie möglich in ein Krankenhaus bringen. Ich ging zu einem Telefon und wählte 119, aber es hieß nur: »Alle Rettungswagen sind im Einsatz. Bitte bleiben Sie dort, wo Sie sind.« Die Wagen waren alle in Tsukiji und Kasumigaseki.

Also ging ich zur Polizeiwache im Bahnhof. Doch die Nachricht hatte sie noch nicht erreicht, und als ich reingestürzt kam und etwas von einem »Vorfall in der U-Bahn« rief, nahm der Beamte gar keine Notiz von mir. Ich merkte, dass ich da nicht weiterkam, und beschloss, meinen Kollegen auf eigene Faust mit dem Taxi ins Krankenhaus zu bringen. Also verfrachtete ich ihn und die Frau in ein Taxi, und wir fuhren zum Rotkreuzkrankenhaus in Hiroo, das in der Nähe liegt ...

Mein Kollege war ziemlich schwer verletzt. Er konnte nicht mehr stehen und kaum noch sprechen, konnte uns also auch nicht schildern, was passiert war. Wäre ich nicht vorbeigekommen, hätte wahrscheinlich niemand das für ihn Richtige getan. Die Leute, die von dem Anschlag nichts wussten, hatten ja keine Ahnung, in welcher Gefahr er war. Und für die Frau allein wäre es sehr schwierig gewesen, ihn zu einem Taxi zu schleppen.

Wir waren im Rotkreuzkrankenhaus die ersten Sarin-Opfer, aber man hatte den Eindruck, sie hätten nur auf uns gewartet und würden gleich rufen: »Wir haben einen! Nummer eins ist da!« Mir kam gar nicht in den Sinn, dass ich auch selbst betroffen sein könnte. Mir lief die Nase, aber ich dachte, ich hätte mich erkältet. Andere Symptome habe ich nicht registriert. Während mein Kollege behandelt wurde, rief ich seine Eltern an und erklärte ihnen, was passiert war. Die Telefone waren überlastet, und seine Eltern kamen erst nach zwei Uhr im Krankenhaus an. Mittlerweile war das Krankenhaus voller Sarin-Opfer. Sie lagen überall auf den Gängen und bekamen Infusionen.

Da ich schon seit dem Morgen dort war, kannte ich inzwischen die Krankenschwestern. Als sie mir vorschlugen, mich selbst auch untersuchen zu lassen, willigte ich ein. Jedenfalls stellte sich heraus, dass meine Pupillen verengt waren, aber nur ganz wenig. Mein Sehvermögen war nicht beeinträchtigt. Trotzdem ließ ich mich zur Sicherheit für eine Stunde an den Tropf hängen.

Ich erinnere mich, wie leid es mir tat, als ein Zimmermann mit einer Schnittwunde ins Krankenhaus kam – der Ärmste war blutüberströmt, und keiner nahm von ihm Notiz. Als ob sie sagen wollten: » Sehen Sie denn nicht, dass hier Sarin-Opfer behandelt werden?« Dabei sah seine Verletzung viel schlimmer aus.

Nach der Infusion fuhr ich zum Büro. Die Nase lief mir immer noch, aber bei der Arbeit störte das nicht. Abends fuhr ich wie gewohnt nach Hause. Ich war in einem Wagen gewesen, der von dem mit dem Sarin ziemlich weit entfernt war, und war sehr glimpflich davongekommen. Ich wurde nur untersucht, weil ich meinen schwer verletzten Kollegen ins Krankenhaus gebracht hatte, und deswegen ist mein Name in die Zeitung geraten. Deshalb ist meine Geschichte eigentlich nicht von Bedeutung ...

Der junge Kollege arbeitet nicht mehr in unserer Firma. Er ist vor einem Jahr gegangen, aber das hatte mit dem Sarin-Anschlag nicht unmittelbar zu tun. Es ging ihm schon wieder recht gut. Was aus ihm geworden ist, weiß ich nicht.

Natürlich war das ein grauenhafter Anschlag, aber da ich, wie gesagt, kaum betroffen war, habe ich ungefähr die gleichen Eindrücke wie die meisten. Selbstverständlich gibt es für so etwas keine Entschuldigung ... Ich habe später von der U-Bahn-Verwaltung eine kostenlose Dauerfahrkarte erhalten. Für die Bahnlinien war das ja bestimmt auch eine schlimme Sache. Sie konnten ja eigentlich nichts dafür.

»Das ist ja Yoshihiro Inoue aus der Schule!«

Ken'ichi Yamazaki (25)

Herr Yamazaki ist der junge Mann, den Herr Ichiba bewusstlos vor dem Bahnhof Shibuya gefunden und ins Krankenhaus gebracht hat. Während der Interviews klärte sich übrigens die Identität einiger Personen, deren Wege sich gekreuzt hatten, auch wenn es manchmal gar nicht so einfach war, die Spuren zu verfolgen.

Herr Yamazaki hat in Kyoto zufällig dieselbe Oberschule besucht wie Yoshihiro Inoue, der zu Aums Führungsriege gehörte. Er hatte Inoue im Fernsehen auf Anhieb erkannt, aber die beiden haben offenkundig nichts gemeinsam. Er interessiert sich für Sport, Basketball, Autos (obwohl er dabei viel vernünftiger geworden ist, wie er selbst sagt) und für das Snowboardfahren. Mit dem düsteren, verinnerlichten und mönchischen Charakter Yoshihiro Inoues verbindet ihn nichts. Schon als er ihm zum ersten Mal im Schulbus begegnete, entschied Yamazaki für sich: »Mit dem kann ich nichts anfangen. Nicht mal reden.« Zehn Jahre nach diesem ersten negativen Eindruck wurde er sehr konkret und auf furchtbare Weise bestätigt – an einem ganz anderen Ort, in der Tokyoter U-Bahn. Das Leben geht seltsam verschlungene Pfade.

Seit sieben Jahren ist Herr Yamazaki begeisterter Snowboardfahrer und fährt im Winter, auch wenn er viel zu tun hat, einmal in der Woche mit seiner Freundin in den Schnee. Der Anschlag hatte viele unangenehme Folgen, aber auch ein Gutes: Er hat Herrn Yamazaki und seine Freundin enger zusammengeschweißt. Sie vermeiden jetzt sinnlose Streitigkeiten, und er fährt verantwortungsbewusster Auto. Anscheinend ist Herr Yamazaki ganz plötzlich erwachsen geworden. Er interessiert sich sehr dafür, was aus Yoshihiro Inoue wird.

Heute lebt Herr Yamazaki mit seinen Eltern und seiner jüngeren Schwester in Shin-Urayasu.

Nach der Uni hatte ich große Schwierigkeiten, eine Stelle zu finden. Ich wollte in die Modebranche, aber nachdem mich drei große Firmen abgewiesen hatten, versuchte ich mein Glück auch in anderen Bereichen. Bauunternehmen, Telefongesellschaften, alles außer der Lebensmittelbranche. Nichts klappte. Es war das Jahr nach der Rezession, und viele waren arbeitslos.

Schließlich ergatterte ich einen Job bei einem Textilhersteller, bei dem ich bis zum vergangenen März gearbeitet habe. Ich war in der Verkaufsabteilung und fühlte mich nicht genügend gefordert. Ich wünschte mir eine anspruchsvollere Tätigkeit mit mehr Bestätigung.

Als ich das im Oktober des letzten Jahres meiner Freundin erklärte, beschloss sie, ebenfalls zu kündigen. Also haben wir beide gleichzeitig unsere Jobs aufgegeben. Ihr Vater hat eine Firma – dorthin ist es auch näher (*lacht*) –, und wir sind bei ihm eingestiegen. Es ist ein kleiner Lizenzbetrieb, nur fünfzehn Angestellte. Wir stellen Krawatten für eine italienische Firma her und haben drei Läden in der Stadt. Ich arbeite im Verkauf, das ist sehr spannend. Natürlich ist es ein Familienbetrieb.

Vor meiner Einstellung bin ich mit dem Chef – dem Vater meiner Freundin – essen gegangen, und er hat mich gefragt, ob ich seine Tochter heiraten wolle. Ich hatte vorgehabt, ihn um die Hand seiner Tochter zu bitten, sobald ich in der Firma Fuß gefasst hätte. Bin ich nicht ein Glückspilz? (*lacht*) »Natürlich, ich würde sie morgen heiraten!« rief ich. »Immer langsam, aber abgesehen vom Zeitpunkt der Hochzeit bin ich einverstanden. Dann fangen Sie mal bei uns an«, sagte er.

Also, der Anschlag passierte ja am 20. März. Damals war ich noch bei meiner alten Firma. Wie war das noch? Hatten wir viel zu tun? Einen Augenblick bitte, ich habe noch meinen Terminkalender von damals. (*Geht in ein anderes Zimmer und holt ihn.*) Ja, wir waren ziemlich beschäftigt. Mehrere neue Geschäfte hatten aufgemacht, und ich kam abends nie vor elf oder zwölf nach Hause. Ach ja, und Fahrstunden habe ich auch genommen.

Murakami: *Hatten Sie denn noch keinen Führerschein?*

Doch, aber ehrlich gesagt, man hatte ihn mir abgenommen – nach drei Strafzetteln. Zweimal haben sie mich wegen Geschwindigkeitsübertretung in Hokkaido erwischt. Und wenn er einmal weg ist, muss man wieder auf die Fahrschule und die Prüfung wiederholen.

Am 20. März bin ich eine halbe Stunde früher als sonst aus dem Haus gegangen. Montags hatten wir immer eine Besprechung zum Umsatz vom Wochenende. Deshalb wollte ich um halb neun im Büro sein und bin so in den Sarin-Anschlag geraten. Wäre nicht Montag gewesen, wäre mir das nicht passiert.

An dem Morgen war ich noch ziemlich müde und erschlagen. Nach dem Wochenende bin ich meistens schlapp. Am Tag davor war zwar Sonntag, aber ich hatte abends gearbeitet. Ich bin eigens zu einem Kaufhaus nach Machida rausgefahren, um mit dem Personal Änderungen

193

der Dekoration zu besprechen. So was geht ja nur, wenn der Laden schon geschlossen ist. Am nächsten Tag war Feiertag, aber ich musste an der Neueröffnung eines renovierten Kaufhauses auf der Ginza teilnehmen. Die Arbeit in der Modebranche sieht von außen betrachtet vielleicht mondän und locker aus, aber hinter den Kulissen geht es ganz schön hart zu. Die Gehälter sind auch nicht berühmt.

Ich steige immer in Hatchobori in den ersten oder zweiten Wagen der Hibiya-Linie ein. Kaum war ich drin, kam die Durchsage: »Einige Fahrgäste sind erkrankt. Deshalb hält dieser Zug in Tsukiji. Entschuldigen Sie die Verzögerung.« In Tsukiji hielt die Bahn, und die Türen gingen auf. Auf einmal fielen vier Leute aus dem dritten Wagen durch die offenen Türen nach draußen. »Aha«, dachte ich. »Das sind die plötzlich erkrankten Fahrgäste.« Da ich an der Tür stand, spielte sich diese Szene genau vor mir ab.

Ein paar Bahnbeamte kamen angerannt und versuchten, die Leute aufzurichten, was ich ein bisschen komisch fand. Panik brach aus. Ein Bahnbeamter schrie in ein Mikrofon: »Krankenwagen! Wir brauchen einen Krankenwagen!« Als Nächstes rief jemand: »Giftgas!«

Murakami: *Er hat wirklich »Giftgas« gerufen?*

Ja, eindeutig. »Es stinkt! Alle raus hier.« Dann wieder eine Durchsage: »Verehrte Fahrgäste, verlassen Sie sofort den Zug. Begeben Sie sich bitte sofort durch die Fahrkartensperre nach oben.« Drei Bahnbeamte kamen, um zu helfen. Vielleicht hatten Fahrgäste sie geholt, weil ihnen schlecht war, oder so.

Ich rannte nicht. Warum, weiß ich nicht. Ich fühlte mich sehr matt und wollte sitzen. Andere Leute rannten auch nicht und blieben sitzen. Es wurde auch nicht gesagt, dass die Bahn nicht weiterfahren würde. Aber mittlerweile waren alle auf dem Weg nach draußen, und ich kapierte erst jetzt, dass ich auch raus musste. Als einer der Letzten stand ich auf und stieg aus.

Niemand schien sich besonders zu beeilen, es herrschte keine gehetzte Atmosphäre. Obwohl die Bahnbeamten die Leute antrieben: »Gehen Sie schneller. Bitte, begeben Sie sich schnellstens zum Ausgang«, trotteten sie in aller Ruhe vor sich hin. Von einer Explosion oder so was war nichts zu sehen. Die Bahnbeamten schienen in Panik zu sein, aber die Fahrgäste gar nicht. Im Bahnhof standen noch immer viele Leute unentschlossen herum.

Die zusammengebrochenen Fahrgäste rührten sich nicht. Ich überlegte, ob sie vielleicht tot waren. Ein paar hatten die Beine noch in der Bahn, während ihre Oberkörper auf dem Bahnsteig lagen. Sie mussten herausgezogen werden. Obwohl ich das sah, spürte ich immer noch keine Gefahr. Warum, weiß ich nicht. Im Nachhinein kommt mir das sehr sonderbar vor. Warum habe ich die Gefahr nicht gewittert? Aber die anderen um mich herum spürten sie ja auch nicht.

Ohne zu den Verletzten zu gehen, machte ich mich zu dem Ausgang am Hongan-Tempel auf. Ganz plötzlich roch ich etwas Süßliches. Sehr süß, wie Kokosnuss. An der Treppe war dieser Geruch sehr stark. Während ich hinaufstieg, fragte ich mich, was da so süß roch. Auf einmal ging mir die Puste aus. Mir fiel ein, dass ich in der Firma anrufen musste, um Bescheid zu sagen, dass ich zu spät kommen würde. An dem Ausgang ist ein Supermarkt, wo ich telefonieren konnte. Aber es war noch zu früh, im Büro anzurufen, also rief ich bei meiner Mutter an und erzählte ihr, dass die Züge aus irgendeinem Grund nicht weiter als Tsukiji fuhren und dass ich es nicht bis halb neun zur Arbeit schaffen würde.

Schon während des Telefongesprächs bekam ich kaum noch Luft. Nicht dass mein Hals zugeschnürt oder meine Nase verstopft gewesen wäre – ich konnte normal atmen, aber irgendwie kriegte ich zu wenig Sauerstoff. Ich japste und japste, aber meine Lungen schienen nicht zu funktionieren. Ganz seltsam. So ähnlich wie beim Sport, wenn man sich überanstrengt hat.

Endlich ging mir ein Licht auf und ich überlegte, ob ich nicht das Gleiche hätte wie die Bewusstlosen auf dem Bahnsteig. Nach dem Telefongespräch ging ich wieder an den Ausgang zurück. Mir ging es zwar nicht gut, aber ich war doch neugierig, was los war. In dem Moment stürmten Soldaten oder so was in Gasmasken und Kampfanzügen die Treppe hinunter. Bahnbeamte wurden auf Bahren heraufgetragen. Sie sahen furchtbar aus. Speichel lief ihnen aus dem Mund, und ihre Augen waren ganz weiß. Einer von ihnen zeigte gar keine Reaktionen mehr, ein anderer wand sich in Krämpfen. Er konnte nicht gehen und stöhnte vor Schmerzen. Inzwischen waren die Straßen gesperrt, und es wimmelte von Polizei- und Feuerwehrwagen.

Ich beschloss, zu Fuß zur Haltestelle Yurakucho zu gehen, von dort mit der Bahn nach Shibuya und dann mit dem Bus nach Hiroo zu fahren. Beim Gehen fühlte ich mich immer schlechter, und als ich in der Yamanote-Linie saß, war ich vollkommen fertig. Meine Kleider waren von diesem Geruch durchtränkt. Aber irgendwie musste ich es bis nach Shibuya schaffen. Am Busbahnhof würde ich ganz bestimmt Kollegen treffen. Wenn ich aber in der Bahn umkippte, würde mir keiner helfen.

Natürlich wäre es besser gewesen, ich hätte mich schon in Tsukiji an einen Rettungswagen gewandt. Aber auf diesen Gedanken war ich irgendwie nicht gekommen. Inzwischen konnte ich nicht mehr aus eigener Kraft in ein Krankenhaus fahren. Ich musste nach Shibuya, und wenn ich auf allen Vieren hinkriechen würde.

Ich stieg also in Shibuya aus, überquerte irgendwie die Übergänge an den Ampeln und schaffte es gerade noch bis zur Bushaltestelle. Dort ließ ich mich auf die Erde fallen. Ich lehnte mich mit dem Rücken an ein Geländer und streckte die Beine aus. Am frühen Morgen schon so kaputt – das kann nur ein Betrunkener sein. Die Passanten starrten mich bloß an und dachten wohl, ich hätte in Shibuya die Nacht durchgemacht.

Endlich kam eine Kollegin und sprach mich an, aber ich konnte nicht antworten. Luft kriegte ich auch keine mehr. Ich kam mir vor wie ein alter Saufbold, dem die Zunge nicht gehorchen will. Mein Gehirn funktionierte, aber ich konnte die Gedanken nicht in Worte fassen. Ich wollte sprechen, aber es ging nicht. Es sollte mir einfach nur jemand helfen, aber keiner kapierte das. Ich fror, mir wurde kälter und kälter. Nicht zum Aushalten. Aber dann kam ein älterer Kollege [Herr Ichiba] vorbei, der zufällig auch mit der Hibiya-Linie gefahren war. Er fragte mich, ob ich in Tsukiji gewesen sei, und schaltete sofort.

Das war mein Glück. Wer weiß, was sonst mit mir passiert wäre. Er versuchte sofort, einen Rettungswagen zu alarmieren, aber alle waren schon im Einsatz. Also rief er ein Taxi und bugsierte mich mit Hilfe von zwei anderen Kollegen hinein. Dann fuhren wir zum Rotkreuzkrankenhaus nach Hiroo. Im Taxi fragte einer von ihnen: »Was riecht denn hier so süß?« Meine Klamotten waren mit Sarin getränkt.

Das Atmen fiel mir schwer, und mein ganzer Körper fühlte sich taub an. Die Augen konnte ich auch nicht mehr offen halten. Als wäre alle Kraft aus meinem Körper geflossen und ich würde in einen tiefen Schlaf fallen. Ich war überzeugt, dass ich sterben würde. Ich konnte mich nicht bewegen, hatte überhaupt keine Kraft mehr. Aber ich empfand keine Angst. Vielleicht weil ich keine Schmerzen hatte. So stelle ich es mir vor, wenn jemand an Altersschwäche stirbt. »Vor meinem Tod möchte ich sie wenigstens noch einmal sehen«, dachte ich. Meine Freundin. Ich dachte zum Schluss an sie, nicht an meine Eltern. Jemand sollte ihr ausrichten, dass ich sie noch einmal sehen wollte.

Murakami: *Wie lange haben Sie an der Bushaltestelle gelegen, bis Ihr Kollege Sie gefunden hat?*

Daran erinnere ich mich nicht. Aber ich ärgerte mich über die vielen Leute, die einfach vorbeigingen und so taten, als sähen sie mich nicht. Diese Idioten! Manche Menschen sind eiskalt. Haben nicht mal ein Wort für jemanden übrig, dem es schlecht geht. Marschieren einfach vorbei. Ich an ihrer Stelle hätte auf jeden Fall etwas unternommen. Wenn in der U-Bahn jemandem schlecht ist, erkundige ich mich immer, ob er Hilfe braucht, und biete meinen Platz an. Aber die meisten Leute tun das nicht, das habe ich jetzt gelernt.

Ich war zwei Tage im Krankenhaus. Sie wollten mich länger dabehalten, aber ich habe mich gefühlt wie ein Versuchskaninchen mit einer seltenen Krankheit. Das war mir zuwider, und ich wollte nach Hause. »Wir brauchen Sie noch, um Daten zu sammeln, für den Fall, dass wieder einmal so etwas passiert«, hat der Arzt gesagt. Ich fuhr mit der Bahn nach Hause, obwohl ich immer noch Schwierigkeiten beim Atmen hatte. Aber ich wollte nur nach Hause, etwas Gutes essen und mich ausruhen. Interessanterweise war mein Appetit nicht beeinträchtigt. Alkohol und Zigaretten waren natürlich für längere Zeit tabu.

Diese Mattigkeit hielt ungefähr einen Monat lang an. Nach dem Anschlag ließ ich mich noch eine Woche krank schreiben, aber ich fühlte mich noch lange danach körperlich schlapp. Die Atembeschwerden blieben, und ich hatte beim Arbeiten Konzentrationsschwierigkeiten. Im Verkauf muss man ja viel reden, aber beim Reden bekam ich keinen Sauerstoff in die Lunge und musste ständig nach Luft schnappen. Außerdem schaffte ich es kaum, eine Treppe hinaufzusteigen, und musste unterwegs x-mal Pause machen. Jedenfalls fiel mir die Arbeit im Verkauf sehr schwer.

Eigentlich wäre es besser für mich gewesen, mich längere Zeit krankschreiben zu lassen, aber meine damalige Firma ließ sich nicht darauf ein. Ich arbeitete von neun bis fünf plus Überstunden. Das war schwer für mich. Die Leute interessierten sich oft auf eine sonderbare Art für

197

mich. Neugierige Kunden sprachen mich darauf an, wie man sich als Sarin-Opfer fühle: »Herr Yamazaki, Sie haben doch Sarin abgekriegt, nicht wahr?« Alle wussten davon. Eigentlich wäre es mir lieber gewesen, nicht ständig daran erinnert zu werden, aber das verstand natürlich niemand. Dass ich die Stelle gewechselt habe, hatte aber nicht unmittelbar mit dem Anschlag zu tun. Dafür gab es andere Gründe.

Beim Sport muss ich mich noch immer zurückhalten. Früher konnte ich zwei Stunden am Stück Snowboard fahren, jetzt höchstens noch anderthalb. Beim Basketball ist es am schlimmsten. Ich spiele zwar noch in meiner Vereinsmannschaft, aber es fällt mir schwer.

Als ich aus dem Krankenhaus kam, habe ich eine Zeit lang eine Sauerstoffflasche benutzt, wenn ich unter Atemnot litt. Wie die Baseballspieler im Tokyo-Dome. Sie ist nicht größer als eine Dose Insektenspray mit einem Mundstück daran. Meine Freundin hat sie bei Loft für mich gekauft, und ich hab sie neben mein Bett gestellt und inhaliert, wenn die Luft knapp wurde.

Der Sarin-Anschlag hatte auch sein Gutes: Meine Freundin und ich verstehen uns jetzt besser. Bis dahin hatten wir uns andauernd gestritten und nie Rücksicht auf die Gefühle des anderen genommen. Ich habe nicht einmal gewusst, wie sie eigentlich zu mir stand. Deshalb war ich ziemlich überrascht, als sie in Tränen aufgelöst ins Krankenhaus gestürzt kam. »Ich dachte, du stirbst«, sagte sie völlig außer sich. Damals war mein Chef auch da, und sie hielt vor seiner Nase meine Hand. Sie hat mich jeden Tag besucht, und als ich entlassen wurde, hat sie mich abgeholt und nach Hause gebracht. Wir hatten unsere Beziehung in der Firma geheim gehalten. Aber als sie vor dem Chef meine Hand gehalten hat, waren wir enttarnt (*lacht*). Aber wahrscheinlich hat er sowieso davon gewusst.

Auf der Rakunan-Oberschule in Kyoto war ich mit Yoshihiro Inoue im gleichen Jahrgang, aber nicht in einer Klasse. Die Rakunan-Schule ist ziemlich bekannt. Wir fuhren immer mit demselben Bus zur Schule, und ich habe ihn ziemlich oft gesehen. Ein Freund von mir war mit Inoue in einer Klasse, so lernte ich ihn kennen. Aber ich habe mich nie mit ihm unterhalten.

Murakami: *Aber Sie erinnern sich noch gut an ihn?*

Ja, sehr gut. Von Anfang an fand ich ihn sehr düster. Schräg. Hinterhältig. Er war mir auf den ersten Blick unsympathisch. Deshalb habe ich auch nie mit ihm geredet. Wenn man jemanden reden hört, weiß man ja meist schon, ob man etwas mit ihm zu tun haben will oder nicht. Und mit ihm wollte ich nichts zu tun haben. Als ich einmal zuhörte, wie mein Freund mit ihm sprach, wusste ich gleich, dass er nicht mein Fall war. In der elften Klasse bin ich in Tokyo zur Schule gegangen, aber ich habe von meinem Freund gehört, dass Inoue im Klassenzimmer dauernd Zazen* praktiziert und meditiert hat.

Ich hatte viele Freunde, mit denen ich Motorrad gefahren bin. Ich bin gern im Freien. Aber Inoue war ein ganz anderer Typ.

Als nach dem Sarin-Anschlag Bilder von Aum-Mitgliedern in der Zeitung und im Fernsehen gezeigt wurden, kam mir das Gesicht von einem der Anführer gleich bekannt vor. »Den kenne ich doch«, dachte ich. Das war zwei Wochen nach dem Anschlag. Ich rief sofort meinen Freund an, mit dem ich auf der Rakunan-Schule war. Er bestätigte mir, dass es Inoue war.

Ich war unheimlich sauer. Um nicht zu sagen, sauwütend. Es hatte nichts mit meiner Abneigung aus der Schulzeit zu tun, es lag an etwas anderem. Ich hatte die Schule zwar in Tokyo abgeschlossen, aber ich war immer noch stolz auf die Rakunan-Schule und konnte es nicht fassen, dass einer ihrer Schüler etwas so Furchtbares tat. Ich war schockiert und enttäuscht.

Ich verfolge Inoues Geschichte in den Medien. Ich will wissen, was sie mit ihm machen und wie weit seine so genannte Aufrichtigkeit geht.

* Zenbuddhistische Sitzmeditation (Anm. d. Übers.)

»Sarin! Sarin!«

Koichiro Makita (34)

Herr Makita arbeitet in der Filmbranche. Er hat schon als Schüler in einer Band gespielt und sich daher einen Beruf gewünscht, der mit Musik zu tun hat. Sein Interesse an den visuellen Medien entwickelte sich erst mit der Zeit. Von 1988 bis 1994 war er selbständig und hatte eine eigene Firma. Aber als die Wirtschaftslage sich verschlechterte, wechselte er zu seinem heutigen Arbeitgeber. Er entwickelt Software für Computerspiele.

Als ich mit diesem Buch begann, habe ich mir vorgenommen, niemanden mehr als einmal zu interviewen und nichts mehr nachträglich hinzuzufügen. Herr Makita ist eine der wenigen Ausnahmen, denn bei unserem ersten Gespräch funktionierte mein Tonbandgerät nicht richtig, und ich musste Herrn Makita bitten, noch einmal mit mir zu sprechen. Vielleicht war das Missgeschick mit dem Gerät ein Zeichen, denn unser zweites Interview wurde länger und ging mehr in die Tiefe.

Er ist nicht der Typ, der von sich aus private Dinge erzählt. Wenn ich ihm Fragen stellte, beantwortete er sie, ging aber selten tiefer darauf ein. Da ich selbst eher zurückhaltend bin, ist es mir ohnehin immer schwer gefallen, meine Gesprächspartner auf die Konsequenzen anzusprechen, die der Sarin-Anschlag für ihre Familien hatte – obwohl ich meine Zurückhaltung später manchmal bereute.

Ich fahre mit der Hibiya-Linie zur Arbeit. Die Bahnen sind natürlich unglaublich voll. Besonders in Kita-Senju, wo so viele umsteigen. Dort wird auch derart viel gebaut, dass die Bahnsteige ganz eng sind. Wirklich gefährlich. Ich würde mich nicht wundern, wenn dort mal jemand zu Tode käme. Man braucht nur ein bisschen angerempelt zu werden, schon landet man auf den Gleisen. Es ist so voll, dass einmal beim Einsteigen meine Aktenmappe vom Strom der Leute mitgerissen wurde. Ich wollte sie festhalten, aber es ging einfach nicht, mir wäre der Arm gebrochen worden. Sie wurde mir einfach aus der Hand gerissen. Dann war sie verschwunden. Ich fürchtete schon, ich würde sie nie wiedersehen (*lacht*). Aber als die Bahn sich leerte, lag sie irgendwo auf dem Boden.

Heutzutage gibt es wenigstens eine Klimaanlage. Früher war es im Sommer in der Bahn kaum auszuhalten.

In Akihabara steigen ein paar Leute aus, sodass es ein bisschen Luft gibt. In Kodemmacho ist es schon so leer, dass die Leute sich nicht mehr berühren, und ab Kayabacho kriegt man mit etwas Glück vielleicht so-gar einen Sitzplatz. Hinter Ginza kann man dann in Ruhe eine Zeit-schrift lesen.

Meine Frau und ich haben vor fünf Jahren geheiratet, und unsere Tochter ist vier. In dem Haus, in dem wir wohnen, hat meine Familie schon gewohnt, als ich noch klein war. Aber als ich noch zur Schule ging, sind meine Eltern und mein Bruder gestorben. Ich bin der Einzige, der noch übrig ist. Jetzt habe ich meine eigene Familie und das Haus einfach weiter gemietet. Es steht in einem Wohngebiet, wo es vielleicht ein bisschen eng ist, aber andererseits ist auch alles vorhanden, was man braucht.

Ursprünglich wollte ich Musiker werden. Auf der Uni habe ich in einer Band gespielt, und auch noch drei Jahre danach – Techno. Ich hät-te auch jetzt noch gerne eine Band, aber bei uns ist es zu eng, ich habe keinen Platz für Instrumente.

Als ich mit der Uni fertig war, wurde ich zuerst ein ganz normaler Angestellter bei einer Computerfirma. Aber das war nichts für mich. Ich hasste meine Arbeit. Ständig war ich überlastet, nie hatte ich frei. Zu den Dingen, die mir Spaß machen, kam ich überhaupt nicht. Das Gan-ze kam mir so sinnlos vor, dass ich nach anderthalb Jahren kündigte. Danach hatte ich eine Weile eine Stelle bei einer Musik- und Filmfirma, die aber nach ein paar Jahren Pleite ging. Also gründete ich eine eigene Firma. Ich wollte eigentlich gar nicht selbständig sein, aber aus steuerli-chen Gründen ging das nicht anders. Auf dem Höhepunkt waren wir zu dritt, aber als die Wirtschaftslage sich verschlechterte, blieb ich zuletzt als Einziger übrig.

Der 20. März war ein Montag. Ich hatte eine Besprechung mit mei-nem Chef, also fuhr ich früher als sonst, obwohl ich sehr müde war, weil ich in der Nacht nicht geschlafen hatte. Wenn ich in Kita-Senju ein paar Züge abgewartet hätte, hätte ich vielleicht einen Sitzplatz gekriegt. Andererseits hätte ich dann auch eine Viertelstunde verloren, also quetschte ich mich in die erste Bahn, die kam. Ob man nun sitzt oder steht, es ist so eng, dass man die Gesichter fremder Leute dicht vor der Nase hat, sodass es auch im Sitzen nicht besonders angenehm ist. Auch an dem Tag war der Zug gerammelt voll. Montags ist es am vollsten.

Ich steige meist in die letzte Tür des vierten Wagens von vorn ein. Weil ich sonst immer um die gleiche Zeit fahre, sehe ich auch immer dieselben Gesichter, aber an diesem Tag war ich in einer anderen Bahn und kannte keinen. Ich erinnere mich noch an den Eindruck, dass die Atmosphäre irgendwie anders war als sonst.

Bis Tsukiji gab es nicht die geringste Chance auf einen Sitzplatz. Das war ungewöhnlich. Normalerweise kriege ich schon in Kayabacho einen ... Egal, als ich endlich in Tsukiji einen Sitzplatz ergatterte, kam über Lautsprecher die Ansage: »Ein Fahrgast ist ohnmächtig geworden. Damit Erste Hilfe geleistet werden kann, hält der Zug vorübergehend an dieser Station.« Ich blieb sitzen und wartete, aber ein oder zwei Minuten später hieß es schon, dass drei Fahrgäste ohnmächtig geworden seien.

Auf dem Bahnsteig stand eine Mauer von Menschen. Das Drama spielte sich im nächsten Wagen ab, in dem die Beutel mit Sarin waren. Ich war im vierten Wagen und fragte mich, was da wohl los war. Auch als ich den Kopf aus der Tür steckte, konnte ich nichts feststellen.

Plötzlich rief ein Mann in mittlerem Alter: »Sarin! Es ist Sarin!«

Murakami: *Jemand hat wirklich »Sarin« gerufen? Zu dem Zeitpunkt schon?*

Ja, er hat ganz sicher »Sarin« gesagt. Aber er hörte sich wie ein Betrunkener an.

Daraufhin standen mehrere Leute in meinem Wagen auf, aber keiner hatte es besonders eilig. Niemand rannte oder so.

Kurz darauf kam wieder eine Durchsage: »Giftgas wurde entdeckt. Es ist gefährlich, sich in der U-Bahn aufzuhalten. Bitte, begeben Sie sich zu Ihrer eigenen Sicherheit zügig nach oben.« Jetzt erst stiegen alle aus, aber es herrschte immer noch keine Panik. Die Leute gingen vielleicht ein bisschen schneller als normal, aber es gab kein Gedränge und Geschiebe. Einige drückten sich Taschentücher vors Gesicht oder husteten, aber das war auch alles.

Der Wind wehte von hinten durch den Bahnhof in die Richtung des Zugführerwagens, deshalb bildete ich mir ein, in Sicherheit zu sein. Das Problem befand sich offenbar im nächsten Wagen – im dritten von vorne –, windabwärts von mir. Der Ausgang lag ebenfalls entgegen der Windrichtung am Ende des Zuges. Dann verspürte ich ein seltsames Kitzeln im Hals. Wie wenn man beim Zahnarzt ein Betäubungsmittel bekommt, und es läuft einem langsam die Kehle hinunter. Ehrlich gesagt, bekam ich Angst. Plötzlich wurde mir bewusst, dass ich vielleicht vergast wurde. Wenn es wirklich Sarin war, war die Lage ernst. Ich wusste, was in Matsumoto passiert war. Man atmete das Gas ein und starb.

Ich ging durch die Fahrkartensperre und die Treppe hinauf. Draußen wollte ich eine Zigarette rauchen, aber ich konnte den Rauch nicht inhalieren, weil ich so furchtbar husten musste. Da wurde mir klar, dass ich das Gas eingeatmet hatte. Ich beschloss, in meiner Firma anzurufen. Vor diesem Ausgang waren zwei Telefonhäuschen, vor denen sich aber schon lange Schlangen gebildet hatten. Ich musste fünfzehn oder zwanzig Minuten warten, bis ich an der Reihe war. Es war noch vor Beginn der Arbeitszeit, aber eine Kollegin nahm ab, und ich konnte ihr sagen, dass ich mich wegen eines Terroranschlags in der U-Bahn verspäten würde.

Als ich aufgelegt hatte, sah ich mich um. Überall kauerten oder lagen Menschen. Dutzende. Einige waren sogar bewusstlos die Treppen hinaufgebracht worden. In nur fünfzehn oder zwanzig Minuten war ein Chaos ausgebrochen. Aber es herrschte noch nicht die Kriegsatmosphäre, wie sie später im Fernsehen gezeigt wurde.

Ein Kriminalbeamter ging herum und fragte laut: »Hat jemand die Person gesehen, die das Giftgas freigesetzt hat?« Bald trafen die ersten Rettungswagen ein.

Anfangs war der Eingang zur U-Bahn noch nicht abgesperrt, und eine ganze Menge Schaulustiger ging hinunter. Während ich noch überlegte, ob das nicht ein großer Fehler sei, kam schon ein Bahnbeamter und schloss den Eingang.

Ich war sehr besorgt, denn mir war klar, dass ich das Gas eingeatmet hatte. Sollte ich dort bleiben? Sollte ich mich nicht lieber gleich untersuchen lassen? Es wäre doch Unsinn, jetzt auf Umwegen mit einer anderen Bahn in die Firma zu fahren und unterwegs zusammenzuklappen.

Ich überlegte hin und her. Andererseits konnte ich im Gegensatz zu den Leuten, die heraufgetragen worden waren, noch gehen, also war es vielleicht nicht so ernst. Als der Rettungswagen kam und die Sanitäter die Verletzten zum Einsteigen aufforderten, blieb ich zurück, weil ich dachte, es wäre nicht so schlimm.

Ich ging nach Shintomachi, um von dort mit der Yurakucho-Linie zur Arbeit zu fahren. Als ich dort ankam, setzte sich die Personalstelle mit mir in Verbindung und fragte, ob mit mir alles in Ordnung sei. Es sei tatsächlich ein Sarin-Anschlag gewesen, und ich solle mich vorsichtshalber im Krankenhaus untersuchen lassen.

Ich machte mich also zu einem Krankenhaus in der Nähe auf. Mir war wirklich schon im Bahnhof Shintomachi alles dunkler vorgekommen, aber ich hatte gedacht, es läge daran, dass es draußen so sonnig war. Später habe ich erfahren, dass dies ein Symptom meiner Sarin-Vergiftung war. Das Kitzeln im Hals war fast verschwunden, und ich konnte rauchen. Dennoch wollte ich lieber einen Test machen lassen.

Als ich im Krankenhaus ankam, hieß es, sie könnten keine Sarin-Tests durchführen. Anscheinend hatten die Ärzte dort noch nicht die Nachrichten im Fernsehen gesehen und hatten keine Ahnung, was vorgefallen war. Das war gegen halb elf. Natürlich hatten sie keine Erfahrung mit Sarin-Tests.

Nachdem ich eine Stunde gewartet hatte, erklärte man mir, es handele sich offenbar um eine pestizidähnliche Substanz. Um sie aus meinem Körper herauszuspülen, solle ich eine Menge Wasser trinken. Dann sei alles wieder in Ordnung. Na gut, dachte ich. Aber als ich an der Aufnahme die Rechnung bezahlen wollte, sagte die Schwester dort, sie habe gerade im Fernsehen gesehen, dass die Betroffenen im St. Lukas-Krankenhaus behandelt werden könnten. »Dort haben sie auch entsprechende Medikamente und können die nötigen Tests durchführen. Fragen Sie doch am besten mal bei der Polizei nach.«

Ich war mir unsicher. Also fragte ich an der Polizeiwache nebenan einen Beamten, welches Krankenhaus Sarin-Tests vornehme. Anscheinend hielt er mich für einen schweren Fall und rief sofort einen Rettungswagen, der mich unverzüglich in ein Krankenhaus brachte. Wir waren zwanzig Minuten unterwegs.

Da ich ein »Schwerverletzter« war, warteten schon drei Ärzte auf mich. Es war mir direkt peinlich, dass ich nur leichte Symptome vorzuweisen hatte. Sie untersuchten mich und sagten, es sei nicht so schlimm, und wenn sich während des Tages keine weiteren Beschwerden einstellen würden, sei alles in Ordnung. Ich bräuchte keine Infusion und keine Medikamente.

Also fuhr ich zurück in die Firma. Meine Pupillen waren nicht sehr stark verengt, und ich weiß schon gar nicht mehr, wie lange dieser Zustand anhielt.

Nach dem Anschlag hegte die Polizei irgendwie den Verdacht, ich könnte einer der Täter sein. Schon am Samstag der gleichen Woche suchten mich zwei Kommissare zu Hause auf, um mich zu verhören. Der eine musterte mich eingehend und fragte, ob ich schon immer diesen Haarschnitt getragen hätte. Nachdem ich ihnen die Ereignisse geschildert hatte, zeigten sie mir zwei Porträts. »Haben Sie einen von denen in der U-Bahn gesehen?« Der eine sah mir wirklich ziemlich ähnlich. Obwohl ich verneinte, hatte ich das unbestimmte Gefühl, dass sie mich verdächtigten. Die Polizei hielt es für sehr wahrscheinlich, dass die Täter Opfer ihres eigenen Anschlags geworden waren und sich in einem Krankenhaus behandeln ließen.

Zwei oder drei Wochen später, wieder an einem Samstag – ich war gerade nach Hause gekommen – klingelte das Telefon. »Herr Makita? Hier spricht die Polizei. Sie sind jetzt wieder zu Hause, nicht wahr?« Ich wurde zwecks eines Protokolls aufs Revier bestellt. Da sie offenbar wussten, wann ich zu Hause war, wurde ich vermutlich beschattet. Damals war noch nicht sicher, ob die Täter wirklich zur Aum-Sekte gehört hatten, und die Polizei stand ziemlich unter Druck.

Gegenüber der Sekte verspüre ich weniger Wut als einen starken Widerwillen. Auch die Leute, die die Existenz solcher Sekten nicht wahrhaben wollen, sind mir zuwider. Am schlimmsten finde ich die Überzeugungstäter, die auch noch für so eine Gruppe werben.

Während meines Studiums sind innerhalb von drei Jahren meine beiden Eltern und mein Bruder gestorben. Mein Vater war lange krank und dauernd im Krankenhaus gewesen. Daher kam sein Tod nicht überraschend. Aber bei meiner Mutter war es etwas anderes. Sie hatte Herzasthma und sollte eigentlich nur kurz ins Krankenhaus, dann starb sie plötzlich zwei Tage später. Sie war nicht einmal operiert worden. Ihr Tod kam so schrecklich unerwartet, niemand hatte damit gerechnet. Wir dachten, sie hätte bloß Asthma.

Dann kam mein Bruder bei einem Unfall ums Leben. Meine Eltern waren tot, er war tot, und ich hatte das Gefühl, ich wäre jeden Augenblick als Nächster an der Reihe. Drei Jahre lang war jedes Jahr ein Familienmitglied von mir gestorben. Ich war mir fast sicher, dass es im nächsten Jahr mich treffen würde.

In dieser Zeit schlief ich immerzu, über zwölf Stunden am Stück. Wenn man so viel schläft, wird der Schlaf leicht, und man hat eine Menge komischer Träume.

Irgendwann tauchte jemand von einer dieser neuen Religionen bei mir auf. So einer, der die Leute anwirbt. »Dieses Unglück wird sich wiederholen«, sagte er. »Sie sollten von nun an Ihrem Schicksal eine andere Wendung geben. Wäre es nicht besser für Sie, wenn Sie einen Glauben hätten?« Schon deshalb habe ich einen absoluten Widerwillen gegen Religionen.

»Wenn wir weiter auf den Rettungswagen warten, sind wir verloren«

Naoyuki Ogata (28)

Herr Ogata führt Service-Arbeiten an Computersoftware durch. Viele der Opfer, die ich für dieses Buch interviewt habe, arbeiten in der Computerbranche. Herr Ogata meint, aus irgendeinem Grund befänden sich sehr viele Computerfirmen an der Hibiya-Linie. Vielleicht ein Zufall.

Es heißt, Menschen, die in der Computerindustrie tätig sind, hätten folgende hervorstechende Merkmale: Erstens seien sie enorm beschäftigt und zweitens würden sie häufig den Arbeitsplatz wechseln. Herr Ogata hingegen ist seit dem Studium bei der gleichen Firma beschäftigt. Das ist in der heutigen Arbeitswelt eine Seltenheit, und seine Freunde sind davon sehr beeindruckt. Dennoch hat er nicht weniger Stress als andere. Natürlich habe ich auch noch nie von einem Angestellten gehört, dass er viel Freizeit habe.

Übrigens machten die Leute, die in der Computerbranche arbeiten, auf mich niemals den Eindruck von Strebern. Herr Ogata ist ein liebenswürdiger junger Mann und ein intelligenter Gesprächspartner. Als wir das Interview machten, war er gerade dreißig geworden, aber er sieht so jung aus, dass man ihn noch einen Jungen nennen kann. Er ist ein geselliger Mensch mit positiver Ausstrahlung.

Wahrscheinlich waren es gerade diese Eigenschaften, die ihn dazu brachten, sich so lange auf dem Bahnhof Kodemmacho aufzuhalten, um den Verletzten zu helfen, und folglich selbst Sarin einzuatmen, bis es ihm fast so schlecht ging wie vielen von denen, die er gerettet hat. Die Verletzten hatten ewig auf die ärztlichen Notdienste warten müssen, und auch die Polizei war keine große Hilfe. Herr Ogata ist den Einsatzkräften gegenüber, die sich der Krise so wenig gewachsen zeigten, noch immer sehr kritisch eingestellt.

Ich bin in Adachi geboren und habe immer dort gelebt. Adachi gehört zwar zu Tokyo, liegt aber schon fast in Saitama. Wir wohnen zu viert zusammen – mein Vater, meine Mutter, meine jüngere Schwester und ich. Meine andere Schwester ist schon verheiratet und ausgezogen. Ich arbeite sehr viel und trage Verantwortung, das reibt mich auf. Ich habe mich schon bei meinem Vorgesetzten beschwert, aber er hört gar nicht hin. In Spitzenzeiten arbeite ich regelmäßig zwölf, dreizehn Stunden am Tag. Die Überstunden, die ich mache, darf ich auch nicht alle aufschreiben, sonst meckert mein Chef. Aber ohne Überstunden würde ich nie fertig. Die Lage ist ausweglos.

Dass wir so viel zu tun haben, liegt wohl an der großen Konkurrenz. Wenn ich in letzter Zeit zu geschäftlichen Verhandlungen gehe, sind andere Firmen auch schon da. Man muss unheimlich auf Draht sein.

Am Wochenende schlafe ich mich meist aus oder besuche Freunde in der Nachbarschaft. Außerdem habe ich zu Hause zwei Computer, an denen ich arbeite. Ganz recht, an meinen freien Tagen. Natürlich habe ich keine Lust dazu, aber wenn ich es nicht mache, wird die Arbeit nie fertig (*lacht*). Meine Eltern haben mich schon aufgegeben. Sie sagen immer: »Es reicht doch wirklich, was du im Büro machst«, und: »Du bist der Einzige, der so viel arbeitet.« Aber ich muss es tun.

In der Computerbranche geht es mit einem bergab, wenn man über dreißig ist. Es kommen so schnell neue Systeme raus, dass man es gar nicht in den Kopf kriegt. Die Besten in unserer Firma sind etwa zweiundzwanzig, dreiundzwanzig. In diesem Alter wechseln die Leute sehr häufig die Stelle.

Meine Firma ist in Roppongi. Morgens fahre ich mit dem Bus um sieben zum Bahnhof Gotenno. Dort nehme ich um 7.42 oder 7.47 die Hibiya-Linie in Richtung Naka-Meguro. Die Bahn ist unglaublich voll. Mitunter kommt man nicht mal mit. Trotzdem quetschen sich in Kita-Senju noch mehr Leute rein. Man wird zusammengedrückt wie die Füllung in einem Sandwich. Man befürchtet, sie könnten einen zu Tode quetschen oder einem plötzlich die Hüfte ausrenken. Man kann nur hoffen, dass der Schmerz bald vorübergeht. Völlig verrenkt steht man da, nur noch die Füße sind an ihrem Platz.

Murakami: *Das klingt irgendwie nach Profi-Wrestling. Ist es Ihnen nicht zuwider, jeden Tag in einer so vollen Bahn zur Arbeit zu fahren?*

Na klar. Jeden Montag denke ich: »Ach, keine Lust, heute gehe ich nicht.« Aber dann setzt sich mein Körper ganz automatisch in Bewegung (*lacht*).

Wenn jeder einen Computer hätte, der mit dem Büro verbunden ist, bräuchte niemand mehr zur Arbeit zu fahren. Schon heute wäre das durchaus unmöglich. Es gibt ja bereits Konferenzschaltungen. Man müsste höchstens einmal in der Woche in die Firma. Wäre das schön!

Am 20. März, dem Tag des Anschlags, hatten die Bahnen wegen

Nebel am Tone-Fluss ziemlich Verspätung, und ich verpasste meinen Anschluss. Um 7.50 habe ich endlich eine Bahn gekriegt, die wegen der Verspätungen noch voller war als sonst. Am Freitag hatte ich mir wegen einer fiebrigen Erkältung frei genommen, aber am Samstag habe ich wieder gearbeitet. Ich musste für einen Kunden ein System umstellen. Am Sonntag ließ ich alles sein und schlief den ganzen Tag. Am Montag fühlte ich mich immer noch schlapp und hätte mir gern frei genommen, aber ich hatte meinem Chef schon versprochen, dass ich ins Büro kommen würde.

Am Bahnhof Ueno stiegen ziemlich viele Leute aus, sodass ich endlich ein bisschen Luft bekam. Ich hing irgendwie an einem Haltegriff. Was ich in der Bahn tue? Nichts. Ich bete um einen Sitzplatz (*lacht*). Ab Ueno gucke ich mir die Leute an und überlege, wer wohl bald aussteigt. Wenn man viele Jahre als Pendler fährt, sieht man es den Leuten an, ob sie gleich aussteigen. Auch das ist eine Kunst ... Kaum sitze ich, schlafe ich sofort ein. Aber auch aus dem tiefsten Schlaf wache ich eine Haltestelle vor Roppongi – in Kamiyacho – automatisch auf.

An dem Tag hielt die Bahn zwischen Akihabara und Kodemmacho an, und es gab eine Durchsage – etwas über eine Explosion in Tsukiji, und dass der Zug vorerst in Kodemmacho anhalten würde. »Mist«, dachte ich. »Erst der Nebel, dann ein Unfall. Wenn das so weitergeht, komme ich nie an.« Ich war nämlich schon ziemlich spät dran.

Die Bahn hielt nur das eine Mal und fuhr dann nach Kodemmacho weiter. Ich beschloss, im Zug zu warten, weil ich dachte, er würde doch irgendwann weiterfahren. Kurz darauf hieß es aber: »Dieser Zug fährt nicht weiter. Bitte aussteigen.« Was blieb mir anderes übrig? Ich wollte ein Taxi ins Büro nehmen, also ging ich durch die Fahrkartensperre und die Treppe rauf. Plötzlich traute ich meinen Augen nicht. Die Leute fielen um wie die Fliegen. Das war am Ausgang 3.

Ich war im dritten Wagen von hinten gewesen und hatte nicht mitgekriegt, was vorne auf dem Bahnsteig los war. Wie alle andern war ich murrend auf dem Weg nach oben, als vor meiner Nase drei Leute mit Schaum vor dem Mund und zuckenden Gliedmaßen zusammenbrachen. »Was ist denn jetzt?« dachte ich.

Mir am nächsten war ein Mann, dessen Arme und Beine zitterten. Sein ganzer Körper zuckte. Schaum stand ihm vor dem Mund, und er schien Krämpfe zu haben. Ich starrte hin. Es war so schlimm, dass ich

209

ihm helfen musste und ihn ansprach: »Was ist los?« Jemand anders sagte, man könne es nicht wissen, aber vielleicht sei es gefährlich, das mit dem Schaum, es sei besser, ihm Zeitungspapier in den Mund zu stopfen. Also versuchten wir zu zweit dem Mann zu helfen. Danach stolperten alle möglichen kranken Leute von der Fahrkartensperre herauf und brachen zusammen. Ich hatte natürlich keine Ahnung, was passiert war. Auch ein paar von den Leuten, die sich hingesetzt hatten, kippten einfach um.

Es war eine seltsame Szene. Am Ende des nächsten Gebäudes lag ein alter Mann, wirklich ein sehr alter Mann, der nicht mehr atmete und dessen Puls nicht mehr zu fühlen war. Er war einfach umgefallen und rührte sich nicht mehr. »Hat jemand einen Krankenwagen gerufen?« fragte ich einen Mann neben mir. »Ja, aber es kommt keiner«, war die Antwort. Dann sagte jemand: »Wenn wir weiter auf den Rettungswagen warten, sind wir verloren.« Also beschlossen wir, Autos anzuhalten und die Fahrer um Hilfe zu bitten.

Die Ampel wurde rot, und wir sprangen auf die Straße. Wir wandten uns hauptsächlich an die Fahrer von Kleinbussen, denn sie konnten fünf oder sechs Personen aufnehmen. Alle erklärten sich bereit, Verletzte aufzunehmen, nachdem sie die Lage verstanden hatten.

Etwa eine Stunde lang half ich Leuten, die sich nach oben geschleppt hatten, in die Wagen zu steigen. Wir arbeiteten Hand in Hand, indem die einen die Autos anhielten und die anderen die Verletzten trugen. Ich gehörte zu den Trägern. »Bitte, bringen Sie sie ins St. Lukas-Krankenhaus«, sagten wir den Fahrern, denn das war das nächstgelegene größere Krankenhaus.

Ungefähr eine halbe Stunde später traf ein einziger Krankenwagen ein. Er kam von weit her, denn alle anderen waren in Tsukiji im Einsatz. Nachdem die Schwerverletzten von Privatfahrzeugen aufgenommen worden waren und diejenigen, die noch gehen konnten, sich selber Taxis gerufen hatten, kam ein einziger Krankenwagen!

Ich fuhr auch mit dem Taxi ins Krankenhaus. Ich war mit so vielen Verletzten in Berührung gekommen, dass ich am Ende selbst Vergiftungserscheinungen hatte. Der Hauptgrund dafür war jedoch, dass ich noch einmal auf den Bahnsteig gegangen bin. Ein Bahnbeamter hatte um Hilfe für einen verletzten Kollegen gebeten. Also bin ich mit ein paar anderen noch mal runter und habe dabei Sarin eingeatmet, denn es hatte sich schon überall ausgebreitet...

Der verletzte Beamte schwankte und murmelte: »Nein, nein, ich muss hierbleiben« oder so was. »Das geht nicht, zu gefährlich«, sagten wir ihm. Er war wieder bei Bewusstsein, aber er konnte jederzeit wieder umfallen. Trotzdem jammerte er immer wieder, er müsse bleiben, sodass wir ihn fast wegzerren mussten.

Murakami: *Hatten Sie keine Angst, auf den Bahnsteig zurückzugehen?*

Nein, wir waren schon zu verzweifelt. Ob ich Angst hatte oder nicht, habe ich nicht wahrgenommen. Wir wussten nur, dass wir helfen mussten. Es gab kaum noch jemanden, der sich auf den Beinen halten konnte. Man konnte sich nicht drücken. Ich erinnere mich, unten so etwas wie den Geruch von Farbverdünner wahrgenommen zu haben. Und dass ich mich über die Dunkelheit wunderte. Natürlich waren meine Pupillen schon verengt.

Irgendwann hatten wir alle Verletzten herausgebracht und konnten aufatmen. Als ich mir ein Taxi ins Büro nehmen wollte, fühlte ich mich auf einmal schlecht. Ich hatte Kopfschmerzen, mir war übel, und meine Augen juckten. Die anderen rieten mir, doch lieber ins Krankenhaus zu fahren.

Wir nahmen uns zu dritt ein Taxi. Ein Mann aus Nagoya oder Osaka, der auf Geschäftsreise war, schimpfte: »Warum muss das ausgerechnet heute passieren, wo ich hier bin.« Ich saß vorne. Den beiden Männern hinten war ziemlich schwindlig, und wir machten alle Fenster auf. Die Straßen waren verstopft. Tsukiji war abgesperrt, und wir konnten keine Nebenstraßen nehmen. Also mussten wir die Harumi-Allee runterfahren, die vollkommen zu war.

Im Krankenhaus untersuchten sie meine Augen und hängten mich sofort an den Tropf. Es sah aus wie in einem Lazarett. Die Gänge standen voller Liegen mit Leuten, die Infusionen bekamen. Ich bekam zwei Infusionen, und weil meine Symptome nicht sehr stark waren, fuhr ich danach nach Hause. Der Arzt fragte mich noch, ob ich nicht lieber bleiben wolle. Aber ich war so aufgeregt, als wäre ich gerade aus dem Krieg zurückgekehrt, sodass ich nichts spürte, auch keine Erschöpfung oder Schwäche.

Aber zu Hause bekam ich unheimliche Augenschmerzen. Eine Woche lang konnte ich kaum schlafen. Auch bei geschlossenen Augen hatte ich die ganze Nacht Schmerzen ... das war ziemlich schlimm.

Als ich mich im Krankenhaus noch einmal untersuchen ließ, sagte man mir, mein Cholinesterase-Wert sei viel zu niedrig, eine Auswirkung von Sarin. Das hätten sie mir gleich sagen sollen. Die Symptome waren ja von dem Anschlag in Matsumoto her bekannt und die Untersuchungsmethoden auch. Dabei ist St. Lukas ein gutes Krankenhaus. Viele Krankenhäuser waren sehr viel schlechter ausgerüstet.

Die Untersuchungen ergaben, dass meine Nierentätigkeit gefährlich eingeschränkt war. Ich war nicht der Einzige, andere hatten die gleichen Symptome. Es hat etwas mit dem Alkohol zu tun, der bei der Verdünnung von Sarin verwendet wird. Und weil die Nieren »stumme Organe« sind, merkt man selbst nichts davon. Es tut nicht weh oder so. Sie sagten mir, ich solle keinen Tropfen Alkohol trinken, und ich trank auch lange Zeit nichts.

Schließlich ließ ich mich eine Woche krankschreiben und machte drei Monate lang immer pünktlich Schluss. Dass mein Chef Verständnis dafür gezeigt hat, hat mir sehr geholfen.

Ehrlich gesagt, habe ich seitdem ziemliche Zweifel an der Zuverlässigkeit von Polizei, Feuerwehr und überhaupt den ganzen Rettungsdiensten. Natürlich hatte Tsukiji Priorität, aber trotzdem sind sie viel zu spät in Kodemmacho eingetroffen. Als die Ambulanz endlich kam, hatten wir sie schon aufgegeben. Was wäre passiert, wenn wir nicht zur Selbsthilfe gegriffen hätten? Natürlich war die Polizeiwache vor Ort überfordert, aber die Beamten hätten sich trotzdem etwas kompetenter zeigen können. Auf die Frage, welche Krankenhäuser in Frage kämen, mussten sie erst mal zehn Minuten über Funk Informationen einholen.

Überhaupt ließ sich die Polizei erst blicken, als die Rettungsaktion schon fast vorbei war. Erst dann leiteten sie wegen dem einen Rettungswagen, der doch noch aufgetaucht war, den Verkehr um. Das soll der japanische Katastrophenschutz sein? Nach den vielen Opfern, die der Sarin-Anschlag in Matsumoto gefordert hat, müssten doch sowohl die Polizei als auch die Krankenhäuser etwas gelernt haben. Die Beziehung zwischen Aum und Sarin war auch bekannt. Wäre man dieser Spur gründlicher nachgegangen, hätte dieser zweite Anschlag vielleicht sogar verhindert werden können. Zumindest hätte ich nicht so viel abgekriegt.

Im Krankenhaus habe ich ein paar von den Helfern gesehen, die Verletzte aus dem Bahnhof geborgen haben. Einige waren bettlägerig, weil sie bei der Rettungsaktion Sarin eingeatmet haben. Das darf nicht verschwiegen werden. Schweigen ist eine Schande. Inzwischen gerät das, was passiert ist, schon langsam wieder in Vergessenheit. Aber ich will auf keinen Fall, dass es vergessen wird. Ich möchte vieles anprangern. Warum werden bislang keine Programme zur Behandlung von posttraumatischen Belastungsstörungen durchgeführt? Warum hat der Staat bis jetzt keine Erhebungen zur Lage der Opfer durchgeführt? Ich werde nicht schweigen.

»Es wäre schrecklich, so sinnlos und blind zu sterben«

Michiru Kono (53)

Herr Kono wurde 1941 als Sohn eines Landwirts in Tochigi nördlich von Tokyo in der Präfektur Oyama geboren. Es war das Jahr, in dem der Pazifikkrieg begann. Nach der Schule erhielt er durch die Vermittlung eines Bekannten eine Stelle in einer Druckerei in Kayabacho. Zu jener Zeit fuhren noch Pferdewagen durch die Straßen von Kayabacho, und von den Dächern der Häuser aus konnte man noch das rote Backsteingebäude des Tokyoter Bahnhofs sehen. Bis Herr Kono einundzwanzig war, wohnte er in einem Wohnheim seiner Firma. In seiner Freizeit ging er ins Kino oder unternahm Bergwanderungen mit seinen Freunden.

Mit achtundzwanzig – kurz vor der Weltausstellung in Osaka 1969 – heiratete er. Seine Frau hatte er bei einem Ausflug an die Küste kennen gelernt. *»Es war in dem Jahr, als es den ersten Tora-san-Film gab«*, erinnert er sich.*

Herr Kono hat eine Tochter von vierundzwanzig und einen Sohn von einundzwanzig Jahren. Beide leben in Soka, in der Präfektur Saitama. Herr Kono ist kräftig gebaut und war noch nie krank. Maßhalten im Essen und Trinken ist für ihn das A und O einer guten Gesundheit. Ist er zum Beispiel an einem Abend zum Trinken ausgegangen, trinkt er am nächsten Tag keinen Tropfen Alkohol, auch nicht, wenn seine Frau ihm zum Abendessen aus Versehen ein Bier hinstellt. Er ist sehr willensstark.

Zurzeit geht er einmal in der Woche eine Stunde schwimmen. Die körperliche Schwächung, die er durch den Sarin-Anschlag erlitt, hat ihn dazu gebracht. Sein Hobby ist Bonsai. Wenn das Gespräch auf dieses Thema kommt, leuchten seine Augen und er gerät ins Schwärmen. Nach dem Anschlag war Herrn Kono jedoch die ganze Welt derart zuwider, dass er sogar seine achtzig geliebten Bonsaibäume verschenken wollte. Am Ende machte er seinen Entschluss zum Glück wieder rückgängig, aber da hatte ein Freund schon seine zehn größten und schönsten Bäume abgeholt. Der Anschlag hat Herrn Kono wirklich einen heftigen Schock versetzt.

Unsere Firma druckt hauptsächlich Formulare und Register für Bürozwecke, Buchhaltung und so weiter. Sie ist nicht groß, aber alteingesessen, und wir haben viele Stammkunden. Ich arbeite schon neunund-

---

* Tora-san, populärste Filmfigur in Japan. Ein liebenswerter Versager, dessen neuen Abenteuern man in Japan alljährlich mit großer Erwartung entgegensieht. (Anm. d. Übers.)

dreißig Jahre im selben Betrieb, seit 1957. Andere Möglichkeiten haben sich mir nicht geboten (*lacht*).

In letzter Zeit geht das Geschäft nicht mehr so gut. Alle haben auf Computer umgestellt, und es besteht kaum noch Bedarf an Büchern für die Buchhaltung oder Registratur.

Früher schrieben die Büroangestellten alles Seite für Seite mit der Hand. Aber jetzt drücken sie einfach eine Taste, und alles Gewünschte wird ausgedruckt. Man braucht es nur noch abzureißen, in einen Umschlag zu stecken und weg damit. Deshalb gibt es natürlich keine Nachfrage nach Rechnungsformularen und Lieferscheinen mehr. Und aller Voraussicht nach wird es noch schlimmer.

Im Augenblick sind wir noch zu acht im Betrieb. Früher waren wir fünfundzwanzig.

Wenn ich um halb sechs aufstehe, gieße ich als Erstes meine Bonsai. Noch bevor ich selbst etwas trinke, bekommen sie ihr Wasser. Im Winter reicht es, sie einmal alle drei Tage zu gießen, im Sommer muss es jeden Tag sein. Weil ich achtzig Stück habe, dauert das ziemlich lange, mindestens eine halbe Stunde. Dann frühstücke ich, ziehe mich an und gehe zu Fuß zur Haltestelle Matsubara Danchi, um die Bahn um 7.17 zu nehmen. Ausgerechnet am 20. März bin ich bestimmter Umstände wegen mit einer späteren Bahn gefahren.

Es ist nämlich so, dass ich außer den Bonsai noch ein weiteres Hobby habe. Ich angle. Meist nehme ich mir nach einer Angeltour auch noch den nächsten Tag frei. Kennen Sie sich mit dem Angeln aus?

Murakami: *Nein, überhaupt nicht.*

Also, zum Angeln braucht man einiges an Ausrüstung. Hohe Gummistiefel, Angelruten, eben alles Mögliche, und es ginge mir sehr gegen den Strich, wenn ich die Sachen nicht selbst wieder in Ordnung bringen und an ihren Platz räumen könnte. So ist es eben. Deshalb nehme ich mir immer noch den nächsten Tag frei.

Meist fahren meine Freunde und ich samstagabends von Kawaguchi bis Niigata hinauf. Dann schlafen wir die ganze Nacht nicht. Sobald der Morgen graut, geht es los mit dem Angeln, und vor ein Uhr mittags machen wir nicht Schluss. Wir fangen stromabwärts an und arbeiten uns stromaufwärts vor. Dann gehen wir wieder stromabwärts und fahren zurück. Wenn auf der Autobahn viel Verkehr ist, komme ich vor neun oder zehn am Sonntagabend nicht nach Hause. Also nehme ich mir noch den Montag frei. Am Wochenende vom 18./19. März waren wir am Daimon-Fluss in Nagano, ein Stückchen unterhalb vom Shirakaba-See. Am Sonntag war ich gegen acht Uhr wieder zu Hause.

Weil an dem Montag darauf so viel zu tun war, hatte ich keinen Urlaub nehmen können. Also habe ich mein Angelzeug erst mal provisorisch weggepackt und war deshalb zehn Minuten später dran als sonst. Ich hatte nicht verschlafen, ich verschlafe nie.

In Takenozuka steige ich in die erste Bahn der Hibiya-Linie um. Ich könnte auch in Kita-Senju umsteigen, aber da ist es so furchtbar voll. Vor sieben oder acht Jahren ist mir dort mal die Brille kaputtgegangen. Sie ist mir beim Umsteigen einfach zerquetscht worden. Seither vermeide ich es, in Kita-Senju umzusteigen. Im ersten Zug ab Takenozuka habe ich sowieso bessere Chancen, einen Sitzplatz zu bekommen. Dann lese ich in einem Buch über Bonsai oder in einer Zeitschrift.

Aber an dem Tag nahm ich eine spätere Bahn. Ich saß in der zweiten Sitzreihe auf der rechten Seite, in der Nähe der mittleren Tür des dritten Wagens von vorne. Danach hat mich die Polizei mehrmals gefragt, deshalb weiß ich das noch so genau. Das vergesse ich im ganzen Leben nicht mehr (*lacht*).

Damals druckten wir gerade Etiketten für eine pharmazeutische Firma, für ein AIDS-Medikament. Es waren zweifarbige Etiketten, die bis zum 25. März geliefert werden sollten. Das hieß, wenn wir am 22. nicht in Druck gehen konnten, war der Termin nicht einzuhalten. Also musste ich am 20. unbedingt die Druckplatten fertig machen und konnte mir nicht frei nehmen.

Mitten auf der Strecke – ich glaube, kurz vor Akihabara – hielt der Zug auf einmal. Wegen eines Unfalls in Tsukiji, hieß es über Lautsprecher. Allerdings hielt der Zug nicht lange, sodass kein Grund zur Beunruhigung bestand. So was kommt ja öfter vor. Einmal hielten wir noch zwischen Akihabara und Kodemmacho an, wieder gab es eine Durchsage. In Tsukiji habe es eine Gasexplosion gegeben. Zweimal sagten sie das. Gemurmel ging durch den Zug.

Fünf oder sechs Minuten später, ich weiß es nicht mehr, fuhren wir in Kodemmacho ein. Auf einmal schrie draußen eine Frau. Mit schriller Stimme, wie ein Papagei. Ich glaube zumindest, dass es eine Frau war. »Was ist jetzt los?« dachte ich. Aber auf dem Bahnsteig war es so voll, dass man von innen nichts sehen konnte.

Da kam die nächste Durchsage, »Wir unterbrechen die Fahrt hier«, worauf ungefähr ein Drittel der Fahrgäste ausstieg. Ich blieb sitzen. Erfahrungsgemäß ist es besser zu warten, weil die Züge meist doch gleich weiterfahren. Es ist Unsinn, mittendrin umzusteigen.

Nach drei, vier Minuten kam wieder eine Durchsage: »Dieser Zug fährt nicht weiter. Bitte aussteigen.« Von Kodemmacho bis Kayabacho sind es noch zwei Haltestellen. Zu Fuß schafft man das in dreißig bis vierzig Minuten. Ich wollte mich beeilen und kurz nach neun in der Firma sein. Ich nahm meine Papiertüte von der Gepäckablage und stieg aus. Da sah ich ein Stück weiter vorne an einem Pfeiler einen Mann liegen. Seine Arme und Beine zuckten, als hätte sein letztes Stündchen geschlagen.

Ich lehnte meine Tüte gegen die Wand und hielt seine Beine fest. Aber er zitterte unglaublich stark. Seine Augen waren fest geschlossen. Etwa sechs oder sieben Minuten hielt ich ihn so fest. Er ist später gestorben. Er war der elfte Tote. Ein Herr Tanaka aus Urawa, dreiundfünfzig Jahre alt, genau wie ich.

Ich gehöre eigentlich nicht zu denen, die einfach vorbeigehen. Wenn irgendwas los ist, packe ich mit an. »Du bringst dich immer in Schwierigkeiten«, kriege ich öfter zu hören (*lacht*). Aber ich kann nicht einfach wegschauen. Ein Stückchen entfernt war eine Frau zusammengebrochen und von etwa zehn Personen umringt. Wenn man einer Frau helfen will, muss man ein bisschen vorsichtig sein. Bei einem Mann ist das was anderes, da gibt es keine Probleme. Eine Menge Leute standen um sie herum. Weil ich in der Hocke saß, konnte ich ihr cremefarbenes Kleid sehen und erkennen, dass es eine Frau war. Wie ich später erfahren habe, hieß sie Frau Iwata, war zweiunddreißig Jahre alt und starb zwei Tage später.

Ich wandte mich an die Leute auf dem Bahnsteig und rief: »Hier ist jemand ohnmächtig geworden. Holen Sie den Stationsvorsteher!« Ich schaute mich um, konnte aber auf dem ganzen Bahnsteig keinen Bahnbeamten entdecken.

Bald kam einer, aber er ging direkt zu der Frau. »Kommen Sie her, hier ist einer krank«, rief ich. »Ich bin allein und kann nicht an zwei Stellen gleichzeitig sein«, erwiderte er. Später habe ich gehört, dass auch er schwer verletzt wurde und beinahe gestorben wäre.

Ich hockte also da und hielt die Beine des Mannes. Auf einmal nahm ich einen Gestank nach verfaulten Zwiebeln wahr. Kurz gesagt, einen ungewöhnlichen Geruch. Da ich mich an die Durchsage von der Gasexplosion erinnerte, dachte ich, es müsse Gas sein. Vielleicht aus einer städtischen Gasleitung. Also musste ich so schnell wie möglich raus. Ich stand auf, schnappte mir meine Tüte (ich habe tatsächlich daran gedacht) und rannte los. Das Einführen der Fahrkarte in die Sperre hätte zu lange gedauert, also sprang ich über die Barriere, rannte die schmale Treppe rauf und schrie dabei die ganze Zeit: »Gas! Raus hier!«

Alle anderen trotteten ahnungslos und langsam die Treppe rauf. Zu allem Überfluss gingen sogar noch Leute runter, um mit der Bahn zu fahren. Bahnbeamte, die sie hätten aufhalten können, waren nicht zu sehen. Als ich so herumschrie, beschwerten sich manche: »Immer langsam« und »Nicht drängeln«. Vielleicht fürchteten sie, eine Panik könnte ausbrechen.

Aber ich drängelte mich einfach durch und rannte nach draußen. Dann bog ich nach fünf oder sechs Metern in eine Gasse ein, weil ich mir einbildete, auf der Hauptstraße könnte es gefährlicher sein. Die Gasse war vollgeparkt mit Autos. Ich wollte sogar in einen von den geparkten Wagen einsteigen. Natürlich war er abgeschlossen, aber ich war so kopflos, dass ich gar nicht daran dachte. Dann wollte ich in ein Gebäude flüchten, also suchte ich eins, in dem schon Licht brannte, aber die Tür war verschlossen, weil es noch so früh war. Ich ging gerade über die Straße, als es vor meinen Augen plötzlich zu flackern begann. Wie wenn man in ein Feuerwerk starrt. Ungefähr zehn Sekunden später wurde alles schwarz. Es war ein klarer Tag, aber es war so dunkel, dass ich nichts mehr sehen konnte.

Rennen konnte ich auch nicht mehr, aber ich wollte unbedingt noch die Straße überqueren. Ich handelte beinahe instinktiv. Es war nur eine schmale Gasse, aber ich stolperte und fiel. »Jetzt muss ich sterben«, dachte ich. »Ich will nicht sterben.«

Dann hörte ich die Stimme eines Mannes fragen: »Was ist mit Ihnen? Was ist passiert?« Ich weiß noch, dass er nach meiner Firma fragte. Ich glaube, ich habe ihm meine Monatskarte gezeigt, weil da mein Firmenausweis dabei war. Genau weiß ich es nicht mehr. Dann versank alles und ich habe keine Erinnerung mehr, was danach passierte.

Erst fünf oder sechs Stunden später bin ich in einem Krankenhausbett wieder zu mir gekommen.

Um Haaresbreite wäre es aus mit mir gewesen. Drei Dinge haben mich gerettet: Erstens, dass ich etwas gerochen habe, dann, dass ich rausgerannt bin, und drittens, dass ein Fremder sich meiner angenommen und mich ins Krankenhaus gebracht hat. Ohne diese drei Umstände wäre ich bestimmt nicht mehr am Leben.

Und wenn ich jetzt darüber nachdenke, bilde ich mir ein, dass der verstorbene Herr Tanaka, als ich den Geruch wahrnahm, noch zu mir gesagt hat: »Mir ist nicht mehr zu helfen. Retten Sie sich!«

Während die anderen Pendler immer noch in die U-Bahn strömten und umfielen wie die Fliegen, war ich schon auf dem Weg ins Krankenhaus, wo ich sofort behandelt wurde. Wenn man Sarin eingeatmet hat, zählt jede Sekunde. Ich war das dritte Sarin-Opfer, das ins Krankenhaus eingeliefert wurde. Später habe ich erfahren, dass der Beutel mit dem Sarin nur zehn Meter weit von Herrn Tanaka, dessen Beine ich festhielt, entfernt lag.

Am Nachmittag sah ich ein bisschen Licht. Ich konnte noch nichts erkennen, aber es wurde zumindest etwas heller. Es war, als hätte ich Seifenblasen vor den Augen. Ich sah so verschwommen, als guckte ich durch dicke Schichten von Seifenschaum. Meine Familie war da, aber erst als jemand etwas sagte, habe ich das gemerkt.

Es war grauenhaft. Ich musste mich dauernd übergeben, aber es kam nichts, nur eine wässrige Flüssigkeit. Ich hatte Krämpfe in den Beinen. Eine Schwester und meine Schwägerin mussten sie mir bis zum Abend massieren. Ich glaube, ich hatte bestimmt die gleichen Symptome wie der Mann am Bahnhof. Er konnte nicht sprechen und schien schrecklich zu leiden.

Meine Familie musste sich auf das Schlimmste gefasst machen, aber am dritten Tag hatte ich es wohl geschafft. Obwohl es am Anfang übel um mich gestanden hatte, verschwanden die Symptome, und ich konnte dann doch ziemlich schnell entlassen werden. Am vierten Tag bekam ich hohes Fieber, ungefähr 39 Grad, das zwei Tage lang nicht runterging. Meine Nierentätigkeit war beeinträchtigt, sodass ich zunächst noch nicht entlassen wurde. Bei unserer alljährlichen Betriebsuntersuchung war immer alles in bester Ordnung gewesen. Es hatte keine Schwachpunkte gegeben. Deshalb erstaunte es mich zu hören, dass meine Nieren so schlecht funktionierten.

Dreizehn Tage verbrachte ich im Krankenhaus und erhielt während der ganzen Zeit Blutwäschen. Das Schlimmste war, dass ich alle fünf Minuten auf die Toilette musste. Es kamen immer nur ein paar Tropfen, aber wegen diesem andauernden Harndrang konnte ich in der Nacht kaum schlafen.

Ab dem vierten Tag bekam ich so etwas wie Visionen. Immer wenn ich gerade am Einschlafen war, hatte ich den gleichen Traum. Ich liege in einem blendend weißen Zimmer, und von der Decke senkt sich ein weißes Tuch über mich. Es flattert und stört mich, also versuche ich danach zu greifen und es zu zerreißen. Aber ich komme nicht dran, aber nicht, weil es zu hoch ist. Obwohl es direkt über mir ist, kriege ich es nicht zu fassen. Jede Nacht, immer der gleiche Traum.

Während ich träumte, hatte ich das Gefühl, irgendetwas drücke mit aller Kraft auf meinen ganzen Körper. Vor lauter Angst bin ich dann aufgewacht. Alpträume sind anscheinend eine Folgeerscheinung bei Sarin-Vergiftung. Ich nenne es Traum, aber eigentlich sind das keine normalen Träume. Wenn Angst sich im Gehirn festsetzt, kommt es zu solchen Reaktionen. Es war sehr beängstigend, und ich bin jede Nacht drei- oder viermal hochgeschreckt. Das war ziemlich hart.

Allmählich wurden die Abstände zwischen den Träumen länger, aber es dauerte über sechs Wochen, bis sie ganz aufhörten. Als ich aus dem Krankenhaus entlassen wurde, bekam ich ein Schlafmittel, aber es hat nicht viel geholfen.

Außerdem hat meine Sehkraft sehr nachgelassen. Da ist nicht viel zu machen, sie ist eben schlechter als vor dem Anschlag, und es gibt keine Aussicht auf Besserung. Deshalb kann ich bei der Arbeit die feineren Sachen nicht mehr machen. Ich muss beim Prüfen des Layouts ganz genau die Linien sehen. Das ist nicht einfach.

Danach war ich eine Woche krankgeschrieben. Eigentlich hätte ich noch drei Wochen zu Hause bleiben sollen, aber dann wäre der Laden ja kaputtgegangen (lacht). Ich bin für alle Umbrüche verantwortlich, niemand kann mich vertreten. Länger als zwei, drei Tage können wir es nicht schleifen lassen. Also ließ ich mir schon am vierten Tag Arbeit ins Krankenhaus bringen und gab Anweisungen über Telefon. Ich war zwar krank, aber nicht müßig. Wahrscheinlich hat das sogar zu meiner Genesung beigetragen.

Darum bin ich auch später wieder mit der gleichen Bahn gefahren und habe mich auf den gleichen Sitz gesetzt. Ich habe mir sogar die Stelle angeguckt, an der ich das Bewusstsein verloren habe. Damals hatte ich mir eingebildet, ich wäre unheimlich weit gerannt, dabei bin ich höchstens fünfzig Meter weit gekommen.

Nach dem Anschlag verspürte ich eine Zeit lang das Bedürfnis, alles loszuwerden. Aus Überdruss und Erschöpfung. Von Natur aus bin ich eher ein Mensch, der Dinge aufbewahrt. Zum Beispiel habe ich immer noch mein Plastikmäppchen aus der Grundschule. Oder meine Schulmütze. Aber nach dem Anschlag wollte ich alles loswerden. Inzwischen ist ein Jahr vergangen, und dieses Gefühl ist verschwunden, aber damals fand ich, es lohne sich nicht, irgendetwas aufzuheben. Ich wollte sogar meine geliebten Bonsaibäume weggeben.

Als ich plötzlich nichts mehr sehen konnte, ging mir durch den Kopf, wie sinnlos es doch wäre, so zu sterben. Tatsächlich soll ich im Krankenhaus mit lauter Stimme geschrien haben: »Ich will nicht sterben!« Man konnte mich auf dem ganzen Gang bis ins Foyer hören. Die Leute, die dort warteten, kriegten eine Gänsehaut und haben es jetzt noch im Ohr. Als Sechsjähriger bin ich beim Schwimmen im Fluss einmal fast ertrunken. Ich erinnere mich, dass ich dachte: »Einmal wurde ich schon gerettet, aber jetzt muss ich hier blind werden und sterben.« Und in meinem Hinterkopf loderte unheimliche Angst auf. Gar nicht einmal, weil ich an meine Familie dachte. Ich wollte einfach nur nicht sterben. Nicht so und nicht dort.

Ich habe keinen Hass auf die Täter. Zuerst war ich unheimlich wütend, aber diese Wut hat sich verhältnismäßig schnell gelegt. »Todesstrafe, richtet sie hin!« – darüber bin ich hinaus. Wenn man einen solchen Hass zu lange mit sich herumschleppt, wird man auch die Symptome nicht los. Vielleicht habe ich aber auch nur leicht reden, weil bei mir keine schwerwiegenden Folgen wie starke Kopfschmerzen zurückgeblieben sind ...

»Ich habe am 20. März Geburtstag und wurde am Tag des Anschlags fünfundsechzig«

Kei'ichi Ishikura (65)

Herr Ishikura war für einen Handtuchfabrikanten tätig und ist mit fünfundfünfzig in den Ruhestand getreten. Jetzt arbeitet er für einen Gummibandhersteller in Ningyocho. Er gab mir dieses Interview bei sich zu Hause, und ich war tief beeindruckt von der Sauberkeit der Räume und dem hervorragend gepflegten Garten. Ein so blitzsauberes Haus sieht man selten.

Herr Ishikura wohnt etwas außerhalb in der Nähe der Station Tanizuka an der Tobu-Isezaki-Linie. Er steht jeden Morgen um halb vier auf, macht sauber, nimmt ein Bad und fährt in die Firma. Erstaunlich.

Nicht dass ihm das Saubermachen besonders Spaß macht, aber er hat beschlossen, in irgendetwas unschlagbar zu sein. So kam er zum Saubermachen. Obwohl er selbst sich als *»gedankenlosen und unüberlegten Charakter«* bezeichnet, machte er auf mich doch einen sehr gewissenhaften und willensstarken Eindruck.

Herr Ishikura war dem Sarin nicht unmittelbar auf dem Bahnsteig ausgesetzt. Als er gerade zufällig am Bahnhof Kodemmacho vorbeiging, beobachtete er, wie ein Opfer auf der Straße zusammenbrach, und ging besorgt nach unten, um nachzusehen, was passiert sei. Allein dadurch erlitt er eine Sarin-Vergiftung. Von den Personen, die ich interviewt habe, ist er der Einzige, der auf diese Weise verletzt wurde. Herr Ishikura leidet bis heute unter den Nachwirkungen seiner Vergiftung.

Ich bin am 20. März geboren und hatte am Tag des Anschlags meinen 65. Geburtstag. Ich stamme aus Ono in der Präfektur Fukui. Das liegt in der Nähe des Eihei-Tempels. Von dort sind es noch ungefähr zwanzig Minuten mit dem Auto durch die Berge. Meine Familie hatte eine Molkerei. Sieben, acht Kühe, die jeden Morgen gemolken wurden. Die Milch wurde pasteurisiert, in Flaschen abgefüllt und verkauft. Sieben, acht Kühe hört sich wenig an, aber wir haben 800 Haushalte in der Umgebung beliefert. Damit ist man von morgens bis abends auf den Beinen. Ich fand das sehr anstrengend.

Wir waren sieben Geschwister. Ich bin der drittälteste. Als mein älterer Bruder sechzehn war, ging er auf eine Armeeschule. Danach musste ich bei der Milchproduktion helfen. Das war schwere Arbeit.

Meine Eltern waren sehr streng. Auch in Kleinigkeiten, zum Beispiel, wie man beim Essen die Stäbchen zu halten hatte. Besonders mein Vater, der in einem Kavallerieregiment gedient hat, konnte das Kommandieren nicht lassen. Ich habe mich nie gut mit ihm verstanden. Hauptsächlich bin ich von zu Hause fort und nach Tokyo gegangen, weil mein Vater nie auf mich hörte. Wir waren sehr gegensätzliche Menschen. Zu der Zeit wurde mein Bruder übrigens in die Mandschurei versetzt, und als ich fort wollte, ließen meine Eltern mich nicht ziehen. »Dein Bruder ist nicht da, und du willst weg? Was soll dann aus dem Hof werden? Du bleibst, bis wir wissen, ob dein Bruder noch lebt oder tot ist«, sagten meine Eltern.

Aber als der Krieg zu Ende war, wurde mein Bruder von der Mandschurei nach Taschkent in die Ukraine geschickt und musste Zwangsarbeit leisten. Als Ingenieur war er sehr wertvoll, und sie brauchten ihn, um Wagen und Traktoren zu bedienen. Deshalb ließen sie ihn ewig nicht nach Hause. Wenigstens war er nicht in Sibirien oder so. Erst 1953, acht Jahre nach dem Krieg, kehrte er nach Japan zurück. Wir wussten nicht mal, ob er noch am Leben war, bis wir 1950 einen Brief von ihm bekamen.

Deshalb waren mir die Hände gebunden, und ich konnte nicht von zu Hause fort. Ich hasste es, die Milch auszuliefern. Außerdem war ich in der Pubertät und hatte viele Pickel. Wenn ich beim Ausliefern einem Schulmädchen begegnete, schämte ich mich so sehr, dass ich weglief und mich versteckte.

Nachdem wir 1950 erfahren hatten, dass mein Bruder am Leben war, war mein Vater beruhigt und erlaubte mir zu gehen. Wenn mein Bruder zurückkam, würden sie mich nicht mehr brauchen. Ich ging sofort nach Tokyo. Das war 1951. Ich war damals einundzwanzig.

Ich hatte mir nicht richtig überlegt, was ich eigentlich in Tokyo vorhatte. Deshalb machte ich natürlich eine Menge Unsinn. »Hätte ich nur das nicht gemacht und jenes nicht gesagt« – so ging es mir dauernd. Aber wenn mir eine Idee durch den Kopf schoss, musste ich sie sofort in die Tat umsetzen. In Tokyo traf ich dann zufällig einen Bekannten aus meiner Heimatstadt, der Handtücher produzierte und mir anbot, bei ihm anzufangen. So fand ich Arbeit.

Es ist mir ein bisschen peinlich, es zuzugeben, aber bevor ich nach Tokyo ging, hatte ich beim Milchausliefern 3000 Yen unterschlagen (*lacht*). Aber jetzt kann ich es ja gestehen, oder? Damals waren 3000 Yen eine Menge Geld. Die Zugfahrt von Fukui bis Ueno kostete nur 800 Yen. Es war das Milchgeld von etwa zwölf oder dreizehn Kunden. Ich hab's einfach eingesteckt und bin nach Tokyo gefahren.

Schließlich habe ich sehr lange Zeit für die Handtuchfabrik in Nihombashi gearbeitet. Erst nach 33 Jahren – das war 1984 – habe ich aufgehört. Ich war Vertreter und nahm im Außendienst die Bestellungen entgegen.

Geheiratet habe ich in dem Jahr, als die Rotlichtviertel geschlossen wurden. Das war 1958, oder?*

Murakami (lachend):   *Ich weiß es nicht genau.*

Ich glaube 1958. Fusae Ichikawa hat das Gesetz durchgedrückt [Verbot der Prostitution]. Am 10. März 1958. An dem Tag habe ich geheiratet. Am Heldengedenktag. Irgendwann war ich einmal zu Besuch bei meinen Eltern, und eine Nachbarin sagte, sie wisse ein Mädchen für mich. So einfach ging das. Allmählich war es sowieso Zeit für mich, eine Familie zu gründen. Am nächsten Tag haben wir uns gleich getroffen.

Als mein Vater davon erfuhr, war er außer sich, weil er ja meinen gedankenlosen und unüberlegten Charakter kannte. »Einfach so jemanden zu heiraten, den du nicht kennst! Das geht nicht nur dich etwas an. Das Ansehen der Familie steht auf dem Spiel.« Es gab einen Riesenkrach. Im Nachhinein betrachtet hatte er natürlich Recht. Ich bin selber Vater, und als meine Tochter geheiratet hat, habe ich genau das Gleiche gedacht.

Jedenfalls sah ich sie am nächsten Tag. Sie kam nur einmal ins Zimmer, sodass ich ihr Gesicht gar nicht richtig gesehen habe. Ihre Eltern übernahmen das Gespräch, und ich war ganz allein. Meine zukünftige Braut kam herein, wir begrüßten uns kurz, und das war's. Die Eltern gaben mir Sake zu trinken. Ich weiß nicht mehr, ob sie mir gefiel oder nicht. Immerhin war sie damals viel schlanker als jetzt, und ich fand sie wahrscheinlich hübsch. So wurde die Heirat beschlossen. »Das wäre erledigt«, dachte ich. Aber wegen des Gerangels mit meinem Vater heirateten wir erst ein halbes Jahr später.

Nun also zum Sarin-Anschlag. An dem Tag dauerte die Fahrt von Takezuka bis Kita-Senju länger als sonst. Der Zug fuhr langsamer, und

* Eigentlich 1957 (Anm. d. Übers.)

ich wunderte mich schon die ganze Zeit darüber. In Kita-Senju ertönte die Durchsage: »Wegen einer Explosion in Tsukiji kommt es zu Verspätungen.« Dann hieß es: »Fahrgäste, die in Eile sind, werden gebeten umzusteigen.« Doch da ich es nicht besonders eilig hatte, blieb ich im Zug. Umzusteigen wäre lästig gewesen, und ich musste sowieso erst um neun in der Firma sein. Ich hatte also reichlich Zeit.

Die Bahn hielt etwa zehn bis zwanzig Minuten in Kita-Senju, und auch als sie endlich weiterfuhr, machte sie zwischendurch immer wieder Halt. In Minami-Senju oder Minowa blieb sie mit geöffneten Türen stehen. Unterwegs wurde noch einmal etwas von »Verletzten in Kasumigaseki« durchgesagt. Da wusste ich natürlich noch nichts von dem Giftgas und konnte mir kein Bild machen, was »Verletzte« bedeutete.

In Ueno hielten wir dann ziemlich lange. Es kam wieder eine Durchsage: »Der Zug fährt in absehbarer Zeit nicht weiter. Fahrgäste, die in Eile sind, werden gebeten umzusteigen. Andere Züge stehen für Sie bereit.« Inzwischen war die Bahn fast leer, alle waren ausgestiegen, aber irgendwie schaffte sie es noch bis Akihabara, wo dann endgültig Schluss war. »Dieser Zug fährt nicht weiter. Bitte aussteigen.« Das war gegen 8.30 oder 8.40.

Ich beschloss, den Rest zu Fuß zu gehen. Bis Ningyocho sind es von dort nur noch zwei Stationen. Aber als ich am Bahnhof Kodemmacho vorbeikam, standen da lauter Rettungswagen, und Menschen lagen überall auf dem Asphalt. Verwundert ging ich ein paar Stufen in den U-Bahn-Eingang hinunter. Auch auf der Treppe lagen Leute, lehnten sich an die Wände oder krümmten sich auf dem Boden. Ein Bahnbeamter hatte sich seine Mütze heruntergerissen und umklammerte stöhnend seinen Hals. Ein Mann im Anzug jammerte: »Meine Augen, meine Augen, was ist mit meinen Augen?« Was da vorging, war mir ein Rätsel.

Als ich wieder oben war, sah ich in der Nähe der Sanwa-Bank, wie ein Mädchen sich um einen Verletzten kümmerte. Zwei oder drei Rettungswagen kamen, aber das reichte bei weitem nicht aus. Die Straße war voller Menschen, die sich vor Schmerzen krümmten, an ihren Kragen und Krawatten rissen oder sich übergaben. Ein Mädchen wollte sich mit dem Taschentuch den Mund abwischen, aber sie schaffte es nicht einmal, ihr Taschentuch herauszuholen. Beschämt verbarg sie ihr Gesicht.

Die ganze Zeit fragte ich mich, was wohl geschehen war, aber allen ging es so schlecht, dass ich niemanden fragen konnte. Feuerwehrleute rannten mit Bahren hin und her und hatten keine Zeit zum Reden.

Ein Mädchen lag ein wenig abseits auf dem Boden. »Helfen Sie mir!« rief sie. Als ich sie fragte, was denn passiert sei, konnte sie mir auch keine Antwort geben. Sie sagte immer nur: »Bitte, holen Sie Hilfe!«

Polizei war nicht zu sehen. Nur die Feuerwehrleute rannten mit ihren Bahren wie aufgescheucht herum. Ich wusste nicht, was ich tun sollte. Niemand konnte mir etwas sagen. Also beschloss ich, trotz allem zur Arbeit zu gehen.

Ich ging die Ningyocho-Allee entlang zu meiner Firma. Obwohl es ein schöner Morgen war, kam es mir dunkel und bewölkt vor. Es war warm, und beim Gehen geriet ich ins Schwitzen, aber als ich in der Firma ankam, war die Sonne bereits verschwunden.

Im Büro musste ich mich übergeben. Als ich reinging, war mir alles sehr dunkel vorgekommen. Ich hatte den Fernseher eingeschaltet, dann war mir übel geworden. Ich ging in die Toilette und erbrach eine Menge Zeugs, entleerte meinen ganzen Magen.

Die Nachrichten im Fernsehen berichteten schon über den Anschlag, und meine Kollegen rieten mir, zum Arzt zu gehen. Der Arzt in einer Praxis in der Nähe sagte mir, es sei nur eine Erkältung. »Aber im Fernsehen berichten sie schon darüber«, widersprach ich ihm. Der Arzt machte den Fernseher an, aber leider wurde in den NHK-Nachrichten noch nichts über den Anschlag gesagt. »Da ist nichts im Fernsehen. Das wird schon, Sie haben nur eine Erkältung. Gegen Ihre Kopfschmerzen nehmen Sie das hier um die Mittagszeit«, sagte er und gab mir zwei Kopfschmerztabletten.

Murakami: *Sie hatten auch Kopfschmerzen?*

Ja, aber ich habe öfter mal Kopfschmerzen, deshalb habe ich mir nichts dabei gedacht. Ich ging zurück ins Büro, nahm die Tabletten und musste mich gleich wieder übergeben. Ich würgte richtig, aber es kam nur Wasser und die Tabletten, die ich genommen hatte.

Inzwischen gab das Fernsehen immer mehr Einzelheiten bekannt. In Kodemmacho waren zwei Menschen ums Leben gekommen. Achtzig weitere mussten ins Krankenhaus eingeliefert werden. Als ich bei der Polizei anrief, um zu fragen, in welches Krankenhaus ich fahren sollte, nannten sie mir das Tajima-Hospital in Ryogoku.

Meine Augen sind immer noch nicht wieder in Ordnung. Wenn ich nur mit dem linken schaue, ist die Sonne ganz verdeckt, wie bei einer Sonnenfinsternis. Bis zum 20. März letztes Jahr hatte ich das nicht. Inzwischen trage ich eine Brille, die ultraviolette Strahlen filtert. Ohne sie kann ich nicht aus dem Haus gehen. Im Fernsehen kann ich fast nichts erkennen.

Ich bin auch schneller müde und habe keine Kraft in den Muskeln. Nach einem halben Tag auf den Beinen bin ich völlig erledigt. »Das kommt nicht vom Sarin, das kommt vom Alter«, sagt mein Arzt. Aber ob man mit einem Schlag so altern kann? Das kommt mir doch sehr seltsam vor. Aber ich habe keinen Beweis dafür, dass es wirklich mit dem Anschlag zu tun hat.

Murakami: *Sind Sie vergesslicher geworden?*

Einen Moment mal. Ich frage meine Frau, ich weiß es nicht genau. (*Geht und kommt zurück.*) Sie sagt, ich sei sehr vergesslich geworden. Ich tue etwas und vergesse mittendrin, was ich machen wollte. Und ich verlege Sachen.

Außerdem rede ich seit dem Anschlag noch weitschweifiger. Wenn ich anfange, etwas zu erklären, macht sich die ganze Familie aus dem Staub. Die Neigung hatte ich früher schon, aber in letzter Zeit ist es ganz schlimm geworden. Seit dem Anschlag trinke ich auch mehr. Früher habe ich mich mit Sake begnügt, aber inzwischen trinke ich auch Whiskey. Eine Zweiliterflasche leere ich in einer Woche. Ich kann nicht schlafen, also trinke ich Whiskey. Ich trinke, dann schlafe ich.

Gegen zwei gehe ich auf die Toilette. Ich gehe um acht ins Bett, und um zwei wache ich ganz natürlich auf. Dann döse ich noch bis halb vier. In dieser Zeit träume ich. Meist den gleichen Traum. Ich gehe irgendwo umher und jemand stößt mit mir zusammen. Ich denke »ach je, der Ärmste«, aber ich bin derjenige, der umfällt. Man bringt mich ins Krankenhaus und der, der mit mir zusammengestoßen ist, entschuldigt sich bei mir. Das träume ich immer wieder. Wenn ich aufwache, bin ich schweißgebadet.

Das sage ich nicht zu jedem, aber persönlich bin ich der Meinung, dass Asahara die Todesstrafe verdient hat. Ich würde jeden, der so was tut, zum Tode verurteilen. Der Prozess zieht sich in die Länge, aber ich würde das Urteil gerne noch erleben. Es käme mir irrsinnig vor, wenn die Jahre vergingen und ich vor ihm stürbe.

»Er war ein sehr anspruchsloses Kind«

Kichiro Wada (64) und Sanae Wada (60), Eltern des verstorbenen Eiji Wada

Das Haus der Wadas steht auf dem Land am Rand von Ueda in Shioda Daira, nicht weit von dem Thermalbad Bessho. Als ich sie besuchte, begann das Herbstlaub gerade zu fallen, aber die Berge leuchteten noch tiefrot und gelb, und die Zweige der Apfelbäume in den ausgedehnten Obstgärten bogen sich unter dem Gewicht der reifen roten Früchte. Eine idyllische Herbstlandschaft breitete sich vor mir aus.

Die Gegend war einst Zentrum der Seidenherstellung mit zahllosen Maulbeerbäumen, von deren Blättern sich die Seidenraupen ernährten. Nach dem Krieg wurde die Seidenproduktion eingestellt, und Nassreisfelder wurden angelegt.

»Wir hier in unseren kleinen Dörfern verstehen nicht viel von dem, was die Regierung so beschließt«, sagt Herr Wada resigniert. Er ist ein ruhiger, wortkarger Mann, der aber vieles in seinem Herzen zu bewegen scheint. Seine Frau Sanae dagegen ist sehr gesprächig und ein warmherziger mütterlicher Typ.

Die Familie besitzt ungefähr einen Hektar Reisfelder und je einen Hektar Land mit Apfel- und Gemüseplantagen. Zum Abschied schenkten sie mir frisch geerntete Äpfel, die ganz köstlich schmeckten.

Nach ihrer Heirat lebten die Wadas eine Zeit lang ausschließlich von der Landwirtschaft, was jedoch zunehmend schwerer wurde, sodass Herr Wada sich Arbeit in einer Fabrik suchen musste und »halb Landwirt, halb Arbeiter« war. An seinen freien Tagen arbeitete er auf dem Feld. Die doppelte Belastung setzte ihm sehr zu. Als sein Sohn Eiji bei dem Gasanschlag ums Leben kam, erholte er sich lange nicht von dem Schock und gab schließlich seine Arbeit in der Fabrik ganz auf.

Als ich mich bei ihm nach Eijis Kindheit erkundigte, sagte er: *»Da fragen Sie besser meine Frau. Ich hatte mit der Kindererziehung nicht viel zu tun.«* Wahrscheinlich hatte er wirklich zu viel Arbeit, um sich mit den Kindern zu beschäftigen, aber zugleich hatte ich den Eindruck, dass es für ihn auch zu schmerzhaft war, über Eiji zu sprechen.

Während unseres Gesprächs wurde häufig wiederholt, was für ein anspruchsloser Junge Eiji gewesen sei. Offenbar war er schon als Kind sehr selbständig gewesen und hatte seinen Eltern niemals Kummer bereitet. Bis zu dem Tag, als man ihnen ohne ein Wort der Erklärung seine Leiche sandte ...

Eijis Mutter: Eiji wurde um 5.40 am 1. April geboren. Ich hatte das Gefühl, dass es nicht mehr bis zum Morgen dauern würde, und wir machten uns bei Tagesanbruch gegen vier Uhr auf den Weg zur Hebamme, die ungefähr einen Kilometer von uns entfernt wohnte. Kaum waren wir dort, als Eiji auch schon auf die Welt kam.

Es war eine leichte Geburt, denn er wog nur 2700 Gramm, viel weniger als sein älterer Bruder, der 3750 wog. Eiji war also viel kleiner. Die Geburt ging ohne jede Komplikation vonstatten, und in eineinhalb Stunden war alles überstanden. Wir mussten nicht mal einen Arzt rufen. Bei seinem älteren Bruder war es viel schwieriger.

Nur dass Eiji lange Zeit keine normale Milch trank. Er wollte nur Muttermilch. Bei seinem älteren Bruder war das nicht so gewesen.

Also blieb mir nichts anderes übrig, als Ziegen zu halten. Gras hatten wir ja genug. Ich trank die Ziegenmilch, um mehr Muttermilch für Eiji zu haben. So wurde er ein gesundes Kind. Nur mit Muttermilch. Er war zwar immer mager, aber nie krank. Wir mussten ihn kein einziges Mal ins Krankenhaus bringen.

Sonst war er ein sehr anspruchsloses Kind. Vollkommen selbständig. Er konnte immer alles allein. Als er sich in Tokyo bei seiner Firma vorstellen musste, fragten wir, ob ihn jemand begleiten sollte. Da sagte er ganz ärgerlich: »Warum soll mich denn da einer begleiten? Ich fahre allein.« (*Lacht*) Als er allein wohnte, wollte ich bei ihm saubermachen. Gleich hieß es: »Saubermachen kann ich selbst.« In den vergangenen zehn Jahren musste ich nur dreimal etwas für Eiji tun: Bei seiner Verlobung, bei seiner Hochzeit und als wir seine Leiche abholten.

Unser ältester Sohn ist ein ruhigerer Typ, aber Eiji war so fix und voller Energie. Ehe wir uns versahen, hatte er schon immer alles selber gemacht. Er kochte sogar für sich selbst. Wir hatten niemals Mühe mit ihm. Er traf auch alle seine Entscheidungen allein.

Als es Zeit für die Oberschule wurde, schlug ich ihm vor, eine allgemeine Oberschule zu besuchen, damit er danach die Möglichkeit hätte zu studieren. »Ich interessiere mich für Elektronik, also gehe ich auf eine Berufsfachschule. Mehr ist nicht nötig«, entschied er und suchte sich selbst eine Fachschule für Elektriker aus. Dann einigte er sich mit seinem älteren Bruder, dass dieser im Dorf bleiben und den Hof übernehmen sollte. Eiji wollte stattdessen in die Stadt auf eine Schule für Elektrotechniker gehen.

Unser Ältester hat auch eine Zeit lang in Tokyo studiert, aber er hielt das hektische Stadtleben nicht aus. Schließlich besuchte er doch lieber die Landwirtschaftliche Hochschule hier. Eiji war ganz anders. Er kam überall zurecht und hat sich sofort an das Leben in der Stadt gewöhnt.

Obwohl die beiden Brüder so verschieden waren, haben sie sich gut verstanden und nie gestritten. Ich hatte doch immer so furchtbar viel Arbeit und nie die Zeit, mich richtig um die Kinder zu kümmern. Das haben die Großeltern übernommen.

Eiji hat nach der Schule bei Japan Tobacco angefangen, nachdem er ein Jahr in einem Ausbildungszentrum der Firma in Nagaoka verbracht hat. Das war 1983. Der Mann meiner Schwester hatte die Idee, dass Eiji bei JT anfangen sollte. Um die Zeit wurden überall Computer eingeführt. Beim Vorstellungsgespräch hat Eiji gesagt, dass er sich für Computer interessiere und gern damit arbeiten würde. Deshalb haben sie ihn wahrscheinlich eingestellt. Die Prüfungen waren sehr schwer, und in dem Ausbildungszentrum in Nagaoka hatten die meisten vorher ein Studium absolviert. Nur zwei waren Schulabgänger. Insgesamt waren es zwölf Auszubildende.

In Nagaoka lag ein Meter Schnee, als Eiji dort ankam. Also wollte er Skifahren lernen und bat mich um Geld für eine Skiausrüstung. Das habe ich ihm auch geschickt. Danach interessierte er sich nur noch fürs Skilaufen und machte gar nichts anderes mehr. Dabei hat er auch Yoshiko kennen gelernt.

Er war das erste Mal von zu Hause fort und führte ein eigenes Leben, aber er schien sich nicht einsam zu fühlen. Er fand Freunde, verdiente Geld und amüsierte sich auf die Art, die ihm eben gefiel.

Als ich die Nachricht von Eijis Tod bekam, wurde es ganz leer in meinem Kopf. Ich habe schon von dieser Leere im Kopf gehört, es gibt sie wirklich. Ich verstand gar nichts.

Seine Firma und die Polizei haben versucht uns anzurufen, aber wir waren alle unterwegs. Davor hatte ich Miso* angesetzt. Sonst mache ich das immer im April, aber diesmal hatte ich einen Monat früher damit angefangen, weil ich doch nach der Geburt von Eijis Kind helfen wollte. Am 20. März war sehr schönes Wetter, deshalb habe ich gewaschen

* Gekochte Sojabohnen, die zu einer Paste fermentieren (Anm. d. Übers.)

und alles Mögliche andere gemacht. Mein Mann war seit dem Morgen draußen und beschnitt die Apfelbäume. Ich habe einen etwas zu hohen Blutdruck und bin ins Krankenhaus gefahren, um ein Medikament abzuholen. Deswegen war die ganze Zeit niemand zu Hause.

Zuerst wollte ich auf dem Heimweg noch Blumen kaufen, weil ja Frühlingsanfang war, bin aber davor doch noch kurz nach Hause gefahren. Da klingelte das Telefon. Inzwischen hatte jemand meine Schwester erreicht. »Ich hab es schon x-mal bei dir probiert. Seht ihr denn kein Fernsehen?«

»Wer guckt denn bei einem so schönen Wetter Fernsehen? Dazu habe ich noch genug Zeit, wenn es regnet.« Meine Schwester: »Erschrick nicht, aber mach dich auf etwas sehr Schlimmes gefasst.«

»Wie? Auf was soll ich mich gefasst machen?« »Eben haben sie im Fernsehen gesagt, Eiji ist tot.«

Das war der Moment, in dem in meinem Kopf alles leer wurde. Ich erinnere mich an nichts anderes als an diese Leere. Es war schrecklich. Der Schock hat alles andere ausgelöscht...

Yoshiko hat er ein Jahr vor ihrer Hochzeit nach Hause mitgebracht. Das war im Winter. Eiji besuchte uns nur zweimal im Jahr, zu Obon* und zu Neujahr. Ich weiß noch, dass wir gerade mit den Winterarbeiten fertig geworden waren. Yoshiko hat damals nicht bei uns übernachtet, sondern ist am selben Tag noch zurückgefahren.

Ich war eigentlich der Ansicht, dass eine Braut, die auch vom Land stammte, besser wäre. Ich fand, es wäre einfacher für Eiji, wenn er mit einer Einheimischen verheiratet wäre. Aber wie immer hatte Eiji seinen eigenen Kopf und sagte: »Nein, ich will keine vom Land. Mach dir keine Sorgen, Mutter, eine Frau suche ich mir schon selbst.«

Eijis Vater: Mir war das recht. Warum sollte er sich die Frau, mit der er leben wollte, nicht selbst aussuchen? Die Eltern haben da nicht viel mitzureden. Das muss jeder für sich entscheiden.

Mutter: Sie haben in einer Kirche in Aoyama geheiratet. Es war nur eine kleine Feier. »Dort ist nicht genug Platz für so viele Leute«, hat er

---

* Eine Art Allerseelen. Wichtiges Familienfest im August zu Ehren der Ahnen, zu dem ein großes Feuerwerk gehört. (Anm. d. Übers.)

gesagt. Also haben wir nur mit den neun engsten Familienmitgliedern gefeiert. Meinen Vorschlag, noch eine weitere richtig große Feier bei uns auf dem Land zu machen, hat er abgelehnt. Er sei schließlich nur der zweite Sohn, und sein Bruder würde später das Familienoberhaupt sein. Er wisse ja noch nicht mal, ob er je wieder zurückzöge. Da sei eine besondere Hochzeitsfeier nicht nötig.

Dass Yoshiko schwanger war, erfuhren wir, als sie uns zu Neujahr besuchten. Das Baby sollte im April oder Mai kommen. Allerdings hatte ich es schon geahnt, als sie im August bei uns waren. Yoshiko sah nicht sehr gut aus, und ich sprach sie darauf an. »Es könnte sein«, sagte sie damals.

Vater: Am 20. März habe ich, wie meine Frau schon sagte, die Apfelbäume beschnitten. Seit dem Morgen. Ich mache das immer im März. Das ist ziemlich viel Arbeit, denn wir haben vierzig Apfelbäume. Anfangs hatten wir achtzig gepflanzt, aber sie wurden zu groß, so haben wir einen nach dem anderen gefällt.

Unser ältester Sohn lebt bei uns, aber er wohnt mit seiner Familie in einem anderen Haus. Wir essen auch getrennt. Wenn also bei uns das Telefon klingelt, können sie das bei sich drüben nicht hören. Außerdem war seine Frau ebenfalls schwanger und war gerade unterwegs, um ein Medikament zu holen.

Aber mein älterer Sohn hat bei der Arbeit Radio gehört, und als der Name Eiji Wada genannt wurde, ist er sofort nach Hause gerast. Zuerst hat er versucht, uns anzurufen, aber als niemand ans Telefon ging, hat er sich gedacht, dass wir auf dem Feld sind. Meine Frau war aber inzwischen noch vor ihm nach Hause gekommen und hatte die Nachricht von ihrer Schwester gehört.

Auch die Polizei benachrichtigte uns. Die Zentrale hatte die hiesige Polizei beauftragt, uns auf der Stelle Bescheid zu geben. Meine Frau war noch am Telefon, da kam schon der Polizeiwagen in den Hof gefahren.

Mutter: Ich wollte nicht, dass mein Mann es zu plötzlich erfährt und vielleicht umkippt, also ging ich zu den Apfelbäumen und sagte, er solle doch mal mitkommen. Ich brachte ihn bis in den Hausflur und sagte es ihm.

Wir fuhren zu viert nach Tokyo – mein Mann, ich, unser Ältester und der Mann meiner Schwester, der Eiji geraten hatte, sich bei Japan Tobacco zu bewerben. Wir kamen um fünf Uhr nachmittags dort an. Es war noch hell. Ein Angestellter von JT holte uns ab und brachte uns im Taxi zum Polizeihauptrevier. Auf der ganzen Fahrt sprach niemand ein Wort. Es herrschte Totenstille. Wir saßen stumm im Wagen und stiegen aus, als man uns darum bat.

Mittlerweile war die Leiche gar nicht mehr bei der Polizei, sondern in die gerichtsmedizinische Abteilung der Universität Tokyo gebracht worden, also konnte wir unseren Jungen an dem Tag gar nicht mehr sehen. Wir übernachteten in einem Gästehaus seiner Firma. In dieser Nacht habe ich kein Auge zugetan. Am nächsten Morgen um neun fuhren wir in die Universitätsklinik und durften ihn endlich sehen. Ohne mir etwas dabei zu denken, berührte ich Eiji, und sie schimpften mit mir.

Ich hatte nicht gewusst, dass ich ihn nicht anfassen durfte. Außerdem musste ich es einfach tun. Offenbar hat Yoshiko ihn auch angefasst, und sie hatten es ihr verboten. Aber eine Mutter muss ihr totes Kind doch berühren und fühlen, dass es kalt ist, bevor sie überhaupt wahrhaben kann, dass sie zu spät gekommen ist. Nichts anderes hätte mich überzeugen können.

Alles in meinem Kopf war wie ausgelöscht. Ich konnte überhaupt nichts verstehen. Aber ich riss mich zusammen, um nicht zu weinen. Ich war wie ein Automat, nur mein Körper funktionierte. Wir mussten ihn beerdigen, um ihn zu Buddha zu schicken. Wenn man so eine Leere im Kopf hat, muss man gar nicht weinen. Es kamen mir nicht einmal Tränen.

Es war seltsam, aber ich dachte nur daran, was auf den Reisfeldern noch alles zu tun war. Zwei Kinder ... zwei Enkelkinder unterwegs, den Reis setzen, alles Mögliche tun. Ich war in meinen Gedanken ganz bei den Reisfeldern, als die Journalisten kamen.

Vater: Ich habe denen gar keine Antwort gegeben. Sie waren so unverschämt, dass ich sogar richtig wütend wurde. Sie verfolgten uns bis zum Krematorium. Sogar in der Klinik, in der das Baby geboren wurde, schossen sie ihre Fotos. Ich bat sie immer wieder, uns doch in Ruhe zu lassen, aber es nützte überhaupt nichts. Sie haben sich sogar bei unseren

Nachbarn aufgedrängt. »Sie wollen mit uns reden, Herr Wada, was sollen wir machen?«, haben die Nachbarn mich gefragt. Ich bat sie, überhaupt nichts zu sagen.

Ich habe nur ein einziges Mal etwas gesagt. Ich saß gerade auf dem Traktor, und so ein Reporter hielt mir ein Mikrofon unter die Nase. »Ich will, dass die Mörder ohne jeden Aufschub zum Tode verurteilt werden. Die japanische Gesetzgebung muss geändert werden. Mehr habe ich nicht zu sagen. Gehen Sie jetzt bitte nach Hause.« Danach ließ ich mich auf nichts mehr ein und fuhr aufs Feld. Die Fernsehleute stellten genau vor unserem Haus eine Kamera auf, um mich abzupassen, wenn ich nach Hause kam. Deshalb fuhr ich mit meinem Moped von hinten ans Haus und ging durch die Hintertür hinein. Damals haben uns die Reporter regelrecht die Türen eingerannt. Sagten, sie schrieben für Zeitschriften und was weiß ich alles.

Dass der Reis gesetzt werden musste, war eigentlich das, was mich aufrecht hielt. Aber danach bin ich einfach zusammengeklappt. Mir ging so vieles durch den Kopf. Meine Gedanken führten zu keinem Ende. Alles Grübeln half nichts, dadurch wurde unser Sohn auch nicht wieder lebendig. Ich musste mich ermahnen, dass ich nicht ewig darüber nachdenken konnte. Aber vergessen kann ich auch nicht; sooft ich daran denke, brodelt es in mir.

Ich bin nicht gerade ein Trinker, aber ich genehmige mir schon gern mal ein Fläschchen Sake. Immer wenn Eiji nach Hause kam, haben wir zu dritt etwas getrunken, der Vater und seine Söhne. Dieser Sake hat mir immer am besten geschmeckt. Beim Sake haben wir so viel geredet. An einem Abend haben wir dann fast zwei Liter weggeputzt. Wir verstehen uns gut in der Familie. Es gab nie Streit.

Mutter: Er war ein lieber Junge. Von seinem ersten Gehalt hat er mir eine Uhr gekauft. Und wenn er auf Besuch kam, hat er den Kindern jedes Mal etwas mitgebracht. Auch von seinen Geschäftsreisen nach Amerika und Kanada hat er uns Geschenke mitgebracht.

Er hat sogar Sachen für Asuka gekauft, obwohl sie noch gar nicht auf der Welt war. Als Yoshiko uns vor kurzem mit ihr besucht hat, hat Asuka etwas angehabt, das Eiji in Amerika für sie gekauft hatte. So sehr hat er sich auf sein Kind gefreut. So sehr ... und dann sind diese Idioten gekommen und haben ihn umgebracht. Es ist so furchtbar traurig.

Vater: Warum hat die Präfekturpolizei von Nagano nach dem Anschlag in Matsumoto nur nicht gründlicher ermittelt? Dann wäre das
alles nicht passiert. Davon bin ich überzeugt. Wenn sie damals nur entschlossener vorgegangen wären.

Mutter: Aber seine Frau und sein Baby sind gesund. Yoshiko hat uns
so eine schöne Enkelin geboren. Das versuche ich mir immer vor Augen
zu halten. Wenn ich hier bis in alle Ewigkeit heulend herumgesessen
hätte, wäre ich ihr ja nach der Geburt auch keine Hilfe gewesen. Also
habe ich mich zusammengerissen und es bisher auch geschafft.

Vater: Wir müssen unsere Felder bestellen, wie wir es immer getan
haben. Wenn die Reissetzlinge so weit sind, müssen wir sie pflanzen.
Ist das erledigt, müssen wir die Apfelknospen pflücken. Danach muss
bestäubt werden … Die Arbeit nimmt kein Ende und ist so anstrengend, dass man schläft wie ein Stein. Wir Bauern haben keine Zeit für
Neurosen und brauchen keine Beruhigungspillen.

»Mein Mann war ein so gütiger Mensch«

Yoshiko Wada (31),
Ehefrau des verstorbenen Eiji Wada

Frau Wada war schwanger, als ihr Mann starb. Kurze Zeit später kam ihre Tochter Asuka auf die Welt. Viele kennen Frau Wada, denn nach dem Anschlag zerrten die Medien sie ins Rampenlicht. Vor unserer Begegnung hatte ich alle Artikel durchgeschaut, die in den Zeitungen und Zeitschriften über sie erschienen waren. Der Unterschied zwischen dem Bild, das ich mir gemacht hatte, und der Wirklichkeit war bemerkenswert. Natürlich hatte ich mir dieses Bild zusammengebastelt, und niemand konnte etwas dafür, dennoch gab mir der Einfluss der Medien in diesem Zusammenhang sehr zu denken. Sie haben die Macht, willkürlich ein Bild von einem Menschen zu erzeugen.

Die echte Yoshiko Wada ist (im Gegensatz zur Projektion der Medien) eine fröhliche und kluge junge Frau, die sich sehr gut ausdrücken kann. Mit klug meine ich, dass sie kluge Entscheidungen für ihr Leben getroffen hat und ihre Worte klug wählt. Sie ist ein Mensch ohne Hintergedanken. Natürlich habe ich den verstorbenen Herrn Wada nicht gekannt, aber der Mann, der sie zur Frau genommen hat, muss einfach ein anständiger Mensch gewesen sein.

Der unerwartete Tod ihres Mannes war ein furchtbarer Schock für sie. Wahrscheinlich kann sich ein Mensch von so etwas nie wieder ganz erholen. Dennoch verlor Frau Wada während unseres langen, dreistündigen Gesprächs nicht ein einziges Mal die Fassung. Alle meine Fragen beantwortete sie ganz offen und ohne Vorbehalte. Nur einmal gegen Ende des Interviews stiegen ihr Tränen in die Augen. Es tut mir leid, dass ich ihr so viel zugemutet habe.

Sie holte mich mit Asuka auf dem Arm am Bahnhof ab und begleitete mich auch wieder zurück. Es war ein heißer Sommertag, die Straßen waren wie ausgestorben. Hier draußen im Freien wirkte sie wie eine ganz normale, glückliche junge Ehefrau aus der Vorstadt. Ich hätte Yoshiko Wada zum Abschied gerne einige besondere Worte mit auf den Weg gegeben, aber etwas Besseres als »Leben Sie glücklich und bleiben Sie gesund« fiel mir nicht ein. Ich empfand diese Worte im Nachhinein als kraftlos, und als Schriftsteller habe ich schließlich nichts anderes zu geben als Worte.

Ich bin in Kanagawa geboren, aber wir sind schon, als ich in der Grundschule war, nach Yokohama gezogen. Ich habe dort die Schule besucht und später gearbeitet. Ich bin ein echtes Yokohama-Mädchen und liebe diese Stadt sehr. Im letzten Jahr habe ich nach der Geburt meiner Tochter längere Zeit bei meinen Schwiegereltern in Nagano verbracht. Die Luftveränderung und die Abwechslung haben mir sehr gut getan, aber als ich wieder hier ankam, habe ich vor Freude geweint.

Alle meine Freunde leben in Yokohama. Meine Mitschüler, Kollegen, Bekannte, mit denen ich Ski fahre, wir kennen uns alle schon seit zehn Jahren ... Meine Freunde haben mir sehr geholfen. Alle sind inzwischen verheiratet. Manchmal grillen wir zusammen oder gehen zum Bowling.

Nach der Schule habe ich neun Jahre und elf Monate bei der Yokohama-Kreditbank gearbeitet. Am Schalter. Kurz nach meiner Heirat habe ich aufgehört.

Vor meiner Hochzeit habe ich bei meinen Eltern gelebt. Ich bin ein Einzelkind, aber ich habe viel Streit mit ihnen gehabt, besonders mit meinem Vater. Ohne besonderen Anlass. »Du hast das und das gesagt!« »Nein, habe ich nicht.« (*Lacht*). Auf dieser Ebene. Ich finde, ich war ziemlich egoistisch. Jetzt lebe ich auch wieder mit meinem Vater zusammen, aber wir zanken uns nicht mehr. Aber früher war es wirklich schlimm mit uns.

Meinen Mann habe ich beim Skilaufen kennen gelernt. Ein Mädchen hatte einen Freund dabei, der bei Japan Tobacco arbeitete, und der hatte ihn mitgebracht. Das war im Februar 1991.

Mein Mann war ein ausgezeichneter Skifahrer. Ich habe erst mit zwanzig angefangen und konnte da nicht mithalten. Aber ich bin doch ungefähr fünfmal in jedem Winter zum Skilaufen gefahren, obwohl meine Eltern immer dagegen waren. Sie fanden es zu gefährlich (*lacht*). Sie haben mich immer zu sehr behütet. Bis ich fünfundzwanzig war, musste ich noch um zehn zu Hause sein.

Murakami: *Sind Sie immer pünktlich gewesen?*

Natürlich nicht (*lacht*). Wenn ich zu spät kam, haben sie mich ausgesperrt, sodass ich bei einer Freundin schlafen musste. Wenn ich zurückdenke, finde ich mich ziemlich frech (*lacht*). Inzwischen weiß ich, dass sie sich nur Sorgen gemacht haben. Aber verglichen mit den Eltern meiner Freundinnen waren sie wirklich ganz schön streng.

Meine Mutter ist vor vier Jahren gestorben. Mit Brustkrebs fing es an, aber dann breitete sich der Krebs in ihrem ganzen Körper aus ... Mein Vater hat aufgehört zu arbeiten, um meine Mutter zu pflegen. Das war sehr schwer für ihn. Trotzdem habe ich dauernd mit ihm gestritten. Das tut mir heute sehr leid, aber damals konnte ich nicht anders. Andererseits kommen wir vielleicht jetzt gerade darum so gut miteinander aus, weil wir so viel gestritten haben.

In letzter Zeit sagt mein Vater oft, ich hätte mich sehr verändert, sei nachgiebiger geworden, erwachsener vielleicht. Das liegt wahrscheinlich hauptsächlich an Asuka. Wenn ich sie ansehe, muss ich lächeln, auch wenn ich gerade wütend bin.

Murakami: *Was war Ihr erster Eindruck von Ihrem Mann?*

Auf der Piste wirkte er ausgesprochen abweisend. Kein bisschen liebenswürdig. Hinter seiner Schneebrille trug er sogar noch eine dunkelgrüne Brille. Mir fiel auf, wie kurz angebunden er war. Außer dem Skifahren schien ihn nichts zu interessieren. Als ob er keine Ruhe hätte, bis er alle überholt hatte. Er redete auch fast nicht.

Doch am Abend, als wir etwas trinken gingen, war er wie ausgewechselt. Er redete und machte sogar Witze. Der Kontrast war so groß, dass es mir schon fast interessant vorkam. Wir übernachteten zwei oder drei Tage an diesem Skiort, aber wir kamen uns in dieser Zeit nicht persönlich näher. Allerdings waren wir uns sympathisch.

Ehrlich gesagt, hatte ich sogar, als wir uns das erste Mal begegnet sind, instinktiv das Gefühl, ich könnte mich mit diesem Mann anfreunden, ja ihn vielleicht sogar heiraten. Es war so etwas wie weibliche Intuition. In der Überzeugung, dass er mich bestimmt anrufen würde, gab ich ihm meine Telefonnummer (*lacht*). Ich war ganz schön selbstsicher, oder?

Wir waren beide sechsundzwanzig und tranken gern ein Glas – Bier, Whiskey, Sake, Wein, alles Mögliche. Er hatte großen Spaß am Feiern.

Später verabredeten wir uns oft. Weil er in einem Wohnheim für ledige Angestellte in Kawaguchi wohnte, trafen wir uns meist im Zentrum von Tokyo. Wir gingen viel ins Kino. Wir verabredeten uns jede Woche und wenn möglich auch am Wochenende. Nur wenn mein Mann zu tun hatte, ging es nicht, aber wenn er Zeit hatte, verbrachten wir das ganze Wochenende zusammen. Wenn er sich nicht frei nehmen konnte, holte ich ihn von der Firma in Oji ab.

Es war, als wären wir füreinander bestimmt. So etwas wie Schicksal.

Wir gingen ein Jahr miteinander aus, aber es wurde nie langweilig. Wir hatten immer so viel zu bereden. Häufig gingen wir zum Trinken aus, und das machte noch mehr Spaß als das Kino.

Im gleichen Jahr, im Juli 1991, stellte er sich offiziell meinen Eltern vor und trank mit meinem Vater Sake. Mein Vater konnte ihn auf Anhieb gut leiden.

Um die Wahrheit zu sagen, im Mai oder Juni davor hätten wir uns beinahe getrennt. Wir hatten Streit, weil er sich mit einer früheren Freundin getroffen hatte. Ich war wütend, aber dann rief er mich an und sagte, er wolle sich meinen Eltern vorstellen.

Über die Heirat hat er zuerst mit meinem Vater gesprochen, noch bevor er mich fragte. »Ich möchte Sie um die Erlaubnis bitten, Yoshiko als meine Verlobte zu betrachten.« Ich war sehr verliebt in ihn, aber das ärgerte mich doch ein bisschen.

Wir heirateten im Juni des nächsten Jahres. Da im Februar meine Mutter gestorben war, hatten wir wegen der Trauerzeit mit der Hochzeit so lange gewartet, denn ich wollte ein richtiges Hochzeitskleid tragen.

Nach der Hochzeit wohnten wir zusammen mit meinem Vater in Yokohama. Wir wollten ihn nicht allein lassen ... Das war der Vorschlag meines Mannes. Für ihn bedeutete das jedoch, dass er täglich zwischen Yokohama und Oji pendeln musste, hin und zurück je zwei Stunden. Er ging jeden Morgen um sechs Uhr aus dem Haus. Ich bekam dauernd Streit mit meinem Vater, und mein Mann musste schlichten. Das war sicher nicht leicht für ihn. Damals kam er meist erst gegen elf oder zwölf völlig abgeschafft nach Hause.

Wir lebten zehn Monate mit meinem Vater zusammen, dann zogen wir im April in eine firmeneigene Wohnung von Japan Tobacco nach Kita-Senju. Nun war ich diejenige, die anderthalb Stunden in überfüllten Bahnen zur Arbeit nach Yokohama fuhr. Nach einem Jahr wurde mir das zu viel, und ich wollte aufhören. Meine Mann sagte: »Warum sollst du dich schinden? Mach einfach, was du willst!«

Also wurde ich Hausfrau. Ich bin froh, dass ich auf die Weise wenigstens ein Jahr für meinen Mann da sein konnte. Außerdem hat man als Hausfrau drei Mahlzeiten am Tag plus Mittagsschlaf (*lacht*) und kann schon morgens fernsehen. Bis dahin hatte ich nie tagsüber ferngesehen. Das gefiel mir am Anfang sehr gut. Und im Juli wurde ich schwanger.

Es war angenehm, in Kita-Senju zu wohnen. Unsere Wohnung war groß, und um den Bahnhof herum gibt es ein schönes Einkaufsviertel. Freundinnen hatte ich auch. Nur dass manche Männer in langen Unterhosen auf der Straße herumliefen, erstaunte mich ein bisschen (*lacht*). Das tut in Yokohama keiner.

Im November 1994 wurde mein Mann nach Shinagawa [näher bei Yokohama] in die Zentrale seiner Firma versetzt. Dann musste er beim Bau der neuen Hauptstelle in Toranomon [im Zentrum von Tokyo] mitarbeiten, die im April 1995 fertig werden sollte. Seine Aufgabe als Elektrotechniker war es, die Installation von Aufzügen, Beleuchtung und Klimaanlagen zu überwachen. So etwas machte ihm eigentlich auch mehr Spaß als Büroarbeit.

Wenn er nach Hause kam, trank er ein Bier und erzählte mir von seiner Arbeit und seinen Kollegen. Das fand ich immer sehr interessant und unterhaltsam.

Mein Mann machte gerne Scherze, aber wenn es um seine Arbeit ging, konnte er von einem Augenblick auf den anderen ernst werden und sich konzentrieren. Ich fühlte mich bei ihm sehr geborgen.

Wir wünschten uns beide Kinder. Ich wollte drei, wahrscheinlich weil ich selbst ein Einzelkind bin, und war überglücklich, als ich schwanger wurde. Wir entschieden uns ziemlich bald für den Namen Asuka, den ich übrigens geträumt habe. In diesem Traum rannte ich hinter einem kleinen Mädchen her und rief seinen Namen. Ich habe mich selbst nicht daran erinnert, aber mein Mann hat gehört, wie ich »Asuka! Asuka!« gerufen habe.

Wir haben uns fast nie gestritten, auch wenn ich während der Schwangerschaft manchmal gereizt war. Ich meckerte wegen Kleinigkeiten, aber er konnte gut damit umgehen. Meist lachte er nur. Er war wirklich ein gütiger Mensch, und er schien immer gütiger zu werden.

Wenn er von der Arbeit nach Hause kam und ich nichts gekocht hatte, wurde er nie sauer. »Macht nichts«, sagte er nur. »Wir holen uns was.« Er ließ sich sogar von seinen Kollegen Ernährungstipps für Schwangere geben. Er kümmerte sich rührend um mich. In der Zeit, in der mir morgens oft schlecht wurde und ich nur Sandwiches und Grapefruit-Gelee essen konnte, brachte er diese Sachen immer auf dem Heimweg für mich mit.

An dem Sonntag vor dem 20. März sind wir sogar zusammen einkaufen gegangen. Normalerweise tat er das nie.

Am Freitag hatte er sich frei genommen. Ich glaube, er war ziemlich erschöpft. Er war morgens aufgestanden und hatte gesagt: »Ach, ich hab heute gar keine Lust, zur Arbeit zu gehen.« Und weil ich ihn natürlich gerne bei mir zu Hause haben wollte, überredete ich ihn: »Ruf doch an und sag, dass du nicht kommst. Deiner Frau sei schlecht oder so.« Er hat dann den ganzen Freitag geschlafen. Am Samstag hatte er einen Termin und musste deshalb am Nachmittag kurz in die Firma. Am Sonntag sind wir dann zusammen einkaufen gegangen. Weil es morgens sowieso regnete, schliefen wir bis um die Mittagszeit. Als der Regen aufhörte, schlug ich den Einkaufsbummel vor, und er war sogar einverstanden.

Wir kauften Babysachen und Windeln. Mein Bauch war schon sehr dick, und das Gehen fiel mir schwer, aber etwas Bewegung war ja gut für mich. Danach wollte er Pachinko spielen gehen, und ich ließ ihn auch, obwohl ich sonst immer darüber gemeckert habe. Als er gegen sieben oder halb acht zurückkam, aßen wir zu Abend. Am nächsten Tag wollte er wieder zur Arbeit gehen, denn bis zum 1. April musste ja alles fertig sein, und das lag ihm auf der Seele. Außerdem sollte jemand an dem Montag seine Einstandsparty geben, und darauf freute er sich schon.

Zur Baustelle in Toranomon fuhr er immer mit der Hibiya-Linie bis Kasumigaseki. Meist stand er um sieben auf und ging um halb acht aus dem Haus. Ich bin an dem Tag sogar schon um halb sechs aufgestanden. Normalerweise machte ich meinem Mann ja nie Frühstück, aber am Abend davor hatte er mich darum gebeten. »Kannst du mich morgen mal ein bisschen verwöhnen und mir Frühstück machen?« Also stand ich früher auf, denn er hatte mich ja am Sonntag auch verwöhnt.

Mit dem dicken Bauch fühlte ich mich morgens oft schlapp. Mein Mann war glücklicherweise auch kein Morgenmensch und legte keinen besonderen Wert auf Frühstück. Meist war er gleich nach dem Aufstehen schon aus der Tür. Er aß dann unterwegs einen Happen. Aber an dem Morgen stand ich auf und machte ihm Kaffee, Spiegeleier, Toast und Würstchen. Er freute sich so sehr, dass er rief: »Oh, Frühstück!«

Vielleicht hatte er eine Vorahnung. Er hat mich nicht nur gebeten, ihm ausnahmsweise Frühstück zu machen, sondern sagte auch ganz unvermittelt, dass ich es alleine schaffen müsse, wenn er einmal nicht hier sei. Erschrocken fragte ich, wie er auf so etwas käme, und er erklärte mir, dass in der neuen Zentrale ein neues Schichtsystem eingeführt würde. Dann müsse er zwei Nächte am Arbeitsplatz übernachten, bekäme aber dafür drei Tage frei. Er machte sich Sorgen, ob ich allein zurechtkommen würde. »Wenn das Baby krank ist und ich nicht da bin, musst du alles alleine machen.«

Andererseits freuten wir uns, dass er die drei Tage frei bekommen und damit mehr Zeit für das Baby haben würde. Außerdem wollte er noch den Führerschein machen.

Jedenfalls verließ er gegen halb acht das Haus. Soweit ich weiß, hat er vom Bahnhof Kita-Senju aus die Hibiya-Bahn um 7.37 genommen. Ich hatte ihn zur Tür gebracht, das Geschirr abgeräumt und ein Nickerchen gemacht. Dann sah ich fern. Plötzlich erschienen laufende Untertitel, die besagten, dass in Tsukiji an der Hibiya-Linie dies und jenes passiert sei. Ich machte mir keine Sorgen, denn ich war der Überzeugung, er sei mit der Marunouchi-Linie gefahren.

Um halb zehn bekam ich einen Anruf von seiner Firma. »Ihr Mann ist offenbar bei diesem Anschlag verletzt worden.« Zehn Minuten später: »Er wurde ins Nakajima-Krankenhaus eingeliefert. Wir faxen Ihnen die Einzelheiten. Bitte, setzen Sie sich mit dem Krankenhaus in Verbindung.« Als ich dort anrief, herrschte totale Verwirrung. »Wir wissen im Augenblick nicht, wer sich wo befindet«, hieß es, dann wurde aufgelegt. Also mußte ich wohl oder übel auf ihren Anruf warten.

Der kam kurz vor zehn. »Kommen Sie bitte so schnell wie möglich ins Krankenhaus. Es sieht schlecht aus.« Ich machte mich gerade bereit, das Haus zu verlassen, als das Telefon wieder klingelte. »Ihr Mann ist gerade verstorben.« Ich glaube, es war sein Chef. »Bleiben Sie ganz ruhig, Frau Wada«, sagte er. Ich sagte einer Nachbarin Bescheid, dass mein Mann Opfer des Anschlags geworden sei und ich ausgehen müsse.

Aus dem Haus zu gehen, war kein Problem, aber ich wusste gar nicht richtig, wohin ich wollte und welche Bahn ich nehmen mußte. Die Hibiya- und die Marunouchi-Linie waren eingestellt. Ich ging an den Taxistand am Bahnhof, aber da standen schon fünfzig Leute Schlange. Ich rannte zu einem Taxiunternehmen in unserer Nähe, aber alle Wagen waren unterwegs. Zum Glück entdeckte der Mann von der Zentrale am Bahnübergang ein leeres Taxi, das ich nehmen konnte.

Inzwischen hatte man die Leiche meines Mannes aus dem Kranken-haus ins Polizeihauptrevier nach Nihombashi gebracht. Also fuhr ich dorthin, aber unterwegs gerieten wir wegen eines Unfalls in einen Stau. Ich war um zehn nach zehn in Kita-Senju aufgebrochen und kam erst um halb zwölf auf dem Revier an. Im Taxi hörte ich den Namen meines Mannes, als die Namen der ums Leben Gekommenen im Radio durch-gesagt wurden. »Das ist mein Mann. Er ist tot…« sagte ich. »Soll ich das Radio ausmachen?« fragte der Fahrer. »Nein, lassen Sie es an. Ich muss wissen, was los ist«, sagte ich.

Die Stunde im Taxi war eine Qual. Mein Herz klopfte so sehr, dass ich dachte, es würde mir aus dem Mund springen. Was sollte ich ma-chen, wenn jetzt die Wehen einsetzten? Andererseits dachte ich auch, dass ich es ja erst sicher wüsste, wenn ich seine Leiche sähe. Bis dahin wollte ich es nicht glauben. Es konnte sich immer noch um eine Ver-wechslung handeln. Warum sollte ausgerechnet mein Mann sterben müssen? All diese Gedanken rasten mir durch den Kopf. Ich wollte erst weinen, wenn ich mir ganz sicher war. Die ganze Zeit über machte ich mir noch Hoffnungen.

Seine Leiche wurde gerade untersucht, sodass ich sie erst um halb zwei identifizieren konnte. Bis dahin wartete ich auf dem Polizeirevier. Die Telefone klingelten ununterbrochen, und alle rannten wie verrückt durcheinander. Es herrschte ein unglaubliches Chaos. Der Chef meines Mannes und ein Polizeibeamter erklärten mir, dass er ein Gift einge-atmet habe, an dem er gestorben sei, obwohl zu dem Zeitpunkt die Ein-zelheiten noch unklar waren.

Ich rief meinen Vater an. »Bitte komm sofort.« Als ich ihn sah, brach ich in Tränen aus. Die Eltern meines Mannes sind Landwirte. Bei schö-nem Wetter arbeiten sie immer draußen, und ich konnte sie zuerst nicht erreichen. Ich hatte den Chef meines Mannes gebeten, es zu ver-suchen, aber es hob niemand ab. Ich sehnte mich danach, meine Schwiegermutter so schnell wie möglich zu sehen. Unablässig fragte ich mich: »Was mache ich bloß hier?« Auf die Erklärungen des Inspek-tors antwortete ich nur einsilbig.

Schließlich sah ich meinen Mann in einem Raum im Erdgeschoß. Im ersten Stock des Reviers waren die Diensträume, im Erdgeschoss die Leichen. Es war ein ziemlich kleiner Raum, nicht mehr als zwei Tatami groß. Dort lag er, mit einem weißen Tuch bedeckt. Unter dem Tuch war

243

er ganz nackt. Sie sagten mir, ich solle ihn nicht berühren, weil etwas an ihm haftete, das meine Haut durchdringen könnte. Aber da hatte ich ihn schon berührt. Er war noch warm. Anscheinend hatte er sich die Lippen blutig gebissen. Auch an seiner Nase und seinen Ohren klebte verkrustetes Blut. Die Augen waren geschlossen, und sein Gesicht sah nicht gequält aus. Aber die blutigen Wunden an seinen Lippen, sie deuteten doch auf große Schmerzen hin ...

Ich durfte nicht lange bleiben, es sei »gefährlich«. Ich war nur etwa eine Minute bei ihm, oder nicht einmal eine Minute. »Warum ist er gestorben? Warum hat er mich allein gelassen?« fragte ich und brach weinend zusammen.

Der Leichnam wurde gegen halb fünf in die gerichtsmedizinische Abteilung der Todai-Universität gebracht. Mein Vater versuchte, mir Mut zu machen, mich zu trösten, aber seine Worte kamen gar nicht bei mir an. Ich konnte an nichts anderes denken als daran, was nun aus mir werden sollte.

Am nächsten Tag nahm ich in der Universität Abschied von ihm. Auch dabei durfte ich ihn nicht berühren und meine Schwiegermutter, die inzwischen aus Nagano eingetroffen war, auch nicht. Wir durften ihn nur anschauen. Ich fand es so traurig, ihn die ganze Nacht an so einem einsamen Ort zu lassen. Da wäre ja das Polizeirevier noch besser gewesen. Seine Eltern waren gleich gekommen, aber die Polizei hat ihnen nicht einmal Eijis Leichnam gezeigt. Ich fand das sehr herzlos.

Der ältere Bruder meines Mannes brachte ihn mit dem Wagen nach Nagano. Meine Schwiegereltern, sein Onkel, mein Vater und ich fuhren mit dem Zug. Ich weinte die ganze Fahrt über, weil ich ständig daran denken musste, was für ein lieber Mensch mein Mann gewesen war. Ich versuchte zwar, mich zusammenzureißen, aber es ging nicht. Nur die Beerdigung musste ich noch überstehen, sonst war mir alles egal. Meine Schwiegereltern bemühten sich so sehr, die Fassung zu bewahren, also wollte ich das auch tun. Es heißt ja auch: Buddha freut sich nicht, wenn er Tränen sieht. Aber ich konnte einfach nicht ...

Das Baby bewegte sich in mir. Immer wenn ich weinte, wälzte es sich herum. Nach der Beerdigung senkte sich mein Bauch immer mehr. Alle machten sich Sorgen um mich, denn ein starker Schock löst häufig eine Geburt aus.

Wir bewahren doch so eine kleine Fotografie von den Toten in unserem Hausaltar auf. Die von meinem Mann habe ich mir neben mein Wochenbett im Krankenhaus gestellt. Sie sollte mir Kraft geben. Meine Schwiegermutter und die Mutter von einem Freund meines Mannes waren auch da, um mich zu unterstützen. Die Geburt hat dreizehn Stunden gedauert. Das sei ganz normal, haben sie mir gesagt. »So etwas findet ihr normal?« dachte ich damals (*lacht*). Die Kleine wog 3040 Gramm. Sie war schwerer als erwartet. Während der Geburt war ich so beschäftigt, dass ich meinen Mann ganz vergaß. Es tat so weh. Meine Schwiegermutter ist in den Kreißsaal gekommen und hat mir Klapse auf die Wangen geben, damit ich nicht ohnmächtig wurde: »Halt durch!« soll sie gerufen haben. Ich kann mich an nichts erinnern.

Nach der Geburt war ich so fertig, dass ich einfach nur schlafen wollte. Normalerweise freut sich eine Frau wahrscheinlich erst mal über ihr niedliches Baby, aber ich konnte einfach nicht mehr.

Ich brauchte ziemlich lange, um mich von der Geburt zu erholen, aber meine Schwiegermutter hat mir unheimlich beigestanden und mich richtig verwöhnt. Sie kümmerte sich auch um Asuka. Meine Mutter war ja nicht mehr da, und mein Vater hätte das nie geschafft. Meine Schwiegermutter hatte schon ihrer anderen Schwiegertochter nach den Geburten geholfen, und ich fühlte mich so geborgen wie auf einem Luxusdampfer. Ohne sie hätte ich wahrscheinlich den Verstand verloren. Das ist das Gute an einer Großfamilie.

Meine Schwägerin hatte schon zwei Kinder (und bekam fast zur gleichen Zeit wie ich ihr drittes). Wenn ich weinte, fragten mich die Kinder: »Tante, geht es dir nicht gut?« oder »Weinst du, weil Onkel Eiji tot ist?« Wenn sie da waren, musste ich nicht so viel weinen. Sie waren mir wirklich ein großer Trost.

Im September dieses Jahres bin ich wieder nach Yokohama gezogen, nachdem ich ungefähr anderthalb Jahre bei meinen Schwiegereltern gelebt habe. Ich habe dort ein richtiges Zuhause gefunden (*lacht*) und fahre auch jetzt noch oft hin. Es gefällt mir bei ihnen, und ich bin immer willkommen. Außerdem ist ja auch das Grab meines Mannes dort.

Seit dem Anschlag ist mehr als ein Jahr vergangen, und ich habe das Gefühl, ein bisschen Abstand gewonnen zu haben. Allmählich begreife ich, dass er nicht mehr da ist ... Mein Mann war ab und zu für zwei, drei Monate auf Geschäftsreise in Amerika, deshalb war seine Abwesenheit mir zuerst gar nicht fremd. Nach seinem Tod habe ich noch oft gedacht, er sei einfach bloß unterwegs. Das ganze Jahr hindurch hatte ich noch immer das Gefühl, er könnte jeden Augenblick zur Tür hereinkommen. Morgens wachte ich auf und dachte, er sei nur verreist, bis ich das Bild auf dem Altar sah. Ein Teil von mir wollte seinen Tod nicht akzeptieren. Ich habe anscheinend in einer Mischung aus Realität und Einbildung gelebt. Obwohl ich doch selbst sein Grab besuchte, hoffte ich noch, er würde nach Hause kommen. Aber heute, ein Jahr später, sehe ich klarer und weiß, dass er tot ist.

Das war das Schwerste für mich. Damals konnte ich den Anblick eines jungen Vaters mit einem Kind auf den Schultern kaum ertragen. Und wenn ich hörte, wie ein junges Paar sich unterhielt, hätte ich mich am liebsten in Luft aufgelöst. Inzwischen hat sich das sehr gebessert.

Ich habe gelesen, was die Zeitungen über mich geschrieben haben, aber das Wesentliche wird ja nie erwähnt. Irgendwann war ich auch mal im Fernsehen. Danach erzählte mir ein Mann von diesem Sender, es habe eine »große Resonanz« und »viele Briefe« gegeben. Mir haben sie allerdings nichts geschickt. Die Medien kann man wirklich vergessen (*lacht*). Nie wieder trete ich im Fernsehen auf. Sie haben nicht das geringste Interesse an dem, was wirklich passiert ist. Ich hatte auf ein bisschen Wahrheit gehofft, aber der Sender hatte seine eigenen Vorstellungen von dem, was gesendet werden sollte. Was ich eigentlich klarstellen wollte, haben sie nicht ausgestrahlt.

Zum Beispiel: Wenn die Polizei in Kanagawa, als dieser Anwalt – Herr Sakamoto* – verschwunden ist, eine ordentliche Untersuchung durchgeführt hätte, wäre es zu dem Sarin-Anschlag in Tokyo nicht gekommen. All die vielen Opfer hätte es nicht gegeben. Das habe ich auch

---

* Tsutsumi Sakamoto, ein Rechtsanwalt aus Yokohama, vertrat im Oktober 1989 23 Familien, deren zum Teil minderjährige Kinder sich der Aum-Sekte angeschlossen hatten. Sakamoto führte einen regelrechten Feldzug gegen die Sekte und gründete die »Gesellschaft der Opfer von Aum Höchste Wahrheit«. Er war verheiratet und hatte einen 14 Monate alten Sohn. Nach einer Auseinandersetzung mit dem Aum-Anwalt Aoyama wurden Herr Sakamoto, seine Frau und sein Sohn auf Befehl Asaharas nachts in ihrem Haus auf brutale Weise ermordet, und ihre Leichen wurden beiseite geschafft. Obwohl der Verdacht von Anfang an auf Aum fiel, ermittelte die Polizei zunächst nur halbherzig, da sie sich scheute, öffentlich gegen eine religiöse Vereinigung vorzugehen. (Anm. d. Übers.)

vor der Kamera gesagt, aber sie haben es einfach rausgeschnitten. Als ich nach dem Grund fragte, hieß es, das könnten sie ihren Werbespotkunden nicht zumuten. Das Gleiche gilt übrigens für die Zeitungen und Zeitschriften.

Als wir den Sarg nach Nagano brachten, standen schon alle möglichen Fernsehteams bereit. Ich fand das sehr gefühllos. Da zumindest hätten sie uns in Frieden lassen können ...

Als ich wieder nach Yokohama kam, kannten mich alle und zeigten, wenn ich über die Straße ging, hinter meinem Rücken mit den Fingern auf mich. »Da, das ist sie. Die von dem Sarin-Anschlag.« Ich hatte das Gefühl, ein Messer im Rücken zu haben. Es war so unerträglich, dass ich umgezogen bin.

Als ich das erste Mal zu einer Anhörung vor Gericht ging, wurde die Zeugenaussage des Mannes aufgenommen, der meinen Mann aus dem Bahnhof gebracht hatte. Auch mehrere Bahnbeamte sagten aus. Der Staatsanwalt fragte mich, ob ich hören wolle, wie mein Mann gestorben ist. Als ich bejahte, wurden mir die Aussagen vorgelesen. Er hat unfassbar leiden müssen. Warum füttern wir diese Bande auch noch durch? Man sollte sie möglichst schnell hinrichten. Meine Meinung dazu wird sich niemals ändern. Diese endlosen Gerichtsverhandlungen gehen mir auf die Nerven. Warum haben diese Leute meinen Mann getötet? Wo soll ich hin mit meinem Leid, wo unsere Zukunft und die unseres Kindes zerstört ist?

Wenn man mich ließe, würde ich Asahara mit meinen eigenen Händen langsam und grausam töten.

Ich will nur die Wahrheit. So schnell wie möglich die Wahrheit.

Nicht einmal die Medien haben darüber berichtet, wie qualvoll die Opfer gestorben sind. Gar nicht. Nach dem Anschlag in Matsumoto ein bisschen, aber im Fall des U-Bahn-Anschlags überhaupt nicht.

Sonderbar. Deswegen denken die meisten Leute wahrscheinlich, die Leute wären einfach tot umgefallen. Auch die ganzen Zeitungen haben sich über dieses Thema ausgeschwiegen. Ich selbst habe erst erfahren, wie sehr mein Mann leiden musste, als der Staatsanwalt mir die Zeugenaussagen vorgelesen hat. Ich will, dass alle erfahren, wie furchtbar es war. Sonst wird am Ende eine Geschichte daraus, die anderen Leuten passiert ist und keinen mehr interessiert. Als Betroffene kann ich das nicht akzeptieren.

Asuka ist meine größte Freude. Sie fängt jetzt gerade an zu sprechen. Durch kleine Gesten oder bestimmte Nahrungsmittel, die sie gern mag, erinnert sie mich an ihren Vater. Ich erzähle ihr oft von ihm, ob sie es versteht, weiß ich allerdings nicht. Manchmal fragt sie: »Wo ist Papa?« Dann zeige ich auf das Foto auf dem Altar. Wenn sie dem Foto Gute Nacht sagt, bevor sie in ihr Bettchen geht, kommen mir jedes Mal die Tränen.

Ich habe noch ein Video von unseren Flitterwochen – wir waren natürlich Skilaufen. Seine Stimme ist darauf zu hören. Wenn Asuka ein bisschen älter ist, werde ich es ihr zeigen. Ich bin so dankbar, dass wir diese Videoaufnahmen gemacht haben, denn ich beginne schon, die Einzelheiten seines Gesichts zu vergessen. Am Anfang konnte ich mich ganz deutlich an jedes Detail erinnern …

Entschuldigen Sie … So ist das eben. Wenn ein Mensch einmal nicht mehr da ist, verblasst allmählich die Erinnerung an seinen Körper.

Ich möchte Asuka an seiner Stelle das Skifahren beibringen. Mein Mann hat immer gesagt, dass er das tun würde. Wir hatten ungefähr die gleiche Größe, also kann ich dazu sogar seinen Skianzug anziehen. Das hätte er sich bestimmt gewünscht.

Nachwort

Der unsichtbare Alptraum – seine Folgen und seine Lehren

1 Was geschah am 20. März 1995 wirklich?

Den Morgen des 20. März 1995 verbrachte ich in meinem Haus in Oiso in der Präfektur Kanagawa. Eigentlich lebte ich damals in Massachusetts, war aber während der Semesterferien für zwei Wochen nach Hause gekommen. Ohne Fernsehapparat und Radio hatte ich keine Ahnung von der Katastrophe, die sich zur gleichen Zeit in der Innenstadt abspielte. Ich hörte Musik und sortierte meine Bücher. Keine Wolke stand am Himmel. Es war ein strahlender, wunderschöner Morgen.

Gegen zehn rief mich ein Bekannter an, ein Journalist. »In der U-Bahn ist etwas Schreckliches passiert«, erklärte er mir mit aufgeregter Stimme. »Es hat eine Menge Opfer gegeben. Giftgas. Das war die Aum-Sekte, da gehe ich jede Wette ein. Am sichersten wäre es, die Stadt für eine Weile zu verlassen. Die Typen sind gefährlich.«

Zuerst begriff ich gar nicht, worum es überhaupt ging. Giftgas in der U-Bahn? Aum? Kaum zu glauben. Da ich schon seit längerer Zeit nicht in Japan lebte, war ich nicht auf dem Laufenden. Außerdem hatte ich den sensationellen Exklusivbericht der Zeitung *Yomiuri* am Neujahrstag verpasst, in der sie über ihre Entdeckung von Sarin-Rückständen im Hauptquartier der Sekte in Kamikuishiki berichtete und die Sekte mit dem Giftgasanschlag in Matsumoto in Verbindung brachte. Auch von den zahlreichen Verbrechen, derer die Aum-Sekte verdächtigt wurde, hatte ich nicht viel mitbekommen. Anscheinend ging es um ein heißes, viel diskutiertes Thema.

Aus heutiger Sicht war es natürlich überhaupt nicht weit hergeholt, Aum mit einem terroristischen Anschlag in Verbindung zu bringen. Da ich an dem Tag ohnehin nicht vorgehabt hatte, nach Tokyo zu fahren, bedankte ich mich bei meinem Bekannten und fuhr fort, meine Bücher zu sortieren, als wäre nichts geschehen. Das ganze Ausmaß des Schreckens erfuhr ich erst später.

Soweit meine Erinnerungen an den 20. März 1995.

Dennoch ließen mich die sonderbare Desorientierung und Ratlosigkeit, die ich an jenem Morgen empfand, eine Weile nicht los.

Noch lange nach dem Anschlag überschütteten die Medien die Öffentlichkeit mit unzähligen so genannten Informationen über den Anschlag und die Aum-Sekte. Das Fernsehen berichtete praktisch nonstop. Zeitungen, Sensationsblätter und Magazine widmeten dem Thema zahllose Seiten.

Doch das, was ich wissen wollte, konnte ich nirgends entdecken. Was war am Morgen des 20. März 1995 in der U-Bahn von Tokyo wirklich passiert?

Eigentlich eine ganz einfache Frage. Oder konkreter formuliert: Wie verhielten sich die Menschen? Was haben sie gesehen? Was gefühlt? Was gedacht? Ich wollte unbedingt und möglichst anschaulich alle Einzelheiten über jeden Fahrgast erfahren, bis hin zu seiner Herz- und Atemfrequenz. Was spielt sich ab, wenn gewöhnliche Bürger (wie Sie und ich) plötzlich und unerwartet von einem solchen Anschlag betroffen sind?

Doch das Seltsame war (oder vielleicht war es gar nicht so seltsam), dass mir niemand diese Fragen zufriedenstellend beantworten konnte.

Woran das wohl lag?

Sensationsmache und Übertreibungen einmal abgezogen, lässt sich die von den Medien konstruierte Theorie ziemlich klar umreißen. In ihrer Darstellung lag dem Anschlag ein eindeutiges moralisches Konzept zugrunde: Es ging um Gut gegen Böse, Normal gegen Wahnsinnig, Gesund gegen Krank.

Die schockierte Reaktion auf diesen unfassbaren Anschlag war einhellig: »Was für ein Wahnsinn! Was soll aus Japan werden, wenn solche Irrsinnigen hier frei herumlaufen. Was tut die Polizei? Sofortige Todesstrafe für Asahara!«

Damit stellte sich die große Mehrheit – einige mehr, einige weniger – auf die Seite des Guten, Normalen und Gesunden. Das war eigentlich auch nicht erstaunlich, denn die überwältigende Mehrheit der Bevölkerung war im Vergleich zu Shoko Asahara und seiner Sekte ja wirklich gut, normal und gesund. Es herrschte also ein leicht verständlicher, allgemeiner Konsens, den auch die Medien vertraten und dessen Einfluss sie stärkten.

Allerdings erhoben sich einige wenige Gegenstimmen, die forderten, dass ein Verbrechen um seiner selbst willen und ohne die ausschweifende moralische Diskussion um Normalität und Wahnsinn bestraft werden sollte. Diese Bedenken gingen jedoch im allgemeinen Aufruhr unter. Inzwischen sind über zwei Jahre seit dem Anschlag vergangen, und wir sollten uns allmählich fragen, wohin uns dieser Konsens über das, was Normalität bedeutet, geführt hat, und welche Lehren wir aus diesem grauenhaften Vorfall gezogen haben.

Eins ist sicher: Ein vages Unbehagen und ein bitterer Nachgeschmack sind geblieben. Noch immer fragen wir uns fassungslos, wie so etwas überhaupt geschehen konnte. Um das Unbehagen und den bitteren Nachgeschmack loszuwerden, sind mittlerweile allzu viele bereit, den Anschlag in das Reich der Vergangenheit zu verbannen, und würden seine Aufarbeitung am liebsten ganz dem unzweideutigen System der Gerichtsbarkeit überlassen.

Natürlich geht die Rechtsprechung auch analytisch vor und bringt Klarheit in viele Zusammenhänge. Doch solange wir die Fakten, die durch die gerichtliche Untersuchung ans Licht gekommen sind, nicht sinnvoll in unsere Weltsicht einfügen, wird außer einem wirren Konglomerat von Einzelheiten und Prozess-Sensationen in einem dunklen, vergessenen Winkel der Geschichte nichts übrig bleiben – vergleichbar einem Regen, der auf eine Stadt fällt und durch die dunklen Abflusskanäle ins Meer gespült wird, ohne dass etwas von seiner Feuchtigkeit in den Boden eingedrungen ist. Die Gerichtsbarkeit ist nur für eine Facette dieser Tat zuständig und garantiert keineswegs eine umfassende Lösung.

Mit anderen Worten: Die Schrecken, denen unsere Gesellschaft durch die Aum-Sekte und den U-Bahn-Anschlag ausgesetzt war, bedürfen auch in Zukunft der Analyse und Deutung. Selbst jetzt, wo dieses Buch fertig ist, kann ich den Anschlag nicht als aufgearbeitet betrachten und als Ausnahmetat einer einzelnen wahnsinnigen Sekte zu den Akten legen. Ich muss mich fragen, warum sich der Anschlag in der Sicht der Öffentlichkeit immer stärker als eine Art von Comic, ein bizarres Skandalverbrechen oder als der urbane Mythos einer Generation darzustellen scheint.

Wenn wir aus diesem tragischen Ereignis etwas lernen wollen, müssen wir es immer wieder aus unterschiedlichen Blickwinkeln betrachten. Es mit einem Achselzucken und der Aussage »Aum ist eben schlecht« abzutun, wäre allzu einfach. Aber auch die Kritik an Begriffen wie »das Böse« oder »Wahnsinn« bringt uns nicht viel weiter. Unsere große Schwierigkeit und Aufgabe besteht darin, die Klischees und Phrasen der herrschenden Meinung zu durchbrechen.

Was wir brauchen, sind neue Worte, entstanden aus neuen Gedanken, mit deren Hilfe wir eine neue Geschichte erzählen (und mit der alten Geschichte aufräumen) können.

2   Warum habe ich weggesehen?

Doch wo könnten wir die neuen Gedanken und Worte für eine neue Geschichte finden?

Die bisherige Berichterstattung durch die Medien arbeitet durchgängig mit der Polarisierung von »wir«, das heißt »die unschuldigen Opfer und die Seite des Rechts«, und »sie«, sprich »die schuldigen Täter und das Unrecht«. Ohne eine gewisse Bereitschaft, diese Einteilung in »wir« und »die anderen« zu durchbrechen, werden wir im Morast unserer Vorurteile stecken bleiben oder – was noch schlimmer ist – in Gleichgültigkeit versinken.

Ich habe dazu folgenden Gedanken: Um die Realität des Sarin-Anschlags wirklich zu begreifen, reicht eine rationale Untersuchung der Motive und Theorien seiner Urheber nicht aus. Ebenso unerlässlich ist eine parallele Auseinandersetzung mit »unseren« eigenen Motiven und Theorien. Könnte der Schlüssel zur Lösung des grausamen Rätsels, das »sie« uns aufgaben, eventuell sogar auf unserem Territorium vergraben sein?

Wir werden nicht weit kommen, wenn wir das »Phänomen Aum« als etwas Unbegreifliches, fundamental Anderes, außerhalb unserer Gesellschaft Stehendes verdrängen, das man gerade noch mit einem Fernglas auf der anderen Seite eines Ozeans erkennen kann. Auch wenn uns der Gedanke unangenehm ist, werden wir nicht umhinkommen, »sie« in unser eigenes System zu integrieren. Weit größer noch als die Gefahr, den Schlüssel zu den Ereignissen nicht bei uns selbst zu suchen, erscheint mir die Versuchung, den Anschlag aus einer solchen Distanz zu betrachten, dass seine Bedeutung auf ein mikroskopisches, mit bloßem Auge nicht mehr erkennbares Ausmaß reduziert wird.

Für Verdrängung und ausweichendes Verhalten gibt es natürlich immer einen bestimmten Grund. Ich selbst erinnere mich noch gut daran, dass Aum sich bei den Unterhauswahlen im Februar 1990 zur Wahl stellte. Asahara kandidierte für den Bezirk Shibuya, in dem ich damals wohnte, und seine Kampagne bestand aus einem ungewöhnlichen Spektakel. Tag für Tag fuhren kleine Lastwagen durch das Viertel, aus deren Lautsprechern eine sonderbare Musik ertönte, während weißgewandete junge Männer und Frauen in überdimensionalen Asahara-Masken und Elefantenköpfen winkend und tanzend die Straßen vor meiner U-Bahn-Station säumten.

Damals war ich zum ersten Mal mit der Existenz von Aum konfrontiert und wandte mich beim Anblick ihrer Wahlpropaganda angewidert ab. Wenn ich etwas nicht sehen wollte, dann so etwas. Andere Passanten zeigten ähnliche Reaktionen und gingen eilig weiter, ohne die Aum-Anhänger zu beachten. Ich verspürte einen undefinierbaren Schauder, einen mir selbst nicht ganz erklärlichen Ekel, aber ich machte mir auch nicht die Mühe, darüber nachzudenken, woher dieser Abscheu kam oder warum das »das Letzte war, was ich sehen wollte«. Aum hatte nichts mit mir zu tun.

80 bis 90 Prozent aller Leute würden wahrscheinlich das Gleiche tun – vorbeigehen, wegsehen, nicht weiter darüber nachdenken, vergessen. (Vermutlich haben die Intellektuellen der Weimarer Republik ganz ähnlich reagiert, als sie Hitler zum ersten Mal begegneten.)

Im Nachhinein kommt mir meine instinktive, fast überzogene Abwehr dennoch seltsam vor. Im Grunde sind die Straßen doch voll von Anhängern so genannter neuer Religionen, die um Mitglieder werben. Gleichwohl empfinden wir (zumindest gilt das für mich) ihnen gegenüber keinen derartigen Abscheu. Wir nehmen sie zur Kenntnis und damit hat sich's. Die Tamburin schlagenden, »Hare Krishna« singenden Jugendlichen mit den rasierten Köpfen sind doch wahrlich ein sonderbarer Anblick. Dennoch wende ich meine Blicke nicht angeekelt von ihnen ab. Warum tat ich es bei den Anhängern der Aum-Sekte? Was verstörte mich an ihnen so?

Ich habe hierzu eine Hypothese. Das »Aum-Phänomen« verunsichert gerade deshalb, weil es eben doch etwas mit uns zu tun hat. Es ist wie ein Spiegel, aus dem uns unser verzerrtes Abbild entgegengrinst und uns sozusagen ein scharfes Messer an die Kehle setzt. Die Hare

Krishnas und andere neue Religionen können wir sofort (noch ehe sie richtig in unser Bewusstsein vorgedrungen sind) als bedeutungslos einordnen. Bei der Aum-Sekte war das aus irgendeinem Grund nicht der Fall, und weil ihre Gegenwart (ihr Auftreten, ihr Tanz, ihr Gesang) aktiv und bewusst verdrängt werden musste, verunsicherte sie uns so sehr.

Psychologisch gesehen (ich werde die Psychologie nur dieses eine Mal bemühen, sehen Sie es mir also nach) verweisen Bilder, die in uns starkes physisches Unbehagen hervorrufen, in Wirklichkeit häufig auf eigene Fehler und Schwächen. Vielleicht würde das meine spontane Abneigung vor dem Bahnhof erklären.

Natürlich behaupte ich nicht, dass Sie oder ich unter Umständen auch der Aum-Sekte beigetreten wären und Sarin in der U-Bahn freigesetzt hätten. Das wäre unrealistisch und zu weit hergeholt. Ich will damit nur sagen, dass etwas von Aum auch in uns existieren muss, um eine so bewusste Ablehnung zu provozieren. Vereinfacht gesprochen, wären »sie« dann ein verzerrtes Spiegelbild von »uns«.

Nun ist ein Spiegelbild natürlich stets unscharf und schief. Konvex und konkav, richtig und falsch, Licht und Schatten tauschen die Plätze. Doch wenn man das Unscharfe und Verzerrte beiseite lässt, haben die beiden Bilder große Ähnlichkeit und passen teilweise genau aufeinander. Deshalb vermeiden wir es – bewusst oder unbewusst –, dieses Spiegelbild genauer zu betrachten, und sehen lieber über die Unstimmigkeiten seiner Oberfläche hinweg. Wir verbannen die Schatten in ein unterirdisches Reich in unserem Inneren und tragen sie dort mit uns herum.

3 Das weitergereichte Ich

Hier ein Zitat aus dem Manifest des Unabombers, das 1995 in der New York Times veröffentlicht wurde.

Das System organisiert sich stets um, um Druck auf diejenigen auszuüben, die sich nicht anpassen. Die sich nicht in das System einfügen, gelten als »krank«; sie zu »heilen« heißt, sie zur Anpassung zu zwingen. So wird jedes Streben nach individueller Autonomie gebrochen und das Individuum in einem systemkonformen Prozess der Gesellschaft einverleibt. Individuelle Autonomiebestrebungen werden als Krankheit eingestuft.*

Interessanterweise entspricht die Vorgehensweise des Unabombers fast genau derjenigen der Aum-Sekte (zum Beispiel schickte Aum eine Paketbombe ins Tokyoter Rathaus). Theodore Kaczynskis Ideen sind Aums Ideologie sogar noch enger verwandt als seine Methoden.

In ihren Grundzügen ist Kaczynskis Argumentation nicht falsch. Viele Segmente des gesellschaftlichen Systems zielen tatsächlich darauf ab, individuelle Autonomie zu verhindern; viele Menschen werden von ihrer Umgebung daran gehindert, ein freies Leben entsprechend ihren Wertvorstellungen zu führen.

Aus der Perspektive der Aum-Anhänger betrachtet, war es tatsächlich so, dass sie, als sie eine gewisse Autonomie zu behaupten versuchten, vom Staat als gegen die Gesellschaft gerichtete Bewegung und auszumerzende »Krankheit« klassifiziert wurden. Ihre zunehmend antisoziale Haltung war zum Teil eine Folge davon.

Dennoch hat Kaczynski – wissentlich oder unwissentlich – einen entscheidenden Aspekt übersehen: Autonomie kann nur im Wechselspiel mit gesellschaftlicher Eingebundenheit entstehen. Das eine existiert nicht ohne das andere. Setzt man einen Säugling allein auf einer Insel aus, erwächst für ihn daraus keine Autonomie. Letztlich stehen die beiden Zustände in einer konstanten Wechselbeziehung, die so unauflöslich ist wie die von Licht und Schatten. Jeder Mensch sieht sich zunächst mit der Aufgabe konfrontiert, experimentell seinen Platz als Individuum in der Welt zu entdecken. Diese Art des Experimentierens könnte man als »Objektivierung des Ichs« bezeichnen und als die wahre Initiation ins Leben. Wem diese Entwicklung eines ausgeglichenen, aber flexiblen Ichs nicht gelingt, der bleibt in gewisser Weise behindert (wie es vielleicht bei Shoko Asahara der Fall war). Der Versuch, diese Behinderung mit Hilfe eines selbst gebastelten Systems zu überwin-

---

* Theodore Kaczynski – der Unabomber – verübte zwischen 1978 und 1995 sechzehn Bombenattentate. Dabei wurden drei Menschen getötet und dreiundzwanzig verletzt. Im September 1995 zwang er die *Washington Post* und die *New York Times* mit einer Bombendrohung, sein »Manifest« abzudrucken. Sein Bruder erkannte darin den Ton von Theodore Kazcynski wieder und alarmierte das FBI. (Anm. d. Übers.)

den, kann auf einen Konflikt zwischen dem gesellschaftlichen System und dem Individuum hinauslaufen.

Meiner persönlichen Ansicht nach hatte Shoko Asahara zunächst Erfolg, weil er ein (äußerst effektives) System schuf, das auf ein Ziel beschränkt war: sein seelisches Gleichgewicht wiederherzustellen. Ich bin nicht einmal sicher, ob man ihn als religiöse Gestalt einstufen sollte. Ein Blick auf seinen persönlichen Lebensweg gibt Anlass zu folgender Spekulation. Durch seine eingleisigen Bemühungen, seiner Behinderung Herr zu werden, verfing er sich in dem geschlossenen Kreislauf seines eigenen Systems. Er saß fest wie ein Geist in seiner Flasche. Auf die Flasche klebte er das Etikett »Religion« und verkaufte sie jedem, der sie haben wollte, als Mittel zur gemeinsamen Erfahrung.

Bis zur Vollendung seines Systems hat Asahara zweifellos eine Hölle blutigster innerer Zerrissenheit durchlebt. Auf diesem Weg hat er gewiss auch sein Satori* oder sonst einen »paranormalen Erleuchtungszustand« erreicht. Ohne extreme psychische Grenzerfahrungen und eine außergewöhnliche Verkehrung von Werten hätte Asahara nicht über eine derart starke charismatische Ausstrahlung verfügt. Frühe Formen von Religion sind häufig von jener besonderen Aura umgeben, die aus einer psychischen Störung erwächst.

In ihrer Mehrzahl scheinen die Menschen, die sich der Aum-Sekte anschlossen, ihren ganzen kostbaren Besitz an individueller Autonomie mitsamt Schlüssel und Schloss der »spirituellen Bank« namens Shoko Asahara überschrieben zu haben, um jene spezielle von Asahara verkündete »Selbstbestimmung« zu erlangen. Die Jünger gaben ihre Freiheit, ihr Eigentum, ihre Familien und – ohne es zu merken – ihren gesunden Menschenverstand auf. Gewöhnliche Menschen reagierten entgeistert: Wie konnte jemand so etwas Dummes tun? Andererseits erlebten die Anhänger es wahrscheinlich als eine Erleichterung. Wenigstens sorgte jetzt einmal jemand für sie. Sie waren der Notwendigkeit und der Qual enthoben, sich jeder neuen Situation allein stellen und selbst entscheiden zu müssen.

Durch ihre Verschmelzung mit Asaharas mächtigem Ich erlangten sie eine Pseudo-Selbstbestimmung. Ohne sich als Individuen der Gesellschaft entgegenstellen zu müssen, konnten sie alle Autorität und

256 * Blitzartiger Moment der Erleuchtung im Zen-Buddhismus (Anm. d. Übers.)

Verantwortung an Asahara abtreten – sozusagen »einmal Selbstbestimmung alles inklusive, bitte«.

Sie führten nicht Kaczynskis »Kampf gegen die Gesellschaft, um das Recht auf Selbstbestimmung zu erstreiten«. Im Grunde war Asahara der Einzige, der kämpfte. Die meisten Jünger wurden von Asaharas aggressivem Ego einfach geschluckt. Andererseits wurden auch nicht alle Anhänger einheitlich Asaharas Gehirnwäsche – seiner »Gedankenkontrolle« – unterzogen oder waren nur seine Opfer. Viele baten Asahara aktiv um geistige Kontrolle. So leicht lässt sich die Kontrolle über den Geist eines anderen Menschen nicht erzwingen oder gewähren. Im Fall der Aum-Anhänger beruhte es auf Gegenseitigkeit.

Wenn ein Mensch sein Ich aufgibt, verzichtet er damit auf die eigene Geschichte, das heißt, er verlässt das Geflecht eines in langen Lebensjahren entstandenen Sinngefüges. Nun kann ein Mensch nur schwer länger ohne das Gefühl eines solchen Zusammenhangs leben, der über die Grenzen der Rationalität (oder des systematisch Logischen) hinausreicht. In ihm finden wir den unentbehrlichen, geheimnisvollen Schlüssel zur gemeinsamen Erfahrung mit anderen.

Dieser Zusammenhang ist unsere »Geschichte« oder »Erzählung«; ihr Inhalt ist weder theoretisch, logisch noch philosophisch. Sie ist ein Traum, den wir immer wieder träumen. Wir wissen es vielleicht nicht einmal. Dennoch träumen wir unsere Geschichte, so selbstverständlich, wie wir atmen. In dieser Geschichte haben wir zwei Gesichter und sind gleichzeitig Subjekt und Objekt. Wir sind das Ganze und gleichzeitig Teil des Ganzen. Wir sind real und gleichzeitig Schatten. Wir sind Erzähler, aber auch Akteure. Mit Hilfe der Vielschichtigkeit der Rollen, die wir in unserer Geschichte einnehmen, überwinden wir die Qual, allein auf der Welt zu sein.

Ohne ein individuelles Ich vermögen wir jedoch keine individuelle Geschichte zu erschaffen, so wenig, wie man ohne Motor einen Wagen fahren oder ohne physische Gestalt einen Schatten werfen kann. Doch was geschieht, wenn man sein Ich einer anderen Person überantwortet hat?

Man erhält von dieser Person eine neue Geschichte. Aber da man auf die eigene, authentische Geschichte verzichtet hat, bekommt man nur einen Schatten. Wenn das eigene Ich im Ich eines anderen aufgegangen ist, bleibt ihm nur noch die Geschichte des fremden Ichs.

Das muss gar keine besonders ausgefallene, komplizierte oder raffinierte Geschichte sein. Irgendein notdürftiges Flickwerk genügt, denn die meisten haben ohnehin die Nase voll von vielschichtigen, komplexen Erzählungen und können leicht auf sie verzichten. Manche Menschen haben den Wunsch, sich ihres Ichs zu entledigen, da sie in ihren eigenen vielschichtigen Zusammenhängen keinen roten Faden entdecken konnten und darunter litten.

Deshalb genügt es, wenn die neue Geschichte sehr einfach und nur »symbolisch« ist. Der Orden, der einem Soldaten im Krieg verliehen wird, muss auch nicht aus echtem Gold sein. Wenn er nur allgemein als Ehrung anerkannt ist, kann er auch aus billigem Blech bestehen.

Shoko Asahara verfügte über die Begabung, seinen Anhängern irgendwelchen Schund als Geschichte zu verkaufen. Dabei kam es ihm entgegen, dass viele ohnehin auf der Suche nach eben so etwas waren. Aums Mythos war eine ziemlich krude, fast lächerliche Geschichte. Außenstehenden kommt sie vor wie ein wiedergekäuter Brei aus verschiedenen Mythen und Religionen. In einem Punkt allerdings, das muss man fairerweise zugeben, war sie einigermaßen kohärent: Sie war ein Aufruf zum Blutvergießen.*

So betrachtet, war Asahara auf eine beschränkte Weise ein meisterhafter Erzähler, der die Stimmung oder den Geist seiner Zeit sehr genau einzuschätzen vermochte. Es kümmerte ihn nicht, dass seine Ideen und Bilder bloß Abfallprodukte anderer Gebäude waren. Wie E. T. in Spielbergs Film mit dem Schrott aus der Garage ein Gerät baut, mit dessen Hilfe er seinen Heimatplaneten kontaktieren kann, fügte Asahara Versatzstücke aus allem Möglichen zusammen und machte einen fließenden Strom daraus, der sein eigenes düsteres Inneres widerspiegelte. Die Mängel der Geschichte waren letztlich Asaharas eigene Mängel. Deshalb stellten sie auch für die Menschen, die sie lebten, keine Mängel dar, sondern sogar Vorteile. Aber diese Defizite nahmen bald tödliche Dimensionen an. Der Vernichtungsgedanke wurde allbeherrschend, bis es kein Zurück mehr gab.

* Asahara behauptete, Shiva, der (hinduistische) Gott der Zerstörung und Erneuerung, habe ihn beauftragt, einen letzten großen Krieg – Armageddon – auszulösen, um die Mächte der Finsternis endgültig zu vernichten. Danach sollte eine Art utopisches buddhistisches Reich aus spirituell verwirklichten Menschen entstehen. (Anm. d. Übers.)

So sah also die Geschichte, die Aum präsentierte, von »ihrer« Seite gesehen aus. Quatsch, mögen Sie sagen, und das stimmt natürlich auch. Tatsächlich taten viele Asaharas absurde Geschichte mit einem Lachen ab. Sie lachten über den Mann, der sie erfunden hatte, und über diejenigen, die an ihn glaubten. Das Gelächter hinterließ einen bitteren Nachgeschmack, aber wir lachten trotzdem laut.

Aber hatte denn unsere Seite eine glaubwürdige Geschichte dagegenzusetzen? Hatten wir denn eine Geschichte anzubieten, die die Kraft besaß, Asaharas absurde Geschichte zu besiegen?

In dieser Frage erkenne ich eine gewaltige Aufgabe. Ich bin Schriftsteller, und der Beruf eines Schriftstellers ist es, »Geschichten« zu erzählen. Diese Aufgabe erscheint mir gewaltig, aber ich muss mich ihr von nun an mit verstärkter Aufmerksamkeit widmen. Mir ist bewusst geworden, dass ich mein eigenes Kommunikationsgerät bauen muss, und wenn ich dazu jedes Restchen Schrott und jedes Defizit in meinem Inneren zusammenkratzen muss. (Jetzt wo ich es niedergeschrieben habe, stelle ich mit einiger Überraschung fest, dass ich das in meiner Arbeit als Schriftsteller schon immer versucht habe!)

Und was ist mit Ihnen? (Ich schreibe in der zweiten Person, aber das schließt mich natürlich mit ein.)

Haben Sie nicht auch einen Teil Ihres Ichs einer Person (oder Sache) überschrieben und dafür eine »Geschichte« erhalten? Hat nicht jeder von uns einen Teil seiner Persönlichkeit einem System oder einer Ordnung übereignet? Und hat nicht dieses System von uns irgendwann etwas »Wahnsinniges« gefordert? Ist die Geschichte, die Sie leben, wirklich und wahrhaftig Ihre eigene? Sind Ihre Träume auch wirklich Ihre Träume? Könnten sie nicht auch die eines anderen sein und sich irgendwann plötzlich in Alpträume verwandeln?

Müssten wir uns über diese Fragen nicht Klarheit verschaffen, bevor wir das Unbehagen loswerden können, das uns nach dem Sarin-Anschlag geblieben ist?

4   Über das Gedächtnis

Ich habe mit dem Sammeln des Materials für dieses Buch neun Monate nach dem Anschlag begonnen und dann ein Jahr daran gearbeitet.

Das heißt, zum Zeitpunkt der Interviews war schon eine gewisse Zeit vergangen, in der sich die Geschichte »abgekühlt« hatte. Da es sich aber um eine sehr tiefgehende Erfahrung handelte, waren die Erinnerungen meiner Gesprächspartner noch frisch. Viele von ihnen hatten von ihren Erlebnissen immer wieder berichtet. Einige hingegen hatten seither mit kaum jemandem über den Anschlag gesprochen, oder sie hatten gewisse Einzelheiten nie erzählt. Dennoch hatten alle die Ereignisse innerlich wieder und wieder durchdacht und sie auf diese Weise objektiviert. Daher waren die meisten Berichte sehr realistisch und plastisch, auch wenn sie Erinnerungen bleiben.

Nach der Definition eines Psychoanalytikers sind die Erinnerungen eines Menschen nichts weiter als die »persönliche Deutung« spezifischer Ereignisse. Zum Beispiel lässt sich eine Erfahrung leichter verarbeiten, wenn sie durch den Gedächtnisapparat gefiltert wurde. Dabei werden unerwünschte Teile einfach ausgesondert. Die Reihenfolge des Geschehens kann vertauscht und Unstimmiges stimmig gemacht werden. Die eigenen Erinnerungen vermischen sich mit denen anderer und werden nötigenfalls ausgetauscht. All das geschieht ganz natürlich und unbewusst.

Einfach ausgedrückt: die Erinnerung an unsere Erlebnisse wird in eine erzählerische Form gebracht. Bei diesem Prozess handelte es sich mehr oder weniger um eine natürliche Funktionsweise des menschlichen Bewusstseins (die Schriftsteller bewusst und professionell nutzen). Auch wenn die Wirklichkeit des Erzählten etwas von der des Geschehens abweicht, ist die Geschichte deshalb nicht »gelogen«, sondern immer noch unverkennbar Wahrheit, wenn auch in anderer Form.

Beim Sammeln meines Materials habe ich mich prinzipiell bemüht, die Aussagen jeder Person innerhalb des Kontexts ihrer Geschichte für wahr zu erachten; das ist noch immer meine Überzeugung. Obwohl die Geschichten von Personen, die gleichzeitig das Gleiche erlebt haben, häufig in Einzelheiten voneinander abweichen, werden sie hier mit allen Widersprüchen präsentiert. Zudem bin ich ohnehin der Ansicht, dass diese Abweichungen und Widersprüche selbst etwas besagen. In unserer facettenreichen Welt sagt das Unstimmige häufig mehr aus als das Stimmige.

5   Was kann ich tun?

Es gibt einen weiteren wichtigen Grund, aus dem ich dieses Buch verfasst habe. Ich erhoffte mir ein tieferes Verständnis der japanischen Gesellschaft. Ich habe lange – sieben oder acht Jahre – außerhalb Japans gelebt. Nachdem ich *Hardboiled Wonderland oder das Ende der Welt* geschrieben hatte, habe ich Japan verlassen und bin nur sporadisch in Japan gewesen, bis ich *Mr. Aufziehvogel* abgeschlossen hatte. Ich betrachte diese Zeit – zunächst in Europa und dann in Amerika – als ein selbst gewähltes Exil.

Als Schriftsteller wollte ich anderswo Erfahrungen sammeln und auf Japanisch Geschichten schreiben. Indem ich Japan verließ – das Land, das die Voraussetzung für mein Schreiben und meine ganze Person darstellt –, zwang ich mich, von Phase zu Phase neu zu erwägen, wie ich zur japanischen Sprache (und allem Japanischen) stand.

Erst während der letzten beiden Jahre meines Exils entdeckte ich zu meinem Erstaunen etwas von dem, was ich über das Land Japan hatte wissen wollen. Die Zeit, die ich außerhalb Japans umhergezogen war, neigte sich dem Ende zu – zumindest wuchs in mir dieses Gefühl. Ich konnte an mir selbst eine Veränderung, einen Wertewandel beobachten. Vielleicht – offenkundig – war ich einfach nicht mehr jung und hatte wie von selbst ein Alter erreicht, in dem man eine Verpflichtung der Gesellschaft gegenüber empfindet.

Ich spürte, dass es an der Zeit war, nach Japan zurückzukehren. Zurückzukehren und nicht an einem Roman zu arbeiten, sondern an etwas, das mir erlaubte, tiefer in die Mentalität meines Landes einzudringen. Vielleicht konnte ich sogar eine neue Seinsweise und ganz neue Standpunkte für mich entdecken.

Was also konnte ich tun, um Japan besser zu verstehen?

Im Groben waren mir die Umrisse dessen, was ich suchte, klar. Ich wollte meine Blockade durch eine klare Abrechnung auf meinem emotionalen Abakus durchbrechen und mich danach mehr mit dem Land Japan und dem Bewusstseinszustand meiner Landsleute beschäftigen. Wer waren wir überhaupt? Und in welche Richtung gingen wir?

Wie ich dieses Vorhaben aber konkret realisieren sollte, war mir unklar. Mein letztes Jahr im Ausland verbrachte ich in einem Zustand der Benommenheit. Damals wurde Japan von gleich zwei Katastrophen heimgesucht, die die ganze Welt erschütterten: das große Erdbeben in Kobe und der U-Bahn-Anschlag in Tokyo.

Abschließend kann ich sagen, dass meine Auseinandersetzung mit dem Anschlag mich tatsächlich zu tieferen Einsichten in das Wesen meiner Heimat geführt hat. Während der Interviews bin ich einer großen Zahl meiner Landsleute begegnet, habe ihre Geschichte gehört und daraus gelernt, welche Konsequenz es für einen japanischen Menschen hat, mit einer starken Aggression wie dem Sarin-Anschlag konfrontiert zu sein. Im Nachhinein muss ich zugeben, dass ich auf einer gewissen Ebene mein Ego als Autor in dieses Buch eingebracht habe. Das nicht zuzugeben, wäre Heuchelei.

Natürlich war ich bei den Interviews gezwungen, in meiner Funktion als Schriftsteller zurückzutreten. Es hat mich tief bewegt, den Opfern persönlich gegenüberzusitzen und ihre Erlebnisse aus erster Hand zu vernehmen. Wenn Sie die hier zusammengetragenen Berichte gelesen haben, werden Sie verstehen, was ich meine. Mit ihrer Tiefe und Komplexität haben sie alle meine Erwartungen übertroffen. Außerdem wurde mir sehr deutlich vor Augen geführt, wie wenig ich über den Anschlag wusste. Die Fakten wogen schwerer, als ich je vermutet hätte.

Nach einer Weile gab ich es beinahe ganz auf, darüber nachzugrübeln, was richtig oder falsch, normal oder verrückt war, wer Verantwortung trug und wer nicht. Diese Fragen spielten keine Rolle mehr. Das endgültige Urteil darüber lag ohnehin nicht bei mir; das machte mir das Zuhören leichter. Ich konnte mich entspannen und das Erzählte einfach in mich aufnehmen. Wie eine unauffällige Spinne, die in einer dunklen Ecke an der Decke sitzt, speicherte ich die Worte in mir, um sie später zu einem neuen erzählerischen Netz zu verspinnen.

Besonders nach den Gesprächen mit der Familie von Eiji Wada, der an der Haltestelle Kodemmacho ums Leben kam, und mit »Shizuko Akashi«, die ihr Gedächtnis und ihre Sprache verlor und noch immer im Krankenhaus behandelt wird, musste ich mich ernsthaft mit Sinn und Wert meines Schreibens auseinander setzen. Wie wahrheitsgetreu und lebendig konnten meine Worte dem Leser die verschiedenen Gefühlszustände (Angst, Verzweiflung, Wut, Benommenheit, Entfremdung, Verwirrung, Hoffnung und so fort) jener Menschen vermitteln? Das beschäftigte mich noch lange nach den Interviews.

Überdies bin ich mir ziemlich sicher, dass ich während der Gespräche einige Menschen verletzt habe – ob nun aus Gedankenlosigkeit, Unwissenheit oder einfach aufgrund eines menschlichen Defizits meinerseits.

Ich bin nie ein sehr gewandter Redner gewesen. Oft konnte ich meine Gefühle nicht in die passenden Worte fassen. Deshalb möchte ich mich an dieser Stelle aufrichtig bei all jenen entschuldigen, die ich vielleicht aus Ungeschick verletzt habe.

Ich bin aus meiner wohlbehüteten, intakten Welt zu ihnen hereingeschneit und hatte stets die Möglichkeit, wieder zu gehen. Wie leicht hätten sie mich mit dem Argument abweisen können, ich würde sie ja doch nie verstehen.

6 Höhere Gewalt

Das Erdbeben in Kobe im Januar und der U-Bahn-Anschlag in Tokyo im März 1995 gehören zu den schwersten Katastrophen in der japanischen Nachkriegsgeschichte. Man kann ohne Übertreibung sagen, dass diese Ereignisse einen deutlichen Wandel im japanischen Bewusstsein hervorgerufen haben. Die beiden Katastrophen sind als einschneidende Ereignisse unauslöschlich in unser kollektives Unterbewusstsein eingegangen.

Dass Erdbeben und Anschlag zufällig in so kurzem zeitlichen Abstand aufeinander folgten, verstärkte den Schock. In Zusammenhang mit dem Platzen der »Bubble Economy«, das das Ende eines gewaltigen Wirtschaftsbooms markierte, leiteten sie eine Zeit der kritischen Hinterfragung ein, die bis in die tiefsten Wurzeln Japans vordrang. Es schien, als hätten sich alle Katastrophen verschworen, auf einmal über Japan hereinzubrechen.

Beiden Ereignissen gemeinsam war das Element der »höheren Gewalt«. Natürlich hatte die Gewalt völlig unterschiedliche Ursachen. Bei dem einen Ereignis handelte es sich um eine unvermeidliche Natur-katastrophe, während das andere ein vermeidbares menschliches Ver-brechen war. Selbstverständlich ist es unsinnig, die beiden in Bezie-hung zueinander zu setzen.

Doch bei meinen Gesprächen mit den Opfern des Gasanschlags ent-stand in mir der Eindruck, dass die Ereignisse ähnlich weitreichende Folgen hatten.

Viele sprachen von ihrem »tiefen Hass auf Aum«, konnten ihren Hass aber nicht kanalisieren und schienen daher verunsichert zu sein. Wohin oder an wen sollten sie sich mit ihrem Hass wenden? Hinzu kam der Umstand, dass es keine gesicherten Hinweise auf den exakten Ursprung dieser Gewalt gab.* In dieser Hinsicht waren sich das Erdbe-ben und der Gasanschlag sehr ähnlich.

Es bleibt die Möglichkeit, die Ereignisse metaphorisch zu betrach-ten. Alptraumhaft brachen in ihnen aus dem dunklen Untergrund zu unseren Füßen sämtliche Widersprüche und Schwachpunkte unseres Gesellschaftssystems mit furchtbarer Deutlichkeit hervor. Unsere Ge-sellschaft erwies sich dem Ansturm dieser wahnsinnigen Gewalt nicht gewachsen. Weder waren wir imstande gewesen, sie vorauszusehen und uns auf sie vorzubereiten, noch war es uns gelungen, adäquat auf sie zu reagieren. »Unser« System hatte offensichtlich versagt.

Das bedeutet, die Zusammenhänge, das Gefüge oder die Geschich-te, denen der Durchschnittsmensch sich angehörig fühlt, hatten es nicht vermocht, allgemein gültige Werte hervorzubringen, die als Ge-gengewicht zu dieser Gewalt wirksam werden konnten.

Gewiss, Katastrophen dieser Größenordnung bringen immer ein gewisses Maß an Verwirrung und Unterlassungen mit sich. Wie auch aus den Interviews hervorgeht, ist es auf allen Ebenen – U-Bahn, Feuer-wehr, Polizei, Krankenhäuser – zu größeren oder kleineren Fehlein-schätzungen und Irrtümern gekommen.

Es ist jedoch nicht meine Absicht, diese ganzen Irrtümer aufzude-cken und zu kritisieren. Das heißt nicht, dass ich sie mit einem resig-nierten Achselzucken und einem »da kann man eben nichts machen« abtue. Andererseits bin ich nicht der Ansicht, dass jedes einzelne Ver-

* Murakami spielt wohl darauf an, dass während der Prozesse gegen die Aum-Atten-täter unklar blieb, wer die eigentliche Verantwortung für den Anschlag trug. (Anm. d. Übers.)

säumnis jetzt noch aufgedeckt werden müsste. Relevanter scheint mir das Eingeständnis, dass diese Fehleinschätzungen unmittelbar aus dem lückenhaften und ungenügenden japanischen Krisenmanagement resultierten.

Bedauerlich und vielleicht sogar gefährlich ist, dass aus den Fehlern wenig gelernt wurde, und zwar zum Teil einzig deshalb, weil kein entsprechender Informationsaustausch stattgefunden hat. Japanische Institutionen sind immer noch in sich geschlossene Kreise, die höchst empfindlich auf jede Art von öffentlichem Gesichtsverlust reagieren und daher kaum gewillt sind, Fehler öffentlich zuzugeben. Viele Bemühungen, übergreifend Erfahrungswerte zusammenzutragen, scheiterten an den alten Vorwänden: »Das wird bereits untersucht …« oder »Das ist allein Angelegenheit der Regierung.«

Übrigens bekam auch ich öfter ähnliche Ausreden zu hören: »Ich selbst würde ihnen ja gern helfen, aber die Nachbarn, die über uns wohnen …« Wahrscheinlich hat man in Japan das Gefühl, dass irgendjemand die Verantwortung auf sich nehmen muss, wenn man sich zu offen äußert.

Natürlich wird niemandem ausdrücklich der Mund verboten. Eher wird der Vorgesetzte einen sanften Rat erteilen: »Ist doch eigentlich alles schon passé. Am besten, wir reden mit Außenstehenden gar nicht mehr so viel darüber …« Doch jeder versteht die Andeutung.

Für meinen Roman *Mr. Aufziehvogel* habe ich mich intensiv mit dem so genannten »Zwischenfall von Nomonhan 1939« beschäftigt, einem gewalttätigen Übergriff der japanischen Armee in der Mongolei. Je tiefer ich in die Protokolle eindrang, desto sprachloser war ich angesichts der Dreistigkeit, ja des hellen Wahnsinns des Oberkommandos der Kaiserlichen Armee. Wie hatte die Geschichtsschreibung diese sinnlose Tragödie so leichtfertig übergehen können? Doch als ich zu dem Sarin-Anschlag recherchierte, wurde mir bewusst, dass die Tendenz der japanischen Gesellschaft zur Abschottung und zum Zurückscheuen vor Verantwortung, der ich nun begegnete, sich kaum vom damaligen Verhalten der Kaiserlichen Armee unterschied.

Im Wesentlichen waren es die einfachen Soldaten an der Waffe, die am meisten gefährdet waren, am meisten litten, mit den schlimmsten Greueln konfrontiert waren und die am Ende am schlechtesten entschädigt wurden, während die Offiziere und die Strategen hinter der Front überhaupt keine Verantwortung übernahmen. Sie trugen Masken, standen nicht zu ihrer Niederlage und beschönigten sie mit Phrasen und Rhetorik. Wären ihre grausamen Anordnungen an der Front ans Licht gekommen, hätte man sie als Befehlshabende unverzüglich strengstens bestraft. Damals bedeutete das üblicherweise Harakiri. Also erhielten die Berichte über den Vorfall den Status »Militärgeheimnis« und wurden unter Verschluss gehalten.

So wurden zahllose Frontsoldaten einer wahnwitzigen Strategie geopfert. Obwohl die Ereignisse über fünfzig Jahre zurücklagen, war ich entsetzt, als ich erfuhr, welche Grausamkeiten sich in Nomonhan abgespielt hatten. In der Realität hat sich jedoch an dieser Einstellung fast nichts geändert; das Muster wirkt auch im heutigen Japan fort. Der Alptraum geht weiter.

Am Ende wurden die Ursachen der Niederlage von Nomonhan vom Japanischen Oberkommando niemals untersucht (natürlich gab es einen manipulierten Bericht darüber), sodass für die Zukunft absolut nichts daraus gelernt wurde. Einige wenige Offiziere der Kwantung-Armee wurden ausgetauscht, und alle Informationen über die Kämpfe an der fernen Front blieben unter Verschluss. Zwei Jahre später trat Japan in den Zweiten Weltkrieg ein. Und die Grausamkeiten und die Tragödie von Nomonhan wiederholten sich in einem noch gewaltigeren Ausmaß.

7 Untergrund

Ich habe noch ein weiteres persönliches Motiv, mich für den Sarin-Anschlag in Tokyo zu interessieren: Er fand unterirdisch statt. Unterirdische Welten wie Brunnen, Gänge, Höhlen, unterirdische Flussläufe und Kanäle, U-Bahnen und dergleichen mehr haben mich als Schriftsteller und als Individuum schon immer stark fasziniert. Die Idee einer verborgenen Passage – allein schon die Vorstellung beflügelt meine Phantasie und lässt in mir Geschichten entstehen.

In meinen beiden Romanen *Hardboiled Wonderland oder das Ende der Welt* und *Mr. Aufziehvogel* spielen unterirdische Schauplätze eine besonders wichtige Rolle. Die Helden steigen auf der Suche nach etwas Bestimmtem in unterirdische Welten hinab und erleben dort allerlei Abenteuer. Natürlich tauchen sie in zweifacher Hinsicht in diese Unterwelten ein: physisch und psychisch. In *Hardboiled Wonderland* lebt unter der Erde seit undenklichen Zeiten eine erfundene Spezies, die Schwärzlinge. Es sind grässliche Kreaturen ohne Augen, die sich von verwesendem Fleisch ernähren. Sie haben unter der Stadt Tokyo ein weit verzweigtes Netz von Gängen gegraben, die ihre Nester verbinden. Gewöhnliche Menschen ahnen nichts von ihrer Existenz. Der Held des Romans steigt in diese geheimnisvolle unterirdische Welt hinab und stößt auf die grausigen Spuren der Schwärzlinge. Er bahnt sich einen Weg durch die finstere Tiefe und gelangt an der U-Bahn-Station Aoyama-Itchome unversehrt wieder in die Oberwelt.

Nachdem ich diesen Roman geschrieben hatte, bildete ich mir manchmal, wenn ich mit der U-Bahn fuhr, ein, ich sähe Schwärzlinge in der Dunkelheit. Ich stellte mir vor, sie würden einen Felsen auf die Schienen rollten, den Strom unterbrechen, die Fenster einschlagen, in die Wagen eindringen und uns Fahrgäste mit ihren messerscharfen Zähnen zerfetzen ...

Zugegeben, eine sehr kindliche Phantasie. Wie in einem billigen Horrorfilm. Dennoch hatte ich, wenn ich an der Tür stand, das Gefühl, wenn sich in der Dunkelheit im Glas die vorbeihuschenden Pfeiler spiegelten, die abscheulichen Schwärzlinge zu sehen.

Als ich von dem Sarin-Anschlag in der U-Bahn erfuhr, fielen mir ganz unwillkürlich die Schwärzlinge ein. Einer persönlichen Angst – oder einem Wahn – zufolge bildete ich mir ein, es gäbe zwischen den von mir geschaffenen bösen Wesen und jenen finsteren Eindringlingen, die den Pendlern in der U-Bahn aufgelauert hatten, eine Verbindung. Diese Verbindung hat für mich eine große Bedeutung und war mein persönliches Motiv, das vorliegende Buch herauszugeben.

Ich habe nicht die Absicht, die Angehörigen der Aum-Sekte als grässliche Ungeheuer zu bezeichnen, und dass ich in meinem Roman *Hardboiled Wonderland* die Schwärzlinge geschaffen habe, sagt höchstens etwas über meine Urängste aus. Vielleicht entspringen sie einem Urgrund unseres Bewusstseins, dem kollektiven Unterbewussten. Für mich bedeuten sie schlicht den Inbegriff der Gefahren, die stets im Dunkeln lauern und denen wir in Wirklichkeit nie begegnen. Dennoch drängen diese in tiefster Finsternis verborgenen »Monster« zeitweise nach oben und nehmen in unserem Bewusstsein Gestalt an.

Normalerweise fliehen wir vor den Phänomenen des Dunkels und ziehen das Licht der Sonne vor. Aber bisweilen finden wir im Schutz der Dunkelheit Trost und Heilung. Auch das brauchen wir. Weiter aber wagen wir uns nicht voran; die verschlossene Tür, die ins tiefste Innere führt, dürfen wir unter keinen Umständen öffnen. Denn jenseits von ihr entfaltet sich die undurchdringlich finstere Geschichte der Schwärzlinge.

Daher haben in meiner persönlichen Deutung (in meiner Geschichte) die fünf Täter der Aum-Sekte, die mit ihren Schirmspitzen jene mit Sarin gefüllten Plastikbeutel durchstießen, im dunklen Untergrund von Tokyo Schwärme von Schwärzlingen freigelassen. Allein die Vorstellung erfüllt mich mit Grauen, Angst und Ekel. Auch wenn es banal klingt, muss ich es laut aussprechen: »Das hätten sie niemals tun dürfen. Aus keinem erdenklichen Grund.«

ZWEITER TEIL

DER VERSPROCHENE ORT

Ein alter Mann, wachend in seinem Tod

Dies ist der Ort, der versprochen wurde,
als ich schlafen ging,
der mir genommen wurde, als ich erwachte.

Dies ist der Ort, jedem unbekannt,
wo Namen von Schiffen und Sternen
außer Reichweite treiben.

Die Berge sind keine Berge mehr;
die Sonne ist nicht die Sonne.
Man vergißt immer mehr, wie es war;

Ich sehe mich selbst, ich sehe
den Glanz der Dunkelheit auf meiner Stirn.
Einst war ich gesund, einst war ich jung ...

Als ob es jetzt darauf ankäme
und du mich hören könntest
und das Wetter dieses Ortes je enden würde.

Aus: Mark Strand, *Dunkler Hafen*, aus dem Amerikanischen von Michael Krüger,
Rainer G. Schmidt und Richard Weihe, © Suhrkamp Verlag, Frankfurt 1997

Vorwort

Als ich 1997 (zwei Jahre nach dem Sarin-Anschlag) die Gespräche für den ersten Teil dieses Buches führte, vermied ich es grundsätzlich, die Medienberichte über Aum Shinrikyo zu verfolgen, denn ich wollte mich so weit wie möglich in die Lage der Opfer an dem bewussten Tag versetzen. Mir vorstellen, wie es ist, im morgendlichen Gedränge eines U-Bahn-Wagens ohne jede Vorwarnung einem Nervengift ausgesetzt zu sein, und welche Auswirkungen ein solches Erlebnis auf das weitere Leben und Bewusstsein der Betroffenen haben kann.

Aus dem gleichen Grund wollte ich ursprünglich ganz auf eine Darstellung aus der Sicht von Aum Shinrikyo verzichten. Ich fürchtete, mein Buch könnte dadurch seinen Mittelpunkt verlieren. Darüber hinaus wollte ich unter allen Umständen vermeiden, in die Rolle eines »toleranten« Beobachters gedrängt zu werden, der großzügig für beide Seiten Verständnis aufbringt.

So wurde der erste Teil* zwar von einigen als zu einseitig kritisiert, aber schließlich hatte ich meine Kamera ja mit Absicht an einer bestimmten Stelle postiert. Mein Ziel war ein Buch, das auf meine Gesprächspartner einging, statt ihren Standpunkt zu relativieren (was jedoch nicht heißt, dass ich immer auf ihrer Seite stehe). Es sollte ein lebendiges Zeugnis ihrer Gefühle und Gedanken werden und so zum Verständnis ihrer Lage beitragen. Das hieß jedoch keineswegs, dass ich die religiöse und gesellschaftliche Bedeutung von Aum Shinrikyo vollständig aus meinem Kopf verbannt hatte.

Nachdem der erste Teil als Buch erschienen war und die Wogen sich etwas geglättet hatten, stieg in mir die Frage auf: »Was war eigentlich Aum Shinrikyo?« Der erste Teil war entstanden, um einer – nicht nur von mir – als unausgewogen empfundenen Berichterstattung die authentische Perspektive der Opfer entgegenzusetzen. Als diese Phase so weit abgeschlossen war, regten sich in mir Zweifel, ob die Berichte, die uns vorlagen, die Seite von Aum überhaupt ausreichend dokumentierten.

---

* In Japan sind die beiden Teile des vorliegenden Buches als getrennte Publikationen erschienen.

Im ersten Teil bleibt Aum Shinrikyo als eine unvorhersehbare Bedrohung im Hintergrund, als ominöse, unheilvolle Black Box, aus der abrupt ein Angriff auf unser Alltagsleben erfolgte. Nun schien es mir an der Zeit, diese Black Box zu öffnen und einen Blick hineinzuwerfen. Durch den Vergleich und die Gegenüberstellung ihres Inhalts mit den Darstellungen der Opfer hoffte ich zu einem tieferen Verständnis des Gesamtzusammenhangs zu gelangen.

Hinzu kam die beharrliche Befürchtung, dass wir uns mit den Problemen, die dem Anschlag zugrunde lagen, nicht nur ungenügend auseinander gesetzt hatten, sondern von ihrer Lösung noch weit entfernt waren. Für die Menschen, besonders die jungen, die sich außerhalb des Mainstream der japanischen Gesellschaft bewegen, existiert kein funktionierendes, stabiles Auffangsystem oder Sicherheitsnetz. Solange in unserer Gesellschaft eine derart entscheidende Lücke klafft, besteht immer wieder die Möglichkeit, dass Gruppen wie Aum Shinrikyo auftauchen und ähnliche Vorfälle inszenieren.

Als ich mit der Arbeit zum zweiten Teil begann, war ich verunsichert, und jetzt, wo sie beendet ist, hat dieses Gefühl noch zugenommen. Wenn es schon nicht ganz einfach gewesen war, Opfer des Sarin-Anschlags ausfindig zu machen, die zu einem Interview bereit waren, erwies es sich erst recht als schwierig, Aum-Mitglieder oder ehemalige Mitglieder für dieses Projekt auszusuchen. Nach welchen Kriterien sollte man die Interviewpartner überhaupt auswählen? Daraus ergab sich sofort die Frage, wen man überhaupt als »Standard-Aum-Anhänger« bezeichnen konnte; wer sollte das entscheiden? Und was wäre, wenn wir diese Leute zwar ausfindig machen und ihnen zuhören würden, sie jedoch nur einen Haufen religiöser Propaganda von sich gäben? Würden wir nicht aneinander vorbeireden?

Die Mitarbeiter der Zeitschrift *Bungei shunju*, in der die Interviews zuerst erschienen sind, übernahmen es, die Mitglieder und ehemaligen Mitglieder von Aum für mich ausfindig zu machen. Ich habe die Interviews in einem ähnlichen Stil und Umfang geführt wie diejenigen mit den Sarin-Opfern und mich bemüht, meinen Gesprächspartnern so viel Zeit wie möglich einzuräumen und sie ausführlich zu Wort kommen zu lassen. Jedes Interview nahm ungefähr drei bis vier Stunden in Anspruch. Anschließend wurden die Bänder transkribiert und die Interviewten gebeten, ihren Text noch einmal durchzuschauen. Dabei konnten sie die Teile streichen, die sie nach reiflicher Überlegung doch nicht veröffentlicht sehen wollten, oder etwas ergänzen, das sie während des Interviews vergessen hatten, aber für wichtig hielten. Erst nach ihrer endgültigen Billigung wurde das Interview veröffentlicht. Mir lag viel daran, die richtigen Namen meiner Gesprächspartner zu nennen, aber einige machten es zur Bedingung, ein Pseudonym zu verwenden, ohne dies besonders zu kennzeichnen.

Im Allgemeinen haben wir inhaltliche Aussagen nicht auf ihren Wahrheitsgehalt überprüft und korrigiert, es sei denn, sie widersprachen ganz offenkundig den bekannten Fakten. Darüber mag man geteilter Meinung sein, aber ich habe meine Aufgabe hauptsächlich darin gesehen, meinen Interviewpartnern zuzuhören und das, was sie mir erzählten, in eine möglichst lesbare Form zu bringen. Auch wenn hin und wieder Punkte auftauchen, die nicht der Realität entsprechen, verkörpert diese Sammlung persönlicher Geschichten eine ganz eigene ausdrucksstarke Wirklichkeit. Für mich als Schriftsteller ist gerade dieser Aspekt von höchster Bedeutung, und darin sehe ich in diesem Kontext auch meine Aufgabe.

Ein kleiner Unterschied zwischen den folgenden Interviews und denjenigen des ersten Teils besteht darin, dass ich nun häufiger und ausführlicher meine Ansichten und Zweifel geäußert und mit einzelnen Personen über bestimmte Punkte sogar diskutiert habe. In den Gesprächen mit den Opfern des Anschlags hielt ich mich so weit wie möglich im Hintergrund, während ich es nun vorgezogen habe, etwas präsenter sein; zum Beispiel, wenn ich es als unangemessen empfand, dass ein Gespräch allzu stark um religiöse Fragen kreiste.

Ich bin nur ein schlichter, wenig gebildeter Romancier (und das ist keine falsche Bescheidenheit, wie viele bestätigen werden). Weder bin ich Religionswissenschaftler noch Soziologe. Was Religion betrifft, bin ich sogar ein blutiger Laie und hätte keine Chance, wenn ich mich mit einem gläubigen Menschen auf eine theologische Diskussion einließe. In diesem Punkt hatte ich, als ich mit den Interviews begann, ehrlich gesagt, sogar die schlimmsten Befürchtungen, beschloss aber, mich nicht einschüchtern zu lassen. Wenn ich etwas nicht verstand, sagte ich es geradeheraus. War ich der Ansicht, dass etwas nicht nachvollziehbar war, wies ich meinen Partner darauf hin, dass diese Dinge ihm zwar logisch erscheinen mochten, aber

273

für normale Menschen unzugänglich seien. Ich stellte Rückfragen, statt die Begriffe einfach an mir vorbeirauschen zu lassen und zu nicken.

Auf diese Weise ist uns, wenn vielleicht auch nur auf einer alltäglichen, allgemeinen Ebene, stets ein Austausch von Ansichten gelungen, bei dem ich das Gefühl hatte, die grundlegenden Gedankengänge meiner Gesprächspartner zu verstehen. (Ob ich sie akzeptiere, ist natürlich eine andere Frage.) Für Gespräche der Art, die wir führten, schien mir dieses Verständnis ausreichend. Eine eingehende Analyse der Psyche der Betreffenden, eine Bewertung der logischen und ethischen Berechtigung ihrer Positionen und so fort gehörten dagegen nicht zu den Zielen, die ich mir gesetzt hatte. Eine eingehende Untersuchung der aufgeworfenen religiösen Fragen und ihrer gesellschaftlichen Bedeutung überlasse ich sicherheitshalber den Fachleuten. Ich wollte vor allem darstellen, wie diese Menschen sich in einer normalen Gesprächssituation verhalten.

Während unserer doch recht vertraulichen Gespräche wurde mir zudem bewusst, dass das Schreiben von Geschichten und eine religiöse Suche zwar nicht das Gleiche sind, jedoch eine gewisse Ähnlichkeit besitzen. Dies erregte einerseits mein Interesse, ließ aber gelegentlich auch so etwas wie Gereiztheit in mir aufsteigen.

Persönlich empfinde ich immer noch einen starken Zorn auf die Mitglieder von Aum Shinrikyo, die an dem Anschlag beteiligt waren (dazu gehören diejenigen, die ihn geplant, ebenso wie diejenigen, die ihn ausgeführt haben). Viele der Opfer, die ich kennen gelernt habe, leiden heute noch unter den Nachwirkungen. Und dann sind da auch diejenigen, denen geliebte Menschen durch den Anschlag für immer geraubt wurden. Diese Eindrücke werde ich nie vergessen. Was immer die Umstände und Motive waren, ein solches Verbrechen kann niemals vergeben werden.

Die Meinungen darüber, inwieweit Aum Shinrikyo als Gemeinschaft insgesamt für den Anschlag verantwortlich war, gehen auseinander. Darüber zu urteilen möchte ich dem Leser überlassen. Ich habe die Interviews nicht geführt, um diese Menschen vorzuführen, anzuklagen oder in einem besseren Licht erscheinen zu lassen. Wie auch im ersten Teil ging es mir nicht darum, einen einzigen klar umrissenen Standpunkt zu präsentieren, sondern Zeugnisse lebendiger Menschen vorzulegen, ein Material, das sich unter einer Vielzahl von Aspekten betrachten lässt.

Bis ich als Schriftsteller dasjenige, was mir davon bleibt, verarbeitet und erzählerisch gestaltet habe, wird noch viel Zeit vergehen, denn es gibt Dinge, die nicht so ohne weiteres Gestalt annehmen.

Die folgenden Interviews sind von April bis Oktober 1997 monatlich in *Bungei shunju* erschienen und wurden als Serie unter dem Titel *Post-Underground* publiziert.

»Ich bin Aum immer noch verbunden«

Hiroyuki Kano (geboren 1965)

Herr Kano ist zwar in Tokyo geboren, aber seine Eltern zogen bald nach seiner Geburt in eine andere Präfektur, in der er die Kindheit verbrachte. Während seines Studiums litt er unter gesundheitlichen Problemen und nahm an einem von der Aum-Sekte organisierten Yoga-Kurs teil. Nach einundzwanzig Tagen empfahl ihm Shoko Asahara, der Welt zu entsagen, also Aum-Mönch zu werden, was Herr Kano fünf Monate später auch tat.

Zum Zeitpunkt des Sarin-Anschlags gehörte Kano dem Aum-Ministerium für Wissenschaft und Technik an, wo er überwiegend an Computern arbeitete. Die sechs Jahre, die er bis zum Sarin-Anschlag bei Aum verbracht hatte, waren für ihn glücklich und ungetrübt verlaufen; er fand in dieser Zeit viele Freunde.

Bisher ist Herr Kano nicht offiziell aus der Sekte ausgetreten, hat aber seine Beziehungen zu anderen Mitgliedern abgebrochen und hält sich von ihnen fern. Er lebt allein in Tokyo, arbeitet zu Hause am Computer und setzt seine asketischen Übungen fort. Er interessiert sich sehr für den Buddhismus und träumt davon, eine eigene buddhistische Theorie zu entwickeln. Viele seiner Freunde haben die Sekte verlassen. Herr Kano ist erst zweiunddreißig und fragt sich, welchen Weg er in Zukunft einschlagen soll.

Während unseres Gesprächs erwähnte er den Namen Shoko Asahara nicht ein einziges Mal, sondern sprach immer nur von seinem »Meister« oder »Guru«. Einmal sagte er, glaube ich, auch nur »er«.

Als Kind war ich gesund und kräftig. In der Grundschule war ich schon 1,60 groß und damit ungefähr zwanzig Zentimeter größer als alle anderen Kinder. Ich machte gern Sport und begeisterte mich für alles Mögliche. Aber ab der Mittelschule hörte ich auf zu wachsen und bin jetzt etwas kleiner als die meisten. Irgendwie hat sich mein psychischer Zustand offenbar auf meine körperliche Entwicklung und meine Gesundheit ausgewirkt.

Ich war kein schlechter Schüler, aber ich hatte eine große Abneigung gegen das Lernen. Schon in der Mittelschule wusste ich ganz genau, was ich wollte und was nicht. Der Unterrichtsstoff in der Schule gehörte zu der Art von Wissen, die ich nicht wollte ... Für mich bedeutete Lernen das Streben nach Erkenntnis, aber in der Schule mussten wir pauken, wie viele Schafe es in Australien gibt und so weiter. Da kann man lernen, so viel man will, mit Weisheit oder Erkenntnis hat das nichts zu tun. In meiner Kindheit hielt ich zum Beispiel Snafkin aus der *Muminfamilie* für weise. Diese Art von innerer Ruhe, Intelligenz und Weisheit wollte ich mir aneignen. Sie bedeuteten Erwachsensein für mich.

Murakami:　*Was ist Ihr Vater für ein Mensch?*

Eben ein Angestellter. Er hat mit Druckereimaschinen zu tun. Er hat zwar Fingerspitzengefühl, aber reden kann man nicht mit ihm. Er ist Handwerker und ein bisschen ungehobelt. Außerdem jähzornig. Wenn ich mal eine Frage stellte, sah er immer gleich rot. Bei meinen Lehrern war das allerdings auch nicht viel anders. Selbst bei intelligenten Fragen regten sie sich auf, statt etwas zu erklären. Merkwürdig, finden Sie nicht? Damals verstörte es mich sehr, dass Erwachsene in solchen Situationen in Wut gerieten. Zwischen den Erwachsenen, die ich kannte, und der Vorstellung, die ich von einem Erwachsenen hatte, bestand eine tiefe Kluft. Meine Illusionen wurden völlig zerstört. Die Menschen werden zwar älter, entwickeln sich aber als Personen nicht weiter. Ich finde, abgesehen vom Äußeren und gewissen oberflächlichen Kenntnissen besteht fast kein Unterschied zwischen einem Erwachsenen und einem Kind.

Außerdem stellten sich erhebliche Zweifel bei mir ein, was die Liebe angeht. Mit neunzehn grübelte ich viel darüber nach und kam zu folgendem Ergebnis: Die reine Liebe und die romantische Liebe sind zwei völlig verschiedene Dinge. Wenn man eine andere Person aufrichtig liebt, denkt man nicht an den eigenen Vorteil. Bei der romantischen Liebe ist das ganz anders. Dazu gehört, dass man unbedingt von der anderen Person geliebt werden möchte. Wenn man sich damit zufrieden gäbe, einen Menschen rein zu lieben, täte unerwiderte Liebe nicht so weh. Denn eigentlich gäbe es keinen Grund zu leiden, solange die andere Person nicht unglücklich ist. Schmerzen bereitet nur das Bedürfnis, von anderen geliebt zu werden. Jedenfalls fand ich heraus, dass sexuelle Liebe und reine Liebe verschieden sind und dass man sich, wenn man sich danach richtet, den Schmerz unerwiderter Liebe ersparen kann.

Murakami:　*Das klingt ungemein logisch. Wahrscheinlich erfahren die meisten Leute in ihrem Leben irgendwann einmal eine einseitige Liebe, aber kaum jemand würde daraus solche Schlüsse ziehen.*

Glaube ich auch nicht, aber ich habe schon immer sehr viel nachgedacht. Schon mit zwölf habe ich solche philosophischen Überlegungen angestellt. Wenn ich einmal anfange, kann ich sechs Stunden am Stück über eine Sache nachdenken. Das ist für mich das wahre Lernen. In der Schule ging es immer mehr um die Jagd nach Punkten.

Wenn ich versuchte, mit meinen Freunden darüber zu reden, verstanden sie mich nicht. Selbst die guten Schüler sagten höchstens erstaunt: »Du hast vielleicht ausgefallene Ideen.« Mehr kam dabei nicht heraus. Ich begegnete nie jemandem, mit dem ich über die Probleme sprechen konnte, die mir am Herzen lagen.

Murakami: *Heranwachsende, die sich mit derlei essentiellen Fragen herumschlagen, lesen meist sehr viel. Sie suchen Rat in Büchern.*

Lesen ist mir im Grunde zuwider, denn beim Lesen entdecke ich ständig alle möglichen Fehler. Besonders bei philosophischen Büchern geht mir das so. Die wenigen, die ich gelesen habe, konnte ich kaum ertragen. Meiner Meinung nach ist es die Aufgabe der Philosophie, den Menschen zur tieferen Einsicht zu verhelfen, damit sie »Rezepte« für sich entdecken, die ihnen sagen, was sie tun sollen. Konkret gesagt, damit sie den Sinn des Lebens in seiner Tiefe begreifen, Erfüllung finden und glücklich werden. Alles dient diesem einen Ziel. Die Hauptsache sind für mich diese »Rezepte«, sie sind der Weg. Aber die Bücher, die ich gelesen habe, dienten lediglich dem Zweck, die sprachlichen Fähigkeiten der großartigen Herren Gelehrten vorzuführen. Dieser wichtigtuerische Kram kann mir gestohlen bleiben. Die Philosophie war für mich eine Enttäuschung.

Als ich mir in der sechsten Klasse eine Schere genauer ansah, habe ich etwas erkannt. Ein Erwachsener hatte diese Schere mit viel Mühe und Sorgfalt geschaffen, aber sie würde dennoch eines Tages kaputtgehen. Alles, was eine Gestalt hat, vergeht irgendwann. Auch der Mensch. Der Tod ist unausweichlich. Alles, was lebt, steuert unaufhaltsam auf seine Vernichtung zu, und eine Umkehr gibt es nicht. Kurz gesagt, Zerstörung ist das Prinzip des Universums. Nachdem ich zu diesem Schluss gekommen war, sah ich die Welt ziemlich negativ.

Wenn man am Ende des Lebens sowieso ausgelöscht wird, ist es doch egal, ob man als Präsident oder Penner endet, oder? Warum soll man sich abrackern? Eine Zeit lang beherrschte mich ein niederschmetternder Gedanke: Wenn im Leben der Schmerz überwiegt und nicht die Freude, wäre es doch besser, sich schnellstmöglich umzubringen.

Aus diesem Dilemma gibt es nur einen einzigen Ausweg: ein Leben nach dem Tod. Darin liegt die einzige Möglichkeit. Als ich diesen Begriff zum ersten Mal hörte – das heißt, las, in einem Buch von Tetsuro Tanba – hielt ich ihn für Quatsch. Überhaupt hatte ich sein Buch »Was wird aus uns, wenn wir sterben?« nur gelesen, um zu sehen, welche Dummheiten darin stehen.

Ich bin jemand, der alles, was er einmal angefangen hat, zu Ende führt. Mit »Es wird schon irgendwie werden« kann ich mich nicht zufrieden geben. Ich muss in der Lage sein, genau zu unterscheiden, was ich verstehe und was nicht. Beim Lernen geht es mir genauso. Bei jedem neuen Punkt kommen mir sofort zehn neue Fragen in den Kopf. Und bevor ich die nicht geklärt habe, kann ich nicht weitergehen.

Murakami: *Ihre Lehrer waren davon bestimmt nicht begeistert.* (Lacht)

Nein, wirklich nicht. Wenn zum Beispiel von einem »bläulichen Grün« die Rede war, konnte ich das so nicht akzeptieren. Leider wurden meine Fragen nie hinreichend beantwortet.

Jedenfalls half mir Tetsuro Tanbas Buch nicht weiter, aber er erwähnte eine Schrift von Swedenborg, die ich mir besorgte. Ich las sie und war sehr überrascht. Swedenborg war ein berühmter Gelehrter, ein Naturforscher von Nobelpreisformat. Mit fünfzig wurde er zu so etwas wie einem Visionär und schrieb sehr viel über das Leben nach dem Tod. Es begeisterte mich, wie logisch und scharfsinnig seine Argumentation war. Verglichen mit anderen Werken zum Thema waren seine Überlegungen logisch absolut stimmig. Die Schlüsse, die er aus seinen Prämissen zog, überzeugten mich. Und ich glaubte ihm.

Daher wollte ich mehr über das Leben nach dem Tod erfahren und durchforstete eine Menge Material über Nahtod-Erfahrungen. Zu meiner Bestürzung waren die Erfahrungsberichte – japanische und ausländische – einander verblüffend ähnlich. Sie mussten aber authentisch sein, denn immer waren die Namen angegeben. Auch Fotos waren dabei. Die können sich schließlich nicht alle verschworen haben, ein und dieselbe Lüge zu verbreiten. Als ich später vom Gesetz des Karma erfuhr, klärten sich viele Fragen, die ich seit meiner Kindheit mit mir herumtrug.

Mir ging auf, dass der buddhistische Glaubenssatz von der Vergänglichkeit allen Seins große Ähnlichkeit mit dem Gesetz von der Zerstörung des Universums hat, auf das ich selbst gestoßen war. Ich hatte das Ganze zwar viel negativer beurteilt, aber es bestand eine geistige Verwandtschaft, und die machte mir den Zugang zum Buddhismus sehr leicht.

Murakami: *Haben Sie auch buddhistische Werke gelesen?*

Keine richtigen buddhistischen Schriften. Sie sind mir zu verschlüsselt, zu wenig direkt. Ich kann kein »Rezept« darin entdecken. Es ist von allen möglichen Sutren die Rede, aber zum Kern der Sache konnte ich nie vordringen. Ich las und las, hatte aber nie das Gefühl, zu dem Teil zu kommen, der mich wirklich interessierte. Im Gegensatz dazu lieferten mir die konkreten Erfahrungsberichte der Leute ganz genau das, was ich wissen wollte.

Trotzdem habe ich natürlich nicht alles geglaubt, was da stand. Aber ich bin überzeugt, dass ich die glaubwürdigen Teile von den unglaubwürdigen unterscheiden konnte. Vielleicht lag es an meinen eigenen Erfahrungen oder an meiner Intuition, jedenfalls war ich mir merkwürdig sicher, diese Unterscheidung treffen zu können.

Murakami: *Wenn ich Ihnen zuhöre, habe ich den Eindruck, Sie sondern automatisch alles aus, was nicht zu Ihren Theorien oder Ansichten passt. Nun gibt es aber vieles auf der Welt, das unseren eigenen Anschauungen und Empfindungen zuwiderläuft. Haben Sie sich denn auch einmal damit auseinander gesetzt?*

Schon in der Grundschule war ich den Erwachsenen in Streitgesprächen immer überlegen. Deshalb hielt ich alle Erwachsenen für Dummköpfe, auch wenn das nicht stimmt. Heute bereue ich das. Ich war eben unreif. Am Ende vermied ich alle Streitgespräche, aus denen ich als Verlierer hervorgegangen wäre. So brauchte ich mich nie unterlegen zu fühlen. Ich wurde ziemlich eingebildet.

Mit meinen Freunden kam ich dagegen sehr gut aus, weil ich mich jeweils der Person anpasste, mit der ich gerade sprach. Ich wusste genau, was ich zu wem sagen musste, um zu gefallen. Zehn Jahre lang genoss ich meine Beliebtheit. Nur wenn ich einmal allein zu Hause war, fragte ich mich, ob das alles immer so weitergehen würde. Im Grunde gab es keinen einzigen Menschen, den das Gleiche interessierte wie mich.

Ich bewarb mich nicht um einen Studienplatz, sondern entschied mich für eine Ingenieurschule. Ich studierte also Ingenieurwesen, aber eigentlich wollte ich etwas ganz anderes machen. Noch immer sehnte ich mich irgendwie danach, die Weisheit zu erkunden. Zum Beispiel war es einer meiner Träume, die östlichen Philosophien naturwissenschaftlich zu untersuchen.

Denken Sie zum Beispiel an die Biophotonen, dieses Licht, das Lebewesen abgeben. Wenn man eine genaue Statistik über ihre Beziehung zu Krankheiten erstellen würde, könnte man vielleicht damit verbundene physikalische Eigenschaften errechnen. Zum Beispiel müssten sich doch solche Eigenschaften nachweisen lassen, wenn man Biophotonen mit dem Herzschlag in Relation bringt. Das nehme ich aufgrund meiner Erfahrungen beim Yoga an.

Murakami: *Das heißt, es ist Ihnen sehr wichtig, diese Energien messen oder konkret darstellen zu können?*

Ja, denn mit Hilfe von systematischen Experimenten kann man überzeugen. In dieser Hinsicht verfügt die moderne Wissenschaft über viele Möglichkeiten. Auch Aum hatte viele wertvolle Seiten. Ich wünschte, die Substanz davon, also sozusagen das Fleisch und das Blut, könnte erhalten bleiben. Ich bin allerdings der Meinung, dass Aum als Religion ausgedient hat. Aum sollte sich zu einer naturwissenschaftlichen Theorie entwickeln.

Ich habe kein besonderes Interesse an Dingen, die nicht wissenschaftlich beweisbar sind, denn wenn der Wert einer Sache nicht messbar ist, kann er anderen auch nicht vermittelt werden. Und wenn etwas, das nicht messbar, also unberechenbar ist, Macht bekommt, entsteht ein Gebilde wie die Aum-Sekte. Hält man sich an messbare Werte, dann kann man diese Gefahr fast ausschließen.

Murakami: *Aber welche Realität haben denn Messungen überhaupt? Weichen sie nicht je nach Standpunkt voneinander ab? Außerdem sind Daten grundsätzlich manipulierbar, und man muss entscheiden, wann die Anzahl der Messungen ausreicht. Gar nicht zu reden von der Zuverlässigkeit der Instrumente, mit denen man die Messungen durchführt.*

Wenn man zum Beispiel die statistischen Methoden der Medizin anwenden würde, könnte es funktionieren. Man diagnostiziert die Symptome – dieses oder jenes lässt auf diese oder jene Krankheit schließen, gegen die man dieses oder jenes tun kann.

Murakami: *Sie lesen wahrscheinlich keine Romane?*

Nein, mehr als drei Seiten schaffe ich nicht.

Murakami: *Als Schriftsteller nehme ich die Gegenposition ein und halte die Dinge, die nicht messbar sind, für die wichtigsten. Selbstverständlich stelle ich Ihre Lebens- und Denkweise nicht in Frage, möchte Ihnen aber entgegenhalten, dass der größte Teil unseres Daseins auf dieser Welt von nicht messbaren Umständen bestimmt ist. Es ist unrealistisch, sie messbar machen zu wollen.*

Sie haben Recht. Ich halte diese unberechenbaren Dinge keineswegs für wertlos, ich finde nur, dass es in der heutigen Welt zu viel unnötiges Leid gibt. Und die Ursachen für dieses Leid nehmen in unserer Gesellschaft permanent zu. Unkontrollierte Begierden bringen den Menschen viel Leid. Zum Beispiel die Gier nach Essen oder Sex.

Aum wollte diese psychischen Belastungen verringern und dadurch die Kraft des Individuums vermehren. 99 Prozent der Anhänger sehen in der Aum-Praxis eine Methode, geistige und physische Phänomene zu betrachten und Rezepte oder Lösungen für den Umgang mit ihnen zu finden. Das Image der Weltuntergangssekte mit ihrer Endzeitphilosophie oder so etwas ist nur ein Produkt der Medien. In meiner näheren Umgebung gab es keinen, der sich für die Prophezeiungen von Nostradamus interessiert hat. Auf einem solchen Niveau kann man doch niemanden überzeugen.

Was ich wirklich leisten möchte, ist, östliche Gedankensysteme wie das des Karma und der Seelenwanderung wissenschaftlich zu erfassen. Wenn man zum Beispiel nach Indien fährt, begegnet man vielen Menschen, die ganz natürlich daran glauben, es gehört zu ihrem Leben. Aber bei uns in den fortschrittlichen Ländern müssen Ideen eine wissenschaftliche Basis haben, damit die Leute sie verstehen, damit sie ihnen einleuchten. Erst dann können sie sie annehmen.

Murakami: *Vor dem Krieg glaubte ein Großteil der Japaner, der Kaiser sei ein Gott, und war bereit, für diese Überzeugung zu sterben. Finden Sie das richtig? Wenn man an etwas glaubt, ist es richtig?*

Wenn danach alles zu Ende wäre, wäre es richtig, aber im Hinblick auf ein nächstes Leben ist eine buddhistische Lebensweise besser.

Murakami: *Aber besteht der Unterschied nicht allein darin, dass die einen an den Kaiser und die anderen an die buddhistische Seelenwanderung glauben?*

Schon, aber das Ergebnis ist ein anderes. Was man bekommt, nachdem man für den Kaiser gestorben ist, ist etwas anderes als das, was man bekommt, wenn man als Buddhist gestorben ist.

Murakami: *Ja, das sagen die Buddhisten. Aber die Leute, die an den Kaiser glaubten, waren auch überzeugt, dass ihre Seele in Frieden im Yasukuni-Schrein ruhen würde, wenn sie ihr Leben für ihn geopfert hätten. Sind Sie damit wirklich einverstanden?*

Deshalb denke ich ja über eine Methode nach, den Buddhismus mathematisch zu beweisen. Nur weil es eine solche Methode noch nicht gibt, kommt es überhaupt zu solchen Diskussionen. Mehr kann ich dazu nicht sagen.

Murakami: *Wenn es also eine Methode gäbe, das Gottsein des Kaisers wissenschaftlich nachzuweisen, wären Sie einverstanden?*

Genau. Solange sich das Opfer vorteilhaft auf das nächste Leben der Person auswirken würde, hätte ich nichts dagegen.

Murakami: *In diesem Zusammenhang möchte ich noch einwenden, dass die Wissenschaft in der Geschichte häufig von Politik und Religion manipuliert worden ist. Die Nazis haben das beispielsweise getan. Es gab eine Menge pseudowissenschaftlicher Forschung, die sich im Nachhinein als falsch herausgestellt hat. Das hat der Gesellschaft großen Schaden zugefügt. Sie sind ein Mensch, der gründlich nachdenkt und Beweise sammelt, aber die meisten Menschen nehmen etwas, das als »wissenschaftlich erwiesen« gilt, unhinterfragt an. Das finde ich sehr beängstigend.*

Ich finde nur unsere gegenwärtige Lage beängstigend. Die Menschen auf der Welt sind zu viel unnötigem Leiden ausgesetzt. Deshalb bin ich auf der Suche nach Methoden, das zu vermeiden.

Murakami: *Wie kam es überhaupt, dass Sie Mitglied von Aum Shinrikyo wurden?*

Ich las ein Buch über leichte Meditation, wie man sie zu Hause praktizieren kann, aber als ich es ausprobierte, geschah etwas sehr Seltsames. Ich hatte mich eigentlich gar nicht ernsthaft angestrengt, aber als ich meine Chakren reinigen wollte, wurde die Funktion meines Ki total schwach, das heißt, ich verlor an Vitalität. Durch die Reinigung der Chakren soll eigentlich die Lebenskraft gesteigert werden, aber das geschah nicht. Meine Chakren gerieten aus dem Gleichgewicht, und ich fühlte mich sehr schlecht. In einem Moment war mir unheimlich heiß, im nächsten zitterte ich vor Kälte. Ich hatte überhaupt keine Energie mehr und war ständig blutarm. Es war ziemlich gefährlich. Ich konnte nichts essen und wog am Ende nur noch 46 Kilo. Jetzt wiege ich 63. Im Unterricht wurde mir ständig schlecht, und ich konnte überhaupt nicht mehr richtig studieren.

Irgendwann suchte ich das Aum-Dojo in Setagaya auf. Dort erklärte man mir meinen Zustand und sagte mir gleich an Ort und Stelle, was ich dagegen tun konnte. Ich versuchte es mit den Atemübungen, die sie mir beigebracht hatten, und es ging mir unwahrscheinlich schnell wieder besser.

In den ersten zwei Monaten danach suchte ich das Dojo nur selten auf, aber später ging ich regelmäßig hin und half beim Falten von Flugblättern und so weiter. Bald fand eine »Geheim-Yoga-Sitzung« statt, während der man direkt mit dem Meister sprechen konnte. Ich fragte ihn [Shoko Asahara], was ich gegen meine angegriffene Gesundheit tun solle. »Du musst der Welt entsagen«, antwortete er. Mir war, als hätte er mein ganzes Wesen in einem Augenblick erfasst. Die Anwesenden wunderten sich, denn er hatte das noch nie zu jemandem gesagt. Also musste ich wohl notgedrungen das Studium abbrechen und der Welt entsagen. Ich war damals zweiundzwanzig.

Nur ganz wenige haben gleich als Mönch angefangen. Aber ich war so schwach, dass ich kaum gehen konnte, und ich rechnete sowieso nicht damit, ein normales Leben führen zu können. »Du passt nicht in diese vergängliche Welt«, sagte er zu mir. Davon musste er mich wirklich nicht überzeugen. Es war eigentlich kein Gespräch – er sagte das einfach zu mir. Gewöhnlich sagte er überhaupt nichts, aber er konnte einen Menschen genau beurteilen, wenn er ihm nur ins Gesicht sah. Als wisse er alles über einen. Darum glaubten auch alle an ihn.

Murakami: *Wäre es nicht möglich, dass er sich, bevor er jemanden traf, in seinen Akten die Daten zu dieser Person ansah?*

Sicher, die Möglichkeit besteht, aber den Eindruck hatte ich damals nicht. Ich legte mein Gelübde 1989 ab, da gab es noch nicht so viele Mönche, etwa zweihundert. Am Ende waren es ungefähr dreitausend.

Wenn er freundlich war, war er der freundlichste Mensch, dem ich je begegnet bin. Aber wenn er in Wut geriet, war er auch der furchterregendste Mensch, dem ich je begegnet bin. Der Unterschied war so frappierend, dass es einem richtig unter die Haut ging und man den Meister für einen Seher hielt, wenn man mit ihm sprach.

Ich hatte schwer daran zu schlucken, dass ich Mönch werden sollte. Erstens wollte ich meinen Eltern keinen Kummer machen, und dann waren mir diese neuen Eso-Religionen sowieso unangenehm. Also versuchte ich, es meinen Eltern zu erklären. Es war schrecklich, denn sie weinten. Meine Eltern schimpften nicht, sie weinten. Das war ihre Art. Meine Mutter ist wenig später gestorben, das war sehr schlimm für mich. Sie war damals ohnehin allen möglichen psychischen Belastungen ausgesetzt, und die Sache mit mir hat ihr vielleicht den Rest gegeben. Mein Vater glaubt bestimmt, dass ich sie auf dem Gewissen habe.

[Bald nachdem Herr Kano der Sekte beigetreten war, fanden die Wahlen zum japanischen Unterhaus statt, und Aum stellte mehrere Kandidaten auf. Herr Kano war sich sicher, dass Asahara gewählt werden würde; er kann es auch heute noch kaum fassen, dass fast niemand für Asahara gestimmt hatte. Viele von Asaharas Anhängern vermuteten einen Wahlbetrug. Später wurde Herr Kano dem Bauamt der Sekte zugeteilt und arbeitete in der Aum-Einrichtung in Naminomura, in der Präfektur Kumamoto.]

Ich war ungefähr fünf Monate in Naminomura und arbeitete als Fernfahrer. Ich fuhr mit einem Viertonner in ganz Japan umher und holte Fertigbauteile. Gar kein schlechter Job. Die Leute auf dem Bau mussten in der glühenden Sonne arbeiten, dagegen war Lasterfahren die reinste Erholung.

Im Vergleich zum weltlichen Leben war das Dasein bei Aum eine Tortur. Aber je schwerer es war, desto befriedigender war es auch, und ich war ziemlich dankbar, weil meine inneren Leiden verschwunden waren. Außerdem hatte ich viele Freunde: Erwachsene, Kinder, alte Damen, Männer und Frauen. Bei Aum streben alle nach geistiger Vervollkommnung, somit hatten wir das gleiche Ziel und grundlegende Gemeinsamkeiten. Bisher hatte ich mich notgedrungen immer angepasst, um mit anderen auszukommen und es ihnen recht zu machen. Das war jetzt nicht mehr nötig.

Auch meine Zweifel waren verschwunden, denn alle meine Fragen wurden beantwortet. Nichts blieb offen. Wenn man dieses tut, geschieht jenes. Auf jede Frage erhielten wir sofort eine Antwort. Ich war völlig in dieses Leben eingebunden (*lacht*). Darüber berichten die Medien nie – für die fällt das alles unter Gehirnwäsche, aber darum handelte es sich in Wirklichkeit gar nicht. Außerdem wollen die sowieso nur die Einschaltquoten ihrer Talkshows steigern, sie versuchen gar nicht, die Dinge richtig darzustellen.

Von Naminomura kehrte ich in die Zentrale am Fuji zurück und arbeitete dort am Computer. Hideo Murai war auch dort, und ich sprach gelegentlich mit ihm. Als ich ihm sagte, es gebe ein paar Dinge, die ich am Computer gern erforschen würde, sagte er, fast desinteressiert: »Erforschen Sie, was Sie wollen.« Er war ganz damit beschäftigt, die Anordnungen von oben auszuführen.

Murakami: *Mit »oben« meinen Sie Shoko Asahara?*

Genau. Herr Murai versuchte sein Ego so weit wie möglich zu unterdrücken. Es war ihm völlig egal, ob jemand unter ihm eine neue Idee hatte. Aber er hatte auch nichts dagegen, wenn wir etwas erforschen wollten.

Ich hatte den Rang eines »Meistergehilfen«. Das ist der höchste, den man unterhalb der Führungsspitze erreichen kann, so etwas wie ein Abteilungsleiter in einer Firma. Eigentlich nicht sehr beeindruckend. Trotz meiner Position hatte ich niemanden unter mir. Ich hatte das Gefühl, ganz für mich allein zu arbeiten. Das war bei vielen so. Den Medien zufolge standen wir ständig unter strenger Überwachung – wie die Leute in Nordkorea oder so –, aber in Wirklichkeit gab es sehr viele, die ganz frei tun und lassen konnten, was ihnen passte. Und natürlich konnten wir kommen und gehen, wie wir wollten. Privatautos gab es nicht, aber man konnte sich jederzeit eins leihen.

Murakami: *Aber später gab es doch immer mehr vorsätzliche Gewalt: die Morde an Rechtsanwalt Sakamoto und seiner Familie, Lynchjustiz, der Sarin-Anschlag in Matsumoto. Hatten Sie wirklich keine Ahnung, was da im Gange war?*

Es herrschte irgendwie eine unruhige Atmosphäre, und es roch nach etwas Verdächtigem, Geheimnisvollem – mehr nicht. Aber selbst wenn ich etwas bemerkt hätte, hätte ich damals bestimmt stur gesagt, dass die Vorzüge für uns persönlich alles Schlechte aufwiegen würden. Den Berichten in den Medien schenkte ich ohnehin keinen Glauben, ich hielt sie für manipuliert. Aber seit vorletztem Jahr [1996] überlege ich mir, ob diese Dinge nicht doch passiert sein könnten.

Früher konnte ich mir nicht vorstellen, dass eine Gruppe wie unsere einen Mord so viele Jahre geheim halten konnte. Für so etwas waren wir einfach zu schlecht organisiert. Es war wie im Kommunismus; auch wer Fehler machte, wurde nicht rausgeschmissen. Was wir taten, nannte sich zwar Arbeit, aber wir bekamen ja kein Gehalt. Es herrschte nicht gerade Verantwortungslosigkeit, aber es fehlte doch entschieden an persönlichem Verantwortungsgefühl. Alles war nur sehr unklar und vage geregelt. Solange man auf geistiger Ebene Fortschritte machte, zählte das andere nicht. Da die meisten Menschen in der normalen Welt eine Frau und eine Familie haben, müssen sie ein gewisses Verantwortungsgefühl entwickeln und ihre Aufgaben wahrnehmen, so gut sie können. Aber dieses Moment fehlte bei Aum fast vollständig.

Stellen Sie sich vor, man braucht auf einer Baustelle bis zum nächsten Tag ein Stahlgerüst, und das wird nicht rechtzeitig geliefert. Aber die zuständige Person sagt dazu nur: »Ach, stimmt ja, hab ich doch glatt vergessen.« Und damit hat sich die Sache. Vielleicht wird der Betreffende ein bisschen angeraunzt, aber das juckt ihn nicht. Alle haben einen Zustand erreicht, in dem ihnen die Dinge des täglichen Lebens relativ egal sind. Und wenn etwas Schlimmes passiert, sagen sie nur: »Wieder ein bisschen schlechtes Karma gelöscht. Gut, dass es weg ist.« Und alle freuen sich. Fehler zu machen, getadelt zu werden bedeutet nur, dass soundso viel persönliches schlechtes Karma abgearbeitet wird (*lacht*). Die Aum-Leute sind ganz schön dickfellig, wenn man sich's recht überlegt. Egal was passiert, es tut ihnen nicht weh. Darum sehen sie manchmal auf gewöhnliche Sterbliche herab. »Diese Jammerlappen, aber uns macht das alles nichts aus.« So ungefähr.

Murakami: *Sie waren von 1989 bis 1995 bei Aum. Sind Ihnen in diesen sechs Jahren niemals Zweifel oder Fragen gekommen?*

Ich habe nur Dankbarkeit empfunden, Befriedigung oder Erfüllung. Denn selbst wenn etwas sehr Unangenehmes passierte, erklärte man mir ausführlich den Sinn. Die Leute, die bereits höhere Bewusstseinsstufen erreicht hatten, waren brillant. Wenn man sich Joyu anguckt, weiß man Bescheid, und er war nur einer von vielen, die genauso beredt waren. Das Niveau bei Aum unterschied sich deutlich von dem in der äußeren Welt. Viele kamen mit nur drei Stunden Schlaf täglich aus. Hideo Murai zum Beispiel. Ihre geistige Kraft, ihr Urteilsvermögen – alles an ihnen war erstaunlich.

Murakami: *Sind Sie Asahara zuweilen persönlich begegnet und konnten Sie mit ihm sprechen?*

Ja. Früher, als es noch nicht so viele Mitglieder gab, haben sich die Leute oft mit ganz unerheblichen Problemen an ihn gewandt – »ich bin in letzter Zeit immer so müde« und dergleichen. Aber als die Gruppe größer wurde, war es nicht mehr möglich, so von Mensch zu Mensch mit ihm zu sprechen.

Ich habe an einer ganzen Reihe von Initiationen teilgenommen. Einige davon waren ganz schön hart. Besonders diejenige, die »Hitze« genannt wird. Damals wusste ich es nicht, aber es wurde uns auch LSD verabreicht. Man hat das Gefühl, nur noch aus Seele zu bestehen – den Körper spürt man gar nicht mehr, und man hat Einblick in die tiefsten Schichten des eigenen Unbewussten. Das war keine leichte Erfahrung, ich war danach völlig ausgelaugt. So fühlt man sich wahrscheinlich, nachdem man gestorben ist. Ich habe damals nicht gewusst, dass ich auf LSD war – ich nahm an, es sei ein Medikament, das mich bei meinen Askeseübungen unterstützen sollte.

Murakami: *Aber einige Leute haben doch ziemlich schlechte Trips erlebt und schwere psychische Schäden davongetragen?*

Das passierte, wenn eine zu hohe Dosis verabreicht wurde. Wir hatten ja das Gesundheitsministerium, das von Ikuo Hayashi geleitet wurde, aber das war nicht gerade toll. Wenn diese Leute wissenschaftlicher vorgegangen wären, hätte es wahrscheinlich keine Probleme gegeben. Außerdem sollten wir ja auch viele schwere Erfahrungen machen und sie überwinden. Trotzdem hätte man da sorgfältiger vorgehen müssen.

Murakami: *Wo waren Sie während des Sarin-Anschlags auf die U-Bahn im März 1995? Was taten Sie gerade?*

Ich saß allein in meinem Zimmer in Kamikuishiki und arbeitete am Computer. Ich hatte Zugang zum Internet und las dort oft die Nachrichten. Eigentlich war das nicht erlaubt, aber ich machte es trotzdem. Manchmal kaufte ich auch draußen eine Zeitung und gab sie an die anderen weiter. Wenn man erwischt wurde, gab es eine Verwarnung, aber das war nebensächlich.

Jedenfalls erfuhr ich von dem Anschlag übers Internet, aber ich konnte mir nicht vorstellen, dass Aum etwas damit zu tun hatte. Ich wusste zwar nicht, wer es gewesen sein konnte, aber ich war ganz sicher, dass es nicht Aum war.

Nach dem Anschlag fand in Kamikuishiki eine Razzia statt. Wir vermuteten, dass die Polizei unter einem Vorwand alle Angehörigen des Ministeriums für Wissenschaft und Technik verhaften würde, und hielten es für besser zu verschwinden. Ich nahm mir einen Wagen und fuhr durch die Gegend, während die Polizei das Gebäude durchsuchte. Die ganze Zeit war ich von Aums Unschuld überzeugt.

Ich war auch nicht wütend, als er [Asahara] verhaftet wurde. Für Aum-Mitglieder sind Gefühle wie Wut und Ärger Anzeichen für eine niedrige Bewusstseinsstufe. Tugendhaft ist es hingegen, sich einen tieferen Einblick in die Situation zu verschaffen und erst dann über das weitere Vorgehen nachzudenken.

Wir besprachen, was zu tun sei, und beschlossen, so unbeeinträchtigt wie möglich mit unseren asketischen Übungen fortzufahren. Wir fühlten uns keineswegs in die Enge getrieben. Im Innern war alles ruhig, wie im Auge des Taifuns. Um uns herum herrschte Lärm und Aufregung, aber sobald man einen Schritt ins Innere tat, breitete sich eine friedliche Welt vor einem aus.

Erst als immer mehr Leute verhaftet wurden und gestanden, kam mir der Gedanke, dass Aum tatsächlich schuldig sein könnte. Ich kannte fast alle Verhafteten übrigens schon seit langem.

Ob sie es getan hatten oder nicht, war für die normalen Aum-Anhänger im Grunde egal. Von Bedeutung war nur, ob man selbst mit seinen Übungen vorankam. Die eigene innere Entwicklung war wichtiger als die Frage, ob Aum schuldig war oder nicht.

Murakami: *Dennoch arbeitete die Aum-Lehre in eine bestimmte Richtung und führte zu Verbrechen, durch die viele Menschen getötet oder verletzt wurden. Wie stehen Sie dazu?*

Sie müssen eines verstehen: Nur die Leute, die eine sehr hohe Stufe erreicht haben, praktizieren Tantra-Vajrayana. Uns wurde immer wieder gesagt, dass nur diejenigen, die die Ebene des Mahayana abgeschlossen haben, so etwas ausführen dürfen. Wir anderen waren noch weit davon entfernt. Daher stellten wir auch nach dem Anschlag unsere Übungen und Aktivitäten nicht in Frage.

Murakami: *Aber abgesehen von der Frage höherer oder niedriger Bewusstseinsstufen ist Tantra-Vajrayana doch ein wichtiger Bestandteil der Lehre Aums und damit sehr bezeichnend, nicht wahr?*

Sie haben ja Recht, aber aus unserer Warte waren das unerreichbare

Früchte, die nichts mit dem zu tun hatten, was wir normalerweise taten oder dachten. Etwas, das unendlich weit entfernt war. Um auf diese Ebene zu gelangen, muss man das Karma von Zehntausenden von Jahren abarbeiten.

Murakami: *Na gut, das spielte also für Sie keine Rolle. Aber nur einmal angenommen, Sie hätten die Ebene des Tantra-Vajrayana erreicht, und man hätte Ihnen befohlen, auf Ihrem Weg ins Nirvana jemanden zu töten. Hätten Sie es getan?*

Logisch betrachtet, ist das eine einfache Frage. Wenn ich einer Person, indem ich sie töte, zu größerer Glückseligkeit verhelfen kann, als sie in ihrem gegenwärtigen Leben je erfahren wird, ja. Das kann ich nachvollziehen. Andererseits kann so etwas nur jemand tun, der die Fähigkeit besitzt, den Prozess der Seelenwanderung und Wiedergeburt vollkommen zu durchschauen. Sonst sollte man besser die Finger davon lassen. Wäre ich also imstande zu durchschauen, was mit einer Person nach ihrem Tod geschieht, oder ihr zu helfen, auf eine höhere Ebene zu gelangen, dann hätte ich es wahrscheinlich auch getan. Aber meines Wissens gab es bei uns niemanden, der diese Erkenntnisebene erreicht hatte.

Murakami: *Dennoch haben diese fünf Personen es getan.*

Unter den gegebenen Umständen hätte ich es nicht getan. Das ist der Unterschied. Ich hätte nie die Verantwortung für so etwas übernehmen können. So etwas Furchtbares hätte ich nie tun können. Wer keinen Einblick in den Prozess der Seelenwanderung eines anderen Menschen hat, besitzt nicht das Recht, ihm das Leben zu nehmen.

Murakami: *Und Shoko Asahara hatte diesen Einblick?*

Ich glaube, zu der Zeit hatte er ihn.

Murakami: *Aber können Sie das ermessen? Haben Sie einen objektiven Beweis dafür?*

Nein, auf meiner augenblicklichen Stufe nicht.

Murakami: *Dann ist es doch unvermeidlich, dass er der Gerichtsbarkeit unserer Gesellschaft zugeführt wird, ganz gleich, welches Urteil ergeht?*

Ja. Ich behaupte ja auch nicht, dass Aum unfehlbar ist. Ich will nur, dass die wertvollen Aspekte Aums zum Wohl der gewöhnlichen Menschen eingesetzt werden.

Murakami: *Aber um eines einmal klar zu stellen: Die Verbrechen*
wurden begangen, bevor gewöhnliche Menschen in den Genuss von

Aums Wohltaten kamen. Und nicht nur das, es waren sogar gewöhn-
liche Menschen, die umgebracht wurden. Wenn Sie diesen Wider-
spruch in Ihrer Argumentation nicht auflösen können, werden Sie
wohl niemanden überzeugen.

Deshalb glaube ich auch nicht, dass so etwas noch im Rahmen von
Aum geschehen könnte. Ich bin Aum immer noch verbunden, weil ich
der Gruppe so viel verdanke. Trotzdem versuche ich, mir persönlich
über alles klar zu werden. Ich glaube, dass es weiterhin ein Potential
gibt. Aber zu seiner Umsetzung wäre eine Art logischer Umkehrung erforderlich. Immerhin gibt es vielversprechende Aussichten. Ich muss
jetzt das, was ich verstehe, in allen Einzelheiten von dem trennen, was
ich nicht verstehe.

Ich habe vor, ungefähr zwei Jahre abzuwarten, und wenn Aum sich
dann noch im gleichen Zustand befindet wie jetzt, trete ich aus. Doch
so lange werde ich ausharren und nachdenken. Eins stimmt jedoch:
Aum Shinrikyo hat aus den jüngsten Erfahrungen nichts gelernt. Sie
stellen sich taub, tun, als wäre nichts gewesen. Keine Spur von Reue
oder etwas Ähnlichem. Über den Sarin-Anschlag sagen sie nur: »Das
war nicht meine Mission, das haben andere getan.«

Darüber denke ich anders, denn ich halte den Anschlag für etwas
unfassbar Schlimmes. Dafür gibt es keine Entschuldigung. Daher spielt
sich in mir ein Konflikt ab, bei dem das Schreckliche heftig in Wider-
streit mit den guten Erfahrungen steht, die ich bei Aum gemacht habe.
Das lässt sich auch auf andere übertragen: Die Leute, bei denen das Gefühl für das Schreckliche überwiegt, treten aus, während diejenigen,
bei denen die guten Erfahrungen stärker sind, bleiben. Ich stehe irgendwo in der Mitte und muss abwarten, wie die Sache sich entwickelt.

»Nostradamus hat einen starken Einfluss auf meine Generation«

Akio Namimura (geboren 1960)

Herr Namimura stammt aus der Präfektur Fukui. Sein Vater war bei einer Zementfirma beschäftigt; er hat einen älteren Bruder und eine jüngere Schwester. Schon früh interessierte er sich für Literatur und Religion und hätte diese Fächer auch gern studiert, doch sein Vater wollte, dass er etwas anderes studierte, und ließ nicht mit sich reden. Daraufhin beschloss Herr Namimura trotzig: »Dann arbeite ich eben« und fing in einer Firma für Autoteile in Fukui an. Schon in der Schule hatte er nicht gern gelernt und lieber für sich gelesen. Nun zog er sich immer mehr zurück und beschäftigte sich fast nur noch mit Büchern, in denen es um Religion und Philosophie ging.

Seither hat er häufig den Arbeitsplatz gewechselt. Seine Freizeit verbringt er noch immer überwiegend mit Lesen. Außerdem schreibt er, denkt nach und beschäftigt sich weiterhin intensiv mit Religion. In seinem Leben hatte er meist das Gefühl, er könne keine Beziehung zu seiner Umwelt herstellen, und daher suchte er nach Verbindungen zu Menschen, die wie er keinen Zugang zur normalen Welt fanden. Doch das, was er auf seiner Suche entdeckte, enttäuschte ihn. Es wollte ihm einfach nicht gelingen, sich anderen Menschen zu öffnen. Das änderte sich auch nicht, als er Mitglied bei Aum wurde.

Heute lebt er wieder in seinem Heimatort und arbeitet bei einer Abschleppfirma. Er hat schon immer das Meer sehr geliebt und geht auch jetzt noch oft schwimmen. Er schwärmt für Okinawa. Die Filme von Hayao Miyazaki* rühren ihn zu Tränen. »Das beweist doch, dass ich ein menschliches Herz habe, oder?«, sagt er.

Als ich mit der Schule fertig war, dachte ich über zwei Alternativen nach: Entweder wollte ich Mönch werden oder mich umbringen. Der Gedanke an eine Arbeitsstelle war mir zuwider, und ich wollte, wenn irgend möglich, ein religiöses Leben führen. Andererseits bedeutet Leben auch immer, Schuld auf sich zu laden, und ich überlegte, ob es für die Welt nicht am besten sei, wenn ich gleich Selbstmord beginge.

---

* Hayao Miyazaki (geb. 1941), berühmter japanischer Trickfilmzeichner und -produzent, u. a. von »Prinzessin Mononoke« (Anm. d. Übers.)

Darüber grübelte ich unentwegt nach, während ich Reifen für die Firma verkaufte, bei der ich arbeitete. Als Vertreter war ich am Anfang eine absolute Null. Jedes Mal wenn ich an eine Tankstelle oder in eine Werkstatt kam, sagte ich »Guten Tag«, brachte dann kein Wort mehr heraus und stand nur noch wie angewurzelt da. Das war ziemlich peinlich für mich – und für meine Kunden auch. Also verkaufte ich am Anfang gar nichts.

Zum Glück gab es in der Firma ein paar nette Menschen. Zum Beispiel einen älteren Kollegen, der mich tröstete: »Bei mir war das am Anfang genauso, ich kriegte den Mund nicht auf und keiner kaufte mir was ab.«

Mit der Zeit gewöhnte ich mich ein bisschen an die Arbeit und verkaufte auch ein paar Reifen. Immerhin war das eine ganz gute Übung fürs Leben. Nach zwei Jahren kündigte ich, weil man mir den Führerschein abgenommen hatte und ich der Firma keine Unannehmlichkeiten machen wollte.

Ein Verwandter von mir hat eine Nachhilfeschule in Tokyo und bot mir an, bei ihm zu arbeiten. Eigentlich wollte ich ja Schriftsteller werden, aber er überredete mich: »Schriftsteller kannst du doch auch werden, während du Aufsätze korrigierst, oder?«

Also zog ich Anfang 1981 nach Tokyo und fing an seiner Schule an. Leider lief alles ganz anders ab, als wir es vereinbart hatten. »Schriftsteller? Dass ich nicht lache! Ein Träumer bist du, mehr nicht. Das Leben ist hart«, sagte mein Onkel plötzlich ganz kalt. Außerdem ließ er mich nicht einmal Aufsätze korrigieren. Dazu sei ich zu unfähig. Stattdessen musste ich alle möglichen niederen Arbeiten erledigen – die Schüler beaufsichtigen, saubermachen und läppische Multiple-Choice-Tests durchsehen. Ich war eigentlich gern mit den Kindern zusammen, aber mein Leben war einfach zu anstrengend. Die Arbeitszeiten waren so lang, dass ich pro Tag oft nur zwei bis drei Stunden Schlaf bekam. Anderthalb Jahre ließ ich mir das gefallen, dann warf ich das Handtuch.

In meiner Zeit bei der Firma in Fukui hatte ich ein bisschen Geld gespart und beschloss, von diesen Ersparnissen zu leben, während ich meine Schriftstellerkarriere vorantrieb. Drei Jahre blieb ich arbeitslos und lebte von 50.000 Yen [ca. 500 Euro] im Monat. Außer Lebensmitteln kaufte ich überhaupt nichts. Ich bin sowieso ein genügsamer Mensch, der nicht viel Geld braucht. Ich las entweder oder versuchte zu schreiben. In meiner Gegend gab es fünf öffentliche Büchereien, sodass ich mir jeden Tag neue Bücher ausleihen konnte. Ich führte ein ziemlich einsames Dasein, aber mir macht es nichts aus, allein zu sein. Die meisten Menschen hätten es wohl kaum ertragen.

Zu der Zeit las ich vor allem surrealistische Romane – Kafka, *Nadja* von André Breton und so fort. Ich ging zu Uni-Festen, las die ganzen kleinen Zeitschriften, die man dort mitnehmen konnte, und lernte Leute kennen, mit denen ich über Literatur reden konnte. Damals freundete ich mich mit einem Philosophiestudenten von der Waseda-Universität an, der mir viele Autoren empfahl: Wittgenstein, Husserl, Shu Kishida, Shoichi Honda. Er schrieb auch, und ich war ziemlich beeindruckt von seiner Prosa, aber wenn ich heute daran zurückdenke, waren seine Geschichten wahrscheinlich ziemlich epigonal.

Er hatte einen Freund namens Tsuda, der Mitglied bei Soka Gakkai war.* Dieser Tsuda wollte mich unbedingt zum Beitritt überreden. Wir führten endlose Diskussionen über Religion, bis er schließlich sagte: »Das ganze Gerede bringt dich nicht weiter. Ohne echte Erfahrung kannst du dich nicht ändern, also halt einfach mal den Mund und probier's aus.« Also schloss ich mich seiner Soka-Gakkai-Gruppe an und wohnte ungefähr einen Monat mit ihnen zusammen. Aber das war nicht das Richtige für mich. Soka Gakkai gehört zu den Gemeinschaften, die den Leuten helfen, Erfolg zu haben. Das interessierte mich überhaupt nicht. Ich war auf der Suche nach einer reineren Lehre, wie zum Beispiel Aum Shinrikyo sie vertrat. Für mein Empfinden kam Aum der ursprünglichen buddhistischen Lehre unendlich viel näher.

Als mir das Geld ausging, suchte ich mir einen Job bei einer Kaufhausspedition. Dort arbeitete ich zwei Jahre. Wir transportierten Waren für das Kaufhaus Seibu in Ikebukuro. Die Arbeit war schwer, aber weil ich mich für Kampfsportarten interessiere und gern trainiere, strengte sie mich nicht allzu sehr an. Als Teilzeitkraft verdiente ich nur wenig Geld, auch wenn ich dreimal so schwer schuftete wie alle anderen. Daneben besuchte ich Abendkurse an einer Schule für Journalismus. Ich wollte lernen, wie man Reportagen schreibt.

---

* Soka Gakkai ist eine in Japan und ganz Asien stark verbreitete, buddhistische Vereinigung mit weltlichen Interessen und politischem Einfluss, die sich auf die Lehre von Nichiren, einem japanischen Mönch aus dem 13. Jahrhundert, gründet. (Anm. d. Übers.)

Um diese Zeit begann das Leben in Tokyo mich zu überfordern. Ich spürte genau, wie ich innerlich verwahrloste. Ich neigte zu Gewalttätigkeiten und war jähzornig. Damals war ich gerade auf einem Öko-Trip, und es drängte mich immer mehr, in der Natur zu leben oder zumindest in meinen Heimatort zurückzukehren. Wenn ich mich einmal für etwas interessiere, kann ich mich richtig reinsteigern. Ich war damals ganz besessen von ökologischen Themen. Aber unabhängig davon hatte ich den Asphaltdschungel von Tokyo satt und sehnte mich nach dem Meer und nach zu Hause.

Also zog ich wieder zu meinen Eltern und fand Arbeit auf der Baustelle des Atomreaktors Monju. Ich gehörte zu denen, die das Gerüst aufbauten. Wieder betrachtete ich meine Arbeit als eine Art Training, aber sie war auch ganz schön gefährlich. Nach einer Weile gewöhnt man sich zwar an die Höhe, aber ich bin doch mehrmals gestürzt, einmal hätte es.mich sogar fast das Leben gekostet. Warten Sie mal – ich habe, glaube ich, ungefähr ein Jahr dort gearbeitet. Vom Reaktor aus hatte man einen herrlichen Blick aufs Meer. Deshalb habe ich den Job auch angenommen – damit ich bei der Arbeit das Meer sehen konnte. Der Monju steht an der schönsten Stelle der ganzen Gegend.

Murakami: *Aber wie kann jemand, der sich für Ökologie einsetzt, am Bau eines Atomkraftwerks mitarbeiten?*

Ursprünglich hatte ich vor, eine Reportage zu schreiben. Ich habe mir eingeredet, dadurch könnte ich meine Mitarbeit am Bau des Reaktors irgendwie wieder wettmachen. Ich hatte mir das so zurechtgelegt. Sie kennen doch den Film *Die Brücke am Kwai*? Meine Idee war so ähnlich. Man baut etwas sorgfältig auf, um es am Ende selbst wieder zu zerstören. Natürlich hatte ich nicht vor, eine Bombe zu legen oder so was. Wie soll ich sagen ... mein geliebtes Meer würde sowieso von irgendjemandem verseucht werden, warum sollte ich es also nicht gleich selber tun? Um drei Ecken gedacht und widersprüchlich, ich weiß.

Nach einem Jahr hörte ich auf und ging nach Okinawa. Von dem Geld, das ich auf der Baustelle verdient hatte, kaufte ich mir einen gebrauchten Wagen, fuhr mit der Fähre nach Okinawa und lebte dort eine Weile im Auto. Zwei Monate lang fuhr ich in aller Ruhe von einem Strand zum nächsten. Ich liebe die Landschaft und die Natur auf Okinawa. Jeder Fleck dort hat seinen eigenen Charakter. Am besten gefiel mir zwar die Natur, aber auch die Kultur und die Menschen von Okinawa sind mir sehr lieb geworden. Deshalb bricht bei mir auch jeden Sommer das Okinawa-Fieber aus. Ich kann einfach nicht mehr an einem Platz bleiben und muss unbedingt nach Okinawa. Deshalb habe ich auch Schwierigkeiten, eine Stelle zu behalten. Kaum wird es Sommer, lasse ich alles stehen und liegen und verschwinde einfach nach Okinawa.

Im Februar 1990 starb mein Vater, kurz vor meinem dreißigsten Geburtstag. Ich habe mich nie besonders gut mit ihm verstanden. Eigentlich mochte ihn keiner in der Familie. Außenstehende hielten ihn vielleicht für einen guten Kerl, aber zu Hause war er ein Tyrann. Wenn er Alkohol trank, wurde er gewalttätig. Als ich klein war, hat er mich geschlagen. Später war ich stärker als er und konnte zuerst zuschlagen. Jetzt schäme ich mich dafür. Ich hätte ihm mehr Respekt entgegenbringen sollen.

Mein Vater hatte eine leitende Funktion bei der örtlichen kommunistischen Partei. Fukui ist eine ziemlich konservative Gegend, und es war deshalb gar nicht so einfach für mich, eine Stelle zu finden. Ursprünglich wollte ich Lehrer werden, aber mit einem Kommunisten als Vater konnte ich das vergessen. Ich war schon immer ein Mensch mit starkem religösen Interesse, während mein Vater ein eingefleischter Materialist und Vernunftmensch war. Unsere Standpunkte waren völlig gegensätzlich. Wenn ich irgendetwas über Religion sagte, verspottete er mich. »Komm mir nicht mit diesem Götter-Quatsch«, schrie er dann und wurde ausfallend. Das machte mich ganz fertig, und ich fragte mich, warum er immer so schreckliche Sachen sagte und warum ich ihm nichts recht machen konnte.

Als der Zustand meines Vaters ernst wurde, war ich gerade auf Okinawa. Ich reiste sofort nach Fukui zurück, und kurze Zeit später starb er. Vom Alkohol hatte er Leberzirrhose – ein schrecklicher Tod. Zum Schluss konnte er gar nichts mehr essen, trank nur noch und schwand dahin. Er hat sich sozusagen selbst umgebracht. Vor seinem Tod hat er einmal zu mir gesagt: »Komm, wir wollen reden«, aber ich habe nur geantwortet: »Tu mir den Gefallen und stirb endlich!« Manchmal habe ich das Gefühl, ihn getötet zu haben.

Nach dem Begräbnis fuhr ich zurück nach Okinawa. Ich hatte dort Arbeit auf einer Baustelle. Aber meine Familie in Fukui fehlte mir schrecklich, und ich war sehr niedergeschlagen. Nach dem Tod meines Vaters war es mir zuerst gut gegangen. Die ganze Familie war zusam-

mengekommen, und wir hatten eine prima Zeit. Aber als ich wieder auf
Okinawa war, war es plötzlich aus. Ich hatte das Gefühl, lebendig in die
Hölle gezerrt zu werden. Damals dachte ich, mein Ende sei gekommen.
Ich würde in der Hölle braten und nicht mehr rauskommen. So fühlte
ich mich. Ich verlor allen Appetit und fiel in eine tiefe Depression. Ich
spürte, dass ich den Verstand verlor. An Regentagen, wenn wir nicht
arbeiteten, lag ich die ganze Zeit zusammengerollt auf meinem Futon.
Die anderen gingen in die Spielhalle, Pachinko spielen, aber ich blieb für
mich. Meine Kollegen versuchten mich zu trösten und aufzumuntern,
wofür ich ihnen auch sehr dankbar war, aber ich konnte mich einfach
nicht aufraffen.

Eines Tages wachte ich um drei Uhr morgens auf und fühlte mich so
elend, dass ich dachte, ich müsste sterben. Anscheinend wurde ich verrückt. Es fühlte sich an, als würde ich bewusstlos. Da rief ich meine
Mutter an. »Komm sofort nach Hause«, sagte sie. Aber in Fukui ging
es mir auch nicht besser. Als hätte ich irgendein Trauma, das ich nicht
loswerden konnte. Nichts konnte mich aufheitern. Einen ganzen Monat nach meiner Rückkehr arbeitete ich nicht und hing nur zu Hause
rum.

Gerettet hat mich eigentlich eine Yuta, eine Schamanin aus Okinawa. Haben Sie *Lightning Bird: One Man's Journey into Africa* von Lyall
Watson gelesen? Das hat mich damals sehr berührt.

Murakami: *Das ist wirklich ein interessantes Buch. Finde ich auch.*

Boshier, die Hauptfigur, ist Epileptiker und schizophren. Doch er
und andere, die so sind wie er, begegnen einem Lehrer, durchlaufen
eine Initiation und werden Zauberer. Mit anderen Worten, ihre negativen Eigenschaften werden in positive umgewandelt. Die Menschen sehen jetzt zu ihnen auf. Darin erkannte ich mich wieder. Als ich mich
weiter mit dem Thema beschäftigte, entdeckte ich, dass das Gleiche
über die Yuta, die Schamanen auf Okinawa, geschrieben wird. Auf Okinawa gab es diesen Heilsweg noch. Ob ich vielleicht ein Yuta werden
konnte? Die Voraussetzungen dazu hatte ich ja anscheinend. Endlich
sah ich einen Ausweg.

Ich reiste nach Okinawa und suchte eine berühmte Yuta auf. Es waren auch noch zig andere Leute dabei, aber sie rief nur mich zu sich und
sagte: »Du hast irgendeinen Kummer.« Als könnte sie in meinem Herzen lesen. »Du bist traurig wegen deines Vaters. Du musst loslassen.

Wenn du dich nicht von ihm lösen kannst, ist das sehr schlecht für dich. Vergiss ihn. Tu einen Schritt nach vorn. Falls deine Mutter noch lebt, kümmere dich um sie. Deine wichtigste Aufgabe ist es, ein normales Leben zu führen.«

Als ich das hörte, wurde mir sofort leichter ums Herz. Ich fühlte mich gerettet. Danach blieb ich bei einer Firma, ohne jeden Sommer nach Okinawa abzuhauen. Ich beschloss, solide zu werden, fleißig zu arbeiten und für meine Mutter zu sorgen.

Murakami: *Ich verstehe. Adrian Boshier musste in eine andere Welt hinübergehen, aber Ihr Weg führte zurück in die Wirklichkeit. Es wurde Ihnen sogar befohlen, in die Normalität zurückzukehren.*

Genauso war es. Eine normale Ehe, Kinder, ein ganz normales Leben ist auch eine Übung. Vielleicht sogar die allerschwerste.

Ich beschäftige mich schon lange mit Religion und habe mich viel umgeschaut. Zum Beispiel interessiere ich mich sehr für das Christentum und ich war, wie gesagt, auch mal bei Soka Gakkai. Ich besuche noch immer regelmäßig eine christliche Kirche. Aum beanspruchte also nur einen kleinen Teil meines Lebens. Dennoch war das ein ganz schöner Schlag. Es hat mir gezeigt, welche Macht Aum hatte.

Als ich 1987 von Aum erfuhr, ließ ich mir Informationsmaterial schicken. Postwendend kriegte ich einen dicken Stapel Hochglanzbroschüren. Ich war ziemlich erstaunt über das aufwendige Material und wunderte mich, woher eine erst vor kurzem gegründete Gemeinschaft das Geld dafür hatte. Damals gab es noch keine Ortsgruppe von Aum in Fukui, aber in Sabae, einem Nachbarort, hatten sie eine. Einmal in der Woche stellte ein Mann namens Omori den Aum-Mitgliedern seine Wohnung für ihre Versammlungen zur Verfügung. Sie luden mich dazu ein, und eine Zeit lang ließ ich mich hin und wieder bei ihnen blicken. Sie zeigten mir die Videoaufnahme von einem Interview, das in »Live bis zum Morgen« – diese Sendung, die die ganze Nacht im Fernsehen läuft – gezeigt worden war. Ich war ziemlich davon beeindruckt, wie wortgewandt Joyu war.

In der Sendung erklärte er, dass die Anhänger von Aum asketische Praktiken des ursprünglichen Buddhismus einsetzten, um ihre Kundalini zu wecken. Auf alle Fragen wusste er klare, einleuchtende Antworten. Ich fühlte mich von diesem Mann und seiner Gemeinschaft stark angezogen.

Alle anderen Teilnehmer der Treffen in Sabae – insgesamt fünf oder sechs Personen – waren bereits Mitglieder von Aum. Ich war immer noch nur Beobachter, aber eigentlich lag es am Geld, dass ich noch nicht eingetreten war, denn Aum war ziemlich teuer. Man musste einen obligatorischen Kurs kaufen, der aus Kassetten mit Predigten von Asahara bestand, die 300.000 Yen [ca. 3000 Euro] kosteten. Sie hatten angeblich eine starke Wirkung. Alle fanden das billig im Verhältnis zu den Kräften, die man dadurch erlangte, und blätterten das Geld hin, ohne mit der Wimper zu zucken. Mich beunruhigte dieser Preis. Das kam aber vielleicht daher, dass ich immer arm war und deshalb ziemlich knickrig bin.

Das erste Mal sah ich Shoko Asahara in Nagoya. Wir waren gemeinsam mit dem Bus dorthin gefahren. Als Nichtmitglied war es mir nicht gestattet, ihm Fragen zu stellen. Bei Aum muss man einen Rang einnehmen, sonst geht gar nichts. Und ein Rang kostet Geld. Erst ab einer bestimmten Ebene durfte man mit Asahara reden. Wer noch höher aufstieg, bekam eine Blumengirlande. Das konnte ich in Nagoya beobachten und fand es ziemlich albern. Außerdem störte es mich, dass Asahara fast wie ein Gott verehrt wurde.

Ich hatte von Anfang an die Aum-Zeitschrift *Mahayana* abonniert. Zuerst war ich davon begeistert. Im Mittelpunkt standen die authentischen Erfahrungen einzelner Mitglieder, die sie unter ihrem richtigen Namen in einer Kolumne mit dem Titel »Wie ich Mitglied von Aum wurde« schilderten. Die Aufrichtigkeit dieser Leute beeindruckte mich zutiefst. Genau das gefiel mir an der Zeitschrift. Nach einer Weile ging es in dem Blatt jedoch fast nur noch um Asahara und die Verherrlichung seiner Person. Wenn Asahara irgendwohin ging, legten die Anhänger ihre Kleider auf den Boden, damit er darüberschreiten konnte. Das ging mir dann doch ein bisschen zu weit. So etwas ist mir unheimlich. Wenn eine Person zu stark verherrlicht wird, ist die Freiheit in Gefahr. Außerdem war Asahara verheiratet und hatte eine Menge Kinder, was ich in Hinblick auf die ursprünglichen Lehren des Buddhismus merkwürdig fand. Er rechtfertigte sich, indem er sich als Vollkommen Erleuchteten bezeichnete, der nicht mehr dem Gesetz des Karma unterworfen sei. Ob er wirklich vollkommen erleuchtet war, wusste natürlich niemand.

Ich behielt meine Zweifel lieber für mich, denn es kamen außergewöhnlich viele Mitglieder von Aum bei Verkehrsunfällen ums Leben.

Das kam mir seltsam vor, und ich fragte Frau Takahashi, eine Anhängerin, mit der ich befreundet war, ob sie das nicht auch unnatürlich fände. »Nein«, sagte sie. »Das ist ganz in Ordnung. In vier Milliarden Jahren wird der Meister als Miroku Bosatsu* wiedergeboren und die Seelen dieser Toten erwecken.« Was für ein Unsinn, dachte ich.

Aum verfolgte damals auch Taro Maki, den Herausgeber der Zeitschrift *Sunday Mainichi*, die Aum wiederholt kritisiert hatte. Als ich fragte, warum, bekam ich zur Antwort: »Es ist gleichgültig, was auf dieser Welt mit uns geschieht. Diejenigen, die in der Nähe des Meisters leben, sind für immer gesegnet. Auch wenn wir heute in die Hölle stürzen, wird er uns morgen aus ihr erretten.«

Aus diesen Gründen pflegte ich längere Zeit nur sporadisch Kontakt zu Aum. 1993 suchte mich ein Herr Kimura von Aum mit einem Shizuoka-Nummernschild zu Hause auf. Er hatte seinen Besuch bereits telefonisch angekündigt. Er wolle mit mir reden. Ich war einverstanden, denn ich war den Treffen längere Zeit ferngeblieben und neugierig, was inzwischen alles passiert war. Aber je mehr er redete, desto wirrer wurde es. Er sprach davon, was geschehen würde, wenn der Dritte Weltkrieg ausbräche, und faselte von Laser- und Plasma-Waffen. Science-Fiction total. Ziemlich interessant, aber auch ziemlich bedenklich.

Immer heftiger wurde ich von Aum dazu gedrängt, jetzt endlich Mitglied zu werden. Dass ich wirklich beitrat, hatte viel mit Frau Takahashi zu tun, die ich schon erwähnt habe.

Meine Großmutter war gerade gestorben, und ich war ziemlich niedergeschlagen. Frau Takahashi rief mich an und sagte: »Ich bin gerade erst Mitglied geworden und würde gern mit dir darüber reden.« Sie war siebenundzwanzig, also sechs Jahre jünger als ich. Ich hatte ganz stark das Gefühl, dass es sich um eine schicksalhafte Begegnung handelte. Wir kamen uns auch sehr nah, und im April 1994 wurde ich Mitglied.

Der Tod meiner Großmutter muss dabei eine Rolle gespielt haben. Außerdem geriet die Firma, bei der ich arbeitete, in eine Flaute und begann, Leute zu entlassen. Zu allem Überfluss konnte ich diese krank-

---

* Miroku Bosatsu, jap. Bezeichnung für Maitreya, den Buddha und Weltenlehrer der Zukunft (Anm. d. Übers.)

hafte Depression, von der ich schon erzählt habe, nicht loswerden und hoffte auf eine entscheidende Besserung, wenn ich Aum beitrat.

Außerdem gefiel mir Frau Takahashi. Ich war nicht in sie verliebt oder so, aber ich hatte sie sehr gern. Sie war ganz verrückt nach Aum, aber war das auch gut für sie? Ich war immer noch skeptisch und hielt es für besser, sie etwas zu bremsen. Am einfachsten war es, wenn ich mich selbst Aum anschloß – so hatte ich mehr Gelegenheit, sie zu sehen und mit ihr zu sprechen. Ich weiß, das klingt nach einer Ausrede.

Zum Glück war die Aufnahmegebühr inzwischen auf 10.000 Yen [ca. 1000 Euro] gesenkt worden. Der Halbjahresbeitrag belief sich auf 6000 Yen. Außerdem bekam man zehn Kassetten umsonst. Als Initiation mussten neue Mitglieder siebenundneunzig Aum-Videos anschauen und siebenundsiebzig Aum-Bücher lesen. Eine ganze Menge, aber irgendwie habe ich es geschafft. Zum Schluss musste man ein Mantra siebentausendmal rezitieren. Man erhielt den Text auf einem Blatt ausgedruckt und las ihn unablässig laut vor, während man mit einem Zähler mitzählte – alle Aum-Mitglieder haben so einen Zähler. Ich machte das eine Weile mit, aber dann wurde es mir zu blöd, und ich hörte auf. Ist doch auch kein Unterschied zu Soka Gakkai, oder?

Sie drängten mich, die Gelübde abzulegen. Damals war Aum sehr daran interessiert, die Zahl der Mönche und Nonnen zu steigern. Ich war noch nicht vollständig initiiert, aber sie sagten, das mache nichts, ich könne trotzdem sofort der Welt entsagen. Ich weigerte mich, aber Frau Takahashi wurde Ende des Jahres Nonne. Am 20. Dezember rief sie mich bei der Arbeit an und sagte: »Ich mache es.« Das war das letzte Mal, dass ich mit ihr gesprochen habe. Sie legte die Gelübde ab und ging fort, wohin weiß ich nicht.

Als der Sarin-Anschlag verübt wurde, war ich bereits dabei, mich von Aum zu trennen. Es gab da eine Person, die von Frau Takahashi angeworben worden war, und ich versuchte, sie davon abzuhalten, Mitglied zu werden. Alle wussten inzwischen, dass ich den Methoden von Aum kritisch gegenüberstand. Aber Anhänger bleibt Anhänger, und deshalb wurde ich im Mai von der Polizei verhört. Den Behörden waren alle Mitglieder bekannt, wahrscheinlich hatten sie eine Kartei. Ich muss sagen, dass ich die Verhörmethoden ziemlich altertümlich fand. Sie fragten mich allen Ernstes, ob ich imstande sei, auf ein Foto von Shoko Asahara zu treten. Das erinnerte mich an die »Tretbilder« aus der Edo-

Zeit, als die Christen gezwungen wurden, auf Bildern von Jesus herumzutrampeln. Trotzdem hat mir die Polizei ganz schön Angst eingejagt.

1995, als in Hokkaido dieses Flugzeug von All Nippon Airways entführt wurde, verhörten sie mich wieder. »Sie wissen doch etwas, stimmt's?« Ständig rückten sie bei mir an. Ich kam mir schon vor wie eine Frau, die von einem Stalker verfolgt wird. Unter ständiger Beobachtung. Unheimlich. Eigentlich soll die Polizei die Bürger ja beschützen, aber mich versetzte sie in Angst und Schrecken. Obwohl ich gar nichts getan hatte, fürchtete ich die ganze Zeit, verhaftet zu werden. Andauernd wurden Aum-Mitglieder wegen Lappalien oder unter irgendwelchen Vorwänden verhaftet. Bestimmt würde es mir nicht besser ergehen.

Ständig rief einer bei mir an, um zu fragen, ob sich irgendwer von Aum bei mir gemeldet hätte. Ich hätte einfach stillhalten sollen, aber dummerweise war ich so neugierig, was sich bei Aum abspielte, dass ich extra nach Osaka fuhr, um dort im Satyam eine Nonne zu besuchen, die ich persönlich kannte. Ich wollte sie fragen, wie sie diese ganzen Polizeimaßnahmen erlebte. Bei der Gelegenheit kaufte ich mir auch gleich ein paar Ausgaben der Aum-Zeitschrift *Anuttara Sacca*. Zu der Zeit waren keine Bücher oder Zeitschriften von Aum in den Buchläden zu haben, und ich wollte wissen, was geschrieben wurde. Kaum kam ich aus dem Satyam, sprachen mich auf der Stelle zwei Polizisten an und fragten, was ich dort gemacht hätte. Ich kriegte es mit der Angst, rannte weg und konnte sie irgendwie abschütteln. Danach hatte mich die Polizei natürlich noch mehr im Visier.

Murakami: *Haben Sie zu dem Zeitpunkt geglaubt, dass Aum die U-Bahn-Anschläge verübt hat?*

Ja, ich hatte keinerlei Zweifel, und trotzdem konnte ich meine Neugier nicht zügeln. Was mich so neugierig machte? Mich interessierte die Kraft und Vitalität, die diese Gemeinschaft immer wieder aufstehen ließ, obwohl sie von der Gesellschaft ständig unterdrückt wurde. Nehmen Sie zum Beispiel ihre Publikationen – sie wurden in keinem Buchladen mehr geführt, und trotzdem veröffentlichten sie einfach weiter. Also, ich wollte unbedingt wissen, was sich hinter den Kulissen bei Aum abspielte. Was dachten die Anhänger wirklich? Die Neugier eines Reporters oder so, auf alles eben, was man aus dem Fernsehen nicht erfahren konnte.

302   Murakami: *Was ist Ihre Meinung zu dem Anschlag?*

Völlig indiskutabel. So etwas kann man nicht zulassen. Kein Zweifel möglich. Trotzdem müssen Sie zwischen Asahara und den einfachen Mitgliedern unterscheiden. Nicht alle Mitglieder sind Verbrecher, und einige sind wirklich reinen Herzens. Ich kenne viele solche Leute, und sie tun mir sehr leid. Bei Aum landen oft solche, die nicht ins System passen, weil sie sich entweder selbst nicht wohl darin fühlen oder von den anderen ausgeschlossen werden. Ich habe sie gern und kann problemlos mit ihnen befreundet sein. Sie sind mir viel näher als die meisten angepassten Typen. Der wahre Schuldige ist Asahara. Er ist sehr stark und hat ungeheuer viel Macht.

Mit der Zeit freundete ich mich komischerweise mit den Polizisten an, wahrscheinlich, weil ich so viel mit ihnen zu tun hatte. Am Anfang hatte ich Angst vor ihnen und fand sie unheimlich, aber dann wurden wir allmählich Freunde. Kennen Sie den Film *Caspar, der freundliche Geist*? Zuerst haben alle Angst vor ihm, aber dann freunden sie sich mit ihm an. Genauso ging es mir auch. Als ich ihnen bereitwillig die Post zeigte, die ich von Aum bekam, wurden sie viel freundlicher. Anscheinend gibt es viele anständige und ehrliche Polizisten. Sie haben schließlich auch keinen leichten Job und nehmen ihre Arbeit ernst. Also beschloss ich, vernünftig mit ihnen zu kooperieren.

Zu Neujahr erhielt ich einen Brief von Frau Takahashis Mutter. »Wir haben alles falsch gemacht«, schrieb sie. Am Anfang war auch sie leidenschaftliche Aum-Anhängerin gewesen und sogar initiiert. Ich wollte mich unbedingt mit ihrer Tochter treffen, es gab so viel zu bereden. Ich sagte das den Polizisten und zeigte ihnen den Brief.

Wahrscheinlich kam ihnen in diesem Augenblick die Idee, mich als Spitzel einzusetzen. Sie bestellten mich aufs Revier und fragten, ob ich bereit sei, als Polizeispitzel zu fungieren. Ich weiß nicht mehr genau, ob sie das Wort Spitzel verwendeten, aber darauf lief es hinaus. Ich würde mich innerhalb von Aum bewegen und der Polizei Bericht erstatten. Natürlich hatte ich keine große Lust, den Spitzel zu spielen. Mir lag nur daran, mit Aum-Anhängern in Kontakt zu sein. Da ich mich andererseits schon mit den Polizisten angefreundet hatte und quasi mit ihnen in einem Boot saß, willigte ich schließlich ein. Irgendwie würde ich es schon hinkriegen.

Von Natur aus bin ich eigentlich ein Taugenichts. Gutmütig, aber ein Einzelgänger, ohne Freunde. Einer, der in der Firma nie aufsteigt und alle Anraunzer abkriegt. Dem keiner etwas zutraut. Deshalb fühlte ich mich im Grunde sogar ein bisschen geschmeichelt, als die Polizei mich so vertrauensvoll um meine Mitarbeit bat. Auch wenn es nur die Polizei war – ich war dankbar für jede Art von Anerkennung. In meiner Firma, einer Spedition, redete kaum jemand mit mir, und Freunde hatte ich schon gar nicht. Die Aum-Leute gab es auch nicht mehr, und Frau Takahashi war Nonne geworden und verschwunden. Also dachte ich mir, es könnte nichts schaden, so was mal zu machen. Das war wahrscheinlich ein Fehler.

Murakami: *Hat es sich für Sie gelohnt, Spitzel zu sein?*

Der Sinn und Zweck des Ganzen war ja eigentlich, Verbindung zu Frau Takahashi aufzunehmen. Und sie vielleicht zurückzuholen. Außerdem sehnte ich mich nach dem Umgang mit Aum-Mitgliedern, aber nicht als Spitzel oder so was. Aber ohne die Billigung der Polizei hätte ich als Aum-Sympathisant gegolten, und davor hatte ich Angst. Ich wäre wie ein Verbrecher gewesen. Aber mit der Polizei im Rücken würde alles glatt gehen. Außerdem hoffte ich, ein paar Mitglieder zum Austritt bewegen zu können. Aber letzten Endes war das alles ziemlich unehrlich von mir, oder?

Murakami: *Ob unehrlich, weiß ich nicht. Jedenfalls eine ziemlich verzwickte Geschichte.*

Sehr verzwickt. Aber Frau Takahashi tat mir auch so leid. Das beherrschte mein ganzes Denken. Wenn es so weiterging, konnte es passieren, dass sie wie eine Kriminelle behandelt wurde. Ich musste sie zum Austritt überreden, aber ich hatte ja keine Ahnung, wo sie überhaupt war. Vielleicht würde ich durch die Zusammenarbeit mit der Polizei etwas rauskriegen. Im Endeffekt habe ich dann doch nie erfahren, wo sie ist. Ich erkundigte mich dauernd nach ihr, aber nicht einmal die Polizei konnte sie ausfindig machen. Sie wussten nur, dass sie noch Nonne war. Oder wenn sie doch mehr wussten, haben sie es mir nicht gesagt.

Jedenfalls schlug der Plan, mich bei Aum einzuschleusen, sowieso fehl, denn die Ortsgruppen in Fukui und Kanazawa waren geschlossen worden.

Murakami: *Dann sind Sie doch noch einmal glimpflich davonge-kommen. Interessieren Sie sich eigentlich für die Weissagungen des Nostradamus?*

Sehr sogar. Ich bin jetzt sechsunddreißig. Nostradamus hat einen starken Einfluss auf meine Generation. Ich zum Beispiel plane mein Leben entsprechend seiner Prophezeiungen. Ich verspüre den Wunsch, mich umzubringen. Wirklich, ich würde gern sterben. Am liebsten sofort. Aber weil das Ende in zwei Jahren bevorsteht, will ich noch bis dahin durchhalten. Ich möchte mit eigenen Augen sehen, was passiert. Ich interessiere mich für apokalyptische Religionsgemeinschaften. Außer zu Aum habe ich auch Kontakt zu den Zeugen Jehovas. Natürlich erzählen die auch eine Menge Unsinn.

Murakami: *Wenn Sie vom »Ende« sprechen, meinen Sie damit, dass unser ganzes gegenwärtiges System untergehen wird?*

Ich meine eher, dass es zu so etwas wie einem neuen Start kommen wird. Zumindest wünsche ich mir das für die Menschheit. Ich stelle es mir als eine Katharsis vor, aus der die Seelen gestärkt und stabiler hervorgehen.

»Jeder scheint ein anderes Bild
von Meister Asahara zu haben«

Mitsuharu Inaba (geb. 1956)

Herr Inaba ist gegenwärtig noch aktives Mitglied von Aum Shinrikyo. Er lebt mit mehreren Gleichgesinnten in einem einstöckigen Haus in Tokyo. Es gibt nur wenige Hausbesitzer, die überhaupt an Aum-Mitglieder vermieten, aber der Eigentümer dieses Hauses hat viel Verständnis gezeigt: *»Wenn Sie sonst keinen Ort haben für Ihre Wiedereingliederung in die Gesellschaft, dann wohnen Sie eben bei mir.«* Hinzu kommt, dass sich in Wohnungen, in denen Aum-Anhänger leben, die Kakerlaken sehr stark vermehren. Auch während unseres Gesprächs sah ich ein paar über die Tatami huschen. So etwas stellt für viele Hausbesitzer gewiss ein Problem dar. Die Nachbarn wissen, dass Herr Inaba und seine Mitbewohner Aum-Mitglieder sind, und schneiden sie.

Herr Inaba wurde 1956 in Hokkaido geboren. Er hat einen jüngeren Bruder. Sein Vater war Beamter und wurde häufig versetzt. Herr Inaba scheint ein ganz normales Kind gewesen zu sein, abgesehen davon, dass er von klein auf viel über den Sinn des Lebens nachgrübelte, ein häufiges Verhaltensmuster bei Aum-Mitgliedern. Seine Suche führte ihn von der Philosophie zum Buddhismus, von dort zum tibetischen esoterischen Buddhismus und dann zu Aum. Er war Grund- und Mittelschullehrer. Mit vierunddreißig entsagte er der Welt und wurde Aum-Mönch. Zur Zeit des Sarin-Anschlags arbeitete er im Verteidigungsministerium von Aum und wartete die »Kosmo-Sauger«, von Aum zur Abwehr von Giftgas-Anschlägen erfundene Luftfiltergeräte.

Zurzeit lebt er von dem Nachhilfeunterricht, den er einmal wöchentlich erteilt. Sein Leben ist nicht ganz einfach. *»Wissen Sie nicht ein paar Nachhilfeschüler für mich?«*, fragte er mich lächelnd. Er ist ein ernster, ruhiger Mann, und ich kann mir gut vorstellen, dass er ein fähiger Lehrer ist. Seine Augen leuchten, wenn er von seinem Unterricht mit den Kindern der Aum-Anhänger spricht.

In seinem Zimmer steht ein kleiner Altar mit Fotos von »Meister Asahara« und dem »Rimpoche«, dem derzeitigen neuen Führer von Aum.*

---

* Rimpoche (»Außerordentlich Kostbarer«), tibetischer Ehrentitel für einen erleuchteten Meister (Anm. d. Übers.)

Eigentlich wollte ich gar nicht Lehrer werden, aber meine Mutter sagte: »Du kannst ja nichts, also bleibt dir gar nichts anderes übrig.« (*Lacht*) Zwei Jahre lang bereitete ich mich auf die Uni-Aufnahmeprüfungen vor. Ein Jahr davon ging es mir gesundheitlich ziemlich schlecht. In mir tobte so etwas wie ein philosophischer Kampf, und ich war in dieser Zeit sehr unzufrieden. Bei einer ärztlichen Untersuchung stellte sich heraus, dass ich 180 Blutdruck hatte. Also blieb ich zu Hause, um mich zu erholen, und nahm ein blutdrucksenkendes Medikament ein. Ich neigte schon damals zum Grübeln und reagierte sehr empfindlich auf meine Umgebung. Mit »philosophischem Kampf« meine ich das Bewusstsein, bestimmten Ansprüchen nicht genügen zu können, und das damit verbundene Gefühl, ein Versager zu sein, was wiederum in Selbsthass mündete. Ich war eben jung und stur.

Ich studierte für das Lehramt an Grundschulen mit dem Schwerpunkt pädagogische Psychologie. Ich entschied mich für diesen Studiengang, weil ich Kinder gern habe. Dennoch gärte das Problem, was ich mit meiner Kraft und meinem Leben anfangen sollte, ungelöst in mir weiter. Immerhin hatte ich die Hoffnung, von den Kindern etwas lernen zu können. Ich würde zwar unterrichten, aber gleichzeitig selbst etwas lernen.

Als ich mit der Uni fertig war, fand ich eine Anstellung an einer Grundschule in der Präfektur Kanagawa. Hokkaido zu verlassen fiel mir nicht schwer, denn an Umzüge war ich gewöhnt. Und Freunde konnte ich überall finden. Meine neue Schule lag auf dem Land.

Vom Anfang an hatte ich eine eigene Klasse. Vierzig Kinder auf einmal um sich zu haben, war am Anfang ganz schön anstrengend und hielt mich völlig in Atem. Ich erinnere mich noch gut, wie es war. Ich war der neue junge Lehrer, und wenn ich in die Schule kam, scharten sich meine Schüler um mich, zerrten an mir herum und riefen:»Sensei, Sensei!« und »Gucken Sie mal, gucken Sie mal, Wettrennen.« Dann rannte einer beim Wettrennen gegen die Mauer und heulte. Vom ersten Tag an war das so. Wir mussten gleich in den Sanitätsraum.

Der Grundschulunterricht hat mir den meisten Spaß gemacht. Insgesamt habe ich etwa zehn Jahre unterrichtet, aber die fünf oder sechs an der Grundschule waren meine goldene Zeit. Mit den Eltern kam ich auch gut zurecht. Ab und zu trafen wir uns zum Singen oder einfach zu Kaffee und Kuchen. Auch im Lehrerzimmer hatte ich nie Ärger.

Viele fanden, es sei an der Zeit für mich zu heiraten, besonders meine Eltern. Aber ich spielte immer wieder mit dem Gedanken, eines Tages in ein Kloster zu gehen.

Murakami: *Diesen Wunsch hatten Sie also schon damals?*

Ja, lange bevor ich überhaupt etwas von Aum wusste. Ich hatte aber eher die traditionelle Vorstellung, dass ich mich mit sechzig in eine ruhige Klause zurückziehen und als Mönch leben würde.

An der Uni habe ich mich sehr für Nietzsche und Kierkegaard interessiert, aber mit der Zeit fühlte ich mich mehr zu östlichen Lehren hingezogen, besonders zum Zen-Buddhismus. Ich las alle möglichen Bücher über Zen und meditierte zu Hause. Ich praktizierte eine Art von »Wald- und Wiesen-Zen«. Aber die asketischen Praktiken des Zen konnten mich nicht überzeugen, und ich wandte mich – ich glaube, das war um die Zeit, als ich meine Stelle bekam – dem esoterischen Shingon-Buddhismus zu. Besonders interessierte ich mich für Kukai, den Begründer. Ich bestieg den Koyasan, unternahm in den Sommerferien eine Pilgertour durch Shikoku und besuchte den Toji-Tempel in Kyoto. Der japanische Buddhismus wird ja häufig als »Beerdigungs-Buddhismus« belächelt, Sie wissen schon – das einzige buddhistische Ritual, das die Leute einhalten.

Immerhin hat er sich trotz aller Anfechtungen jahrhundertelang erhalten. Ich hoffte, unter den vielen traditionellen Schulen eine Richtung zu finden, die den ursprünglichen Buddhismus praktizierte, und schenkte den so genannten Neuen Religionen daher auch keine Aufmerksamkeit. Sie hatten sicher ihre Vorzüge, aber sie existierten allenfalls seit dreißig oder vierzig Jahren. Ich blieb beim Shingon-Buddhismus.

Nachdem ich vier Jahre an der Grundschule unterrichtet hatte, bat man mich plötzlich, auf die Mittelschule zu wechseln. Die Mittelschule befand sich am gleichen Ort, nur auf der anderen Seite des Schulhofs. Eigentlich wäre ich lieber an der Grundschule geblieben, aber die Zahl der Grundschüler war zurückgegangen und die der Mittelschüler gewachsen, also wäre es nicht richtig gewesen, sich stur zu stellen.

Als ich etwa vier Jahre an der Mittelschule unterrichtet hatte, stieß ich zum ersten Mal auf eine Aum-Publikation. In einem Buchladen fand ich eine dünne Zeitschrift mit dem Titel *Mahayana*. Ich kaufte und las sie. Es war etwa die vierte oder fünfte Ausgabe, mit einer Sonderseite über »Geheim-Yoga« darin. Darüber wollte ich unbedingt mehr erfahren.

An einem Sonntag fuhr ich mit einem Kollegen nach Shinjuku, um Unterrichtsmaterial einzukaufen. Auf der Rückfahrt mit der Odakyu-Linie fiel uns ein, dass sich in der Nähe der Station Gotokuji in Setagaya ein Aum-Dojo befand. Wir hatten noch Zeit und beschlossen, es uns anzuschauen. Zufälligerweise hielt Herr Joyu gerade einen Vortrag mit dem Titel »Das Sammeln von Poa«. Poa bedeutet in diesem Zusammenhang die Steigerung des spirituellen Niveaus.

Sein Vortrag beeindruckte mich stark. Zum Beispiel die Art, wie er Metaphern verwendete. Besonders die jüngeren Leute waren begeistert. Seine Antworten auf die Fragen, die im Anschluss an die Predigt gestellt wurden, waren ungeheuer präzise und genau auf jeden Fragenden zugeschnitten.

Einen Monat später wurde ich Mitglied von Aum Shinrikyo. Ich stellte jedoch gleich klar, dass ich erst einmal für ein Viertel- oder ein halbes Jahr beitreten wolle. Es war nicht teuer. Die Aufnahmegebühr betrug nur 2000 oder 3000 Yen [20–30 Euro] und der Jahresbeitrag 10.000. Als Mitglied erhält man die Publikationen und darf an allen Vorträgen teilnehmen. Daneben gab es Versammlungen für die Öffentlichkeit, für Laienmitglieder und für die Mönche und Nonnen. Am Anfang besuchte ich das Dojo ein- bis zweimal im Monat.

Als ich Mitglied wurde, hatte ich keine nennenswerten persönlichen Probleme. Ich verspürte nur eine große innere Leere – als wäre da ein Loch, durch das unentwegt der Wind pfiff. Ich war ständig unruhig und nie zufrieden. Von außen merkte man mir nichts an. Erst als ich die Gelübde ablegte, wunderten sich einige und fragten mich, ob ich denn Probleme gehabt hätte.

Murakami: *Im Leben eines jeden Menschen gibt es Phasen von Schmerz, Trauer und Niedergeschlagenheit, die einen zutiefst erschüttern können. Haben Sie so etwas nie erlebt?*

So extrem eigentlich nicht. Jedenfalls kann ich mich nicht erinnern.

Im Sommer verbrachte ich drei Tage in der neuen Zentrale am Fuji, aber erst ab dem Herbst 1989 begann ich ernsthaft, an den Veranstaltungen des Dojo teilzunehmen. Ich verbrachte nun jedes Wochenende dort. Während der Woche machte ich meine Übungen zu Hause. Besonders als ich Shaktipat empfing, musste ich körperlich fit sein. Weil die Übertragung von Energie von einer Person auf die andere sehr heikel ist, muss man sich darauf durch besondere Übungen vorbereiten. Ich machte Asana [Yoga], Atem- und einfache Meditationsübungen. Die Kurse dauerten ungefähr drei Stunden, und man musste zwanzig davon absolvieren. Während dieser Schulung spürt man die Veränderung, die mit dem eigenen Körper geschieht. Die geistige Einstellung wird positiver, mehr nach vorne orientiert. Man fühlt sich wie verwandelt.

Die Leute im Dojo nahmen ihren Glauben sehr ernst. Sie waren aufrichtig und gewissenhaft, auch die Meister und Lehrer. Nur hätten sie sich vielleicht der Öffentlichkeit gegenüber ein bisschen geschickter verhalten können. Sie waren so übereifrig wie jemand, der frisch von der Uni kommt und seine erste Arbeitsstelle hat. Es fehlte ihnen noch an Erfahrung, und von außen betrachtet wirkten sie sehr unreif.

Um Aum-Mönch werden zu können, musste ich meine Stelle an der Schule aufgeben. Ich ging zum Rektor und erklärte ihm, dass ich Ende März aufhören wolle. Zusätzlich holte ich auch den Rat eines »älteren Bruders« bei Aum ein, der mich davor warnte, mich allzu schnell zu entscheiden. »Erfülle lieber deine Pflichten und arbeite noch ein Jahr, bevor du die Gelübde ablegst«, sagte er zu mir. Das enttäuschte und bekümmerte mich zwar, aber ich beschloss, noch ein weiteres Jahr an der Schule zu arbeiten.

Aber durch meine Übungen trat mein Astralleib sehr stark hervor, und mein Unbewusstes drängte zur Oberfläche, sodass mein Realitätssinn geschwächt wurde. Wenn dieser Zustand eintritt, sollte man eigentlich in Klausur leben. Alles wäre in Ordnung gewesen, wenn mein Unbewusstes erst während der Sommerferien aufgetaucht wäre, aber es geschah kurz davor. Am schlimmsten war es im Chemieunterricht, wenn ich einfach nicht mehr wusste, ob ich schon alle Chemikalien für ein Experiment gemischt hatte oder nicht. Mein Realitätssinn war kaum noch vorhanden. Mein Gedächtnis ließ nach, und ich konnte häufig nicht mehr beurteilen, ob ich etwas wirklich getan oder nur davon geträumt hatte.

Mein Alltagsbewusstsein war weg, und ich konnte es nicht zurückholen. Die Schriften erwähnen, dass an einem gewissen Punkt der Schulung dieser Zustand von Gespaltenheit auftritt, den ich damals erreicht hatte. In mir gab es nichts mehr, auf das ich mich verlassen konnte. Immerhin konnte ich meinen Zustand noch einschätzen – im schlimmsten Fall hätte ich schizophren werden können. Meine Angst wuchs. Ich musste diesen Zustand der Gespaltenheit überwinden, aber ein Psychiater hätte mir nicht helfen können. Der Schlüssel lag in meinen Übungen. Also musste ich möglichst bald die Gelübde ablegen. Es blieb mir nichts anderes übrig, als mich ganz Aum anzuvertrauen. Außerdem wollte ich ja schon immer ins Kloster gehen.

Ich suchte nochmals den Rektor auf, um ihm mitzuteilen, dass ich nun doch aufhören wolle. Die Kündigung eines Lehrers mitten im Schuljahr kommt natürlich ungelegen, aber der Rektor zeigte ein gewisses Verständnis für meine Situation und befreite mich krankheitshalber bis zum Ende der Sommerferien von der Arbeit. Am Ende war es gar nicht so einfach, die Schule zu verlassen, um Mönch zu werden. Schließlich ging ich, ohne Abschied zu nehmen. Wahrscheinlich habe ich meine Kollegen ganz schön in Schwierigkeiten gebracht, und sie hielten mich für einen verantwortungslosen Kerl.

Am siebten Juli legte ich die Gelübde ab. Ich hatte meine Eltern von meinem Plan unterrichtet. Das war Ende Juni, als ich krankgeschrieben war. Sie kamen sofort. Und sie waren ziemlich sauer. Ich gab mir redlich Mühe, sie zu überzeugen, aber ich konnte nichts ausrichten. Meine Eltern waren zwar damit einverstanden, dass ich mich mit dem Buddhismus beschäftigte und ihn studierte, aber Aum Shinrikyo galt für sie nicht als Buddhismus. Ich versuchte ihnen zu erklären, dass Aum, auch wenn es vielleicht nicht den Anschein hat, auf der buddhistischen Lehre aufbaut. Aber sie waren Außenstehende, und ich konnte sie nicht überzeugen.

Sie wollten, dass ich sofort mit ihnen zurück nach Hokkaido fuhr. Ich müsste mich zwischen ihnen und »denen« entscheiden. Es war eine sehr schwere, quälende Entscheidung. In Hokkaido würde ich nur mein bisheriges Leben fortführen. Nichts wäre gelöst. Ich entschloss mich, den Weg des Buddhismus zu gehen, und wurde Mönch. Aber es ist mir damals wirklich nicht leicht gefallen.

Mit einem meiner Kollegen an der Schule war ich sehr gut befreundet. Er kam fast jeden Tag mit einem Bier bei mir vorbei. »Du willst doch nicht im Ernst aufhören, oder?«, fragte er mich und versuchte, mich von meinem Entschluss abzubringen. Dabei hatte er Tränen in den Augen. Aber ich war dabei, etwas zu tun, das ich mir seit meiner

Kindheit gewünscht hatte. So konnte ich ihm nur sagen, ich müsse es tun, auch wenn es mir sehr leid tue.

Nachdem ich die Gelübde abgelegt hatte, fuhr ich geradewegs nach Naminomura in Aso, wo ich auf der Baustelle arbeitete. Das Dach des Aum-Gebäudes war fast fertig. Die Arbeit war schwer, aber interessant und ganz anders als alles, was ich bisher getan hatte. So anregend, als würde ich einen anderen Teil meines Gehirns einsetzen. Danach kehrte ich in die Zentrale am Fuji zurück, wo ich verschiedene Tätigkeiten ausübte. Anschließend arbeitete ich am Bau von Satyam 2 in Kamikuishiki mit.

Die erste Zeit nach dem Ablegen der Gelübde wird als das »Sammeln von Verdiensten« bezeichnet. Man verrichtet hauptsächlich schwere Arbeiten. Ein paar asketische Übungen sind auch dabei, aber das meiste ist Knochenarbeit. Ich lebte ganz anders als in meiner Zeit als Lehrer. Weder brauchte ich mich um zwischenmenschliche Belange zu kümmern, noch hatte ich Verantwortung zu tragen. Ich war ganz unten, als hätte ich neu in einem Betrieb anfangen, und musste nur befolgen, was die Vorgesetzten mir sagten. Psychologisch war das äußerst bequem.

Dennoch fühlte ich mich als über dreißigjähriger Aussteiger ziemlich unsicher. Was sollte aus mir werden, wenn die Sache schief ging? Es führte kein Weg zurück, und daher betrieb ich meine Askese-Übungen besonders intensiv. Ich hatte nichts und niemanden mehr. Wenn ich nichts für mich erreichte, wäre mein Verzicht verfehlt.

Im September des nächsten Jahres [1991] ging ich wieder nach Aso. Diesmal arbeitete ich als Lehrer für die Kinder der anderen Mönche und Nonnen. Insgesamt waren es siebzig bis achtzig Kinder. Ich unterrichtete Naturwissenschaften. Es gab auch Lehrer für Japanisch, Englisch und andere Fächer. Die meisten waren ehemalige Lehrer wie ich. Wir entwarfen einen Lehrplan und gestalteten das Ganze so ähnlich wie an einer normalen Schule. Naoko Kikuchi unterrrichtete dort Musik. Sie kam von einer pädagogischen Hochschule.

Murakami: *War der Unterricht sehr religiös orientiert?*

Im Japanisch-Unterricht wurden buddhistische Schriften verwendet, aber in den Naturwissenschaften gibt es da ja kaum Berührungspunkte. Es fiel mir schwer, Aum-Lehren in meinen Unterricht einzubeziehen, und ich erkundigte mich beim Gründer (Asahara) danach.

»Da die Naturwissenschaft zur realen Welt gehört, ist es egal, was Sie machen«, sagte er. Ich fragte noch mal nach, ob ich das auch wirklich richtig verstanden hätte (*lacht*).

Also hatte ich es recht leicht. Ich nahm Sendungen aus dem Fernsehen auf und benutzte sie als Unterrichtsmaterial. Außerdem verwendete ich Material aus meinem Unterricht von früher. Die ganze Sache machte mir großen Spaß. Irgendwann wurde ich von Aso nach Kamikuishiki versetzt. Ich unterrichtete nun auch die Kinder des Gründers, und manchmal erzählte er mir, wie sehr ihnen mein Unterricht gefalle. Das ging etwa ein Jahr, dann begann meine Zeit der Askese.

In religiösen Dingen war der Meister zweifellos ein Mensch von außergewöhnlichen Fähigkeiten. Daran habe ich keinerlei Zweifel. Er konnte seine Predigten ungewöhnlich gut auf seine Zuhörer abstimmen und verfügte über eine starke persönliche Ausstrahlung. Später wurde ich ins Verteidigungsministerium versetzt und war für die Installation und Wartung von Kosmo-Saugern und anderen Luftfilteranlagen zuständig. Deshalb suchte ich auch zweimal in der Woche das Haus des Meisters auf. Ich war für die Wartung des Filters in seinem Wagen zuständig und hatte deshalb öfter Gelegenheit, persönlich mit ihm zu sprechen. Viele seiner Äußerungen regten mich zum Nachdenken an. Ich spürte, dass er bemüht war herauszufinden, was für meine Entwicklung das Beste war. Zwischen meinen Erfahrungen mit seiner Persönlichkeit und dem Bild, das man von ihm bei den Gerichtsverhandlungen gewinnt, besteht eine tiefe Kluft.

Immer wieder wurde ausgesagt, dass den Befehlen des Meisters unbedingt Folge zu leisten war. Ich war häufig nicht einer Meinung mit ihm, deshalb kann ich aus eigener Erfahrung sagen, dass er mit den Alternativen, die ich ihm vorschlug, in der Regel einverstanden war. »Gut«, sagte er in solchen Fällen, »dann machen wir es eben so.« Wenn man ihm seine Meinung offen sagte, hatte er keine Schwierigkeiten, darauf einzugehen. Zumindest hatte ich nicht das Gefühl, dass er irgendjemanden zu etwas zwang.

Murakami: *Möglicherweise hat er sich je nach Art des Befehls und je nach Person unterschiedlich verhalten.*

Das weiß ich natürlich nicht. Jeder scheint ein anderes Bild von Meister Asahara zu haben.

Murakami: *Was bedeutete Shoko Asahara für Sie persönlich? Man kann ihn als Guru oder Mentor bezeichnen, aber wie Sie sagen, variiert sein Bild je nach Person sehr stark.*

Für mich war er ein spiritueller Lehrer. Kein Prophet oder so etwas, sondern eine Person, die für mich die letzten Fragen der buddhistischen Lehre klären und die Schriften für mich deuten konnte. Man kann Sutren lesen, soviel man will, sie sind doch nichts als Worte auf Papier. Wenn man die Schriften allein studiert, und sei es auch noch so gründlich, kommen dabei – ich will nicht gerade Laien-Buddhismus sagen – aber doch hauptsächlich selbst gestrickte, zusammengestoppelte Deutungen heraus. Stattdessen ist es viel effektiver, unter richtiger Anleitung stufenweise zu einem guten Verständnis zu gelangen. Auf jeder Stufe sollte man innehalten und sich der eigenen Fortschritte vergewissern. Damit die Schulung in die richtige Richtung geht, braucht man einen Lehrer. Genau wie in der Mathematik. Und bis zu einem gewissen Niveau muss man diesem Lehrer vertrauen. Zuerst lernt man die Formel und erst dann ihren Gebrauch.

Murakami: *Unterwegs treten aber doch manchmal Zweifel auf, ob der Lehrer wirklich in allem Recht hat. Was halten Sie übrigens von Armageddon oder den Freimaurern?*

Was über die Freimaurer gesagt wird, halte ich teilweise für möglich. Natürlich glaube ich nicht alles.

Murakami: *Im Lauf der Zeit hat sich der Charakter von Aum Shinrikyo verändert. Ein gewalttätiger Aspekt kam zum Vorschein. Es wurden Waffen hergestellt, Giftgase entwickelt und Menschen ermordet. Haben Sie davon etwas mitbekommen?*

Nein, von diesen Dingen habe ich erst später erfahren. Als ich innerhalb von Aum lebte, habe ich davon überhaupt nichts gewusst. Ich habe nur gespürt, dass der Druck von außen stärker wurde, dass immer mehr Leute sich schlecht fühlten und körperliche Beschwerden hatten. Es tauchten auch zunehmend Spitzel auf.

Murakami: *Wussten Sie, wer diese Spitzel waren und wer sie geschickt hatte?*

Nein, aber die Sicherheitspolizei überwachte uns. Es gab sicher eine Menge Spitzel, auch wenn ich das nicht beweisen kann. Die Öffentlichkeit war natürlich von Anfang an davon überzeugt, dass Aum den Anschlag verübt hatte, aber wer weiß? Es ist nicht zu leugnen, dass

Aum-Leute die Hauptdrahtzieher waren, aber es scheinen noch andere Individuen und Gruppen beteiligt zu sein. Licht in diese Fragen zu bringen würde große Probleme verursachen, also lässt man lieber alles, wie es ist. Natürlich wäre es auch schwer, etwas zu beweisen.

Murakami: *Allerdings. Aber kehren wir zum Leben innerhalb Ihrer Gemeinschaft zurück. War es sehr geregelt?*

Nein, überhaupt nicht. Als ich zum ersten Mal nach Aso kam, war ich sprachlos angesichts der vielen Fehlschläge und Unzulänglichkeiten. Wir bauten ein Gebäude und rissen es gleich wieder ab. Was wir gebaut hatten, war nicht das Richtige, also räumten wir es wieder weg. Wie bei einem Schulfest. Man baut Modelle, die nach dem Fest wieder abgerissen werden. Genau so. Und wie bei einem Schulfest kann man dabei eine Menge lernen: über zwischenmenschliche Beziehungen, handwerkliche Fertigkeiten und alles Mögliche, das nicht sofort ins Auge sticht. Deshalb baut man etwas, nur um es anschließend wieder zu zerstören. Bei solchen Gemeinschaftsarbeiten lernt man auch sich selbst besser kennen.

Murakami: *Vielleicht waren auch einfach die Baupläne schlecht?*

Das kann auch sein (*lacht*). Jedenfalls waren das die Tatsachen, und es blieb mir nichts anderes übrig, als sie zu akzeptieren. So ist das doch mehr oder weniger in allen japanischen Unternehmen.

Murakami: *Aber kein Unternehmen würde einen Damm bauen und ihn anschließend gleich wieder einreißen.*

Stimmt, so weit würde niemand gehen.

Murakami: *Gab es Leute, die sich über diese unwirtschaftliche Arbeitsweise beschwerten?*

Ja, die gab es schon. Aber viele hielten auch den Mund. Eine Zeit lang arbeitete ich unter Herrn Murai in der Abteilung Wissenschaft. Damals wollten wir Trommeln herstellen und erforschten die Gerbmethoden für Schweinsleder. Wir stellten alles Mögliche an (*lacht*). Wir gerbten und forschten nach, welches Holz am besten geeignet ist. Dann wussten wir nicht, wo wir das Holz für die Trommeln hernehmen sollten – auf halbem Weg mussten wir aufgeben. Später entwickelten wir den Kosmo-Sauger, von dem ich schon gesprochen habe. Ein riesiger Luftfilter.

Im Zusammenhang mit diesem Projekt wurde ich ins Verteidigungsministerium versetzt. Das war 1994. Tolle Karriere, was? (*Lacht*)   315

Vom Bau in die Wissenschaft und dann ins Verteidigungsministerium. Ich hielt das alles für ein Spiel und habe eigentlich nie angenommen, dass wir einen eigenen Staat schaffen wollten.

Meine Aufgabe bestand in der Wartung der Kosmo-Sauger; wir hatten etwa sechzig riesige Kosmo-Sauger installiert. Um ehrlich zu sein, es war schwieriger, die Dinger zu warten, als sie zu bauen. Sie machten immer irgendwelche Schwierigkeiten. Entweder tropften sie oder ein Motor fiel aus.

Murakami: *In Satyam 7, wo das Sarin hergestellt wurde, gab es doch auch Kosmo-Sauger, nicht wahr?*

Dort hatte ich keinen Zutritt. Sonst wäre ich jetzt auch nicht hier. Am 20. März 1995 befand ich mich in Satyam 2 in Kamikuishiki und erwartete eine Hausdurchsuchung. Zu diesem Zeitpunkt wussten wir schon, dass die Polizei Razzien machte. Es waren auch ein paar Journalisten da. Aber als sich um neun Uhr noch nichts getan hatte, vermutete ich, sie würden nicht mehr kommen, und ging an die Arbeit. Ich machte das Radio an und hörte, dass in den U-Bahnen in Tokyo etwas Ungewöhnliches vor sich ging. Wir durften eigentlich kein Radio hören, aber ich tat es trotzdem (*lacht*). Als ich mit meinen Kollegen darüber sprach, waren wir uns alle einig, dass Aum beschuldigt werden würde. Am übernächsten Tag gab es dann eine Razzia.

Murakami: *Herr Inaba, geben Sie zu, dass eine Fraktion von Aum den Sarin-Anschlag durchgeführt hat?*

Ja, das weiß ich natürlich. Wie ich vorhin schon sagte, gibt es zwar für mich noch viele ungeklärte Momente, aber die entsprechenden Personen haben gestanden und stehen vor Gericht. Also war es so.

Murakami: *Inwieweit halten Sie Asahara dafür verantwortlich?*

Wenn er schuldig ist, muss er natürlich dem Gesetz entsprechend verurteilt werden. Aber wie gesagt, für mich besteht eine große Kluft zwischen dem Asahara, den ich persönlich kenne, und dem Asahara, der vor Gericht steht ... Als Guru, als religiöser Führer war er herausragend, deshalb möchte ich das erst einmal bis zum Ende verfolgen ...

Ich habe Aum Shinrikyo sehr viel Gutes zu verdanken. Doch abgesehen davon muss man natürlich Schlechtes als schlecht erkennen und deutlich abgrenzen. Darum bemühe ich mich augenblicklich. In meinem Inneren. Wie meine Zukunft aussehen wird, kann ich noch nicht sagen.

Im Allgemeinen herrscht anscheinend der Eindruck vor, Aum Shinrikyo und der Buddhismus seien zwei völlig verschiedene Bewegungen. Ich möchte sagen, dass ich es viel zu einfach finde, Aum mit dem Etikett »Sekte« zu versehen und der »Gehirnwäsche« zu bezichtigen. Ich habe zehn Jahre meines Lebens bei dieser »Sekte« verbracht und ihr meine ganze Existenz gewidmet, auch wenn das etwas pathetisch klingt.

Murakami: *Die tibetische Geheimlehre verlangt, dass Guru und Jünger ein untrennbares Eines sind. Dazu gehört die absolute Hingabe des Jüngers an seinen Guru. Aber könnte es nicht geschehen, dass ein Mensch, der anfangs ein ausgezeichneter Lehrer zu sein schien, im Laufe der Zeit eine unbegreifliche oder gar falsche Richtung einschlägt? Wie ein Computer, in den ein Virus eingedrungen ist, seltsame Reaktionen zeigt. Und es fehlt eine dritte Person, die das System überprüft?*

Das weiß ich nicht.

Murakami: *Absolute Hingabe schließt meiner Ansicht nach diese Gefahr naturgemäß ein. Sie waren zwar nicht an dem Anschlag beteiligt, aber logisch gesehen, hätten Sie doch auch gehorchen müssen, wenn Ihr Guru Ihnen befohlen hätte, Poa anzuwenden, oder?*

Die Frage nach den Grenzen der Hingabe betrifft wahrscheinlich die meisten Religionsgemeinschaften. Ich vermute mal, dass ich einen entsprechenden Befehl nicht ausgeführt hätte. Das heißt natürlich nur, dass ich nicht gläubig genug bin (*lacht*) und mein Selbst nicht überwunden habe. Man könnte sagen, ich bin noch zu schwach. Außerdem bin ich ein Mensch, der erst weitergehen kann, wenn er von etwas überzeugt ist. Sehr rational.

Murakami: *Wenn man Sie also irgendwie überzeugt hätte, hätten Sie eventuell mitgemacht? Wenn man Ihnen erklärt hätte: »Inaba, so und so sieht es aus. Deshalb müssen wir jetzt Poa ausführen.« Was dann?*

Hm, keine Ahnung. Schwer zu sagen.

Murakami: *Ich wüsste gern, welchen Platz das Selbst in der Lehre von Aum Shinrikyo einnimmt. Bis wohin entscheidet das Individuum und ab wann der Guru? Ich konnte Ihnen bisher gut folgen, aber in diesem Punkt ist mir noch vieles unklar.*

Das so genannte Selbst kann in Wirklichkeit niemals ganz unabhängig werden. Es wird immer allen möglichen Einflüssen von außen unterworfen sein, Erfahrungen und bestimmten Denkmustern. Deshalb kann man nie wissen, bis wohin das wahre, reine Selbst reicht. Im Buddhismus steht am Anfang die Erkenntnis, dass das Selbst, das man für sein Selbst hält, nicht das wahre Selbst ist. Also liegt so etwas wie Gehirnwäsche dem Buddhismus völlig fern. Der Satz »ich weiß, dass ich nichts weiß« von Sokrates kommt der Sache viel näher.

Murakami: *Man könnte doch das Selbst als eine Art Black Box beschreiben, die aus einer Oberfläche und einem darunter liegenden Unbewussten besteht. Manche Menschen halten es für ihre Aufgabe, diese Black Box zu öffnen, um die Wahrheit zu finden. Etwas Ähnliches stelle ich mir unter dem Astralleib vor, den Sie beschrieben haben.*

Ein Mittel, um diesen tiefsten Teil des Selbst zu erkennen, ist die Meditation. Aus buddhistischer Sicht liegen die Schwachpunkte eines Menschen tief im Unbewussten verborgen. Durch Meditation kann man sie aufspüren und korrigieren.

Murakami: *Wenn ein Mensch in diese Tiefen vordringt, sollte er zugleich bereit sein zu akzeptieren, was er dort findet. Sonst könnte es gefährlich werden. Wenn ich jedoch die Aussagen der Angeklagten höre, habe ich den Eindruck, dass sie dazu nicht imstande waren. Analyse und Intuition funktionieren schließlich nicht auf derselben Ebene. Um es deutlicher zu sagen: Sie haben nur die Analyse geleistet und die Intuition jemand anderem überlassen. Ihre Sichtweise wurde extrem statisch. Deshalb konnten sie sich nicht gegen eine außergewöhnlich dynamische Persönlichkeit wie Asahara behaupten.*

Ich glaube, ich weiß nicht genau, was Sie meinen, aber ich kann es mir ungefähr vorstellen. Wahrscheinlich geht es Ihnen um den Unterschied zwischen Wissen und Weisheit. Das eine bezeichnen Sie als Analyse, das andere als Intuition.

Vergessen Sie aber nicht, dass es auch Personen gibt, die mit aller Kraft an ihrer persönlichen Entwicklung und Erleuchtung arbeiten und die mit dem Anschlag nicht das Geringste zu tun haben. Natürlich hat Aum schreckliche Verbrechen begangen, aber andererseits werden auch Mitglieder, die in Wirklichkeit gar nichts Schlimmes getan haben, wegen unbedeutender Vergehen verhaftet und belästigt. Auch ich werde, wenn ich ein bisschen draußen herumlaufe, sofort von der Polizei verfolgt. Wenn ich mich um eine Stelle bemühe, werde ich eingeschüchtert und diskriminiert. Manche Leute, die die Aum-Einrichtungen verlassen haben, finden nicht einmal eine Wohnung. Die Medien berichten vollkommen einseitig. Nach solchen Erfahrungen ist es doch kein Wunder, wenn wir kein Vertrauen in die Gesellschaft mehr setzen können.

Man sagt uns, wir würden akzeptiert, wenn wir von unserem Glauben ablassen, aber die Leute, die die Gelübde abgelegt haben, haben das reinen Herzens getan oder sind in gewisser Weise emotional instabil. Wenn sie einfach zu Hause bleiben, normal arbeiten und ihre Meditationspraxis fortsetzen könnten, wäre alles in Ordnung. Aber so etwas lässt die Gesellschaft ja nicht zu. Deshalb nehmen sie zeitweilig die Isolation, eine Klausur, auf sich. Solche Menschen haben eine Realitätssperre oder einen Widerstand gegen die Außenwelt, der mit ihren Problemen zusammenhängt.

Die Strukturen von Aum haben sich stark gewandelt, von Grund auf. Von außen betrachtet vielleicht nicht, aber im Inneren haben starke Veränderungen stattgefunden. Wir wollen auf der Basis von Yoga wieder von vorn beginnen. Aber da wir eine Tochter des Gründers zum neuen Oberhaupt ernannt haben, wird es wahrscheinlich heißen, wir hätten nichts gelernt.

Murakami: *Diesen Umstand finde ich gar nicht so unerhört. Aber solange Sie nicht öffentlich über das Geschehene reflektieren und sich davon distanzieren, werden Sie niemanden überzeugen können. Ich glaube nicht, dass Sie sich einfach hinstellen können und sagen: »Das haben andere gemacht. Unsere Lehre ist nicht falsch. Wir sind auch Opfer.« In Ihrer Sekte, in Ihrer Lehre verbergen sich gefährliche Elemente, und ich bin der Ansicht, Ihre Gemeinschaft ist verpflichtet, der Öffentlichkeit alles darzulegen. Erst dann werden Sie Ihr religiöses Leben so weiterführen können, wie Sie es für richtig halten.*

Erst allmählich sind wir in der Lage, an eine vorläufige Stellungnahme – die natürlich nicht alles umfasst – zu denken. Natürlich kann sie nur sehr unvollkommen ausfallen, aber die Medien werden sie sowieso nicht veröffentlichen. Darüber hinaus wären wir froh, wenn andere uns beim Bestimmen der Fehler, die wir gemacht haben, helfen könnten. Aber die japanischen Buddhisten wollen nichts mit uns zu tun haben und haben sich bisher nicht geäußert.

Murakami: *Könnte das nicht daran liegen, dass Sie immer nur in*

Ihrer eigenen Sprache – mit Ihrem eigenen Vokabular und Ihrer eige-
nen Grammatik – sprechen? Zu normalen Menschen müssen Sie mit
normalen Worten und normaler Logik sprechen, sonst werden Sie
nicht verstanden. Wenn Sie nur von oben herab dozieren, wird Ihnen
niemand zuhören.

Ja, das ist ein Problem. Aber wie wäre es denn, wenn wir ganz normal sprechen würden? (*Lacht.*) In der Sprache der Medien? Sie würden
weiter einseitig berichten, die Reaktion wäre Unglauben oder Ekel. Alles, was wir sagen, wird ohnehin von den Medien verzerrt. Es existiert
bisher kein einziger Medienbericht, der ernsthaft versucht hat, unsere
wirkliche Haltung zu übermitteln. Niemand – außer Ihnen – macht sich
die Mühe, uns anzuhören.

Grundsätzlich stellt sich auch die Frage, wie der Gründer selbst die
Sache beurteilt, aber seine wahren Absichten sind bisher nicht geklärt.
Der Anschlag ist der Dreh- und Angelpunkt. Wir bemühen uns nach
Kräften, aber es ist wirklich sehr schwer, die Hintergründe des An-
schlags so zu erklären, dass die Gesellschaft sie versteht.

Ich bin noch Mitglied von Aum, aber auch die Leute, die inzwischen
ausgetreten sind, verdammen Aum nicht hundertprozentig, genau wie
diejenigen, die geblieben sind, Aum nicht für hundertprozentig richtig
halten. Die meisten nehmen eine Mittelposition ein. Deshalb stimmt
es auch nicht, wenn die Medien behaupten, die verbliebenen Mitglieder
seien Fanatiker. Im Gegenteil, von den dogmatischen Asahara-Jüngern
sind die meisten ausgetreten.

Möglicherweise kommen die, die heute gegangen sind, morgen zurück, und diejenigen, die heute bleiben, treten morgen aus. Jeder ist auf
seine Weise tief betrübt. Einige von den Ausgetretenen suchen mich
persönlich auf und bitten mich um Rat. Wir führen lange Gespräche.
Inzwischen sehe ich wieder etwas mehr Land, aber eine Weile habe ich
mich gefragt, ob ich je in der Lage sein würde, wieder ein weltliches
Leben aufzunehmen.

Im Moment verdiene ich mir meinen Lebensunterhalt mit Nachhil-
festunden. Die Mitglieder, die hier zusammenleben, helfen einander.
Von meinen Freunden und Mitbewohnern haben die meisten Aushilfsjobs auf Baustellen. Sie hätten Sie wirklich gern kennen gelernt,
aber sie können nicht von der Arbeit weg (*lacht*). Sie machen alles Mögliche. Der im Zimmer nebenan arbeitet schon länger als Lastwagenfah-

rer. Wenn er sagen würde, dass er Aum-Mitglied ist, bekäme er keine Arbeit mehr. Also behält er es lieber für sich. Klar.

Im Monat zahlen wir hier 42.000 Yen [ca. 420 Euro]. Wir haben zwar eine Dusche, aber kein Bad. Außer für die Miete gebe ich kaum etwas aus. Ich sehe nicht fern. Für die Mahlzeiten wird gesorgt. Ich kaufe keinerlei Genussmittel. Die Umlagen kosten noch ein bisschen was. Zu zweit können wir von 60.000 Yen im Monat leben. Ein Student braucht heutzutage wahrscheinlich schon 100.000 Yen für sich allein, oder? Wir leben eben so, dass es gerade reicht.

Die Medien behaupten, Aum sei an allen möglichen Unternehmen beteiligt, aber auch das ist nicht richtig. Natürlich gibt es die Aum-Firma Aleph noch, aber es ist nicht einfach, sie weiterzuführen, solange die Polizei alle Transaktionen überwacht. Einige der Mönche und Nonnen sind alt und können nicht außer Haus arbeiten, andere Mitglieder sind krank. Für sie muss auch gesorgt werden. Alle müssen sich darum kümmern, dass auch diese Menschen Unterkunft und Nahrung haben. Schon deshalb können wir finanziell keine großen Sprünge machen.

Murakami: *Was ist aus den Aum-Kindern geworden, die Sie damals unterrichtet haben?*

Die meisten leben wieder in der Gesellschaft und gehen auf normale Schulen. Kinder kann man nicht mit Teilzeitarbeit ernähren, deshalb führen die Eltern, auch wenn sie Mönche und Nonnen waren, alle wieder ein weltliches Leben, um einer geregelten Arbeit nachgehen zu können. Obwohl ich vermute, dass es nicht so einfach für sie war, eine solche Arbeit zu finden.

Was aus den Kindern geworden ist, weiß ich nicht genau. Viele wurden ja gewaltsam von ihren Eltern getrennt, also nehme ich an, dass sich für die Kinder große Dramen abgespielt haben.

In unserem Unterricht wird prinzipiell nicht geschlagen, überhaupt wird keinerlei Gewalt angewendet. Unsere Methode ist es, die Dinge vernünftig zu besprechen und mit Logik zu überzeugen. Als Mönche müssen wir uns sehr strikt an unsere Vorgaben halten, sonst können wir nicht überzeugen. Man kann auch keinem das Rauchen verbieten, wenn man selbst da sitzt und raucht. Kinder beobachten genau, was Erwachsene tun. Einige der Kinder wurden in Heimen untergebracht. Ich nehme an, das Personal dort wird es nicht so ganz leicht haben (*lacht*).

»Es hatte große Ähnlichkeit
mit einem Menschenversuch«

Hajime Masutani (1969 geboren)

Herr Masutani wurde 1969 in der Präfektur Kanagawa geboren und wuchs in einer ganz normalen Familie auf. Dennoch zog er sich schon als Kind immer mehr von seinen Eltern zurück und sprach schließlich kaum noch mit ihnen. Er interessierte sich weder für Sport noch für die Schule, zeichnete aber sehr gern und betätigt sich seit der Grundschule künstlerisch.

Später studierte er Architekturdesign. Die Religion interessierte ihn nicht, bis einige Sekten an ihn herantraten. Am meisten sagte ihm die Lehre der Aum Shinrikyo zu, und er wurde Mitglied.

Kurz vor dem Sarin-Anschlag kritisierte er einige Maßnahmen der Sekte und kam infolgedessen in Kamikuishiki in Einzelarrest. Er fühlte sich bedroht und floh. Kurz darauf wurde er aus der Sekte ausgestoßen.

Er ist ein Mensch, der die Dinge gern logisch angeht. Auch wenn er Aum Shinrikyo kritisch gegenübersteht, gibt es Punkte, von denen er überzeugt ist. Während seiner Askese-Übungen hatte er gelegentlich mystische Erfahrungen, hat aber kaum Interesse an »übersinnlichen Kräften«, Endzeitphilosophien und Verschwörungstheorien über die Freimaurer. Diese Tendenzen bei Aum missfielen ihm bereits, als er noch Mitglied war. Dennoch hat er die Gemeinschaft erst verlassen, als sein Leben offenbar in Gefahr war.

Heute hält er seine ehemalige Mitgliedschaft bei Aum geheim, lebt von Aushilfsjobs und wohnt allein. Während unseres Gesprächs war er mir gegenüber sehr offen.

Ich bin in meinem Leben nie auf größere Schwierigkeiten gestoßen oder war unglücklich. Nur dass ich ständig das Gefühl hatte, dass irgendetwas fehlte. Die Kunst zog mich stark an, aber dennoch konnte ich mir nicht vorstellen, mein Leben mit dem Malen von Bildern zu verbringen und damit mein Geld zu verdienen. Als ich an der Uni war, stieß ich in einem Buchladen auf ein Buch über Aum, das mich faszinierte. Vielleicht konnte ein religiöses Leben mir helfen, meinem wahren Ich näher zu kommen.

Das erste Aum-Dojo, das ich besuchte, war in Kyoto. Als ich davon hörte, war ich gerade allein in Kansai unterwegs und beschloss, es mir anzuschauen. Die Räumlichkeiten waren gemietet und sehr schlicht.

Auch der Altar war sehr einfach. Nicht wie bei einigen Sekten, die einen unheimlichen Aufwand treiben und mit ihrem Geld herumprotzen. Die Anhänger waren ebenfalls einfach gekleidet. Herr Matsumoto* war auch anwesend, und ich konnte ihn predigen hören.

Allerdings verstand ich, ehrlich gesagt, nicht genau, wovon er sprach (*lacht*). Ich war müde von der Reise und nickte dauernd ein. Aber die Predigt hatte einen starken Sog, und ich hatte den Eindruck, dass es um etwas sehr Tiefsinniges ging. Mittlerweile glaube ich, dass ich damals eher von künstlerischer Intuition oder mystischer Ergriffenheit bestimmt war als von logischem Denken.

Nach der Predigt wurden die Leute, die noch reden wollten, zum Bleiben eingeladen, und ich hatte Gelegenheit, mit Hideo Murai zu sprechen, der Erleuchtung erlangt haben sollte. Herr Murai hatte überhaupt keine heilige Ausstrahlung oder so was, er wirkte wie ein gewöhnlicher Aum-Anhänger. Nachdem wir über den Körper und verschiedenes andere gesprochen hatten, sagte er plötzlich: »Wollen Sie nicht bei uns Mitglied werden?« Heute weiß ich, dass das eine von Aums Standardtaktiken ist. Meist kommen zu solchen Veranstaltungen Leute, denen etwas fehlt oder die etwas suchen. Aber die Atmosphäre im Dojo war nicht übel, und als er mich so plötzlich aufforderte, Mitglied zu werden, war ich überrumpelt und füllte ein Anmeldeformular aus. Ich hätte 30.000 Yen [300 Euro] zahlen müssen, aber weil ich das Geld nicht dabei hatte, zahlte ich erst, als ich wieder in Tokyo war. Damals war ich im ersten Semester.

Zuerst ging ich eine Weile ins Setagaya-Dojo, aber meine Hauptbeschäftigung bestand darin, Aum-Flugblätter zu verteilen. Statt asketische Übungen zu machen, sollten wir erst mal »Verdienste erwerben«, hieß es. Im Dojo gab es eine Menge Stadtpläne, auf denen Tokyo in Sektionen eingeteilt war. Abends wurde man dann bestimmten Gegenden zugeteilt: »Du machst heute Viertel Soundso.« Das bedeutete, wir warfen die Flugblätter in die Briefkästen. Ich war ziemlich eifrig dabei, ich fand das irgendwie befriedigend, und außerdem tat mir die körperliche Bewegung gut. Damals glaubte ich, wenn ich genügend Verdienste erworben hätte, würde der Guru mir etwas von seiner Energie übertragen.

* Chizuo Matsumoto ist Shoko Asaharas bürgerlicher Name. (Anm. d. Übers.)

Murakami: *Also machte Ihnen das Verteilen von Flugblättern mehr Spaß als Ihr Studium?*

Ich wollte meinem Leben eine andere Richtung geben. Architekturdesign studieren konnte ich, soviel ich wollte, aber mehr als vielleicht einen guten Job zu finden war nicht drin. Da war es doch attraktiver, meine spirituellen Kräfte zu mobilisieren, um am Ende Erleuchtung zu erlangen.

Murakami: *Zu diesem Zeitpunkt hatten Sie also schon das Interesse am normalen Leben verloren und sich Ihrer spirituellen Entwicklung zugewandt?*

Genau.

Murakami: *Menschen, die sich mit Sinnfragen auseinander setzen, verhalten sich gewöhnlich nach einem bestimmten Muster. Als Jugendliche lesen sie viel, beschäftigen sich mit allen möglichen Philosophien, suchen Bestätigung und wählen sich dann aus allem eines dieser Gedankengebäude aus. Aber bei Ihnen war das nicht so. Anscheinend haben Sie sich von einer Stimmung treiben lassen und sind bei Aum gelandet. Oder?*

Ich war ja damals noch ziemlich jung und hatte gar keine Gelegenheit, mich erst mit verschiedenen Ideen zu beschäftigen, denn ich bin ja gleich auf Aum gestoßen. Jedenfalls wurde es allmählich immer schwieriger, die Uni und Aum miteinander zu vereinbaren. Also konzentrierte ich mich mehr auf Aum, ging kaum noch zum Unterricht und setzte das Studienjahr schließlich in den Sand. Genau zu diesem entscheidenden Zeitpunkt sagte Herr Matsumoto zu mir: »Du solltest die Gelübde ablegen.« Also tat ich es.

Das war während einer der so genannten »Geheim-Yoga«-Sitzungen. Herr Matsumoto saß mit ein paar wichtigen Jüngern in einer Reihe vorn, die anderen saßen gegenüber, bekamen persönlichen Rat oder legten ein Bekenntnis ab oder sonst etwas. Damals konnten die Anhänger noch direkt mit ihm sprechen, weil es noch nicht so viele gab. Ich vermute mal, Herrn Matsumoto ging es eher darum, die Anzahl der Samana – also der Mönche und Nonnen – zu vergrößern, als mir ernsthaft Rat zu erteilen. Seine Berater bestätigten ihn und sagten: »Du wirst in der realen Welt nicht zurechtkommen, weil die Entsagung dein Karma ist.« Wenig später legte ich die Gelübde ab. Damals hatte ich völliges

Vertrauen zu Aum und keine Zweifel. Wenn der Guru sagt: »Entsage der Welt«, gehorcht der Jünger selbstverständlich. Ich glaubte, Herr Matsumoto sei ein Mensch, der auf alle meine Fragen eine Antwort hatte. Wenn ich ihn predigen hörte, glaubte ich an ihn.

Bevor ich Mönch wurde, engagierte ich mich pflichtgemäß bei der Wahlkampagne, weil der Guru es wünschte. Ich tat, was ich konnte, aber ich interessierte mich nicht wirklich für den Wahlkampf. Bei allem fragte ich: »Was soll denn der Quatsch?« So als wäre ich nicht einverstanden mit dem, was vorging (*lacht*). Aber für mich war eben die »Erleuchtung« das Wichtigste, und alles andere hielt ich für absolute Zeitvergeudung. Wenn man selber zweifelt, erleuchtete Jünger aber sagen, es sei richtig, hat man selbst wohl nicht verstanden, worum es geht. Das ist ein typisches Denkmuster bei Aum-Anhängern: Ich verstehe es zwar nicht, aber bestimmt hat es einen tieferen Sinn.

Meine Familie war gegen Aum, aber mit unserem Familienleben war nie viel los gewesen, und es bedeutete mir nicht viel. Ich warf das Studium hin, gab meine Wohnung auf, verteilte meine Besitztümer und zog erst mal in die Aum-Zentrale am Fuji. Jeder durfte nur zwei Koffer mitbringen. Das war 1990, und ich gehörte zu den ersten Mönchen.

Danach wurde ich nach Naminomura bei Aso geschickt. Damals stand dort noch nichts, und wir mussten mit den Bauarbeiten beginnen. Als Erstes sollten wir einen Hügel abtragen, um einen ebenen Bauplatz zu schaffen. Man hatte mich dorthin geschickt, weil ich Architekturdesign studiert hatte. Obwohl ich an der Uni nur gezeichnet hatte, wurde ich sogar Mitgliedern vorgezogen, die viel kräftiger gebaut waren. Ich dachte, es läge vielleicht ein Irrtum vor, aber man schickte mich trotzdem hin. Nach einem Tag Arbeit sagte ich zu meinem Vorgesetzten Naropa [Fumihiko Nagura]: »Ich kann das nicht.« Ich war einfach körperlich nicht stark genug für diese Arbeit. Also wurde ich in die Hauswirtschaftsabteilung versetzt. Ich bereitete Mahlzeiten zu und war für das Einsammeln der Wäsche zuständig. Es fiel mir schwer, mich an dieses Leben zu gewöhnen, aber weil ich überzeugt war, es sei ein Akt der Hingabe, die Pflichten, die mir der Guru auferlegte, zu erfüllen, riss ich mich zusammen. Allmählich gewöhnte ich mich an alles und fand es ganz normal.

Aber viele gaben auf. Die Arbeit in Aso war sehr schwer. Ich blieb, weil ich alles aufgegeben hatte und mir einbildete, nicht zurück zu können. Und irgendwie empfand ich auch eine Art von Befriedigung. Das Essen nannte sich »Aum-Küche« und bestand aus altem Reis und gekochtem Gemüse. Wenn man eine Weile von so was lebt, denkt man ständig an irgendwelche Leckerbissen, die man gerne essen würde. Aber ich betrachtete dies als Teil meiner Schulung und versuchte, mich von solchen Begierden unabhängig zu machen. Da ich schon länger fast vegetarisch gelebt hatte, machte mir das mit dem Essen auch nicht so viel aus. Die Erleichterung, von allen Bindungen des weltlichen Lebens befreit zu sein, überwog.

Wie lange war ich eigentlich in Naminomura? Es gab keine Kalender, deshalb merkte ich nicht, wie die Tage vergingen. Ich glaube, es war ziemlich lange. Wir stellten mehrere Gebäude fertig. Wenn man so lange von der Außenwelt abgeschlossen ist und ein so einfaches, eintöniges Leben führt, geht einem nach und nach vieles auf die Nerven. Ich geriet allmählich in einen Konflikt zwischen meinem stagnierenden Alltag, den ich als Sackgasse empfand, und meiner Suche nach Erleuchtung.

Später wurde ich in die Trickfilm-Abteilung in der Zentrale am Fuji versetzt. Inzwischen fanden in Aso keine wichtigen Aum-Aktivitäten mehr statt, sie hatten den Ort völlig abgeschrieben, und ich war, ehrlich gesagt, heilfroh, ihn verlassen zu können. An meinem neuen Arbeitsplatz zeichnete ich Bilder für Trickfilme, ziemlich einfaches Zeug. Sie illustrierten die übersinnlichen Kräfte von Herrn Matsumoto. Wie er durch die Luft schwebt und so weiter. Ich fand, man hätte einen richtigen Film machen müssen, denn wer lässt sich schon von einem Cartoon überzeugen? Die Ergebnisse waren überhaupt nicht zufriedenstellend. Zu der Zeit hatte ich öfter Gelegenheit, mit Herrn Matsumoto zusammenzutreffen, und wurde immer misstrauischer und ungläubiger, was ihn und Aum anging.

Nach all diesen verschiedenen Jobs erhielt ich von Shoko Asahara endlich die Anordnung: »Du beginnst jetzt mit deinen Askese-Übungen.« Zu dieser Schulung gehörten Lernen, Meditation und Anbetung. Teile davon waren spirituell sehr befriedigend, aber auch anstrengend. Wir saßen den ganzen Tag, außer wenn wir zu den Mahlzeiten gingen und wenn wir auf die Toilette mussten. Wir mussten sogar im Sitzen schlafen. Ein paar Stunden hatten wir Unterricht, dann gab es einen Test. So verlief jeder Tag.

Diese Schulung habe ich etwa ein halbes Jahr lang absolviert. Ich kann es nur ungefähr sagen, weil ich kaum ein Gefühl für diese Zeit habe ... Aber manche Leute machten das jahrelang. Man weiß nicht, wann man aufhören kann. Der Guru bestimmt den passenden Moment, so lange muss man weitermachen. Meine Schulung dauerte ziemlich lange. Zwischendurch wurde ich wieder zur Arbeit geschickt, dann setzte ich die Schulung fort.

Murakami: *War es Asahara, der entschied, wann man die nächsthöhere Ebene erreicht hatte?*

Ja. Aber ich habe nie eine höhere Ebene erreicht. Ich bekam nicht einmal einen »heiligen Namen«.

Murakami: *Aber Sie praktizierten die Übungen über längere Zeit und gaben sich Mühe. Warum kamen Sie nicht weiter?*

Die Erleuchtung hatte bei Aum eine sehr realistische, das heißt, materielle Grundlage. Natürlich spielte das spirituelle Niveau auch eine Rolle, aber Spenden und andere nützliche Beiträge gaben eigentlich den Ausschlag. Bei Männern war zum Beispiel ein Universitätsabschluss eine wichtige Sache. Todai-Absolventen erreichten höhere Ebenen meist am schnellsten, bekamen einen wichtigen Job oder eine Schlüsselposition. Bei Frauen kam es auf ihr Aussehen an. Wirklich! Nicht anders als in der normalen Gesellschaft (*lacht.*)

In dieser Hinsicht spielte meine Person für Herrn Matsumoto wahrscheinlich keine große Rolle. Eine Zeit lang glaubte ich wirklich, ich käme nicht voran, weil ich mich nicht genügend bemühte. Dann kam ich zu einem ähnlichen Schluss wie die meisten: »Der Meister hat eine besondere Vorliebe für Todai-Absolventen.« Ich sprach oft mit meinen Freunden darüber. Wie sonderbar das alles war und so fort. Aber letzten Endes hieß es immer nur: »Das sind unsere eigenen unreinen Gedanken.« Oder: »Das ist eben Karma.« Und damit war das Gespräch beendet. Wann immer Zweifel in mir auftauchten, war meine eigene Unreinheit dafür verantwortlich. Alles Schlechte kam nur davon, während umgekehrt alles Gute dem Guru zu verdanken war.

Murakami: *Ein sehr effektives System. Wie beim Recycling gibt man den Abfall an sich selbst zurück und macht etwas Neues daraus.*

Ich hielt es für einen Weg, das Selbst zu überwinden.

Am Anfang hatten alle, die sich Aum anschlossen, einen starken Willen. Nur dass ihnen der, wenn sie eine Zeit lang dort gelebt hatten, allmählich abhanden kam. Aber egal wie unzufrieden man mit dem Leben bei Aum auch war, es war immer noch besser, als in ein von Gier verunreinigtes, weltliches Leben draußen zurückzukehren. Psychologisch gesehen war es einfacher, unter Gleichgesinnten zu bleiben.

Murakami: *Ab etwa 1993 veränderte sich die Gemeinschaft, die Gewaltbereitschaft nahm zu. Haben Sie davon etwas mitbekommen?*

Ja. Die Predigten kreisten zunehmend um Tantra-Vajrayana, und es gab immer mehr Leute, die aufgeregt davon sprachen, dass es bald verwirklicht werden würde. Ich konnte mich der These, dass die Mittel zur Erreichung des Ziels keine Rolle spielen, nicht anschließen. Natürlich hatte ich zu diesem Zeitpunkt keine Ahnung, welche Formen das annehmen würde. Bei unserer Schulung kamen immer mehr fragwürdige Elemente hinzu. Kampfsportarten wurden in unserem Alltag sehr wichtig, die ganze Atmosphäre lud sich irgendwie auf. Ich dachte viel darüber nach, ob ich überhaupt weitermachen sollte.

Meine Meinung spielte natürlich keine Rolle, und wenn der erleuchtete Herr Matsumoto sagte, dies sei der beste und kürzeste Weg, dann war das eben so. Es blieb mir keine andere Wahl, als entweder zu gehen oder zu bleiben.

Es konnte jetzt zum Beispiel jederzeit passieren, dass man an den Füßen aufgehängt wurde. Leuten, die gegen die Vorschriften verstießen, band man die Beine zusammen und hängte sie daran auf. Das hört sich vielleicht nicht besonders schlimm an, wenn man es so erzählt, aber es ist schlicht und einfach Folter. Alles Blut läuft aus den Beinen in den Kopf, und man hat das Gefühl, sie würden einem abgetrennt. Das hat mir jemand erzählt, der es erlebt hat.

Als Regelverstöße bestraft wurden sexuelle Beziehungen zu einem Mädchen, angebliche Spitzeltätigkeit oder der Besitz von Comic-Heften, eben solche Sachen. Der Raum, in dem ich arbeitete, lag direkt unter dem Dojo, und ich konnte von oben die Schreie der Leute hören. »Bringt mich doch um! Lieber sterben als das …!«, brüllten manche. Ihre Stimmen klangen verzerrt, wie die von Menschen, die qualvolle Schmerzen erleiden. Wirklich verzweifelt. Als wäre der Raum in sich verdreht. Während ich arbeitete, hörte ich immer wieder ihre Mitleid erregenden Rufe: »Meister! Meister! Hilf mir! Ich tue es nie wieder!« Es lief mir kalt den Rücken hinunter, wenn ich sie hörte.

Natürlich kann auch extreme Askese einen Sinn haben. Aber was derartige Foltermaßnahmen bringen sollten, konnte ich nicht begreifen. Seltsamerweise sind gerade die Leute, die man aufgehängt hat, bei Aum geblieben. Man hat sie grausam gequält, fast umgebracht und zum Schluss freundlich zu ihnen gesagt: »Du warst sehr tapfer.« Deshalb dachten sie wahrscheinlich: »Ich habe es geschafft, die mir auferlegte Prüfung zu bestehen. Mein Guru, ich danke dir!«

Es konnte natürlich auch etwas schief gehen, sodass jemand starb. Sie haben es uns zwar nicht gesagt, aber Naoki Ochi ist auf diese Weise ums Leben gekommen. Irgendwann gingen sie dazu über, bei den Initiationen Drogen einzusetzen. Leute, die sich auskannten, sagten, es sei LSD. Man kriegt Visionen und so was, wobei ich stark bezweifle, dass das der Weg zur Erleuchtung ist. Es gab immer wieder Gerüchte, dass jemand bei den Askese-Übungen gestorben sei, oder dass ein Fluchtplan aufgedeckt wurde und mit dem Schuldigen irgendetwas Grausames gemacht wurde. Aber bei Aum blieben Gerüchte immer Gerüchte, und es gab nie eine Möglichkeit, sich zu vergewissern, ob sie stimmten oder was an ihnen dran war. Außerdem gab es immer die Ausrede, dass alles im Sinne des Tantra-Vajrayana geschah, mit dem Ergebnis, dass der Sinn der Anhänger für das Richtige und Falsche gestört wurde und letztlich jedes Gespräch mit dem Satz endete: »Es war eine Erlösung.«

Es kursierte auch das Gerücht, dass Spione eingeschleust worden seien, und es wurden Lügendetektoren eingesetzt, um sie ausfindig zu machen. Sie nannten das auch Initiation, und alle Mitglieder hatten sich einem Lügendetektortest zu unterziehen. Das fand ich nun wirklich sonderbar. Wenn der Guru doch alles wusste, was bei Aum vor sich ging, hätte er doch einen Spion auf den ersten Blick erkannt, wozu brauchte er also einen Lügendetektor? Das war mir ein Rätsel.

Außerdem wurde ich über meinen besten Freund befragt, der in Isolationshaft war. Ich musste vor dem Lügendetektor alle möglichen Fragen beantworten. Darunter waren auch einige peinliche, die ich nicht beantworten konnte. Nach dem Test sagte ich zu den Oberen: »Warum fragt ihr solche Sachen? Ich sehe keinen Sinn darin.« Es waren obszöne Fragen über persönliche, sehr private Dinge, die nichts mit der Sache zu tun hatten und nichts klärten. Offenkundig hatte ich meine Oberen damit verärgert. Kurz darauf befahl Tomomitsu Niimi mir, meine Sachen zu packen. Ich würde versetzt. Stattdessen steckten sie mich in Isolationsarrest. Als ich nach dem Grund fragte, bekam ich keine Antwort. Allmählich verstand ich gar nichts mehr. Obwohl asketische Übungen eigentlich der Erleuchtung dienen sollten, wurden sie jetzt zu einer Form der Strafe.

Die Isolationszelle hatte die Größe einer Tatami. Ich glaube, insgesamt gab es zehn solcher Zellen. Die Tür war von außen verschlossen. Obwohl es Sommer war und heiß, lief eine Elektroheizung. Man ließ mich flaschenweise ein spezielles Aum-Getränk trinken und in der Hitze wieder ausschwitzen. Anscheinend sollte ich irgendetwas Schlechtes ausscheiden. Natürlich durfte ich nicht baden und war völlig verdreckt. Der Schweiß lief nur so an mir runter. Es gab keine Toilette, nur einen Nachttopf. Mir war schummrig, und ich konnte kaum noch einen klaren Gedanken fassen.

Murakami: *Sie hätten sterben können!*

Ja, damals erschien es mir leicht, und ich wäre gern gestorben. Aber Menschen sind ja in schlimmen Situationen besonders zäh. Die meisten von denen, die man isoliert hatte, wankten entweder schon in ihrem Glauben oder waren sowieso ganz unwichtig. Natürlich hatte ich keine Ahnung, wann sie mich wieder rauslassen würden. Am Anfang beschloss ich, die Zeit für ernsthafte Übungen zu nutzen. »Jammern hilft nicht, so komme ich hier nie raus«, sagte ich mir. »Ich muss positiv denken, durchhalten und auf diese Weise vorwärtskommen.«

Zu unseren täglichen Übungen gehörte eine Initiation, die sich »Einführung ins Bardo« nannte. Man wurde in einen anderen Raum geführt, bekam die Augen verbunden, die Hände auf den Rücken gefesselt und musste kerzengerade sitzen. Dann wurden, als träte der Große Höllenfürst persönlich auf, eine Trommel geschlagen und Messingglocken geläutet. Dazu schrie jemand mit überschnappender Stimme: »Askese! Askese! Es gibt kein Zurück, haltet durch« oder so was. Aber eines Tages, als sie mich holten, packten mich Shiha (Takashi Tomita) und Satoru Hashimoto und hielten mich fest, während Niimi mir Mund und Nase zuhielt, sodass ich überhaupt nicht mehr atmen konnte. »Du verachtest deine Oberen«, schrien sie. Sie wollten mich umbringen. Ich nahm meine ganze Kraft zusammen, und es gelang mir, mich loszureißen. »Ich strenge mich doch schon an, so gut ich kann! Warum macht ihr das?«, brüllte ich sie an. Danach beruhigte sich die

Stimmung etwas, und ich durfte in meine Zelle zurück. Aber danach waren die Typen für mich endgültig erledigt.

Anschließend durchlief ich in der Einzelhaft mehrere Male die so genannte »Christus-Initiation«, die große Ähnlichkeit mit einem Menschenversuch hatte. Wenn Niimi mir die Droge verabreichte, sah er mich an, als wäre ich sein Versuchskaninchen. »Trink!«, sagte er völlig ungerührt und kalt. Ich sah, wie Jivaka [Seiichi Endo] und Vajira Tissa [Tomomasa Nakagawa] ihre Runde durch die Zellen machten. Wegen der Drogen war ich ziemlich daneben, aber daran erinnere ich mich noch ganz deutlich. Sie beobachteten die Reaktionen der Leute auf die Droge. Da wurde mir klar, dass sie die Leute in Einzelhaft für ihre Drogenexperimente benutzten. Gesund und lebendig hatten wir keinen Wert für sie, also sollten wir wenigstens als menschliche Versuchsobjekte Verdienste erwerben. Als mir das bewusst wurde, dachte ich lange und gründlich über mein Schicksal nach.

Sollte ich jetzt einfach hier zugrunde gehen? Als menschliches Versuchskaninchen sterben? Dann wollte ich doch lieber wieder ein weltliches Leben führen. Die Alternative wäre doch zu schrecklich, zu unmenschlich. Entsetzt fragte ich mich, was aus Aum geworden war.

Nach der Drogen-Initiation ließen sie die Türen offen. Alle waren ja so fertig, dass sie nicht abhauen konnten. Ich war zum Glück nicht ganz so kaputt, also legte ich mir ein paar saubere Sachen zurecht, vergewisserte mich, dass die Luft rein war, zog mich um und schlich mich aus dem Gebäude. Es gab zwar ein paar Wachen, aber ich schaffte es, an ihnen vorbeizukommen und zu flüchten.

[Herr Masutani lieh sich von einem Einheimischen Geld für den Bus und fuhr zu seinen Eltern nach Tokyo. Einen Monat nach seiner Flucht erfuhr er, dass er aus Aum ausgestoßen worden war. Ohne Begründung, sagt er.]

Also nahm ich mein weltliches Leben wieder auf, nicht weil mir etwas daran lag, sondern weil ich kein Aum-Anhänger mehr sein konnte. Ehrlich gesagt, ich zog wieder zu meinen Eltern, weil ich sonst nirgendwohin konnte. Meine Eltern waren natürlich hochbeglückt, dass ich wieder bei ihnen war, aber ich hatte schon fünf Jahre ohne emotionale Bindung an sie verbracht und fühlte mich nicht besonders zu Hause. Das normale Leben befriedigte mich nicht, aber meine Eltern konnten das nicht verstehen. Also gab es großen Krach, wir stritten uns ständig, bis ich am Ende auszog.

Murakami: *Davor – im März 1995 – hatte der U-Bahn-Anschlag stattgefunden. Wie standen Sie dazu?*

Am Anfang glaubte ich nicht, dass es Aum gewesen war. Klar, sie hatten ständig Tantra-Vajrayana gepredigt, und die Atmosphäre war auch mehr als seltsam geworden, aber ich konnte mir nicht vorstellen, dass sie so weit gehen würden, Sarin einzusetzen. Ein Verein, der nicht mal Kakerlaken tötet! Als ich noch bei Aum war, kursierten oft Geschichten über irgendwelche komischen Missgeschicke des »Ministeriums für Wissenschaft und Technik«. Schon deshalb traute ich ihnen die Durchführung einer so komplizierten Sache nicht zu. Den Medien zufolge war der Anschlag zweifelsfrei das Werk von Aum, aber Aum und Fumihiro Joyu leugneten damals noch jeden Zusammenhang. Zuerst glaubte ich ihnen, aber als im Laufe der Untersuchungen immer mehr Ungereimtheiten zutage traten, kamen mir Zweifel. Ich las noch einmal in meinem Tagebuch die Aufzeichnungen aus der Zeit, als ich anfing, mich innerlich von Aum zu lösen. Da war ich auf einmal überzeugt, dass Aum den Anschlag verübt hatte.

Obwohl ich nicht mehr an Aum glaubte und sogar geflüchtet war, konnte ich mich nicht an das Alltagsleben gewöhnen. Das Ideal von Aum, profane Begierden zu überwinden, fand ich immer noch edler als die Profitgier in der normalen Gesellschaft. Ich begann darüber nachzudenken, was es mit dieser Gemeinschaft, zu der ich gehört hatte, eigentlich auf sich hatte. Ich versuchte, für mich zu sortieren, was richtig und was falsch daran gewesen war.

Seit ich von zu Hause ausgezogen bin, arbeite ich in einem Supermarkt und mache Aushilfsjobs, um über die Runden zu kommen. Ich habe noch Kontakt zu Freunden aus meiner Aum-Zeit und treffe mich mit ihnen. Ein paar von ihnen sind weiter voll dabei, andere geben zu, dass der Sarin-Anschlag falsch war, finden aber, dass die Lehre richtig ist. Es gibt ganz verschiedene Ansichten. Nur ganz wenige haben jede Verbindung zu Aum abgebrochen und führen ein nach weltlichen Maßstäben normales Leben. Meine Bewunderung für Aum ist völlig verschwunden. Ich beschäftige mich jetzt mit dem ursprünglichen Buddhismus. Übrigens leben alle ehemaligen Mitglieder in irgendeiner Form nach religiösen Vorstellungen.

Murakami: *Natürlich ist der Einzelne frei, Begierden und Bindungen an die Welt zu überwinden, aber objektiv betrachtet, finde ich es eher gefährlich, einer anderen Person, einem Guru, die Macht über das eigene Ich zu übertragen. Gibt es noch viele Mitglieder oder ehemalige Mitglieder, denen das Bewusstsein für diese Gefahr fehlt?*

Vermutlich haben die meisten noch nicht richtig darüber nachgedacht. Gautama Buddha hat gesagt: »Das Selbst nur ist der Herr des Selbst« und: »Das Selbst ist eine Insel. Lass niemanden an sie heran.« Das heißt, die Anhänger des Buddhismus üben Askese, um ihr wahres Selbst zu finden. Sie bemühen sich, Unreinheit und Begierden zu überwinden.

Aber was Herr Matsumoto gemacht hat, war – vereinfacht ausgedrückt – das »Selbst« mit den »Begierden« gleichzusetzen. Ihm zufolge muss man sich sogar vom »Selbst« befreien, um sein Ego zu überwinden. Da die Menschen ihr »Selbst« lieben, leiden sie dabei, aber erst, wenn das Selbst abgeworfen ist, kommt ein wahrer, leuchtender Kern zum Vorschein. Diese Interpretation unterscheidet sich völlig von der Lehre des Buddhismus, widerspricht ihr sogar. Statt das Selbst zu bekämpfen, muss man es entdecken. Meiner Meinung nach entstehen Terrorverbrechen wie der Sarin-Anschlag aus dieser leichtfertigen Selbstaufgabe. Ein Mensch, der sein Selbst verloren hat, wird völlig gleichgültig gegenüber Mord und Terrorismus.

Letzten Endes hat Aum Menschen geschaffen, die auf ihr Selbst verzichtet haben und alles taten, was ihnen befohlen wurde. Daher haben auch die so genannten Erleuchteten, die »ganz von Aum durchtränkt sind«, in Wirklichkeit weder die Wahrheit erkannt noch sind sie erleuchtet. Es ist doch schon abartig, wenn Anhänger, die angeblich der Welt entsagt haben, umherrennen und Spenden im Namen der Erlösung einsammeln.

Ich glaube auch nicht, dass Herr Matsumoto am Anfang ein aufrechter Mensch war und erst nach und nach verrückt wurde, wie manche behaupten. Ich glaube, er hatte diese Vorstellungen von Anfang an. Allerdings konnte er sie nur stufenweise verwirklichen.

Murakami: *Sie meinen, er hatte von Anfang an den Plan im Kopf, irgendwann seine Vorstellung vom Tantra-Vajrayana umzusetzen? Sie sind nicht der Ansicht, dass er erst ab einem gewissen Punkt seine Richtung änderte und in die Irre ging?*

Wahrscheinlich ist an beidem etwas dran. Der Grundgedanke war von Anfang an vorhanden, dann umgab er sich nur mit Ja-Sagern, verlor zunehmend den Sinn für die Realität, und schließlich siegte der Wahn.

Andererseits muss er ernsthaft die Möglichkeiten der Befreiung durchdacht haben, sonst hätte bestimmt niemand seinetwegen die Gelübde abgelegt. Irgendetwas Mystisches war schon daran. Das kann ich aus eigener Erfahrung sagen, denn beim Yoga und während der asketischen Praxis habe ich auch einige mystische Erlebnisse gehabt.

Murakami: *Was halten Sie davon, dass die Gruppe jetzt zwar ohne Asahara und ohne Tantra-Vajrayana, aber in einem ähnlichen Geist weitermacht?*

Da sich an der Lehre von Aum nichts geändert hat, besteht eindeutig die Gefahr, dass es – wenn vielleicht auch nicht sofort – wieder zu ähnlichen Verbrechen kommt. Die Leute, die bei Aum geblieben sind, erkennen die Lehre – trotz des Sarin-Anschlags – weiter an. Anscheinend sind sie sich der darin enthaltenen Gefahren nicht bewusst. Sie machen sich nicht klar, dass ihre Gemeinschaft schwere Verbrechen begangen hat. Sie denken nur an die Wohltaten und das Gute bei Aum.

Wenn ich an die Opfer des U-Bahn-Anschlags oder an meine Kollegen denke, die direkt an den Verbrechen beteiligt waren, möchte ich die Leute, die sich immer noch für Aum stark machen, am liebsten schütteln und anschreien – sie fragen, was sie eigentlich im Kopf haben. Aber wahrscheinlich würden sie sich nur noch mehr verhärten und zurückziehen. Man kann ihnen nur immer wieder die Tatsachen vor Augen halten und versuchen, sie durch Beweise zur Einsicht zu bringen.

Wie ich selbst von jetzt an mit der Welt zurechtkommen werde, ist eine schwierige Frage. Einer Organisation anzugehören, hat mir gereicht. Nach dieser Erfahrung möchte ich es jetzt lieber allein versuchen. Ich möchte meine Bindungen an die Welt lösen, also bleibt mir nichts anderes übrig, als mich Schritt für Schritt allein auf den Weg zu machen.

Murakami: *Sie hatten gerade erst mit dem Studium angefangen und waren dann sieben Jahre bei Aum. Haben Sie das Gefühl, diese Zeit verloren zu haben?*

334   Nein, gar nicht. Ein Fehler ist ein Fehler. Aber ich finde, ihn zu über-

winden, ist ein Wert an sich. Vielleicht ergibt sich daraus ein Wendepunkt in meinem Leben.

Einige Leute versuchen, ihre Erfahrungen völlig zu verdrängen,
indem sie keine Zeitung lesen und sich keine Sendungen über Aum
ansehen. Sie machen die Augen zu, aber so kann man natürlich nicht
aus seinen Irrtümern lernen. Wie nach einem Test in der Schule muss
man seinen Fehlern nachgehen, sonst macht man genau die gleichen
immer wieder.

»In meinem früheren Leben war ich ein Mann«

Miyuki Kanda (geboren 1973)

Frau Kanda ist in Shinagawa geboren, ihr Vater ist Angestellter. Sie ist in einer ganz normalen Mittelstandsfamilie aufgewachsen. Seit ihrer Kindheit hat Frau Kanda mystische Erlebnisse. Mit sechzehn las sie ein Buch von Shoko Asahara, das sie so beeindruckte, dass sie gemeinsam mit ihren beiden Brüdern Aum Shinrikyo beitrat. Um sich auf ihre asketischen Übungen konzentrieren zu können, verließ sie die Oberschule und legte die Gelübde ab.

Als ich mit ihr sprach, erkannte ich, dass Aum für sie eine ideale Zuflucht sein muss. Zweifellos empfand sie das Leben in der Gemeinschaft und die asketischen Übungen als ungleich beglückender als ihr weltliches Dasein, in dem sie keine ihr entsprechenden Werte finden und ihre Neigung zur Mystik nicht ausleben konnte. So wurde Aum Shinrikyo für sie zu einem Paradies.

Natürlich könnte man einen Fall wie den ihren – ein sechzehnjähriges Mädchen, das in eine Sekte eintritt – als Entführung oder Gehirnwäsche betrachten, aber immer mehr habe ich das Gefühl, dass es Menschen wie sie auf der Welt geben muss. Sollen denn alle Schulter an Schulter dem materiellen Erfolg nachhetzen? Sollte es nicht auch ein paar Menschen geben, die jenen Dingen auf den Grund gehen, die in der Gesellschaft keine konkrete Rolle spielen? Das Problem ist, dass es in unserer Gesellschaft kein Netz gibt, das diese Menschen auffängt. So gelangten sie zu Aum Shinrikyo, einer Sekte, die sich am Ende als verbrecherisch erwies – ein Paradies, das von Anfang an eine Illusion war.

Als ich Frau Kanda beim Abschied fragte, ob ein so langes Gespräch mit einem »weltlichen« Menschen sie nicht verunreinige, gab sie mir nach einem Moment der Verlegenheit die ehrliche Antwort: »Logisch betrachtet, ja.« Sie ist eine sehr aufrichtige junge Frau. Sie bot mir frisches selbst gebackenes Brot an, das köstlich schmeckte.

Schon als ich noch ganz klein war, hatte ich oft mystische Erfahrungen. Meine Träume unterschieden sich nicht von der Realität, sie waren eher Geschichten als Träume, lang und sehr deutlich, und wenn ich aufwachte, konnte ich mich an alle Einzelheiten erinnern. In diesen Träumen gelangte ich in verschiedene Welten und verließ meinen Körper. Ich erlebte so genannte Astralleibprojektionen. Diese Erlebnisse wiederholten sich fast jeden Tag. Während einer Astralleibprojektion bleibt der Körper an Ort und Stelle, die Atmung ist unterbrochen, und man schwebt. Ich hatte diese Erlebnisse häufig, wenn ich sehr müde war.

Es war ein mystischer Zustand, der sich von dem, was man gewöhnlich Traum nennt, unterschied. Alles war ganz realistisch. Es wäre einfacher gewesen, wenn ich klar hätte sagen können: »Das ist ein Traum und nicht die Realität«, aber das, was ich in meinen Träumen sah, war der Realität so ähnlich, dass es sich damit vermischte und ich immer mehr in Verwirrung geriet. Ich litt darunter, dass meine Träume mir wirklicher erschienen als die Wirklichkeit. »Was ist wirklich?«, fragte ich mich. »Was ist mein wahres Bewusstsein?«

Der Einfluss dieser Erfahrungen auf mich war sehr stark. Ich versuchte mit meinen Eltern darüber zu sprechen, aber sie verstanden nicht so recht, was ich sagen wollte.

Ich war vielleicht ein bisschen introvertiert, aber ich hatte Freundschaften und ging ganz normal zur Schule. Ich lernte nicht besonders gern, aber in Fächern, die mich interessierten – Japanisch zum Beispiel –, strengte ich mich an. Ich las auch sehr gern, vor allem Science-Fiction und Fantasy. Die Bücher bekam ich von meinen Brüdern. Auch viele Comics. Zeichentrickfilme mochte ich auch sehr. In Mathematik war ich schlecht, und aus Sport machte ich mir auch nicht viel.

Meine Mutter ermahnte mich oft, mehr zu lernen. Denn wenn man lernt, kann man auf eine gute Schule gehen, und wenn man auf einer guten Schule war, bekommt man eine gute Stelle. Was Eltern eben so sagen. Ich hatte, ehrlich gesagt, wirklich kein Interesse an der Schule. Im Schulwissen konnte ich keinen Wert erkennen.

In meinen Träumen erlebte ich alle möglichen Abenteuer und reiste durch verschiedene Welten. Eine Zeit lang machte mir das Spaß, aber nichts davon schien von Dauer zu sein, irgendwann zerfiel alles. Ich erlebte Kriege, in denen viele Menschen umkamen. Ich spürte den Schrecken des Todes und eine tiefe Trauer, dass diese Menschen umgekommen waren. Mit der Zeit erkannte ich, dass die Welt vergänglich ist, dass nichts Bestand hat und die Folge dieser Unbeständigkeit Leid ist.

Murakami: *Für Sie gab es also neben der realen Welt noch eine andere Welt. Und Ihre emotional aufgeladenen Erfahrungen in der Parallelwelt haben Sie zu diesem Schluss geführt?*

Ja. Ich habe noch nie den Tod eines mir nahe stehenden Menschen erlebt, aber wenn ich im Fernsehen kranke oder sterbende Menschen sah, begriff ich, dass auch die wirkliche Welt vergänglich ist. Auch hier herrscht Leiden. Das hatten beide Welten gemeinsam.

Ich ging auf eine staatliche Oberschule in Kanagawa. Die Gesprächsthemen waren auf einmal ganz andere als in der Mittelschule. Meine Mitschülerinnen redeten über Jungen, Liebe, Mode, wo es gute Karaoke-Boxen gab und so weiter, aber ich sah darin keinen Wert und stand darum immer außerhalb. So blieb ich meist für mich und las. Außerdem schrieb ich. Weil meine Träume Geschichten waren, hatte ich das Gefühl, ich brauchte sie nur niederzuschreiben, und ein Buch würde entstehen. Machen das manche Schriftsteller nicht auch so? Sie haben im Traum eine Idee und machen einen Roman daraus?

Ich war auch nicht daran interessiert, einen Freund zu haben. Wenn die anderen Mädchen Freunde hatten, beneidete ich sie nicht. Auch darin sah ich keinen Wert.

Als ich sechzehn war, lieh mein Bruder mir ein paar Bücher über Aum. »Die sind ganz gut«, sagte er. Ich glaube, es waren »Jenseits von Leben und Tod«, »Initiation« und »Mahayana-Sutra«. Beim Lesen wurde mir klar: »Genau das habe ich gesucht.« Ich trat sofort in Aum Shinrikyo ein.

In den Büchern stand, dass man befreit sein müsse, um das wahre Glück zu finden. Durch die Befreiung könne man ewige Glückseligkeit erlangen. Selbst wenn ich in meinem Leben glücklich bin, wird das nicht ewig so bleiben, denn das Leben ist vergänglich. Aber wäre es nicht herrlich, wenn das Glück für immer andauern würde? Nicht nur für mich, sondern für alle Menschen. Das Wort Befreiung übte eine starke Anziehungskraft auf mich aus.

Murakami: *Was verstehen Sie unter »Glück«?*

Zum Beispiel die Freude, die es bedeutet, mit Freunden oder der Familie zu plaudern. Gespräche sind für mich sehr wichtig. Andere Vergnügen interessieren mich kaum.

Wenn Sie mich fragen, was »Erlösung« oder »Befreiung« bedeutet, kann ich das ganz einfach erklären: Es gibt Leiden, und Erlösung ist Befreiung vom Leiden. Erlösung bedeutet, von den Leiden der vergänglichen Welt befreit zu sein. In den Büchern waren Askese-Übungen beschrieben, die zur Erleuchtung führen, und ich habe, bevor ich Mitglied wurde, eine Weile täglich allein für mich praktiziert. Ich machte zu Hause Asana [Yoga] und Atemübungen.

Meine beiden Brüder hatten die Bücher ebenfalls gelesen und fühlten sich zu Aum hingezogen. Wir drei denken oft ähnlich. Mein älterer Bruder erlebte fast die gleichen Träume wie ich, nur nicht so intensiv.

Also machten wir uns zu dritt auf den Weg zum Dojo nach Setagaya und baten am Empfang um Anmeldeformulare. Da wir uns schon fest entschieden hatten, Mitglieder zu werden, fingen wir gleich an, Namen und Adresse einzutragen. Aber dann wollten sie sich doch zuerst mit uns unterhalten. Wir wurden ins Innere geführt, wo wir mit dem Meister des Dojo sprachen. Als er uns fragte, warum wir eintreten wollten, und wir alle drei antworteten: »Um Erleuchtung und Befreiung zu erlangen«, war er ziemlich erstaunt. Anscheinend geben viele Leute an, sie wollten im Beruf Erfolg haben oder übersinnliche Kräfte erwerben.

Der Meister sprach mit uns lange über verschiedene Dinge, aber damals empfand ich vor allem die starke Atmosphäre von Ruhe und Frieden, die im Dojo herrschte. Noch am selben Tag meldeten wir drei uns an. Wir mussten die Aufnahmegebühr und sechs Monatsbeiträge bezahlen, also 30.000 Yen [300 Euro] pro Person. Das weiß ich noch, weil ich nicht genug dabei hatte und mir etwas von meinen Brüdern leihen musste.

Murakami: *Haben Ihre Eltern gar nichts gesagt, als Sie alle drei bei Aum Shinrikyo eintraten?*

Doch, aber damals war Aum noch ziemlich unbekannt. Außerdem sagten wir ihnen vorsichtshalber, es sei eine Art von Yoga-Schule. Erst später, als es Aufsehen gab, hatten sie alle möglichen Einwände.

Nach unserem Eintritt falteten wir eine Zeit lang Flugblätter. Dadurch sammelt man Verdienste. Wir warfen die Flugblätter in Briefkästen oder verteilten sie auf der Straße. Sonntags besuchten wir oft andere Ortsgruppen und erledigten diese Aufgaben mit denen gemeinsam. Mir machte das großen Spaß. Und ich hatte anschließend immer das Gefühl, etwas geleistet zu haben. Ich weiß nicht warum, aber ich wurde viel fröhlicher. Durch diese Aktivitäten erwarb ich Verdienste, und Verdienste steigern die Energie, auf eine höhere Stufe zu gelangen. So wird das bei Aum erklärt.

Ich schloss auch Freundschaften. Eine Freundin aus der Mittelschule wurde ebenfalls Mitglied, und wir verteilten zusammen Flugblätter. Nein, ich habe sie nicht angeworben, ich habe ihr nur von Aum erzählt, und sie hat gesagt: »Ach, da trete ich auch ein.«

Nach meinem Beitritt fuhr ich mit meinen asketischen Übungen fort und erlebte ziemlich bald Darduri Siddhi. Das ist die Stufe vor der Levitation. Der Körper fängt an, von allein in die Luft zu hüpfen. Es passierte ganz plötzlich, als ich zu Hause Atemübungen machte. Zuerst hatte ich gar nicht gemerkt, dass ich in die Luft hopste, aber nach einer Weile konnte ich es ganz gut kontrollieren.

Am Anfang bin ich darüber fast erschrocken. Ich hüpfte in die Luft und dachte, was ist denn jetzt los? Meine Familie war auch ziemlich verdutzt, als sie mich sahen. Mir wurde gesagt, ich hätte diesen Zustand ungewöhnlich schnell erreicht. Vielleicht hing es damit zusammen, dass ich von Kindheit an eine spirituelle Veranlagung habe.

Eine Weile ging ich noch normal zur Schule und beteiligte mich gleichzeitig an den Aktivitäten von Aum. Aber allmählich fand ich die Schule immer sinnloser und fing an, sie richtig zu hassen. Alles stürzte mich in Konflikte. Zum Beispiel zogen meine Mitschüler ständig über die Lehrer her, aber bei Aum hatte ich gelernt, dass man nicht schlecht über andere redet. Es ekelte mich an. Oberschüler scheinen an nichts anderes zu denken als an ihren Spaß. Bei Aum hieß es aber, wir sollten nicht nur unserem Vergnügen nachjagen. Auch hier das glatte Gegenteil. Natürlich passte das nicht zusammen.

Außerdem kann man wirklich schneller zur Erleuchtung gelangen, wenn man, statt zu Hause zu praktizieren, entsagt und sich ganz den Übungen widmet. Ich konnte an nichts anderes mehr denken. Der Wunsch, mich zu verändern, die Gelübde abzulegen, wurde immer stärker in mir.

Als ich diesen Wunsch bei Aum äußerte, antworteten sie: »Wenn du es dir so sehr wünschst, kannst du der Welt ruhig entsagen und zu uns kommen.«

Murakami: *Entsagung bedeutet, auf alle Bindungen zu verzichten. Gab es etwas, von dem Sie sich nur schwer lösen konnten?*

Natürlich geriet ich in einen Konflikt, als ich die Gelübde ablegte. Bis dahin hatte ich bei meiner Familie gelebt, und nun konnte ich sie nicht mehr so ohne weiteres sehen. Das war das Schwerste für mich. Und ein bisschen vermisste ich auch das Essen. Als Nonne darf man nur noch bestimmte Speisen zu sich nehmen. Aber so schwer war das nun auch wieder nicht.

Mein ältester Bruder hatte sein Studium aufgegeben, um Aum-Mönch zu werden. »Du kannst doch nach dem Examen immer noch Mönch werden«, versuchten meine Eltern ihn zu überreden, aber er blieb fest. Mein anderer Bruder hatte nicht den Wunsch, der Welt zu entsagen.

Meine Eltern weinten, als ich die Gelübde ablegte. Sie hatten sich verzweifelt bemüht, mich davon abzuhalten. Aber in meinem damaligen Zustand hätte ich ohnehin nichts Positives für sie bewirken können, da bin ich mir ganz sicher. Ich war nicht auf der Suche nach dem, was man im Allgemeinen Liebe nennt, sondern ich suchte nach Liebe in einem viel umfassenderen Sinne. Erst durch eine echte Veränderung würde ich meinen Eltern von Nutzen sein können. Natürlich fiel es mir dennoch schwer, mich von ihnen zu trennen und der Welt zu entsagen.

Als Erstes wurde ich ins Seiryu Shoja [Kloster am Klaren Strom] in der Präfektur Yamanashi geschickt, damit ich mich in Askese übte. Dann kam ich zurück nach Tokyo ins Setagaya-Dojo, wo mir verschiedene Aufgaben zugeteilt wurden. Ich kümmerte mich um die Laienmitglieder, die noch zu Hause wohnten. Außerdem war ich für den Druck von Flugblättern zuständig, die dann zu den Mitgliedern nach Hause gebracht wurden, damit sie sie verteilen konnten. Ein bisschen einsam fühlte ich mich in meinem neuen Leben schon, aber ich bereute es nicht. In der Gemeinschaft schloss ich neue Freundschaften. Es gab dort viele junge Mädchen in meinem Alter, und wir hatten viel Spaß zusammen im Setagaya-Dojo. Wir hatten so vieles gemeinsam. Worüber wir sprachen? Meistens über die Fortschritte, die wir bei unseren asketischen Übungen machten (*lacht*). Schließlich waren die anderen auch Nonnen geworden, weil sie an der Welt keinen besonderen Wert erkennen konnten. Nach einem Jahr im Setagaya-Dojo wurde ich in die Zentrale am Fuji versetzt, wo ich im Büro arbeitete. Nach anderthalb Jahren kam ich ins Satyam 6 nach Kamikuishiki, wo ich Opfergaben vorbereitete – das heißt, ich bereitete die Speisen zu, die den Göttern dargeboten wurden. Nach dem Opfer verzehrten die Samana sie in einer Zeremonie.

Murakami: *Sie kochten also die Mahlzeiten. Was haben Sie denn so alles zubereitet?*

Brot, Gebäck, Bratlinge, Reis, Kombu, Frittiertes. Ab und zu änderten wir die Gerichte. Eine Zeit lang machten wir oft Nudeln. Es gab nur vegetarisches Essen.

Die Anzahl der Köchinnen wechselte auch, mal waren es mehr, mal weniger. Am Ende waren wir nur noch zu dritt, alles ausgewählte Frauen, denn die Opfergaben galten als heilig.

Murakami: *Man hatte also erkannt, dass Sie für diese Arbeit geeignet waren?*

Ja, ich denke schon. Es war wirklich eine schwere Arbeit, man kann schon sagen, Knochenarbeit. Wir mussten von morgens bis abends kochen und brachen manchmal vor Erschöpfung fast zusammen. Eine Zeit lang gab es besonders viele Samana, da mussten wir noch mehr kochen. Wir schufteten wirklich pausenlos.

Stellen Sie sich vor, es gab hundert Samana. Das hieß hundert Portionen, die zuerst vor dem Altar dargebracht werden mussten. Wir haben das Essen nicht nur gekocht, sondern es auch in den Altarraum getragen, in einzelnen Schalen aufgestellt, sie anschließend wieder abgeräumt und an die Samana verteilt.

Der Speisezettel wurde von unseren Vorgesetzten bestimmt. Ich nehme an, sie stellten ihn nach den heute für Japaner geltenden Ernährungsprinzipien zusammen. Wie es schmeckte? Wenn hin und wieder Leute von draußen bei uns aßen, sagten sie meistens, es sei ein bisschen fad. Aber wenn das Essen zu gut schmeckt, besteht die Gefahr, dass Begierden geweckt werden, doch strenge Regeln gab es eigentlich nicht. Mahlzeiten, die die Geschmacksnerven nicht anregen, wäre eine gute Beschreibung. Es war nicht unsere Aufgabe, besonders schmackhafte Mahlzeiten zu kochen, sondern eine Nahrung bereitzustellen, die die Mitglieder mit ausreichend Energie für ihre Aktivitäten versorgte.

Wir waren natürlich keine ausgebildeten Köchinnen. Der Gründer [Asahara] ermahnte uns häufig, unser ganzes Herz in unsere Arbeit zu legen. Nach den Mahlzeiten mussten wir die Geräte und Maschinen reinigen. »Stellt euch beim Putzen vor, ihr würdet eure Herzen polieren«, sagte er. Ich bemühte mich, meine Arbeit mit ganzem Herzen zu machen. Als ich noch zu Hause gewohnt habe, interessierte ich mich nicht für das Kochen. In Kamikuishiki habe ich in Satyam 6 vier Jahre lang jeden Tag die Opfergaben zubereitet.

Murakami: *Hat Shoko Asahara nicht auch in Satyam 6 gewohnt?*

Ja, genau. Er hatte verschiedene Wohnungen, aber Satyam 6 war sozusagen sein Hauptwohnsitz. Natürlich lebte er in einem anderen Flügel, getrennt von uns. Ab und zu bekam ich ihn zu sehen. Manchmal aß er bei uns, aber eher selten. Jemand anders kochte für ihn.

Neben der Arbeit führte ich meine asketischen Übungen weiter und machte große Fortschritte. Inzwischen war ich imstande, Dinge wie den Grad meiner Begierden oder der augenblicklich verfügbaren Energien so klar zu beurteilen, dass ich den Inhalt meiner Übungen darauf abstimmen konnte. Ich brauchte vier Jahre, um zur Befreiung zu gelangen.

Murakami: *Wurde diese Befreiung vom Meister bestätigt?*

Ja. Um Befreiung zu erlangen, musste man viele Bedingungen erfüllen, und am Schluss bestimmte der Erleuchtete Meister, ob jemand tatsächlich so weit war. Im Allgemeinen erlangte man Befreiung mitten in einer konzentrierten, intensiven Übung. Es gibt eine extreme Übung, durch die man zur Befreiung gelangt. Während dieser Übung hat man viele mystische Erscheinungen, und wenn sie ausreichen und noch etwas dazukommt, wird der Geist klar und man hat die Ebene der Erleuchtung erlangt.

Erst danach erhält man einen heiligen Namen.

Murakami: *Sie haben schon in Ihrer Kindheit mystische Träume gehabt und Astralleibprojektionen erlebt. Was wurde daraus, als sie Nonne bei Aum wurden?*

Meine Spiritualität steigerte sich, und ich erlebte noch merkwürdigere Dinge. Aber im Vergleich zu vorher hatte ich größere Kontrolle über sie. Ich konnte mich an meine früheren Leben erinnern und auch erkennen, in welche Welten Menschen, die ich kannte, als Nächstes wiedergeboren würden. Manchmal überkam mich blitzartig eine Erleuchtung: »Das ist mein früheres Leben!«

In meinem früheren Leben war ich ein Mann. Wenn ich an meine Kindheit zurückdachte, fügten sich die Teile Stück für Stück zusammen und ergaben ein Bild. Als ich klein war, wurde ich oft für einen Jungen gehalten. Das fand ich immer sehr eigenartig, aber als mir bewusst wurde, dass ich in meinem früheren Leben ein Junge gewesen war, begriff ich es.

Murakami: *Gibt es noch andere Dinge, die Sie erkannt haben, abgesehen von Ihrem Geschlecht? Zum Beispiel ein Verbrechen in einem früheren Leben, das Ihr jetziges Leben beeinflusst?*

Ja. In meiner Kindheit hatte ich glückliche Erlebnisse, aber auch schmerzhafte. Die waren die Folge von etwas Schlechtem, das ich früher getan habe.

Murakami: *Ich möchte nicht spitzfindig sein, aber ist das nicht mehr oder weniger bei jedem so? Jeder Mensch macht doch unangenehme und schmerzhafte Erfahrungen, ohne dass das etwas mit Spiritualität und Wiedergeburt zu tun hat.*

Ja, schon. Aber wenn man solche Erlebnisse bereits als kleines Kind hat, wenn gute oder schlechte Umstände im Leben noch fast keine Rolle spielen, müssen es doch Teile einer früheren Existenz sein, die mit in das gegenwärtige Dasein hinübergezogen wurden.

Murakami: *Auch auf einer Stufe, auf der ein Kind noch kaum Erfahrungen mit der Wirklichkeit hat, kann es doch bereits Unangenehmes erleben. Es hat Hunger, kriegt aber nichts zu essen; es möchte von seiner Mutter getragen werden, aber sie tut es nicht. Das hat doch nichts mit einem früheren Leben oder mit Schuld zu tun. Je nach Alter gibt es da sicher Unterschiede, aber »Schmerz« ist meiner Ansicht nach nichts anderes als unbewältigte diesseitige Realität.*

Aber Schmerz ist nicht immer so eindeutig.

Als der Sarin-Anschlag [im März 1995] passierte, bereitete ich wie immer in Satyam 6 die Opfergaben vor. Ich habe von anderen Mitgliedern davon erfahren. In Tokyo sei etwas passiert, und Aum solle es getan haben, erzählten sie mir. Ich habe zuerst überhaupt nicht geglaubt, dass Aum auch nur das Geringste damit zu tun haben könnte.

Zuvor hatte es geheißen, in den Gebäuden von Kamikuishiki sei Sarin freigesetzt worden. Das bedeutete, man hatte einen Anschlag auf uns verübt. Das habe ich tatsächlich geglaubt, denn viele von uns wurden damals krank, ich auch. Ich hustete und spuckte Blut. Manchmal ging es mir so schlecht, dass ich im Bett bleiben musste. Blutiger Schleim kam aus meiner Lunge, ich litt unter Kopfschmerzen und Übelkeit und wurde sehr schnell müde. Darum war ich überzeugt, dass wir diejenigen waren, auf die ein Giftgas-Anschlag verübt worden war, sonst wären ja nicht so viele Leute gleichzeitig krank geworden. Das war noch nie vorgekommen.

Ich war entsetzt, als die Polizei die Gebäude durchsuchte. Wir hatten doch nichts verbrochen. Ich fand es zu einseitig, uns als Übeltäter zu beschuldigen. Satyam 6 und die Räume, in denen wir die Opfer zu-

bereiteten, wurden komplett durchsucht, wir durften nicht weiter-
kochen, sodass wir keine Mahlzeiten an die Samana ausgeben konnten.
Sie mussten den ganzen Tag hungern. Die Polizei machte mir Angst.
Ich sah, wie viele meiner Freunde gewalttätig behandelt und herum-
gestoßen wurden. Einige trugen sogar Gehirnerschütterungen davon.

Murakami: *Sie haben sich die ganze Zeit in Satyam 6 aufgehal-
ten. Haben Sie vor dem Anschlag nichts Ungewöhnliches bemerkt?*

Nein. Ich war ja auch jede Minute mit dem Zubereiten der Opferspeisen beschäftigt und hatte gar keine Zeit, auf irgendetwas zu achten.
Ich und meine Kolleginnen waren so beschäftigt, dass wir kaum aus
Satyam 6 herauskamen und nicht viel von dem wussten, was draußen
vor sich ging. Die Einzigen, mit denen ich sprach, waren die Mädchen,
mit denen zusammen ich die Opferspeisen zubereitete.

Murakami: *Diejenigen, die den Anschlag begangen haben, sind
inzwischen verhaftet worden und haben die Tat gestanden. Es ist also
klar, dass Aum für den Anschlag verantwortlich ist. Wie denken Sie
darüber?*

Wir haben fast nichts darüber erfahren. Wir lebten doch in einem
abgelegenen Bergdorf. Es gab weder Zeitungen noch Fernsehen. Deshalb hatte ich kaum eine Ahnung von dem, was in der Welt vor sich ging.

Natürlich hätte man sich jederzeit informieren können, wenn man
gewollt hätte. Ich interessierte mich nur nicht dafür. Ich glaubte nicht,
dass Aum etwas mit dem Anschlag zu hatte. Außerdem hatte ich mir
vorgenommen, möglichst auf das Fernsehen zu verzichten.

Mulmig wurde es mir erst, als im folgenden Jahr von einer Verschär-
fung der Radikalengesetze die Rede war. Das hätte die Auflösung
Aums bedeutet, meine Freunde wären in alle Winde verstreut worden,
ich hätte weder mein zurückgezogenes, behütetes Leben weiterführen
noch mich auf meine Übungen konzentrieren können. Stattdessen
hätte ich meinen Lebensunterhalt irgendwie allein verdienen müssen.
Davor hatte ich große Angst.

Murakami: *Das wäre bestimmt ein Schock für Sie gewesen. Aber
hatten Sie denn über ein Jahr nach dem Anschlag immer noch keine
Ahnung, dass wirklich Aum ihn verübt hatte?*

Nein. Und auch die anderen Leute, die ich kannte, nicht. Fast alle in
Satyam 6 waren von der Außenwelt abgeschnitten. Zu uns gelangten
einfach keine Informationen.

Am Ende hatte die Zahl der Samana stark abgenommen, einer nach dem anderen war gegangen. Aber wovon hätte ich leben sollen, wenn ich plötzlich fortging? Ohne wenigstens einen Aushilfsjob kann man keine Miete zahlen. Samana bekommen jeden Monat nur einen kleinen Geldbetrag. Jedenfalls wurde es ständig leerer. Es war wie bei einem Kamm, aus dem nacheinander alle Zähne herausbrechen. Ich war unter den Letzten, als wir am ersten Oktober 1996 die Anweisung erhielten, Satyam 6 zu räumen.

Danach zog ich nach Saitama. Dort lebten bereits zehn Aum-Mitglieder in einer Wohngemeinschaft. Der Hausbesitzer war tolerant und hatte nichts dagegen, an Leute von Aum zu vermieten. Andererseits hätte das Haus auch niemand anderes gemietet, denn es war erst halb fertig. Alle nahmen irgendwelche Jobs an, damit wir für unseren Lebensunterhalt aufkommen und für die Kinder und die Alten sorgen konnten.

Mir kam die Idee, mit meinen Erfahrungen aus der Opfer-Küche von Satyam 6 im Erdgeschoss des Gebäudes eine Bäckerei zu eröffnen. Das Geld dafür gaben mir meine Eltern.

Murakami: *Ihre Eltern sind sehr verständnisvoll.*

Ja, das sind sie (*lacht*). Deshalb habe ich jetzt eine Bäckerei. Am Anfang gaben wir uns einen hübschen Namen: »Der fliegende Konditor«, aber die Medien kamen dahinter. Nachdem wir das Geschäft im Rathaus angemeldet hatten, tauchten plötzlich Zeitungs- und Fernsehreporter bei uns auf. Das Amt hatte anscheinend Informationen an die Medien durchsickern lassen. Jedenfalls kam der Name unseres Geschäfts heraus und wurde im Fernsehen genannt, woraufhin unsere besten Kunden beschlossen, den geschäftlichen Kontakt zu uns abzubrechen. »Der Laden gehört Aum-Mitgliedern«, war die Begründung.

Auch die Leute aus dem Viertel kauften nicht bei uns. Wir hatten eine Homepage und versuchten, unsere Produkte über das Internet zu verkaufen, aber nachdem unser Name bekannt geworden war, wurden alle Bestellungen rückgängig gemacht. Daraufhin versuchten wir es mit einem anderen Namen, aber unsere Auslieferer wurden ständig von der Polizei angehalten und befragt: »Was tun Sie hier? Wissen Sie nicht, dass der Laden Aum-Leuten gehört?« Wir überlegten, ob wir unsere Waren irgendwo anders verkaufen sollten, aber die Polizei wäre uns doch überallhin gefolgt.

Inzwischen verkaufen wir unser Brot an Samana und Laienmitglieder. Wir backen zweimal pro Woche und liefern selbst aus. So kommen wir einigermaßen über die Runden. Im Augenblick verkaufen wir gar nichts an Außenstehende.

Die Polizei beobachtet auch jetzt noch unser Haus. Sie überprüfen die Leute, die in unseren Laden kommen, und sagen ihnen, dass der Laden Aum gehört. Vielleicht müssen sie ja auch einfach demonstrieren, dass sie etwas unternehmen. Manchmal bitten sie auch um Brot, und wir geben ihnen welches. Wenn sie mehr wollen, sagen wir: »Dann kaufen Sie es bitte.«

Manchmal bringen wir unseren Nachbarn ein bisschen Kuchen vorbei und halten auch mal ein Schwätzchen. »Wir hatten schon Angst, dass Sie hier seltsame Sachen veranstalten, aber anscheinend backen Sie ja wirklich nur Brot und Kuchen«, sagen dann manche. Die Medien haben großen Einfluss.

Murakami: *Wie denken Sie jetzt, nachdem Sie Satyam 6 verlassen haben und wieder in der Gesellschaft leben, über den Sarin-Anschlag und den Mord an der Familie Sakamoto? Immerhin steht fest, dass Aum Shinrikyo diese Taten begangen hat.*

Für mich ist die Kluft zwischen dem Bild, das die Gesellschaft von Aum hat, und den Erfahrungen, die ich selbst in meinem Leben in der Gemeinschaft gemacht habe, auch jetzt noch riesig, und ich weiß nicht, wie ich beides in Einklang bringen kann, wie ich urteilen soll.

Inzwischen glaube ich das meiste, das über den Anschlag gesagt wird. Andererseits verändern sich die Aussagen ständig. Ich bin immer noch unsicher, was davon stimmt und was nicht.

Murakami: *Die Zeugenaussagen variieren nur in Einzelheiten – wer was wann und zu wem gesagt hat –, aber daran, dass die fünf Aum-Führer Sarin in der U-Bahn freigesetzt haben, um eine unbestimmte Zahl von Fahrgästen zu töten, gibt es keinen Zweifel. Ich möchte Ihre Meinung über den Anschlag wissen. Es geht mir nicht darum, Sie persönlich zu beschuldigen. Ich möchte nur wissen, was Sie über den Anschlag denken.*

Na ja, ich kann es einfach nicht glauben, mir nicht vorstellen. Ich habe in meinem Leben als Nonne nie ein einziges Lebewesen getötet. Keine Kakerlake und keinen Moskito. Daran halte ich mich bis heute. Und die anderen, die ich kenne, auch. Es ist unfassbar für mich, wie so etwas geschehen konnte.

In den Predigten wurde auch über Tantra-Vajrayana gesprochen, aber ich habe das nie in Bezug zur Wirklichkeit gesehen. Ich habe nicht danach gehandelt oder so. Für mich war Tantra-Vajrayana nur ein abstrakter Teil der umfassenden Lehre.

Der Guru war für mich eine Person, die mir half, wenn ich mit meinen asketischen Übungen nicht weiterkam. Ein Lehrer. In diesem Sinne war seine Existenz notwendig für mich.

Murakami: *War er für Sie eine absolute Instanz? Waren Sie eine bedingungslose Anhängerin?*

Absolut ... na ja. Es kam natürlich vor, dass der Gründer mich gefragt hat: »Traust du dir dieses oder jenes zu?« Aber in solchen Fällen habe ich selbst entschieden und dann auch geantwortet: »Nein, das ist zu schwierig für mich.« Ich habe nicht einfach nur zu allem Ja gesagt, und so habe ich es auch bei anderen gesehen. Deshalb hatte ich auch nicht den Eindruck, dass er eine absolute Instanz war. Das ist ein Bild, das die Medien geschaffen haben.

Aber die Menschen sind eben verschieden. Bestimmt gab es Leute, die zu allem Ja sagten, aber es gab auch viele, die nach ihren eigenen Vorstellungen handelten.

Murakami: *Und wenn Sie in die Lage der Attentäter geraten wären? Wenn der Gründer für Sie der absolute Guru gewesen wäre, der Einzige, der Sie führen konnte, und er hätte gesagt: »Tu es!«?*

Auch die Leute, die den Sarin-Anschlag verübt haben, sind selbstbewusste Persönlichkeiten, das weiß ich aus eigener Anschauung. Es sind Menschen mit einer eigenen Meinung, die sie auch laut vor anderen äußern. Deswegen kann ich Ihrer Frage nicht ohne weiteres folgen. Wenn ich daran denke, wie diese Leute in der Gemeinschaft aufgetreten sind, kann ich mir überhaupt nicht vorstellen, dass sie so etwas getan haben. Ich wäre höchstens überzeugt, wenn ich mit eigenen Augen gesehen hätte, dass sie es waren. Bisher habe ich so viel Widersprüchliches gesehen und gehört, dass ich nicht sicher bin, ob das alles wirklich so stattgefunden hat.

Auch in den Gerichtsverhandlungen gegen den Gründer sehe ich zu viele Ungereimtheiten. Im Augenblick kann ich nur abwarten. In diesem Stadium kann ich kein Urteil fällen, bevor nicht der Gründer Klarheit geschaffen hat. Seinem Anwalt zufolge ist ja auch noch nicht bewiesen, dass er diese Dinge wirklich angeordnet hat.

Murakami: *Sie wollen sagen, dass Sie sich Ihr Urteil bis zum Schluss vorbehalten?*

Ich sage ja nicht, dass es völlig unmöglich ist. Aber in dieser Phase ist es noch zu früh, das zu entscheiden. Bevor nicht alle Tatsachen auf dem Tisch sind, kann ich nicht Stellung nehmen.

Murakami: *Sie sagten, Ihre Eltern haben Ihnen das Geld für die Bäckerei gegeben. Das heißt, Sie haben weiterhin eine gute Beziehung zu ihnen?*

Ja, nachdem ich Erleuchtung erlangt hatte, habe ich sie besucht und manchmal angerufen. Es war nie die Rede davon, dass sie mich enterben wollten oder so. Sie sagen, ich kann jederzeit wieder zu ihnen kommen, wenn ich will. Aber ich kann kein weltliches Leben mehr führen. Es wäre vielleicht anders, wenn es etwas Verlockendes für mich bereithielte, wenn ich mich verbessern könnte, aber im Augenblick ist das nicht so. Das habe ich nur bei Aum gefunden.

In den sieben oder acht Jahren, die ich bei Aum gelebt habe, hatte ich manchmal auch Zweifel. Als stiegen in der Askese meine Unreinheiten an die Oberfläche. Bei den Übungen dringt man sehr tief in sich ein und wird mit den eigenen Mängeln, Begierden und so weiter konfrontiert. Die meisten Leute täuschen sich mit Alkohol oder Vergnügungen darüber hinweg, aber wir, die wir Askese üben, können das nicht. Wir müssen uns unseren Schwächen stellen und sie überwinden, auch wenn es mühsam ist. Aber trotz aller Zweifel habe ich eine Ebene erreicht, auf der ich weiß, dass ich meine Übungen fortsetzen muss. Tatsächlich habe ich kein einziges Mal ernsthaft in Erwägung gezogen, wieder ein weltliches Leben aufzunehmen.

Meine Freundin aus der Mittelschule, die zur gleichen Zeit wie ich Aum-Mitglied geworden ist, ist ebenfalls geblieben und macht weiter ihre Übungen. Mein ältester Bruder ist kurz vor dem Anschlag nach Hause zurückgekehrt. Vielleicht hat er sich von den Unreinheiten besiegen lassen, die während der Askese zutage treten. Wenn man die nicht überwindet, wird man nie Befreiung erlangen.

»Das wäre mein sicherer Tod, dachte ich«

Shin'ichi Hosoi (geboren 1965)

Herr Hosoi stammt aus Sapporo. Nach der Schule ging er nach Tokyo auf eine Kunstschule, um Cartoonist zu werden, gab aber nach einem halben Jahr auf. Während er sich mit Aushilfsjobs durchschlug, stieß er auf Aum und wurde Mitglied. Er arbeitete in der Aum-Druckerei und später in der Zeichentrickabteilung, wo ihm seine zeichnerischen Fähigkeiten zugute kamen; schließlich arbeitete er als Schweißer im Ministerium für Wissenschaft und Technik. 1994 wurde er in den Rang eines Meisters befördert. Unter anderem war er auch mit der Einrichtung gewisser Teile des Chemielabors betraut, das an Satyam 7 angeschlossen war. Zu asketischen Übungen hatte er nur wenig Gelegenheit, da er meist zu beschäftigt war. Immerhin hat er viele praktische Erfahrungen gesammelt.

Nach der polizeilichen Durchsuchung der Aum-Einrichtungen erfuhr er, dass Haftbefehl gegen ihn erlassen worden war, und er stellte sich freiwillig. Nach dreiundzwanzig Tagen Untersuchungshaft wurde die Anklage fallen gelassen. Während seiner Haft schickte er eine schriftliche Austrittserklärung an Aum. Danach zog er sich zeitweilig nach Sapporo zurück, lebt aber heute wieder in Tokyo. Bei unserem Gespräch zeigte er mir einige Zeichnungen vom Leben im Satyam.

Inzwischen gehört er der von ehemaligen Aum-Mitgliedern gegründeten Kanariya no kai an, der »Gesellschaft der Kanarienvögel«, an, die Aum Shinrikyo und Shoko Asahara sehr kritisch beurteilt.

In der Grundschule hatte ich eine ziemlich harte Zeit. Mein älterer Bruder war geistig behindert und besuchte eine Sonderschule. Die anderen Kinder zogen mich oft mit ihm auf, und ich fühlte mich ziemlich elend.

Seit ich denken kann, hat meine Mutter sich fast nur um meinen Bruder gekümmert. Mich hat sie kaum beachtet, und ich war viel allein. Ich kann mich noch sehr gut an die Zeit erinnern, als ich die Aufmerksamkeit meiner Mutter gebraucht hätte, sie aber nicht bekam. Wenn ich etwas wollte, hieß es immer: »Schau mal, dein Bruder ist doch so arm dran, da musst du ein bisschen zurückstehen.« Vielleicht brachte mich das dazu, meinen Bruder zu hassen.

Wahrscheinlich war ich ein ziemlich trübsinniges Kind, besonders, als mein Bruder an Hepatitis B starb. Ich war damals vierzehn, und der Schock war groß. Im Grunde meines Herzens hatte ich mir immer gewünscht, dass er eines Tages gesund und glücklich würde, dass er doch noch geheilt werden würde. Es war fast eine religiöse Hoffnung. Damals waren die Prophezeiungen des Nostradamus sehr aktuell, dass die Menschheit 1999 untergehen würde und so weiter. Für mich eine erfreuliche Nachricht, denn die Welt war mir verhasst. Sie war ungerecht und grausam zu den Schwachen. Ich grübelte viel über die Unzulänglichkeiten der Menschheit nach und wurde nur noch deprimierter.

Ich hatte niemanden, mit dem ich sprechen konnte über das, was mich belastete. Alle lernten für irgendwelche Prüfungen oder kannten kein anderes Thema als Autos und Baseball. In der Oberschule war ich ein großer Bewunderer von Katsushiro Otomo, dem Comic-Zeichner. Damals war er noch nicht so berühmt. Seine Arbeiten kamen mir ungeheuer wirklichkeitsgetreu und lebendig vor. Ihr Inhalt war so düster wie meine eigenen Gedanken, und ich hatte das Gefühl, seine Visionen könnten jeden Moment Wirklichkeit werden. Manchmal kopierte ich seine Arbeiten – *Sayonara Nippon, Short Peace, Boogie Woogie Waltz* und so weiter.

Weil ich unbedingt von zu Hause fort und nach Tokyo wollte, meldete ich mich nach der Oberschule an der Chiyoda-Schule für Werbegraphik an. Dort kann man Comic-Zeichnen im Hauptfach studieren. Aber nach einem halben Jahr schmiss ich das Studium hin, warum weiß ich nicht. Allerdings fing ich damals an, Mauern zwischen mir und anderen Menschen zu errichten. Und in Tokyo wurden die Mauern immer höher. Meine Kommilitonen waren eigentlich ganz in Ordnung, und ich lernte auch ein paar Mädchen kennen. Aber selbst wenn eine wirklich gut zu mir passte, baute ich sofort eine Mauer zwischen uns auf. Am Unterricht lag es nicht, der gefiel mir. Es waren die Menschen, mit denen ich einfach nicht zu Rande kam. Ich ging zwar mit den anderen Studenten aus und trank auch etwas, aber es machte mir keinen Spaß. Mein Hass auf die Welt wurde immer größer.

Eigentlich verstehe ich es bis heute nicht richtig. Endlich hatte ich Gelegenheit, andere Menschen kennen zu lernen, und schlug sie doch nur in die Flucht. Aber ich konnte wohl nicht anders. Also hörte ich nach einem halben Jahr auf und lebte von Jobs. Meine Eltern überwiesen mir ein Taschengeld. Ich zeichnete weiterhin Comics, um in Übung zu bleiben und besser zu werden. Aber mit achtzehn oder neunzehn ist es schwierig, sich selbst etwas beizubringen. Außerdem lastete meine Isolation psychisch schwer auf mir. Mit der Zeit entwickelte ich eine regelrechte Menschenphobie.

Ständig fürchtete ich, hintergangen oder gekränkt zu werden. Ich verwahrloste innerlich. Wenn ich ein Paar oder eine vergnügte Familie beim Spaziergang beobachtete, dachte ich als Erstes: »Aus denen müsste man doch Kleinholz machen.« Gleichzeitig hasste ich mich für diese Gedanken.

Ich war von zu Hause weggegangen, um der düsteren Atmosphäre nach dem Tod meines Bruders zu entkommen, aber zur Ruhe kommen konnte ich doch nicht. Nirgends klappte es, und ich verabscheute meine Umgebung immer mehr. Wenn ich meine Wohnung verließ, hatte ich das Gefühl, in die Hölle zu geraten. Schließlich kriegte ich auch noch einen Waschzwang. Wenn ich nach Hause kam, musste ich mir sofort die Hände waschen. Eine halbe oder sogar eine ganze Stunde stand ich am Waschbecken und wusch mir unentwegt die Hände. Ich wusste selbst, dass das krankhaft war, aber ich kam nicht dagegen an. Zwei oder drei Jahre lebte ich so.

Murakami: *Das muss sehr schwer für Sie gewesen sein.*

Ja, in diesen zwei, drei Jahren habe ich mit kaum jemandem gesprochen. Ab und zu mit meiner Familie oder mit Leuten von der Arbeit. Ich schlief immer mehr, über fünfzehn Stunden am Tag. Sonst fühlte ich mich unheimlich mies. Mit meinem Magen war auch etwas nicht in Ordnung, oft überfielen mich ganz plötzlich stechende Schmerzen. Ich wurde blass, der Schweiß brach mir aus, und ich kriegte keine Luft mehr. Ich fragte mich schon, ob es mit mir zu Ende ginge.

Ich beschloss, mein Leben mit Hilfe von Yoga und einer Diät wieder in den Griff zu bekommen. In einem Buchladen stieß ich auf »Jenseits von Leben und Tod« von Shoko Asahara und las eine Weile darin. Darin wurde behauptet, die Erweckung der Kundalini sei innerhalb von drei Monaten möglich. Das erstaunte mich sehr, und eigentlich bezweifelte ich es. Ich hatte bereits *Outline of Theosophy* von Charles W. Leadbeater gelesen, und ich hatte Grundkenntnisse im Yoga. Also ging ich nach Hause und probierte es aus. Neben der Diät praktizierte ich drei Monate lang die in dem Buch beschriebenen Übungen. Jeden Tag vier Stunden. Wenn ich mir einmal etwas vorgenommen habe, dann konzentriere ich mich voll darauf.

Dabei ging es mir weniger um die Erweckung meiner Kundalini als um die Wiederherstellung meiner Gesundheit. Nach etwa zwei Monaten spürte ich Vibrationen an der Wurzel meiner Wirbelsäule – die kündigen das Erwachen der Kundalini an. Aber ich war noch immer nicht überzeugt. Doch plötzlich spürte ich Hitze wie kochendes Wasser in Spiralen meine Wirbelsäule hinaufsteigen. Dann hatte ich so ein Gefühl, als würden in meinem Hirn sämtliche Sicherungen durchbrennen. Ich bin ganz schön erschrocken. In meinem Körper spielte sich etwas Extremes ab, auf das ich keinen Einfluss mehr hatte. Ich verlor sogar das Bewusstsein.

Genau wie es in Shoko Asaharas Buch stand, hatte ich innerhalb von drei Monaten meine Kundalini erweckt. Was er sagte, stimmte. Mein Interesse an Aum wuchs. Gerade war die fünfte Ausgabe der Zeitschrift *Mahayana* erschienen. Ich kaufte sie mir samt allen vorherigen Nummern und verschlang sie regelrecht. Sie brachten Fotos und Erfahrungsberichte von einigen sehr interessanten, bemerkenswerten Personen. Wenn diese Leute Asahara verehrten, musste er schon ein »Erleuchteter Meister« sein.

Am besten gefiel mir an den Büchern von Aum, dass darin ganz deutlich stand: »Die Welt ist schlecht.« Allein diesen Satz zu lesen, machte mich richtig glücklich. Ich war schon lange der Ansicht gewesen, man müsste diese scheußliche, ungerechte Gesellschaft zerstören, und hier stand es nun schwarz auf weiß. Aber statt die Welt einfach zu vernichten, hatte Shoko Asahara einen anderen Weg anzubieten: »Wer durch Askese zur Befreiung gelangt, hat die Macht, diese schlechte Welt zu verändern.« Dieser Satz erfüllte mich mit heiligem Eifer. Ich wollte Jünger dieses Mannes werden und alles für ihn tun. Für ihn wollte ich sogar alle irdischen Träume, Hoffnungen und Wünsche begraben.

Murakami: *Sie haben gesagt, die Welt sei ungerecht. Was konkret empfinden Sie als besonders ungerecht?*

Vor allem angeborene Begabung oder eine gute Herkunft. Wer intelligent ist, ist eben intelligent, wer schnell laufen kann, kann schnell laufen. Daran ist nicht zu rütteln. Aber die Menschen, die bestimmte Schwächen haben, kommen nie ans Licht. Dieses Schicksalhafte fand ich schon immer ungerecht. Aber in Shoko Asaharas Büchern wird dieser Zustand als unser »Karma« erklärt. Wenn ein Mensch in seinem früheren Leben Schlechtes getan hat, muss er jetzt leiden; hat er Gutes getan, lebt er demzufolge in besseren Umständen und kann seine Fähigkeiten voll entwickeln. Als ich das las, ging mir ein Licht auf. Von nun an wollte ich Böses meiden und lieber Verdienste erwerben.

Ursprünglich hatte ich nur vorgehabt, meinen Gesundheitszustand durch eine Diät und Yoga zu verbessern, damit ich wieder am normalen Leben teilhaben konnte, aber durch Aum entwickelte ich eine für mich ganz neue – buddhistische – Einstellung. Immerhin haben mir die Bücher von Aum geholfen, wieder auf die Füße zu kommen, als ich völlig am Boden war.

Im Dezember 1988 suchte ich das Dojo in Setagaya auf, um mich anzumelden, und hatte Gelegenheit, mit einem der Erleuchteten zu sprechen. Er nahm sich viel Zeit für mich und empfahl mir das einmal im Jahr in der Zentrale am Fuji stattfindende, zehntägige Seminar »Intensiv-Meditation bis zum Wahnsinn«. Ziemlich extremer Titel, oder? (*Lacht*) Dabei würde ich unheimliche Fortschritte machen, also solle ich unbedingt teilnehmen. Allerdings musste man dafür 100.000 Yen [1000 Euro] spenden, und so viel Geld hatte ich nicht. Außerdem fragte ich mich, ob eine so intensive Schulung gleich am Anfang nicht gefährlich wäre. Aber Tomomitsu Niimi, der Leiter des Seminars, redete mir so zu, dass ich schließlich teilnahm.

Damals war Aum noch eine kleine Gruppe mit höchstens zweihundert Mönchen und Nonnen, daher konnten auch die Neuen ziemlich bald nach ihrem Beitritt Shoko Asahara kennen lernen. Er war nicht so wie jetzt, er wirkte viel drahtiger und muskulöser und betrat das Dojo mit kraftvollen, federnden Schritten. Es ging etwas Bezwingendes, Despotisches von ihm aus. Seine beängstigende Fähigkeit, alles und jeden auf den ersten Blick zu durchschauen, war vom ersten Augenblick an zu spüren. Die meisten behaupteten, er sei sanft und freundlich, aber mir machte er am Anfang eher Angst.

Als ich einmal die Gelegenheit hatte, allein mit ihm »Geheim-Yoga« zu praktizieren, sagte er zu mir, ich sei völlig im Stadium von Makyo – dem Zustand, in dem bei fortschreitender Meditation spirituelle Hindernisse auftreten. Ich sagte zu ihm: »Um besser voranzukommen, möchte ich so bald wie möglich die Gelübde ablegen.« – »Warte noch«, sagte er. »Makyo kann man nicht entfliehen. Mach weiter deine Übungen, und du wirst es überwinden.«

Als ich Asahara das nächste Mal sah, schwebte er fast ins Dojo, um milde lächelnd Bhakti – die Anbetung und Verherrlichung – entgegenzunehmen. Da wurde mir bewusst, dass er ein Mann mit vielen Gesichtern war. Jetzt hatte ich überhaupt keine Angst vor ihm. Er strahlte, und allein schon in seiner Nähe zu sein, erfüllte mich mit einem Glücksgefühl.

Drei Monate nach meinem Eintritt erhielt ich die Erlaubnis, die Gelübde abzulegen. Während einer unserer »Geheim-Yoga-Sitzungen« sagte Asahara zu mir: »Du kannst jetzt Mönch werden, aber unter einer Bedingung. Du gibst deinen Job auf und suchst dir eine Stelle bei einem Buchbinder.« Ich war ziemlich verdutzt und fragte, warum ausgerechnet bei einem Buchbinder. »Wir wollen eine Druckerei eröffnen, und ich möchte, dass du lernst, wie man Bücher bindet.« – »Ich habe verstanden«, antwortete ich und suchte mir kurzerhand Arbeit bei einem Buchbinder. Kost und Logis waren inbegriffen.

In einer Buchbinderei gibt es eine Menge Maschinen: Falzmaschinen, Schneidemaschinen, Pressen. Ich hatte keine Ahnung, wo anfangen, wo aufhören, was ich mir merken sollte und was nicht. Er hatte ja nur gesagt: »Lerne Buchbinden.« Also tat ich mein Möglichstes, mir das anzueignen. Sonntags, wenn niemand in der Werkstatt war, studierte ich eifrig die Maschinen. Ich hatte kaum technische Vorkenntnisse, aber mit der Zeit fand ich heraus, welche Knöpfe ich drücken musste und wie bestimmte Teile funktionierten. Ich durfte die Maschinen nicht bedienen, lernte aber vom Zuschauen. Nachdem ich drei Monate gearbeitet hatte, bekam ich die Anweisung, unverzüglich die Gelübde abzulegen. Ich packte meine Sachen zusammen und verließ die Buchbinderei.

Als Mönch muss man auf alles, was man gerne isst – wie zum Beispiel Eiscreme – verzichten. Das fiel mir unglaublich schwer. Für mich war es härter, auf Essen zu verzichten als auf Sex. Am Abend, bevor ich die Gelübde ablegte, stopfte ich mich noch mal so richtig mit allem voll, was ich in die Finger kriegte. Es war ja das letzte Mal.

Natürlich waren meine Eltern völlig dagegen, aber da ich glaubte, mein Verzicht wäre letzten Endes auch für sie ein Segen, ignorierte ich sie. Um offiziell Samana zu werden, muss man 1.200.000 Yen [12.000 Euro] spenden und sechshundert Stunden Gebete im Stehen absolvieren. Weil sie es mit der Buchbinderei aber ziemlich eilig hatten, wurde in meinem Fall eine Ausnahme gemacht.

Etwa eine Autostunde von der Fuji-Zentrale entfernt gab es einen Ort namens Kariyado. Dort war in einem kleinen Fertigbau die Druckerei untergebracht. Zu meinem Erstaunen war ich der Einzige, der überhaupt irgendwelche Kenntnisse im Buchbinden hatte. Ich hatte angenommen, ich würde einem Team angehören. Und jetzt war ich, quasi ein Novize, Leiter der Buchbinderei. Ich war total verdutzt. Für die Buchbinderei waren zehn bis zwanzig, für die Druckerei zehn und für die Herstellung der Druckplatten zwanzig Personen vorgesehen. Eine ziemlich große Sache.

Aber die Maschinen, die Aum gekauft hatte, waren alte Dinger, die schon jahrzehntelang in irgendeinem Lager vor sich hin gerostet hatten. Nicht nur in der Buchbinderei, auch in der Druckerei war das so. Alle beschwerten sich. Es war der letzte Trödel. Allein sie wieder zum Laufen zu bringen, war ein Kraftakt. Zudem kannte ich mich mit diesen Maschinen ja auch nicht genau aus. Also dauerte es erst mal drei Monate, bis wir sie überhaupt einigermaßen instand gesetzt hatten, und trotzdem funktionierten sie manchmal nicht richtig. Aber wenn man die Umstände bedenkt, haben wir es trotzdem ganz gut hingekriegt.

Als Erstes druckten und banden wir die 23. Ausgabe von *Mahayana*. Bis dahin waren alle Aum-Veröffentlichungen bei irgendeiner Druckerei in Auftrag gegeben worden, aber von nun an konnten wir sie selbst drucken.

Eines erstaunte mich: Seit ich entsagt hatte, war in meinem Leben fast kein Platz mehr für asketische Übungen. Ich fragte einen der Oberen, warum das so sei, und er sagte, ich müsse erst Verdienste erwerben, bevor ich an Fortschritte denken könne. In der Phase, in der ich mich befände, müsse ich durch einfache Arbeiten Verdienste sammeln. Also schuftete ich ein ganzes Jahr lang in der Buchbinderei. Jeder Tag war hart. Wir schliefen nur vier Stunden täglich. Besonders furchtbar war es während des Wahlkampfs. Ich arbeitete an der Falzmaschine. Wir ließen die Maschinen ständig laufen, auch wenn wir auf die Toilette gingen. Jede Sekunde zählte.

Nach der Wahl nahm die Arbeit stark ab. Wir hatten jede Menge Freizeit zum Faulenzen. In Naminomura war ganz schön was los, aber wir in der Druckerei führten ein friedliches Leben. Wenn es keine Arbeit gab, durften wir unsere Übungen machen. Unser Leiter war irgendwo unterwegs, und wir hatten es ganz gemütlich.

Am Anfang standen die Maschinen still, sooft ich nicht da war. Aber im Laufe der Zeit konnten alle sie bedienen, und ich bat meine Oberen um eine Versetzung. Eigentlich war das nicht üblich. Ich zeichnete auf altem Papier zwanzig Seiten Comic-Illustrationen zu den *Jataka*, den Geschichten über die Vorleben Buddhas. Dann machte ich drei Comic-Hefte daraus und schickte sie an die Leitung. Ich fügte einen Brief bei, in dem ich schrieb: »Ich habe gelernt, wie man Comics zeichnet. Ich würde diese Kenntnisse gern in den Dienst der Befreiung stellen und bitte um meine Versetzung.«

Eigentlich rechnete ich nicht mit einer Antwort, denn egozentrisches Verhalten wurde nicht gern gesehen. Wahrscheinlich würden sie mich einfach ignorieren. Aber eines Tages erhielt ich zu meiner Überraschung einen Anruf aus der Verwaltung. »Finden Sie sich morgen in der Graphikabteilung ein.« Die Graphikabteilung hatte auch eine Sektion für Comics, in der nur eine Person mit ganz simplen Sachen beschäftigt war. Nun war aber eine Aum-Operette mit Trickfilm-Einlagen geplant, und darum wurden alle Samana, die ein bisschen zeichnen konnten, dorthin abkommandiert. Insgesamt kamen etwa zwanzig bis dreißig Personen zusammen. Später wurde ich zum Leiter der Abteilung ernannt.

Es waren eine Menge begabter Leute dabei. Der größte Glücksfall war ein Samana, der früher als Kameraassistent in einem Trickfilmstudio gearbeitet hatte. In Teamarbeit produzierten wir eine Menge Material. Insgesamt habe ich drei Jahre dort gearbeitet. Wenn ich jetzt daran zurückdenke, war das für mich eine recht friedliche Zeit.

Obwohl die Gruppe von Anfang an gespalten war. Normalerweise hatte der Leiter einer Abteilung den Rang eines »Meisters« inne. Ich war aber nur »Swami«, was niedriger ist. Ich bekam also alle Kritik von oben ab und gleichzeitig den Druck von unten. Das war nicht ganz einfach für mich. Zum Beispiel mussten wir, um gewisse Techniken zu erlernen, normale weltliche Zeichentrickfilme anschauen, aber unsere Oberen verboten das. Trotzdem musste zumindest ich mir einige davon ansehen. Gleich kamen ein paar Kollegen angerannt und zeterten: »Der Meister hat das untersagt. Warum schaust du dir trotzdem so was an?« Unsere Abteilung war in zwei Fraktionen gespalten. Die einen hatten in erster Linie die Qualität unserer Arbeit im Auge, während die anderen der Lehre den Vorrang gaben. Es wurde immer schwieriger, überhaupt etwas fertig zu stellen. Dazu kamen noch andere Probleme.

Zum Beispiel das Verhältnis zwischen Männern und Frauen. Weil sich die Fälle häuften, in denen sich ein Mann und eine Frau näher gekommen und dann miteinander durchgebrannt waren, predigte Asahara: »Weibliche Samana müssen sich von den Männern fernhalten. Nicht nur fernhalten sollen sie sich, sondern die Männer verabscheuen.« Bald wurde ich von allen Seiten kritisiert, und es herrschte eine ziemlich aggressive Atmosphäre.

Murakami: *Sie scheinen nicht gerade auf dem Weg zur Befreiung gewesen zu sein?*

Nein, wirklich nicht. Es war kaum auszuhalten. Eine Zeit lang überlegte ich, ob ich gehen sollte. Weil mir letzten Endes doch sehr viel an der Befreiung lag, hielt ich durch, aber langsam bröckelte meine Entschlossenheit.

Zweimal schrieb ich sogar eine Austrittserklärung an meine Vorgesetzten. Das war 1992. Sie leiteten die Briefe an Murai weiter. Schließlich redeten sie mir alles wieder aus. Und ich ließ die Sache schleifen ...

Murakami: *Glauben Sie, dass Sie wieder in der Gesellschaft Fuß gefasst hätten, wenn Sie Aum damals verlassen hätten?*

Vielleicht. Ich kann mich nicht genau erinnern, wie ich damals dachte. Aber seit ich Mönch war, sah ich die Welt mit anderen Augen. Es herrschte ein heilloses Durcheinander von Charakteren, denen ich zuvor nie begegnet war. Elitäre Typen, Fitness-Fanatiker und künstlerische Genies. In diesem Chaos lernte ich, dass all diese verschiedenen Menschen ihre Schwächen hatten genau wie ich. Ich verlor die Abneigung, die mich bisher gequält hatte. Im Großen und Ganzen waren doch alle gleich. Typen, die gute Zeugnisse hatten, litten genauso wie ich. Das waren sehr wertvolle Erfahrungen für mich.

Die Samana hatten auch eine fundamentale Abneigung gegen die Welt. Die Menschen, die ein normales Leben in der Gesellschaft führten, bezeichneten sie als »Durchschnittsmenschen«. Diese »Durchschnittsmenschen« waren dazu verdammt, zur Hölle zu fahren, und die Einstellung ihnen gegenüber war entsprechend. Zum Beispiel machten manche Samana sich überhaupt nichts daraus, wenn sie auf das Auto eines Außenstehenden fuhren. Sie allein hatten die Wahrheit gepachtet und sahen auf alle anderen herab. Was machte es schon, wenn sie auf ihrem rasanten Weg zur Erleuchtung jemandem eine Delle ins Auto fuhren? Das ging mir ein bisschen zu weit. Diese Überheblichkeit widerte mich noch mehr an als das, was mich an der Gesellschaft bisher immer gestört hatte. Auf einmal hasste ich dasjenige, was ich früher gehasst hatte, gar nicht mehr so sehr.

Murakami: *Das ist interessant. Normalerweise würde man annehmen, dass sich eine solche Einstellung verstärkt, wenn jemand einer Sekte beitritt. Aber in Ihrem Fall scheint es umgekehrt gewesen zu sein.*

Vielleicht hatten meine Erfahrungen im mittleren Dienst etwas damit zu tun (*lacht*). 1994 wurde die Trickfilmabteilung aufgelöst. Eine Versammlung wurde einberufen, auf der man uns mitteilte, dass wir mit sofortiger Wirkung Hilfskräfte der Wissenschaftsabteilung seien (die dann in »Ministerium für Wissenschaft und Technik« umbenannt wurde). Es wurden dringend Schweißer gebraucht, und man vermutete, dass Leute aus einer Trickfilmabteilung geschickte Handwerker seien. Als ich das hörte, war ich stumm vor Verblüffung. Trickfilmherstellung ist doch etwas völlig anderes als Schweißen! Ich hatte nicht einmal eine Ahnung, für was die Schweißer gebraucht wurden, da wurden schon alle Mitglieder der Abteilung überprüft, ob sie Spitzel wären. Schon damals fragte ich mich, warum denn Shoko Asahara die Spione nicht einfach mit Hilfe seiner übersinnlichen Kräfte entlarvte.

Fast alle Angehörigen der Trickfilmabteilung wurden zum Schweißen nach Kamikuishiki geschickt. In Satyam 9 wurden Tanks und Mischmaschinen hergestellt. Weil wir natürlich keine Ahnung vom Schweißen hatten, wurde die ganze Gruppe zu Assistenten ernannt. Es gab Anweisung, so schnell wie möglich zu arbeiten, aber obwohl alle sich bemühten, schafften wir es nicht und gerieten immer mehr in Verzug. Asahara ordnete an, dass alles bis Mai 1994 fertig sein sollte. Es waren riesige Tanks, unheimlich groß, zwei Tonnen. Wir formten die Metallplatten, machten einen Zylinder, verschweißten ihn und schweißten dann noch einmal vorgefertigte Metallplatten darauf.

Manchmal schufteten wir 16 Stunden am Tag. Alle waren fix und fertig. Ab und zu kriegten wir nicht genug Opferspeisen, einmal mussten wir sogar zwei Tage hungern. Alle klagten, manche legten einfach die Arbeit nieder. Ich hatte ja auch keine Erfahrung mit dieser Art von

Arbeit und zog mir dauernd irgendwelche Verletzungen zu, verbrannte mich, mein Gesicht wurde ganz schwarz, und meine Brille war nur noch Schrott. Aber keiner von uns brannte durch. »Das dient alles nur deiner Erleuchtung«, redete ich mir immer wieder ein.

In dieser Zeit wurde ich in den untersten Rang eines Meisters erhoben. Vielleicht war den Oberen mein Engagement in der Trickfilmabteilung und beim Schweißen aufgefallen. Wenn man zum Meister befördert wird, bekommt man ein Band ums Handgelenk. Dann sagen sie zu einem: »Streng dich an.« Und das war's. Trotzdem veränderte sich für mich etwas, als ich Meister wurde. Meine Freunde redeten plötzlich in respektvollem Ton mit mir. Erst jetzt wurde mir der große Unterschied zwischen Meistern und Untergebenen so richtig bewusst.

Als Meister gehörte ich zu den wenigen Auserwählten, die freien Zutritt zum streng bewachten Satyam 7 hatten. Darin lagerten die Tanks, die wir in Satyam 9 hergestellt hatten. Es sah dort aus wie in einem Chemiewerk, und die Atmosphäre war unheimlich, irgendwie bedrückend. Ich hatte keine Ahnung, was dort hergestellt werden sollte. Die Decke war ungefähr zwei Stockwerke hoch. Es roch unbeschreiblich, als hätte jemand alle Industrieputzmittel der Welt zusammengerührt. Und die Beleuchtung war auch so merkwürdig. Alles Metall war rostig und der Boden nass. Ein seltsamer weißer Dunst hing in der Luft. Und alle, die dort arbeiteten, sahen aus, als würden sie gleich zusammenbrechen, so torkelten sie herum. Ich dachte zuerst, sie wären nur müde, aber in Wirklichkeit waren sie krank.

Ich wusste nicht, was los war, aber ich hatte den Eindruck, dass Aum eine Menge Geld für irgendetwas locker machte und dass das hier die vorderste Front war. Vielleicht sollte die Befreiung auf einen Schlag erreicht werden? Da die Zahl der Mitglieder, die diesen Ort zu sehen bekamen, sehr begrenzt war, erfüllte es mich mit Stolz, dass ich zu den Auserwählten gehörte. Aber ich hätte doch gern gewusst, was das alles bedeutete. Wie eine Waffe sah es jedenfalls nicht aus.

Im Herbst 1994 kam es zu einem Unfall. Als ich im zweiten Stock von Satyam 7 gerade eine Pause machte, stieg wie Trockeneis ein weißer Rauch zu uns auf. Der Mann neben mir sagte: »Hauen wir lieber ab«, und wir rannten. Als ich nur ein bisschen davon einatmete, konnte ich nichts mehr sehen, und mein Hals fing furchtbar an zu brennen. Es roch scharf nach einer Säure. Wenn ich hierbliebe, wäre das mein sicherer Tod, dachte ich. Wirklich, Satyam 7 war ein gefährlicher Ort.

Am ersten Januar 1995 erhielten wir die Anweisung, das Innere von Satyam 7 zu tarnen. Die gesamte Ausstattung sollte hinter einem Gesicht des Gottes Shiva verborgen werden. Ich wurde mit der künstlerischen Ausführung betraut. Mitten in der Nacht wurden riesige Styropor-Platten angeliefert, hinter denen die verdächtigen Teile der Anlage versteckt werden sollten.

Murakami: *Aber ging das denn bei den vielen großen Tanks?*

Zuerst bauten wir an der Fassade des Gebäudes aus Brettern eine Wand. Die beklebten wir mit dem Styropor, auf das Shivas Gesicht gemalt war. Die übrigen Stellen verdeckten wir mit provisorischen Altären. Um den ersten Stock zu tarnen, benutzen wir Stellwände, machten ihn zu einem Irrgarten, so wie bei einer Fotoausstellung. Wir hatten von ganz oben die Anweisung erhalten, alles zu unternehmen, um mögliche Eindringlinge von außen zu täuschen. Wir brauchten dazu etwa einen Monat. Das Bauamt unter der Leitung von Kiyode Hayakawa hat das meiste gemacht. Ich habe das Gesicht gezeichnet. Es wurde grauenvoll. Völlig dilettantisch.

Jedenfalls konnte man damit niemanden aufs Glatteis führen. Jeder hätte den Trick sofort durchschaut. Hiromi Shimada kam unser Werk besichtigen und erklärte es zu einer religiösen Einrichtung. Aber der ganze Eindruck war daneben. »Das funktioniert nicht«, dachte ich. Aber aus Angst vor Hayakawa hielten alle den Mund.

Als am 20. März der Sarin-Anschlag stattfand, war ich nicht bei den Schweißern, sondern im Kloster Seiryu. Als ich von dem Anschlag in Tokyo hörte, hätte ich nie vermutet, dass Aum ihn verübt hatte. Eher hätte ich damit gerechnet, dass Aum die Freimaurer oder die USA angreifen würde, aber einfach wahllos Leute umbringen? Das ist doch Terrorismus.

Zwei Tage später stürmte die Polizei Kamikuishiki. 2000 bis 2500 Polizisten waren zusammengezogen worden. »Das ist etwas Ernstes«, dachte ich, als ich davon hörte. Aus irgendeinem Grund war das Kloster Seiryu bei der ersten Durchsuchungswelle verschont geblieben. Also rafften wir alle Pläne, die wir für verräterisch hielten, zusammen und verbrannten sie. Wir gingen auch in Murais Zimmer und verbrannten alle Bücher, die mit Waffen zu tun hatten. Dabei entdeckten wir auch kugelsichere Westen, die wir zerschnitten. Ich bin mir sicher, dass die Razzia im Kloster Seiryu stattfand, nachdem der Polizeichef Kunimatsu von einem Scharfschützen erschossen wurde.*

Der Gedanke, dass Aum tatsächlich für den Anschlag verantwortlich sein könnte, kam mir zum ersten Mal, als ich mit eigenen Augen einen Laster sah, der Sarin versprühen sollte. Das war, glaube ich, im April. Ob es vor oder nach der Razzia war, weiß ich nicht mehr.

Murakami: *Wo war das?*

Im Kloster Seiryu. Ich war ziemlich erstaunt, als ich diesen großen Laster mit Düsen und einem Schornstein sah. Wenn der entdeckt worden wäre, hätte es schlimm ausgesehen. Es kam auch gleich eine Anordnung von oben, und wir bauten das Ding zu zehnt auseinander.

Nach der Razzia konnten wir – etwa fünfzig Leute – nicht mehr im Kloster Seiryu arbeiten und gingen nach Tokyo zurück, um Flugblätter zu verteilen. Ich kam in Satyam 5 unter, wo ich in der Buchbinderei arbeitete und unter der Aufsicht von Michiko Muraoka Comics zeichnete, welche die grundlose Verhaftung von Aum-Mitgliedern durch die Polizei karikierten. Um diese Zeit wurde Hideo Murai erstochen.**

Natürlich war ich zuerst schockiert, aber zugleich erfüllte mich ein Gefühl von Frieden. Es fällt mir schwer zu beschreiben, was ich damals empfand. Jedenfalls hielt ich Aum für erledigt. Ich war wie gelähmt, unfähig zu handeln. Auch wenn ich mir dessen vielleicht noch nicht bewusst war, wollte ich unbedingt raus aus Aum und wieder ein normales Leben führen, aber ich hatte nicht die Kraft dazu. Daher versuchte ich, mich ruhig und unauffällig zu verhalten. Und dann war da noch meine Position. Der Stolz verbietet es einem Meister, einfach aufzugeben.

Shoko Asahara war in meiner Achtung beträchtlich gesunken. Er hatte alles verpatzt. Keine seiner Prophezeiungen war eingetreten, weder diejenigen, die er bei dem Seminar auf Ishigakijima gemacht hatte, noch seine Vorhersagen über den Kometen Austin. Viele Samana spra-

* Elf Tage nach dem U-Bahn-Anschlag wurde der Tokyoter Polizeichef Takaji Kunimatsu vor seiner Wohnung von einem unbekannten Attentäter erschossen, der auf einem Fahrrad entkam. (Anm. d. Übers.)

** Kurz nach dem Mord an Takaji Kunimatsu wurde Hideo Murai, der Wissenschaftsminister von Aum, erstochen – möglicherweise von Sektenmitgliedern, die ihn zum Schweigen bringen wollten. (Anm. d. Übers.)

chen es jetzt aus: »Die Weissagungen des Meisters scheinen nicht einzutreten.«

Als mir klar wurde, dass sogar Murai nur Befehle ausgeführt und Ja, Ja gesagt hatte, ob er etwas verstand oder nicht, brach für mich alles zusammen. Dazu kam, dass die Leute unter mir anfingen zu murren. Obwohl mir die ganze selbstsüchtige Atmosphäre bis oben hin stand, fehlte es mir immer noch an der Willenskraft, endgültig zu gehen. Wie bei einem Zahnrad griff so vieles ineinander. Erst als Murai umgebracht wurde, hatte ich allmählich das Gefühl, wieder in die normale Gesellschaft zurückkehren zu können.

Murai war sehr wichtig für mich gewesen. Im Rückblick fällt mir auf, dass Murai meinen ganzen Werdegang bei Aum begleitet hat. Sowohl mit der Druckerei als auch mit der Trickfilmabteilung hatte er etwas zu tun gehabt. Obwohl er – nach Asahara – Aum für mich am stärksten repräsentierte, war ich über seinen Tod nicht traurig. »Endlich bin ich frei«, war mein stärkster Impuls, auch wenn das selbstsüchtig klingt.

Aber bevor ich mich von Aum zurückziehen konnte, wurde Haftbefehl gegen mich erlassen. Nachdem Ikuo Hayashi und Masami Tsuchiya gestanden hatten, wurden viele Angehörige des Ministeriums für Wissenschaft und Technik verhaftet. Ich riss noch einen Witz, dass ich wahrscheinlich der Nächste wäre, da war mein Haftbefehl schon in Kraft. Mein Name stand in der Zeitung. Ich wurde wegen Mordes und versuchten Mordes gesucht. Das war, glaube ich, am 20. Mai. Natürlich hatte ich niemanden getötet, aber auf beide Verbrechen stand die Todesstrafe oder lebenslänglich. Ich bin ganz schön erschrocken.

Es hatte keinen Zweck, sich zu verstecken, also befolgte ich den Rat meiner Vorgesetzten und stellte mich der Präfekturpolizei von Yamanashi.

Ich wurde unerbittlich verhört. Der zuständige Beamte wollte, dass ich eine Aussage unterschrieb, in der ich zugab, von der Sarin-Herstellung in Satyam 7 gewusst zu haben. Zuerst sagte ich immer nur: »Ich habe nichts davon gewusst, ich habe nichts davon gewusst.« Aber am Ende war ich so mit den Nerven fertig, dass ich ein falsches Geständnis ablegte. Später habe ich das alles einem Staatsanwalt erklärt.

Schließlich wurde die Anklage fallen gelassen, und ich kam frei. Anscheinend hing sie davon ab, ob ich an einer Versammlung in Satyam 2 teilgenommen hatte, in der die Herstellung von Sarin beschlossen worden war. Am Anfang verdächtigte die Polizei mich, einer derjenigen gewesen zu sein, die das Sarin freigesetzt hatten. Es war ziemlich übel. Sie schubsten mich ein bisschen herum, wendeten aber keine echte Gewalt an. Trotzdem bekam ich auf einmal Herzprobleme. Ich wurde dreimal am Tag verhört, jedes Mal sehr lange. Ich war völlig fertig. Dreiundzwanzig Tage saß ich in Untersuchungshaft.

Nach meiner Entlassung fuhr ich zu meinen Eltern nach Sapporo. Ich hatte psychische Probleme und musste für ungefähr einen Monat ins Krankenhaus. Ich litt unter Atemnot, mir war schwindlig, und manchmal fiel ich in Ohnmacht. Die Ärzte machten eine Menge Tests, bis sie schließlich erklärten, mein Zustand sei nervlich bedingt.

Murakami: *Was hätten Sie getan, wenn Murai Ihnen wirklich befohlen hätte, Sarin in der U-Bahn freizusetzen?*

Auf jeden Fall hätte ich gezögert. Ich bin anders als Toru Toyoda und diese Leute. Selbst einem Befehl von Asahara hätte ich mich widersetzt, wenn ich davon nicht überzeugt gewesen wäre. Ich habe nie einfach nur gehorcht. Natürlich hatte die ganze Atmosphäre bei Aum einen großen Einfluss auf das Verhalten der Leute. Ich glaube auch gar nicht, dass die Attentäter besonders überzeugt waren, sondern eher verunsichert. Hätten die Polizei oder das Militär uns angegriffen, hätte ich höchstwahrscheinlich auch zur Waffe gegriffen, aber das ist ja etwas völlig anderes, als einfach fremde Menschen umzubringen. Übrigens war die Wahrscheinlichkeit, dass sie mich für diese Aufgabe ausgewählt hätten, sowieso ziemlich gering, da ich nicht der Elite angehörte. Das Ministerium für Wissenschaft und Technik war in eine »Hirn-Division« und die »Zulieferer« eingeteilt. Zu den »Zulieferern« gehörten Leute wie ich, die grobe Arbeiten wie das Schweißen verrichteten. Toyoda und die anderen dagegen waren ein Teil von Asaharas handverlesener Elite, der »Hirn-Division«. Im Ministerium gab es ungefähr dreißig Meister verschiedener Grade, und ich gehörte zur niedrigsten Kategorie.

Dennoch haben mich einige Namen überrascht. Asahara hat offenbar seine engsten Gefolgsleute ausgewählt, die, von denen er überzeugt war, dass sie ihm widerspruchslos gehorchen würden. Die Elitetypen waren perfekte Befehlsempfänger. So war es auch mit Murai: keine Kritik und keine Ausreden. Man könnte sie fast bewundern. Die meisten Menschen würden so etwas nicht lange durchhalten – schon gar nicht drei oder gar vier Jahre.

Nur Yasuo Hayashi fiel etwas aus dem Rahmen. Er gehörte zu den »Zulieferern« und nicht zur Elite. Er war aus dem Bauamt aufgestiegen. Plötzlich saß er mitten unter einer Superelite, die an Supraleitern und Elementarteilchen forschte, und war selbst im Grunde nur ein Elektriker.

Zuerst war er ja noch ganz in Ordnung, aber allmählich veränderte er sich. Wir standen früher mal auf der gleichen Ebene und hätten freundschaftlich miteinander umgehen können. Aber als er Meister wurde, benahm er sich auf einmal eingebildet und arrogant. Ursprünglich war er ein freundlicher und herzlicher Mann, aber zum Schluss ist er zu einem dieser Typen geworden, die ihre Untergebenen in die Pfanne hauen, ohne mit der Wimper zu zucken.

Das Ministerium für Wissenschaft und Technik hatte von Anfang an höchste Priorität für Asahara. Sie hatten unheimlich viel Geld zur Verfügung. Aber auch in diesem Ministerium wurde ein Unterschied zwischen den »Hirn-Leuten« und den »Zulieferern« gemacht. Irgendjemand hat es schon gesagt: »Wer bei Aum erfolgreich sein wollte, musste entweder Todai-Absolvent oder eine schöne Frau sein.« (*Lacht*)

Murakami: *Sie haben sechs Jahre bei Aum verbracht. Haben Sie manchmal das Gefühl, Ihre Zeit vergeudet zu haben?*

Nein, eigentlich nicht. Ich habe viele Freunde gewonnen, mit denen ich gemeinsam Schlimmes durchgemacht habe. Das sind sehr wichtige Erinnerungen für mich. Ich habe menschliche Schwächen kennen gelernt und mich weiterentwickelt, glaube ich zumindest. Vielleicht klingt das sonderbar, aber es war irgendwie ein abenteuerliches Gefühl, nicht zu wissen, was am nächsten Tag geschehen konnte. Auch gegen die schweren Aufgaben hatte ich im Grunde nichts einzuwenden. Sie hoben sogar meine Stimmung, weil sie mir etwas gaben, auf das ich mich mit aller Kraft konzentrieren konnte.

Psychisch geht es mir jetzt wieder viel besser. Natürlich habe ich die gleichen Probleme wie alle Menschen im weltlichen Leben. Liebeskummer zum Beispiel. Nicht alles ist leicht. Aber auch das ist normal. Im Augenblick fühle ich mich wie ein ganz normaler Mensch.

Aber es hat lange – etwa zwei Jahre – gedauert, bis ich mein seelisches Gleichgewicht wiedergefunden hatte. Lange Zeit war ich völlig ziel- und kraftlos. Bei Aum hatte ich meine Kraft aus der Überzeugung geschöpft, ein »Meister der Wahrheit« zu sein. Jetzt muss ich eigene

Kräfte entwickeln, wenn ich etwas erreichen will. Das habe ich sehr stark empfunden, nachdem ich Aum verlassen hatte. Diese anfängliche Kraftlosigkeit hat zu der Depression geführt, unter der ich so gelitten habe.

Heute habe ich viel mehr Selbstvertrauen als früher. Bei Aum habe ich eine Menge praktischer Fähigkeiten erworben, sodass ich schon damals sicher war, meinen Lebensunterhalt im Notfall selbst verdienen zu können. Diese Sicherheit bedeutete einen wichtigen Schritt für mich.

Ich lebe jetzt in Tokyo. Meine Freunde geben mir Kraft und Halt. Sie sind ebenfalls ehemalige Mitglieder von Aum. Wir leben zusammen, und so bin ich nicht allein auf dieser unwirtlichen Welt.

»Herr Asahara wollte unbedingt mit mir schlafen«

Harumi Iwakura (geboren 1965)

Frau Iwakura ist in der Präfektur Kanagawa geboren. Sie ist hellhäutig und schlank – eine sehr attraktive Frau. Vielleicht kann man sie sich leichter vorstellen, wenn ich sage, dass sie zu den so genannten »Aum-Schönheiten« gehört. Während unseres ganzen Gesprächs lächelte sie, behandelte mich sehr aufmerksam und beantwortete alle meine Fragen, zwar nicht sehr beredt, aber doch bereitwillig. Sie neigt dazu, lange bei Einzelheiten zu verweilen, und wirkt insgesamt wie eine innerlich starke Persönlichkeit.

Nach einem Kurzstudium arbeitete sie in einem Büro und verbrachte ihre Freizeit mit Ausgehen und Geldausgeben. Mit der Zeit befriedigte sie dieses Leben nicht mehr, und sie kam in Kontakt mit Aum Shinrikyo. Schließlich kündigte sie ihre Stelle und wurde Nonne.

Für eine gewisse Zeit gehörte sie zu Asaharas »Lieblingen«, aber es muss irgendetwas geschehen sein, denn sie wurde mit Elektroschocks behandelt, wodurch sie ihr Gedächtnis verlor. Noch lange danach lebte sie im Zustand fast völliger Umnachtung und erlangte erst kurz vor dem Anschlag auf die U-Bahn in Tokyo Teile ihrer Erinnerung zurück. Daher sind ihre Erinnerungen nur fragmentarisch. An die Zeit vor und nach Aum kann sie sich gut erinnern, aber es ist ihr unmöglich, die zwei Jahre zu rekonstruieren, die sie bei Aum verbracht hat.

Sie verspürt keine Nachwirkungen, will aber nie wieder auch nur das Geringste mit Aum zu tun haben. Das sei »aus und vorbei« für sie. Sie hat auch nicht das Bedürfnis, ihren verlorenen Erinnerungen nachzuspüren. Als sie vor einiger Zeit in Bungei Shunju meine Interviews mit anderen Aum-Mitgliedern las, war ihr erster Gedanke: »Verschont mich bloß damit.«

Augenblicklich arbeitet sie in einem Schönheitssalon, möchte sich aber weiterbilden und Geld für die Eröffnung eines eigenen Salons sparen. Sie lebt in einem einfachen Apartment, für das sie monatlich 30.000 Yen Miete zahlt. »Im Sommer ist es brütend heiß und im Winter eiskalt«, sagt sie und fügt mit einem Lächeln hinzu: »Immerhin bin ich dank Aum hart im Nehmen.«

Ich habe 1985, als die wirtschaftliche Lage noch gut war, in einem Büro angefangen. Damals konnten die Firmen sich noch Betriebsausflüge zu Thermalbädern und dergleichen leisten, was mir immer großen Spaß gemacht hat. Besondere Interessen hatte ich nicht. Hauptsächlich ging es mir darum, mich zu amüsieren. Ich ging gern aus, und obwohl ich nicht viel vertrage, habe ich oft mit Freunden etwas getrunken. Wenn es spät wurde, übernachtete ich meist bei einer Freundin. Das war oft jeden zweiten Tag so.

An Feiertagen machte ich Ausflüge nach Disneyland und in die üblichen Vergnügungsparks. Manchmal mit einem Freund, oft mit Freundinnen. Ich habe auch ein paar Reisen ins Ausland unternommen, nach Paris und so weiter. Ein paar Mal hatte ich einen Freund, aber ans Heiraten dachte ich nie. Ich konnte mir nicht vorstellen, dass es funktionieren würde.

Murakami: *Außenstehende hatten bestimmt den Eindruck, dass Sie Ihr Leben genossen.*

Ja, wahrscheinlich. Dabei grübelte ich unaufhörlich über alles Mögliche nach. Besonders bedrückte mich meine Mittelmäßigkeit – dass ich keinerlei Fähigkeiten hatte, die mich von anderen abhoben. Nicht einmal Lust zu heiraten hatte ich ...

Als ich Mitte zwanzig war, heirateten allmählich die meisten meiner Freundinnen, verließen die Firma und zogen weg. Jetzt, wo ich nicht mehr so jung war, erschien mir mein Lebensstil noch sinnloser.

Murakami: *In dieser Zeit erwachte Ihr Interesse an Aum Shinrikyo, nicht wahr? Was war es genau, das Sie dazu brachte, Mitglied zu werden?*

Ja, das kam so: Eines Tages wollte ich mir die Haare schneiden lassen. Normalerweise lasse ich das bei einer Freundin von mir machen, die Friseuse ist. An dem Tag hatte ich aber so wenig Zeit, dass ich in einen Salon ganz in meiner Nähe ging. Es war so billig, dass ich mir danach öfter dort die Haare schneiden ließ. Ein Mann, der dort arbeitete, zeigte mir eine Informationsbroschüre von Aum. »Ich überlege mir, ob ich eintrete«, sagte er. Damals fand ich das Ganze höchstens ein bisschen verdächtig.

Dieser Mann zeigte mir ein paar Reinigungstechniken. Zum Beispiel, wie man Wasser trinkt und sich dann übergibt. Oder wie man sich ein Band durch die Nase zieht und sie so reinigt. Ich war schon immer ein bisschen anfällig und bekomme oft Ekzeme. Schauen Sie mal. (*Zeigt ihren Arm*) Da habe ich auch was. Als ich ihm davon erzählte, sagte er: »Warum versuchen Sie's nicht mal?« Also probierte ich es, und mein Ekzem verschwand wirklich. Ich versuchte es nur einmal, und – schwupp – am nächsten Tag war es weg. Einfach so.

Außerdem hatte ich keinen Appetit und schaffte nie mehr als eine

halbe Kinderschale mit Reis, aber mit Hilfe dieser Techniken konnte ich plötzlich eine ganze große Schale verputzen. Meine Mutter war richtig verblüfft. Auch meine Kopfschmerzen wurde ich los. Ich fühlte mich insgesamt irgendwie wohler.

»Das ist ja toll«, dachte ich. Der Mann aus dem Friseursalon sagte, wir sollten doch zusammen Mitglied werden. Ich zögerte ziemlich lange, aber zum Schluss war ich doch einverstanden.

Murakami: *Ich habe Sie doch richtig verstanden: Zu diesem Zeitpunkt wussten Sie, dass Aum Shinrikyo nicht nur eine Yoga-Gruppe, sondern eine religiöse Vereinigung war?*

Ja, das wusste ich. Damals waren gerade Wahlen, und sie trugen diese Elefanten-Masken. Im Grunde interessierte ich mich gar nicht für die Lehre oder für Shoko Asahara. Ich hatte nur das Gefühl, es könnte sich lohnen, mir diesen Verein einmal näher anzuschauen, denn die Auswirkungen auf meine Gesundheit waren ja positiv. Neugier hat bestimmt auch eine Rolle gespielt.

Als Erstes besuchten wir ein Dojo in der Nähe und sprachen mit den Erleuchteten. Was, weiß ich nicht mehr. Das Gespräch hat keinen großen Eindruck auf mich gemacht. Andererseits hatte ich auch keine besonderen Erwartungen. Wir unterhielten uns nur, dann füllte ich ein Formular aus.

Murakami: *Aber Sie haben sich den Inhalt der Lehre erklären lassen?*

(*Lacht*) Genau.

Murakami: *Dann haben Sie sich angemeldet. Das heißt, Sie sind nach einigen Erklärungen, denen Sie nur halbherzig zugehört haben, Mitglied einer Vereinigung geworden, deren Lehre Sie nicht verstanden? Die anderen Leute, die ich bisher interviewt habe, sind alle erst nach langem Nachdenken beigetreten. Bei Ihnen scheint das dagegen ganz schnell gegangen zu sein.*

Ja, ziemlich schnell. Als ich erfuhr, dass die Anmeldung mit der Aufnahmegebühr von 30.000 Yen und einem halben Jahr Monatsbeiträgen zu 18.000 Yen insgesamt 48.000 Yen [ca. 500 Euro] kosten würde, sagte ich: »O je, so viel Geld habe ich nicht.« Aber der Mann, der mich dazu überredet hatte, bestand darauf, die Hälfte zu übernehmen. Er war nicht einmal mein Freund oder so was. Er war wirklich sehr nett, aber vielleicht dachte er auch, dass er Verdienste erwerben würde, wenn er ein neues Mitglied warb.

Nach dem Beitritt bekam man alle möglichen Pflichten zugeteilt. Eigentlich hatte ich keine Lust, mich an diesen Aktivitäten zu beteiligen, aber der Mann, der mich eingeladen hatte, bat mich immer wieder darum. Das Dojo lag ganz in meiner Nähe, also fand ich, ich könnte ruhig auch mal hingehen.

Die Mönche und Nonnen in ihren einfachen Sweat-Shirts wirkten so ruhig und ausgeglichen auf mich, dass ich mich von ihrer Art, die Zeit zu verbringen, plötzlich sehr angezogen fühlte. Ihre Welt war Lichtjahre entfernt von dem Lärm und der Hektik meines Pendler- und Berufslebens. Ich konnte mich entspannen. Ich saß bloß ganz ruhig da und faltete Flugblätter. Und fühlte mich wohl dabei. Es war keine schwere Arbeit, alle waren freundlich, und die ganze Atmosphäre strahlte Ruhe und Frieden aus. Von da an ging ich an meinen freien Tagen ins Dojo, manchmal auch gleich nach der Arbeit. Ich faltete meine Flugblätter und ging dann nach Hause. Aum hatte 24 Stunden geöffnet, und ich konnte jederzeit vorbeischauen.

In meiner Firma war es gang und gäbe, dass die Angestellten Affären miteinander hatten. Mein Vater hat auch mal eine Affäre gehabt, und so etwas widert mich an. Im Dojo herrschte eine völlig andere Atmosphäre. Anständig und friedlich. Wenn ich so ganz unbehelligt dasaß und, ohne nachdenken zu müssen, meine Flugblätter faltete, fühlte ich mich unheimlich wohl.

Nonne wurde ich nach dem Ishigakijima-Seminar, das im April 1990 stattgefunden hat, das heißt, ich habe schon zwei Monate nach meinem Eintritt die Gelübde abgelegt.

Auf Ishigakijima wurde viel über Armageddon gesprochen, aber nur altgediente Meister erhielten diese Unterweisungen. Laienmitglieder wie ich, die noch bei ihrer Familie lebten, wurden nicht eingeweiht. Außerdem hingen die Unterweisungen für Laienmitglieder von der Höhe ihrer Spenden ab. Mich hatte man ohne große Erklärungen dazu aufgefordert, an diesem Seminar teilzunehmen, das Hunderttausende von Yen kostete. Ich musste meine gesamten Ersparnisse dafür plündern. Mittlerweile geriet meine Betätigung bei Aum auch mit meinem Alltagsleben in Konflikt. Im Büro machte ich mich unbeliebt, weil ich mir, um an dem Seminar teilnehmen zu können, unerwartet und mit einer fadenscheinigen Ausrede frei nehmen musste.

Als ich nach Ishigakijima kam, dachte ich zuerst: »Was soll denn das?« Man wurde nur herumkommandiert. Aber dann wurde mir bewusst, dass das Leben dadurch viel einfacher wird. Man muss über nichts mehr nachdenken. Es genügt, das zu tun, was einem gesagt wird. Beispielsweise gemeinsame Atemübungen am Strand.

Es herrschte das unausgesprochene Einverständnis, dass alle Teilnehmer die Gelübde ablegen würden. Also auch ich. Das heißt, man muss von zu Hause ausziehen, seine Stelle kündigen und sein ganzes Geld spenden. Mit zwanzig hätte ich das bestimmt nicht getan, aber nun war ich fünfundzwanzig und hatte das weltliche Leben satt.

Murakami: *Hat die besondere Umgebung von Ishigakijima Ihre Entscheidung beeinflusst?*

Vielleicht ein bisschen, aber nicht maßgeblich. Es war sowieso nur eine Frage der Zeit, bis ich Nonne geworden wäre. Ich tendierte schon in diese Richtung. Nicht mehr selbst denken und entscheiden zu müssen war das wichtigste Motiv. Alles anderen überlassen zu können. Nur Anweisungen auszuführen. Anweisungen, die von Herrn Asahara kamen, der ja erleuchtet war, und bei denen ich mir also sicher sein konnte, dass sie gut durchdacht waren.

Übrigens war ich nie besonders begeistert von der Lehre und hatte auch nicht das Gefühl, den Stein der Weisen entdeckt zu haben. Es war wirklich nur die Erleichterung, alle Bindungen und Wünsche hinter mir lassen zu können. Weg damit, und dein Leben wird leichter, dachte ich. Emotionale Bindungen an die Eltern, der Wunsch, modisch gekleidet zu sein, Neid und Hass auf andere und so weiter.

Leider musste ich feststellen, dass es bei Aum letztlich auch nicht anders zuging als in der normalen Gesellschaft. Zum Beispiel wurde über jemanden gesagt: »Von Soundso geht starker Hass aus.« Bösartigen Klatsch und Verleumdungen gab es wie überall. Nur die Sprache war eine andere.

Jedenfalls kündigte ich im Büro. Es war gar nicht so einfach. Ich log ihnen etwas von einem Studium im Ausland vor und blieb unerbittlich, als man versuchte, mich von der Kündigung abzuhalten. Das tat mir leid, aber ich konnte doch nicht ehrlich sagen, was ich vorhatte.

Meine Mutter hatte noch nie etwas von Aum gehört. Sie sieht nie Talkshows und so was. Als ich ihr erklärte, dass ich die Gelübde ablegen würde und wir uns nicht mehr sehen könnten, weinte sie ein bisschen.

Sie hatte keine Ahnung und wunderte sich nur, dass meine Gesundheit und mein Appetit sich auf einmal so gebessert hatten. »Vielleicht wirst du allmählich flügge, und ich muss loslassen«, sagte sie.

Murakami: *Anscheinend wusste sie wirklich nicht, worum es ging* (lacht). *Wie fanden Sie Ihr Leben als Nonne?*

Manche sehnten sich nach ihren Eltern oder hatten Heimweh, das war bei mir nicht so. Andererseits fand ich es nicht besonders sensationell, aber auch nicht übel.

Ich kam nach Naminomura bei Aso und arbeitete in der Hauswirtschaftsabteilung. Ich kochte und kümmerte mich um die Wäsche. Dort bin ich auch Herrn Asahara zum ersten Mal begegnet. Er rief mich ganz plötzlich zu sich. Ich wunderte mich zwar ein bisschen, folgte ihm aber in einen Fertigbau, wo wir uns etwa zwanzig Minuten lang allein unterhielten.

Es war wirklich verblüffend. Alles was er über mich sagte, traf haargenau zu. Zum Beispiel sagte er: »In deinem weltlichen Leben hast du dieses und jenes getan« oder »Du hast dich zu sehr deinen Vergnügungen hingegeben und damit deine Verdienste aufgebraucht.« Solche Sachen. Später sagte er einmal: »Du bist mit vielen Männern ausgegangen.« Jedenfalls stimmte alles. Andere haben mir gesagt, es sei etwas Besonderes, so direkt mit ihm zu sprechen, aber ich fand es irgendwie normal.

Murakami: *Aber es ist doch möglich, dass er sich diese Informationen über Sie und Ihr Leben vorher besorgt hat.*

Das weiß ich natürlich. Dennoch war er der Vollkommen Erleuchtete, und ich war stark beeindruckt. Zuerst verspürte ich sogar so etwas wie Angst. Diesen Mann kann man nicht belügen, dachte ich. Das meiste von dem, was wir geredet haben, habe ich sowieso vergessen.

Das Leben in Aso war sehr hart. Es war so kalt, und die anderen Leute dort waren ziemlich schräge Typen, wirklich unangenehm. Nicht nur ein bisschen komisch, sondern regelrecht egozentrisch. Ihnen fehlte es an gesundem Menschenverstand, und jeder dachte nur an sich selbst. Es gab ein paar, die aus der gleichen Ortsgruppe stammten wie ich und relativ normal waren, an die hielt ich mich. Einmal fragte ich sogar Herrn Asahara, ob er nicht auch der Meinung sei, dass übermäßig viele komische Gestalten bei uns lebten. »Nein, ganz bestimmt nicht«, sagte er darauf.

Im Gegensatz dazu fand ich die Leute in den Führungspositionen gar nicht seltsam. Die meisten waren mir sogar äußerst sympathisch. Mit den Meistern, mit denen ich befreundet war, konnte ich sehr offene und ernsthafte Gespräche führen. Es mag Leute geben, denen es nicht passt, wenn ich das sage, aber für mich waren Eriko Iida, Tomomitsu Niimi und Hideo Murai gute Menschen. Von ihren Untergebenen waren viele so schräg, dass ich nichts mit ihnen anfangen konnte.

Von Aso ging ich nach Tokyo zurück und arbeitete im Büro der Aum-Zentrale. Damals fing es an, dass Herr Asahara mich fast jeden Tag anrief. Er erkundigte sich nach meinem Befinden und ermunterte mich, in den Arbeitspausen meine Übungen zu machen. Nichts Außergewöhnliches. Aber mit ihm über diese Dinge zu sprechen, machte mich schon froh. Schließlich rief er ja auch nicht jeden an. Manche sagten, der Grund dafür müssten Verdienste in einem meiner früheren Leben sein. Aber hin und wieder hörten die Anrufe unvermittelt auf. Das machte mich jedes Mal sehr unruhig und traurig, sodass ich mich unentwegt fragte, warum er mich nicht anrief. Ich kann das jetzt gar nicht mehr nachvollziehen, aber damals empfand ich es so.

Herr Asahara wollte unbedingt mit mir schlafen. Das war am Fuji, als ich in der Abteilung für Tontechnik arbeitete. Wir maßen mit einer Maschine soundso viele Meter Tonband ab und schnitten seine Predigten um. Ich hatte Herrn Asahara angerufen und ihn um einen ruhigeren Posten gebeten, bei dem ich zumindest eine Hälfte des Tages meinen Übungen widmen konnte. Im Büro in Tokyo war es so hektisch, dass man von Glück sagen konnte, wenn man drei Stunden Schlaf am Tag abkriegte.

Glücklicherweise ging die Sache so aus, dass ich nicht mit ihm schlafen musste. Herr Asahara bestellte mich auf sein Zimmer. Schon zwei- oder dreimal hatte er anzügliche Bemerkungen gemacht – mich angerufen und gefragt, wann meine letzte Periode gewesen sei. Ich war ganz verdutzt und hatte dann wirklich überlegt. Er sagte, ich solle bald eine besondere Initiation erhalten. Darauf sprach ich mit einer der älteren Meisterinnen darüber, mit der ich befreundet war, und sie erklärte mir, dass dies in Wirklichkeit besagte, ich müsse Sex mit ihm haben.

Herr Asahara bedrängte mich also, aber ich erstarrte jedes Mal, wenn er mich nur anfasste. So (*zieht die Schultern ein und versteift ihren Körper*). Er kann nicht gut sehen, aber er nimmt die Atmosphäre intuitiv wahr. Er muss gespürt haben, wie ich jedes Mal erstarrte, wenn er mich berührte. Schließlich gab er es auf, und ich war sehr erleichtert.

Für die meisten Anhängerinnen bedeutete es allerdings ein großes Glück, sexuelle Beziehungen zu ihm zu haben. Sie waren sogar dankbar dafür.

Murakami: *Aber bei Ihnen war das nicht so?*

Nein, der Gedanke war mir direkt zuwider. Natürlich achtete ich Herrn Asahara als meinen Guru. Im Gespräch konnte er ganz plötzlich eine Kehrtwendung von 180 Grad machen, was viele sehr anziehend fanden. Außerdem war er sehr wortgewandt. Aber das hatte für mich alles nichts mit Sex zu tun. Ich konnte mir gut vorstellen, dass diese Art von »Initiationen« stattfanden, aber der Gedanke, dass Herr Asahara an so etwas beteiligt war, ekelte mich an. Wie soll ich sagen … es passte nicht in das Bild, das ich von ihm hatte.

Murakami: *Aber bestimmt wussten doch die Oberen von Aum von Asaharas sexuellen Beziehungen zu weiblichen Samana.*

Eine ältere Meisterin erzählte mir, dass Frau Iida und Frau Ishii mit ihm geschlafen hätten und sie selbst auch. Weder verurteilte noch beneidete ich sie – ich war nur erstaunt über die unermessliche Tiefe des Tantra.

Murakami: *Hatte Ihre Weigerung, eine körperliche Beziehung mit Asahara zu haben, Konsequenzen?*

Ich weiß nicht. Danach habe ich das Gedächtnis verloren. Ich bekam Elektroschocks. Ich habe immer noch die Narben. (*Hebt ihr Haar hoch und deutet auf ihren Hals, wo eine Reihe weißer Narben zurückgeblieben sind.*) Bis zu meiner Versetzung in die Tontechnik kann ich mich an alles erinnern, danach klafft eine Lücke. Ich weiß nicht, wann und warum mein Gedächtnis ausgelöscht wurde. Ich habe herumgefragt, aber niemand wollte mir etwas sagen. »Anscheinend wurde es zwischen dir und einer gewissen Person gefährlich«, war alles, was ich herausbekommen konnte. Aber weil ich mich an so etwas nicht erinnern konnte, bohrte ich weiter. »Der Vorfall ist gelöscht worden, deshalb können wir dir auch nicht mehr sagen«, bekam ich zur Antwort.

Murakami: *Zwischen diesem Jemand, von dem die Leute sprachen, und Ihnen war aber doch nichts vorgefallen.*

Nicht, dass ich wüsste. Es gab da zwar jemanden, den ich sehr mochte und der deshalb auch von Herrn Asahara verwarnt worden war, aber das war ein ganz anderer als der, von dem die Leute sprachen. Wieso ausgerechnet der, frage ich mich jetzt noch immer wieder.

Herr Asahara war sehr erpicht darauf, über etwaige Beziehungen zwischen männlichen und weiblichen Mitgliedern informiert zu sein und ihnen gegebenenfalls ein rasches Ende zu bereiten. Mich hat er auch angerufen und nach verbotenen Beziehungen zu einem Herrn Soundso gefragt. Er tat, als wisse er Bescheid, aber ich hatte wirklich nichts mit diesem Mann. »Wie bitte?«, sagte ich. »Natürlich nicht.« Darauf sagte er: »Aha? Ich verstehe«, und legte auf. Es war ganz schön seltsam.

Jedenfalls wurde mein Gedächtnis ausgelöscht, und als ich wieder zu mir kam, hatte das Jahr, in dem der Gasanschlag verübt wurde [1995], schon begonnen. Ich war 1993 in die Abteilung für Tontechnik gekommen, und die ganzen zwei Jahre danach sind in meinem Gedächtnis ein vollkommen weißer Fleck. Nur einmal habe ich mich schlagartig daran erinnert, in einem von Aum geführten Supermarkt in Kyoto gearbeitet zu haben; sonst weiß ich nichts mehr. Ich sah plötzlich vor mir, wie ich im Sommer in einem T-Shirt Nudelpäckchen mit Preisschildern versehe. Auf einem Regal neben mir stehen Waschmittelpackungen. Es war unheimlich. Sonst habe ich keine Ahnung, wo ich war und was ich gemacht habe.

Aufgewacht bin ich in einem »versiegelten Raum« in Kamikuishiki. Eigentlich wurden die versiegelten Räume von den Meistern für ihre Übungen benutzt, aber in meinem Fall diente er wohl eher als Gefängnis. Diese Kammer war nicht einmal eine Tatami groß, das Fenster war zu, in der Tür gab es nicht den winzigsten Spalt. Glücklicherweise war es Winter, im Sommer wäre die Hitze unerträglich gewesen. Das Zimmer war von außen verschlossen. Ich durfte es nur verlassen, um auf die Toilette oder unter die Dusche zu gehen.

Eine Frau, die nach mir die Gelübde abgelegt hatte, war für meine Bewachung zuständig. Die fragte ich: »Was ist los? Ich weiß überhaupt nicht, was hier vorgeht.« Aber sie sagte mir nichts. Als ich einmal einer Meisterin begegnete, die ich kannte, und sie nach dem Grund meiner Gefangenschaft fragte, antwortete sie: »Du trägst am Karma der Unwissenheit, denn tierisches Karma ist bei dir zum Vorschein gekommen.« Ich wusste genau, dass das eine Lüge war. Das Karma der Unwissenheit! Dass ich nicht lache.

Mein Koffer stand auf der Treppe, und ich holte gerade etwas heraus, als Herr Murai zufällig vorbeikam. Er äußerte sich verwundert, dass ich immer noch dort war, und ich erzählte ihm von meiner Ratlosigkeit. Er sagte mir seine Zimmernummer und wies meine Wächterin an, am Abend meine Tür unverschlossen zu lassen, damit ich ihn aufsuchen konnte. Dann wollte er alles mit mir bereden. Aber die Wächterin erklärte, es sei mir verboten, mich mit jemandem zu treffen.

Also unternahm ich bei einem Gang zur Toilette einen Fluchtversuch, um zu Herrn Murai zu kommen. Aber meine Betreuerin erwischte mich, und es kam zu einem Handgemenge, bei dem mein T-Shirt zerriss. Es war schrecklich. Ich war überzeugt, es wäre mein Ende, wenn sie mich jetzt wieder zurückbrächte, und ich schrie, so laut ich konnte. Darauf kamen alle in den Flur gestürzt, auch Herr Murai. »Also gut, komm rein«, sagte er.

Früher war Herr Murai ein ganz reizender Mann gewesen, aber nun hatte er sich völlig verändert. Er behandelte mich sehr kühl und befahl mir, mich gefälligst zusammenzureißen.

Zu dieser Zeit gab es schon Hausdurchsuchungen, und es wäre ein zu großes Risiko gewesen, Leute einzusperren. Also wurde ich zu Satyam 6 gebracht und von dort in die Zentrale am Fuji. Herrn Asaharas Verhaftung stand bevor, und es gab kaum noch etwas zu tun. So hatte ich es eigentlich ganz bequem.

Murakami: *Zu dieser Zeit wurde der Sarin-Anschlag verübt. Wussten oder glaubten Sie, dass Aum etwas damit zu tun hatte?*

Nein. Ich hielt das Ganze für einen Vorwand der Polizei, mehr Daten über die Mitglieder zu beschlagnahmen. Ich hatte zwar schreckliche Erlebnisse gehabt, aber ich war noch nicht völlig von Aum enttäuscht. Allerdings fragte ich mich, was wohl Herrn Murai so verwandelt hatte. Irgendetwas konnte nicht stimmen.

Ich verließ Kamikuishiki, weil es dort drunter und drüber ging. Die meisten Erleuchteten Meister waren inzwischen verhaftet worden, und die noch verbliebenen gaben völlig willkürliche Anordnungen. »Mir reicht's«, dachte ich und beschloss, endgültig zu gehen. Ohne Herrn Asahara löste sich sowieso alles auf. Niemand versuchte mich aufzuhalten.

Murakami: *Waren Sie nicht verunsichert, als Sie so abrupt ins weltliche Leben zurückkehrten? Hatten Sie Angst, dass Sie den Anforderungen nicht gewachsen sein würden?*

Nein, daran dachte ich eigentlich weniger. Ich wusste, dass ich es irgendwie schaffen würde. Als Erstes ging ich zu meiner Mutter und blieb dort ungefähr einen Monat. Sie hatte sich natürlich große Sorgen um mich gemacht. »Es kam jeden Tag im Fernsehen«, sagte sie. »Ich bin vor Angst um dich fast gestorben.« Als ich die ersten Berichte über den Sarin-Anschlag sah, forderte ich alle auf, ihnen keinen Glauben zu schenken. Aber als die Täter schließlich aussagten, musste ich mir eingestehen, dass Aum wohl tatsächlich die Schuld für den Anschlag trug.

Nach etwa einem Monat beschloss ich, mir eine Arbeit suchen. Meine Mutter hatte wegen mir Schwierigkeiten mit meinem neuen Stiefvater, und das wollte ich nicht. Sie gab mir 100.000 Yen [1000 Euro], damit ich über die Runden käme; ich zog aus und fand einen Job als Zimmermädchen in einem Hotel in einem Kurbad. Ich hatte mich gefragt, wie ich das Geld für die Maklergebühren, die Kaution und was man sonst für eine Wohnung braucht, aufbringen sollte und war auf die Idee gekommen, in einem Hotel in einem Thermalbad zu arbeiten, wo ich Kost und Logis bekommen würde.

Als ich mich bewarb, behielt ich natürlich für mich, dass ich Aum-Mitglied gewesen war, und wurde auch wirklich eingestellt. Aber bald tauchte jemand von der Sicherheitspolizei auf, und alles kam raus. Meine Chefin versprach zwar, es keinem zu sagen und mich weiterarbeiten zu lassen, aber es war mir trotzdem alles sehr unangenehm. Sieben Monate habe ich in dem Hotel gearbeitet. Die Bezahlung war nicht besonders – 200.000 Yen im Monat –, aber man bekam recht gute Trinkgelder. Unentwegt rackerte ich mich ab, um mehr Trinkgeld zu bekommen. Einmal kriegte ich an einem Tag dreimal etwas vom gleichen Gast. Oft gab es ein Trinkgeld, wenn die Gäste kamen, und noch eins, wenn sie wieder abreisten. Ich sparte, machte den Führerschein und kaufte mir einen Wagen.

Murakami: *Das klingt sehr zuversichtlich und tatkräftig.*

Was blieb mir denn anderes übrig? Im Nachhinein finde ich, dass ich als Zimmermädchen ganz gute Arbeit geleistet habe.

Im Augenblick arbeite ich in einem Kosmetiksalon. Auch dort hat mich die Polizei schon aufgesucht, darüber habe ich mich damals ziemlich geärgert. Schließlich habe ich das Gedächtnis verloren. Deshalb hatte ich lange Zeit das Gefühl, selbst ein Opfer zu sein. Im Ernst. Aber mittlerweile bin ich der Ansicht, dass ich vielleicht doch eher zu den Schuldigen gehöre, und statt die Beamten so schroff zu behandeln, bemühe ich mich lieber, ihnen alles zu sagen, was ich weiß.

Gesundheitlich ist mit mir alles in Ordnung. Appetit habe ich auch. Nur mein Gedächtnis kommt nicht zurück. Mit Aum-Leuten habe ich nichts mehr zu tun. Ich habe auch keine Sehnsucht nach ihnen oder der Zeit, die ich bei Aum verbracht habe.

Murakami: *Sie waren eng befreundet mit einigen der Erleuchteten Meister. Halten Sie es für möglich, dass sie in den Gasanschlag verwickelt waren?*

Sie haben es wahrscheinlich auf Befehl getan. Besonders bei Herrn Niimi bin ich mir fast sicher. Mit Herrn Hirose [Ken'ichi] habe ich auch ab und zu gesprochen, er ist ein sehr einfacher Mensch. Was soll ich sagen, ich empfinde Mitgefühl für sie. Es herrschte dort keine Atmosphäre, in der man einfach sagen konnte »ich mag nicht«, wenn man einen Befehl erhielt.

Murakami: *Bei der Verhandlung haben mehrere Angeklagte ausgesagt, sie hätten nicht gewagt, sich zu weigern, weil sie fürchteten, ermordet zu werden. Meinen Sie, das war wirklich so?*

Tja – wer weiß? Aber eigentlich kann ich mir eher vorstellen, dass unter den gegebenen Umständen alle stolz waren, weil man sie ausgewählt hatte.

Murakami: *Sie führen jetzt wieder ein normales Leben und haben eine Arbeit. Sie sagten, dass Sie früher viel gegrübelt haben, weil Sie der Meinung waren, sich durch nichts von der Masse abzuheben. Wie ist das jetzt?*

Ach, ich habe mich eigentlich damit abgefunden und meine, man kann auch so leben. Viele von den Schwierigkeiten, die ich früher hatte, sind verschwunden. Bevor ich zu Aum kam, konnte ich auch Freunden gegenüber meine Gefühle nur schwer äußern und auch meine Schwächen nicht zeigen. Inzwischen kann ich das sehr gut.

Meine Verwandten haben schon einige Rendezvous für mich arrangiert. Sie finden, es sei allmählich Zeit für mich zu heiraten. Aber ich finde, Menschen, die Mitglied einer Sekte waren, die solch abscheuliche Verbrechen begangen hat, sollten nicht heiraten. Natürlich habe ich selbst nicht direkt etwas verbrochen, aber ich habe dort zumindest mein Bestes gegeben.

Diese Gedanken machen mich oft traurig. Besonders letztes Jahr war das so. Ich gehe mit Freundinnen essen und amüsiere mich, aber meistens gehe ich nach der Arbeit einfach allein nach Hause. Als ich im letzten Sommer das Feuerwerk zu Obon gesehen habe, musste ich weinen. Aber ich glaube, das habe ich jetzt hinter mir.

Viele von den Menschen, die ich bei Aum kennen gelernt habe, waren sehr sympathisch. Ganz anders als die Leute, die ich sonst kannte. Die zwischenmenschlichen Beziehungen in der normalen Gesellschaft sind immer so oberflächlich, aber bei Aum lebten alle zusammen wie in einer Familie.

Ich habe Kinder sehr gern und bin ganz vernarrt in die meiner jüngeren Schwester. Aber wie kann ich als ehemaliges Aum-Mitglied jemals heiraten, eine Familie gründen und Kinder bekommen? Wenn ich nur daran denke, dass ich einem Partner von Aum erzählen müsste … Ein anderer wichtiger Punkt ist, dass mein eigenes Elternhaus nicht glücklich war. Menschen, die in funktionierenden Familien aufwachsen, treten wahrscheinlich nicht in Sekten wie Aum ein.

»Wenn ich Asaharas Verhalten im Gerichtssaal beobachte, wird mir schlecht«

Hideyoshi Takahashi (geboren 1967)

Herr Takahashi ist in Tachikawa-shi im Großraum Tokyo geboren. Er hat an der Shinshu-Universität Geologie studiert und in geodätischer Astronomie promoviert. Den Sternenhimmel durch ein Teleskop zu betrachten hat ihn schon in der Grundschule fasziniert. Der Sarin-Anschlag versetzte ihm einen großen Schock, und er verließ Aum. Später ist er im Fernsehen und anderen Medien mit seiner Kritik an Aum hervorgetreten. Darüber hinaus hat er ein Buch mit dem Titel »Meine Rückkehr von Aum« geschrieben, in dem er die Umstände seines Eintritts in die Sekte ausführlich schildert und erklärt, warum er sie wieder verließ.

Herr Takahashi lernte Shoko Asahara während seines Studiums kennen, als dieser einen Vortrag an der Shinshu-Universität hielt. Später wurde Takahashi von Yoshihiro Inoue zum Beitritt überredet; allerdings nahm ihn sein Studium damals so in Anspruch, dass er erst einmal wieder austrat. Aber es gelang ihm nicht, sich ganz auf sein »weltliches« Studium zu konzentrieren, und er wurde erneut Mitglied bei Aum. Dieses Mal legte er auch gleich die Gelübde ab. Das war kurz vor dem Sarin-Anschlag des Jahres 1994 in Matsumoto.

Er wurde dem Ministerium für Wissenschaft und Technik zugeteilt, das Hideo Murai unterstand, und erhielt von Asahara persönlich die Anweisung, Computersoftware zur Vorhersage von Erdbeben zu entwickeln. Die von ihm gesammelten Daten deuteten tatsächlich auf das Erdbeben von Kobe hin, und Asahara belobigte ihn für seine Arbeit.

Herr Takahashi drückt sich sehr klar und deutlich aus – eine Eigenschaft, die viele ehemalige Mitglieder von Aum gemeinsam haben –, und was ihm nicht schlüssig oder logisch erscheint, lehnt er ab. Aus diesem Blickwinkel muss einem die Welt als unübersichtlicher Ort voller Widersprüche und Chaos erscheinen, in dem es sich schwer leben lässt.

Inzwischen arbeitet Herr Takahashi bei einer Vermessungsfirma und führt ein ganz normales Leben. Dennoch hat er sich geschworen, so viel Zeit wie möglich der Erforschung des Phänomens Aum Shinrikyo zu widmen; daher besucht er auch regelmäßig die Gerichtsverhandlungen gegen Aum-Mitglieder.

Als Student war ich eigentlich kreativ und lebhaft, aber in mir tobten heftige Widersprüche, und zwischen meinem inneren und äußeren Wesen herrschte eine tiefe Diskrepanz. Nach außen war ich fröhlich und temperamentvoll und hatte viele Freunde; wenn ich jedoch allein in meinem Zimmer war, überfiel mich eine tiefe Einsamkeit, als hätte ich keinen einzigen Freund auf der Welt.

Schon in meiner Kindheit hatte ich solche Empfindungen. Ich weiß noch, dass ich mich vor meinen Eltern oft im Wandschrank versteckte, weil mir mein Zimmer nicht privat genug war. Der Wandschrank war für mich der einzige Zufluchtsort, wo wirklich Ruhe und Frieden herrschten. Natürlich ist das bei einem Kind ziemlich eigenartig, aber in der Schwärze des Wandschranks wurde mein Bewusstsein messer-scharf – im Dunkeln ist man nur mit sich selbst konfrontiert. Ich fühlte mich also schon früh zu etwas hingezogen, das den Aum-Klausuren glich.

In der Mittelschule hörte ich gerne Rockmusik wie *The Wall* von Pink Floyd. Das zieht einen so richtig schön runter (*lacht*). Von Gurd-jieff erfuhr ich über King Crimson. Bei King Crimson gab es den Gitar-risten Fripp, und der war Gurdjieff-Jünger. Nachdem er an Gurdjieff geraten war, änderte sein Stil sich drastisch. Ich glaube, diese Musik hatte großen Einfluss auf meine Weltsicht.

Auf der Oberschule trieb ich intensiv Sport – Badminton und Bas-ketball. Aber als ich auf die Uni kam, hatte ich das Gefühl, ich müsse eine Grenze zwischen mir und der Gesellschaft ziehen. Ich war ein so genannter »Moratoriumstyp« – jemand, der nicht erwachsen werden möchte. Ich bin in einem Japan herangewachsen, das bereits wohl-habend war. Meine Generation stand nicht unter dem Druck, schnell erwachsen zu werden, sondern betrachtete die ihr fremde »Gesell-schaft der Erwachsenen« eher mit Misstrauen. Es musste doch eine an-dere Art zu leben geben, eine andere Art, die Welt zu sehen. Am Anfang meines Studiums hatte ich viel Zeit, und diese Fragen beschäftigten mich sehr.

In der Jugend gehen einem viele solche Dinge durch den Kopf. Die eigene Unreife erkennt man erst, wenn man mit den Ansprüchen des Erwachsenenalltags konfrontiert wird. Ich fühlte mich sehr frus-triert.

Aus innerer Unruhe interessierte ich mich für alles Mögliche. Von irgendwoher musste doch die Energie zum Leben kommen! Obwohl die Welt voller Leid und die Gesellschaft voller Widersprüche war. Ich begann eigene Vorstellungen von einer idealen Gesellschaft zu entwickeln und beschäftigte mich mit Utopien. Dadurch wurde ich anfällig für religiöse Sekten mit ähnlichen Idealvorstellungen.

Im Zusammenhang mit Aum heißt es häufig, gestörte Familienbeziehungen trieben Jugendliche in Sekten; aber diese Erklärung kommt mir zu einfach vor. Ich will nicht leugnen, dass ein Teil der Anziehungskraft, die Aum auf junge Leute ausübt, mit ihren Frustrationen und Problemen in der Familie zu tun hat, aber ein weit wichtigerer Faktor scheint mir das allgegenwärtige apokalyptische Klima zu sein, das Gefühl, das Ende der Welt stehe in Kürze bevor. Wenn man dieses Klima – das sich nicht nur in Japan, sondern weltweit ausgebreitet hat – berücksichtigt, dann kann man die Anziehungskraft, die Aum für so viele besaß, nicht mehr nur mit Familienproblemen erklären.

Murakami: *Darf ich Sie einen Moment unterbrechen? Alle Japaner leben also mit der Vorstellung, das Ende der Welt stehe bevor?*

Alle vielleicht nicht, das hieße allzu sehr zu generalisieren. Aber ich bin schon der Ansicht, dass alle tief in ihrem Innern so etwas wie ein Endzeitgefühl – und sei es nur in Form einer vagen, unbewussten Angst – verspüren. Nur die Intensität dieses Gefühls unterscheidet sich. Für einige hat sich der Schleier gelüftet, hinter dem sich das Ende im Dunkel verbirgt, während andere noch mit diesem Schleier leben. Ohne ihn hätten alle Angst vor dem, was in naher Zukunft geschehen könnte. Die Gesellschaft bildet das Fundament unseres Daseins, aber man weiß nicht, wie sie sich entwickeln wird. Meiner Ansicht nach nimmt diese Verunsicherung proportional mit dem Wohlstand einer Gesellschaft zu – wie ein wachsender dunkler Schatten.

Murakami: *Dennoch scheinen mir da die Begriffe »Verfall« oder »Niedergang« besser zu passen als »Ende«.*

Mag sein. Andererseits kann ich mich noch gut daran erinnern, dass während meiner Schulzeit die Prophezeiungen des Nostradamus sehr populär waren, und diese Endzeitstimmung hat sich damals – unterstützt durch die Medien – tief in mein Bewusstsein eingegraben. Und das ist nicht nur meine persönliche Wahrnehmung. Vom Lebensgefühl einer Generation zu sprechen wäre vielleicht zu platt, aber ich glaube doch, dass sich damals bei vielen Japanern die Vorstellung »1999 geht die Welt unter« festgesetzt hat. Die Leute, die bei Aum der Welt entsagt haben, hatten diesen Weltuntergang bereits voll akzeptiert. Kurz, Aum Shinrikyo war eine Vereinigung von Personen, die klar mit einem absehbaren Ende der Welt rechneten. Menschen, die auf eine Zukunft hoffen, haben noch eine Bindung an die Welt. Und wer Bindungen hat, wird nicht auf sein Selbst verzichten. Die Aum-Leute dagegen sprangen von einer Klippe ins Nichts, in die »Selbstlosigkeit« im wahrsten Sinne des Wortes, und dieser Sprung war für sie ein herrliches Gefühl. Schon deshalb hat sich die Sache für sie gelohnt.

Ich halte »das Ende« für den Dreh- und Angelpunkt von Aum Shinrikyo. Armageddon ist nah, entsagt der Welt, drängte Asahara, und gebt Aum euer Geld. Auf diese Weise hatte die Gemeinschaft auch ihr Einkommen.

Murakami: *Aber es gab schon viele Sekten, die den Weltuntergang verkauft haben. Die Zeugen Jehovas zum Beispiel, oder die Branch Davidians in Waco. Wodurch unterschied Aum sich von ihnen?*

Robert Jay Lifton* schreibt, dass sich zwar zahlreiche Sekten zu einer apokalyptischen Lehre bekennen, dass jedoch keine von ihnen in ihrem Programm so zielstrebig und real auf einen Untergang zugesteuert ist wie Aum. Er nennt das »das Erzwingen des Endes«. Diese Beobachtung finde ich sehr einleuchtend.

Auf der Uni haben mehrere neue Religionen versucht, mich für sich zu gewinnen. Aber die Einzige von diesen Gemeinschaften, die engagiert und auf einer realen Grundlage über die Entwicklung der Welt nachdachte, die ernsthafte religiöse Konzepte anzubieten hatte, die einen ihren Ideen entsprechenden Lebensstil entworfen hatte und ihn konsequent praktizierte, war Aum Shinrikyo. Dagegen wirkten die anderen Gemeinschaften unrealistisch, behäbig, lahm und farblos. Die Schulung bei Aum war sehr hart. Die Doktrin, dass man erst den eigenen Körper verändern muss, bevor man die Welt verändern kann, wurde gnadenlos in die Realität umgesetzt. Damals war ich selbst davon überzeugt, dass dies der einzig wahre Weg zur Befreiung ist.

Lassen Sie mich Ihnen ein Beispiel geben: Auf der Welt herrscht Nahrungsmangel; doch wenn alle Menschen ihren Nahrungsverbrauch entsprechend der Aum-Ernährung allmählich zurückschrauben würden, wäre das Problem gelöst. Und zwar nicht durch eine Vermehrung der Ressourcen, sondern durch die Anpassung des menschlichen Kör-

* Vgl. Robert Jay Lifton, *Terror für die Unsterblichkeit. Erlösungssekten proben den Weltuntergang*, München 2000.

pers. An so etwas habe ich damals auch geglaubt. Aum-Anhänger essen nur sehr wenig. Wenn die Menschen im Einklang mit der Erde leben wollen, werden wir uns wohl eines Tages so verhalten müssen.

Murakami: *Das erinnert mich an den Roman »Slapstick« von Kurt Vonnegut, in dem die Chinesen auf die Hälfte ihrer Größe schrumpfen, um das Welternährungsproblem zu lösen.*

Interessant. – Eigentlich bin ich Aum Shinrikyo ja zweimal beigetreten. Beim zweiten Mal war die Atmosphäre von Gewalt schon so deutlich spürbar, dass ich zuerst sogar dachte, mein Beitritt sei vielleicht doch ein Fehler gewesen. Die Laienmitglieder in den Ortsgruppen bekamen nur die heitere, milde Seite von Aum zu Gesicht, aber in Kamikuishiki, wo nur Mönche und Nonnen lebten, Menschen, die allem entsagt hatten, brodelte es, und man spürte bereits die Verzweiflung von Leuten, die in die Enge getrieben waren.

Nach meinem Eintritt arbeitete ich sofort an der Herstellung von Kosmo-Saugern. Zu der Zeit behauptete Aum bereits, man werde von außen mit Sarin angegriffen, und diese Kosmo-Sauger dienten dazu, die Giftstoffe zu filtern.

Eigentlich war es eine Predigt des Gründers gewesen, die mich endgültig überzeugt hatte. »Man hat mich mit Giftgas besprüht«, brachte er unter fortwährendem Husten hervor. Er war ganz blau im Gesicht und wirkte sehr schwach. Es sah enorm echt aus. »Mir bleibt nur noch ein Monat. Dann wird Aum aufgelöst. Bis dahin möchte ich alle, die an mich glauben, um mich versammeln«, fuhr er fort. »Ihr werdet mein Schild sein.« Die Predigt war wirklich ergreifend und brachte die Laienmitglieder dazu, sich beschämt zu fragen, ob sie es mit ihrem Gewissen noch vereinbaren konnten, den Gründer und die Gemeinschaft in einer solchen Notlage nicht mit aller Kraft zu unterstützen. An diesem Tag legten dreihundert Personen auf einmal die Gelübde ab. Ich wurde ebenfalls von dieser Welle mitgerissen.

Mulmig wurde es mir jedoch, als ich mich der so genannten »Christus-Initiation« unterziehen musste, bei der allen eine Droge verabreicht wurde. Was immer man von so etwas halten mag, auf jeden Fall wurde die Sache sehr nachlässig gehandhabt. Drogen im Namen einer Religion einzusetzen ist an sich schon fragwürdig, aber einmal angenommen, man billigt dieses Mittel, dann muss zumindest ein verantwortlicher Umgang damit gewährleistet sein. Ich vermute, wir bekamen etwas

Ähnliches wie LSD. Für fast alle Initianden war es die erste Erfahrung mit Drogen. Einige Leute drehten durch, wurden aber einfach sich selbst überlassen. Das missfiel mir außerordentlich. Selbst wenn der Gründer den Gebrauch von Drogen zu unserer spirituellen Entwicklung eingeplant hatte, wurden sie doch sehr unvorsichtig eingesetzt.

Ich empfand großen Widerstand gegen diese so genannte »Christus-Initiation«, und nachdem ich sie durchlaufen hatte, rang ich mit mir, ob ich nicht wieder austreten sollte. Ich war so entsetzt, dass mir die Tränen kamen. Immer wieder fragte ich mich, welchen Sinn das haben sollte. Ich war nicht der Einzige – auch ein paar der hoch gestellten Funktionäre hatten ihre Zweifel, was diese Initiation betraf, sogar Erleuchtete, die sonst jedes Wort von Asahara aufsaugten. Für mich sah es so aus, als sei das für Aum der Anfang vom Ende.

Aum war für mich auch ein Abenteuer. Will man sich eine neue, unbekannte Welt erschließen, dann muss man deren System bis zu einem gewissen Grad tolerieren – sozusagen mit den Wölfen heulen. Daher wollte ich mich mit diesem System vertraut machen, ohne die damit verbundene Weltsicht ganz zu übernehmen. Einerseits wünschte ich mir, ganz in Aum einzutauchen, andererseits wollte ich jedoch auch einen Schritt zurücktreten und die ganze Sache nüchtern und distanziert betrachten.

Eigentlich wäre ich am liebsten nach einem Monat wieder ausgetreten, aber so einfach war das nicht – ich schämte mich meines Wankelmuts. So etwas ist auch eine Frage von Stolz.

Jedenfalls hatte ich so viele Zweifel, dass ich die Aufgabe, die mir aufgetragen worden war, gar nicht richtig erfüllen konnte. Zum Beispiel hatte ich schwer an der Doktrin des Vajrayana – um jemanden zu erlösen, darf man ihn töten – zu schlucken. In meiner Umgebung gab es niemanden, den ich um Rat fragen konnte, und der Gründer stand zu hoch über mir, als dass ich direkt mit ihm hätte sprechen können. Auch wenn ich Gleichgestellte fragte, ob ihnen nicht einiges seltsam vorkomme, kriegte ich nur Phrasen zu hören. »Takahashi, folge doch einfach der Lehre Aums.« Also sah ich keine andere Möglichkeit, als mit den Oberen zu sprechen.

Bevor ich noch etwas unternehmen konnte, wurde ich schon zu Herrn Niimi, Eriko Iida und Meister Naropa [Fumihiko Nagura] bestellt. Sie fesselten mich wie bei einer Initiation und brüllten mich an:

»Warum kannst du den Gesetzen der Gemeinschaft nicht folgen? Du machst deine Übungen nicht, stimmt's? Wo ist deine Hingabe an den Guru?« Und so fort.

Zumindest war es eine gute Gelegenheit, ihnen meine Zweifel vorzutragen. Ich bat um Gehör. »Ich habe zu dem, was in unserer Gemeinschaft vorgeht, zu viele Fragen und kann mich deshalb nicht richtig auf unsere Aktivitäten konzentrieren.« Ich erklärte, was mich bedrückte, und Frau Iida gestand ein, ihnen ergehe es oft genauso. »Es bleibt uns nichts übrig, als dem Guru auf seinem Weg zu folgen«, sagte sie.

»Aber wie können Sie dem Guru folgen, wo Sie doch gar nicht so viel von ihm wissen?«, beharrte ich. »Ich glaube auch an ihn, aber ich weiß zu wenig über ihn und kann ihm nicht bedingungslos gehorchen.« Aber alles Drängen nützte nichts, die Antwort blieb die Gleiche: »Wir müssen an ihn glauben und ihm gehorchen.«

Ich war unsagbar enttäuscht – mehr hatte eine hoch geachtete Erleuchtete Mahamudra-Meisterin wie Eriko Iida nicht zu sagen? Das sollte eine Erleuchtete Meisterin sein? Ich erkannte, dass ich nur meine Zeit verschwendete, und beschloss, mich an Hideo Murai zu wenden, meinen Vorgesetzten im Ministerium für Wissenschaft und Technik, aber der ließ sich zu überhaupt keiner Antwort herab. Jetzt hätte ich nur noch den Guru selbst fragen können. Also gab ich auf und widmete mich ganz meinen Übungen.

Da Yoshihiro Inoue der Einzige bei Aum war, dem ich mich spirituell nahe fühlte, hätte ich ihn gern um Rat gebeten, aber er war in irgendeiner geheimen Mission unterwegs, und ich hatte keine Verbindung zu ihm. So verbrachte ich einige Monate allein und verzweifelt.

Ein Jahr, nachdem ich Mitglied bei Aum geworden war, wies Hideo Murai mich an, seismologische Daten zu sammeln, aber die Richtung, die Aum anscheinend nahm, und die allgemeine Verwirrung verunsicherten mich so, dass ich mich nicht in Ruhe auf meine Aufgabe konzentrieren konnte. Unentwegt grübelte ich darüber nach, was Aum wohl vorhatte. Also wagte ich einen Vorstoß und fragte Herrn Murai: »Ich habe den Eindruck, in unserer Gemeinschaft gehen finstere Dinge vor. Was ist eigentlich los?« Damals war ich mit irgendwelchen astrologischen Aufgaben betraut, die es mir ermöglichten, den Gründer und seine Berater aus größerer Nähe zu beobachten. Wie soll ich es beschreiben – es war, als bewegten sich alle hinter einem Schleier. Ich hatte beschlossen, Hideo Murai anzusprechen, weil er der Schlüssel zu dem Ganzen zu sein schien, aber ich konnte nur am Telefon mit ihm reden. Er schwieg einen Moment, dann sagte er: »Ich bin enttäuscht von dir.« In diesem Augenblick wusste ich, dass meine Zeit bei Aum abgelaufen war.

Ich kann der These, dass die Verbrechen von Aum nur so etwas wie Selbstläufer waren, nicht beipflichten. Ein Moment von Eigendynamik mag hinzugekommen sein, aber diesen Aktionen lag ja ein ganzes religiöses Konzept zugrunde. Damit würde ich mich gern ausführlicher beschäftigen. Eine einigermaßen befriedigende Erklärung könnten wahrscheinlich nur Asahara oder Murai liefern. Die anderen Anhänger wurden bloß wie Schachfiguren hin- und hergeschoben, aber diese beiden haben Entscheidungen in vollem Bewusstsein ihrer Ziele getroffen und die Befehle zu den Verbrechen gegeben. Womit ich mich allein herumschlug, das waren im Grunde die Motive dieser beiden Männer.

Die meisten der am Sarin-Anschlag Beteiligten waren absolut loyale Anhänger von Asahara, die ihm niemals wegen irgendwelcher Zweifel den Gehorsam verweigert hätten. Im Vergleich zu ihnen konnte Toru Toyoda sogar noch einigermaßen selbständig denken. Wenn ich meine Zweifel an Aum äußerte, war er zumindest bereit, darüber nachzudenken. Er sagte: »Stimmt schon, Hideyoshi, aber da Armageddon nun mal bevorsteht, hat es keinen Sinn mehr, darüber zu reden.«

Ich kannte Toru Toyoda ganz gut, weil wir zur gleichen Zeit eingetreten waren. Nachdem er Mönch geworden war, wurde er sehr schnell an die Spitze befördert. Einmal sagte er sogar zu mir: »Ich verstehe auch nicht genau, was bei Aum vor sich geht, aber da ich nun mal der Führung angehöre, muss ich mich auch so verhalten.« Da erkannte ich, dass er es viel schwerer hatte als ich. Das war noch vor dem Anschlag. Ich war eine Zeit lang sein Fahrer.

Murakami: *Herr Takahashi, wenn Hideo Murai Ihnen befohlen hätte, sich an dem Sarin-Anschlag zu beteiligen, hätten Sie sich geweigert?*

Ich würde es gern glauben. Aber es war ein Trick dabei. Die Leute, die den Anschlag verübten, wurden in eine Situation gebracht, in der sie sich nur sehr schwer hätten weigern können. Sie wurden in Murais Zimmer versammelt und mit einem »Befehl von ganz oben« überrumpelt. Die Worte »ein Befehl von oben« wirkten bei Aum wie ein Zauberspruch. Die Personen, die das Verbrechen ausführten, waren unter den ergebensten Anhängern von Aum ausgewählt worden, und genauso sagte man es ihnen: »Ihr seid auserwählt«, und appellierte damit an ihr Pflichtgefühl. Glauben bedeutete bei Aum völlige Hingabe.

Mich hätte man ohnehin nicht ausgewählt. Ich war ein kleines Licht, weit entfernt von der Erleuchtung. Kurz, Aum hätte mir nie vertrauen können.

Murakami: *Dazu möchte ich Ihnen eine Frage stellen. Als ich die Interviews mit den Opfern des Anschlags führte, sagten viele aufgrund ihrer Erfahrungen in Firmen, sie hätten, wären sie an der Stelle der Aum-Mitglieder gewesen, vielleicht auch Sarin freigesetzt, wenn man es ihnen befohlen hätte. Aber Sie als ehemaliges Aum-Mitglied behaupten, Sie hätten sich eventuell geweigert. Wie kommt das?*

Lassen Sie mich das genauer erklären. Wenn ich ehrlich bin, muss ich wohl zugeben, dass ich mich wahrscheinlich nur dann gewehrt hätte, wenn Hideo Murai mir die Anweisung gegeben hätte. Hätte dagegen Yoshihiro Inoue zu mir gesagt: »Hideyoshi, mein Freund, das ist der Pfad zur Befreiung«, und mir den Beutel mit Sarin in die Hand gedrückt, wäre ich zumindest in der Zwickmühle gewesen. Hätte er mich aufgefordert, mit ihm zu gehen, hätte ich es wahrscheinlich getan. Offenbar geht es hier auch sehr stark um zwischenmenschliche Beziehungen.

Murai war mein Vorgesetzter, aber er war kalt und distanziert. Hätte er es mir befohlen, hätte ich bestimmt nach den Gründen gefragt. Wenn er darauf bestanden und gesagt hätte: »Es ist eine unreine Arbeit, die für Aum notwendig ist und die du deshalb unbedingt erledigen musst«, hätte ich mich pro forma bereit erklärt und mich in letzter Minute aus dem Staub gemacht – hoffe ich zumindest. Wie Ken'ichi Hirose, der zwischendrin einmal aus der Bahn gestiegen ist, hätte ich mit mir gekämpft, aber am Ende sicher doch einen Ausweg gefunden.

Für Yoshihiro Inoue dagegen hegte ich große Sympathie. Bei ihm spürte ich eine religiöse Ernsthaftigkeit. Ihm hätte ich vermutlich in jeder Situation beigestanden und alles getan, um ihm zu helfen. Ehrlich gesagt, er hatte zu jener Zeit einen immensen Einfluss auf mich. Hätte er mich dazu gedrängt, hätte ich wahrscheinlich mitgemacht.

Aber die Dimension wäre eine andere gewesen. Damit will ich sagen, dass Logik oder Einsicht keine besonders große Rolle spielen.

Andere Dinge motivieren Menschen mehr. So bezweifele ich auch stark, dass diejenigen, die den Befehl »Setzt Sarin frei« erhielten, in ihrer Situation überhaupt imstande waren, logisch zu denken. Ein logisch denkender Mensch hätte keine Schwierigkeiten gehabt zu entscheiden: »So was ist unmöglich, und das tue ich nicht.« Aber diese Leute hatten dazu nicht die Kraft. Sie gerieten in Panik und taten, was man ihnen sagte. In extremen Fällen von »Guruismus« – ein Ausdruck, den Lifton gebraucht – werden alle anderen Wertesysteme eines Individuums gelöscht. In der speziellen Situation – stelle ich mir vor – fehlte den Tätern einfach die geistige Kraft, an andere zu denken, sich klarzumachen, dass durch ihre Tat andere Menschen sterben würden.

Bei Aum Shinrikyo wurde das Ichgefühl eines Menschen unaufhaltsam zerstört, sosehr er sich auch wehrte. Kaum war man in die Gemeinschaft eingetreten, wurde einem von oben alles Mögliche aufgezwungen, und man wurde unentwegt wegen Ungehorsams und mangelnder Hingabe kritisiert und bestraft, bis man völlig gebrochen war. Ich konnte irgendwie durchhalten, aber viele andere, die mit mir zusammen eingetreten sind, wurden auf diese Weise gebrochen.

Murakami: *Gut, aber wie hätten Sie reagiert, wenn Shoko Asahara persönlich Ihnen befohlen hätte: »Takahashi, du machst das!«?*

Ich glaube, ich hätte ihm Fragen gestellt. Hätte er mir eine überzeugende Erklärung gegeben, hätte ich ihn zumindest angehört. Wenn nicht, hätte ich ihn so lange ausgefragt, bis die Sache für mich geklärt gewesen wäre. Schon das allein hätte mich als Täter disqualifiziert. Ich habe ihm einmal meine Meinung offen ins Gesicht gesagt. Damals sagte er nur, ich nähme wohl kein Blatt vor den Mund. Ich glaube nicht, dass Asahara oder Murai imstande gewesen wären, mich zu dem Anschlag zu bewegen, denn keiner von ihnen hat mir gegenüber je Offenheit gezeigt.

Murakami: *Noch eine Frage. Sie haben gerade von »extremen Fällen von Guruismus« gesprochen, das heißt, Sie sehen sich als jemanden, der außerhalb dieses Guruismus stand, oder? Wenn ich recht verstehe, war jedoch gerade dieser »Guruismus« die Basis der Aum-Lehre. Liegt da nicht ein logischer Widerspruch?*

Wie gesagt, ich hatte bereits nach der »Christus-Initiation« starke Zweifel an den Methoden von Aum. Damals habe ich meine Zweifel in einem Aufsatz ernsthaft dargelegt, aber niemand schenkte mir Beachtung. Ich war, was die Beziehung zwischen Anhängern und Guru betraf, völlig desillusioniert.

Murakami: *Aber was hielt Sie dann noch bei Aum? Da war Shoko Asahara, da war die Lehre, und da waren Ihre Glaubensgenossen. Wer oder was war es?*

Ich hatte nichts mehr. Der Gründer und die Gemeinschaft schieden aus, also setzte ich mein ganzes Vertrauen in Yoshihiro Inoue. Er war der Einzige, der mich noch bei Aum hielt.

Ich war sehr einsam. Isoliert. Ich musste für das Ministerium für Wissenschaft und Technik astrologische Berechnungen durchführen, was mich überhaupt nicht interessierte. Ich war an der Universität Doktorand der Naturwissenschaften gewesen und hatte nicht die geringste Lust, Daten über die Bewegungen der Planeten für irgendwelche fragwürdigen Unternehmungen wie Wahrsagerei zusammenzutragen. Übernatürliche Kräfte waren bei Aum ein immerwährendes Thema, aber ehrlich gesagt, ich weiß nicht, was sich Leute denken, die sich mit so etwas abgeben. Für mich ist das völlig abwegig.

Also, wo waren wir stehengeblieben: Obwohl mich eigentlich nichts mehr bei Aum hielt, trat ich nicht aus. Immerhin hatte ich alles hinter mir gelassen, alle Fotos von früher verbrannt, meine Tagebücher auch. Mich von meiner Freundin getrennt. Ich hatte nichts mehr.

Murakami: *Aber Sie waren doch gerade einmal zwanzig. Entschuldigen Sie, aber ich finde, das ist ein Alter, in dem man noch gar nicht so viel hinter sich lassen kann.*

Ja, kann sein, dass es nicht nach besonders viel aussieht ... (*Lacht*) Aber ich bin – wie übrigens die meisten Aum-Anhänger – auch ein ziemlich sturer Typ. Wir haben die Neigung, sehr beharrlich und zielstrebig zu sein, selbst in Dingen, die anderen gar nicht so erstrebenswert erscheinen. Durch diese Art der Konzentration wird ein Gefühl von Erfüllung erzeugt, das Aum ausgezeichnet für sich zu nutzen verstand. Darum machten sie die asketischen Übungen auch so schwer. Je härter die Askese, desto stärker das Gefühl, etwas geleistet zu haben.

Als ich die Gelübde ablegte, war ich wie berauscht von dem Wissen, der Welt entsagt zu haben, auch wenn ich inzwischen bezweifle, dass dies ursprünglich wirklich mein Wunsch war. Vermutlich habe ich mich selbst belogen. Der Gasanschlag hat mir plötzlich die Augen geöffnet, und ich trat aus Aum aus. Und was ich für reine Mystik gehalten hatte, löste sich einfach in Luft auf. Als ob man aus dem Tiefschlaf geweckt wird, weil jemand »Es brennt!« schreit, und man sich plötzlich draußen wiederfindet. Ich werde diese Aum-Geschichte nie vergessen und mich mein ganzes Leben lang damit beschäftigen. Ich will vor diesem dunklen Teil meiner Geschichte nicht davonlaufen.

Murakami: *Ich würde gern noch etwas über die Endzeitvorstellungen bei Aum erfahren. Was hatte das Ende, von dem Aum sprach, mit der jüdischen oder christlichen Apokalypse zu tun? Das »Tausendjährige Reich« ist ein westliches Konzept, und auch zwischen Nostradamus und dem Buddhismus gibt es keine Verbindung.*

Das Armageddon von Aum Shinrikyo reicht, wie man es auch dreht und wendet, in keiner Weise an die christliche Vorstellung der Apokalypse heran, die ja in den Gesamtzusammenhang des Christentums eingebettet ist. Und die Ereignisse um Aum Shinrikyo lassen sich auch nicht aus dem Buddhismus und dem tibetischen esoterischen Buddhismus erklären.

Vorhin habe ich im Zusammenhang mit Nostradamus erwähnt, dass der Endzeitgedanke meines Erachtens nicht auf bestimmte Individuen oder Gruppen wie die Christen beschränkt ist, sondern dass wir alle mehr oder weniger davon betroffen sind.

Murakami: *Ehrlich gesagt, ich verstehe nicht genau, was Sie mit »Endzeitgedanken« meinen. Aber ich habe den Eindruck, dass dieser »Endzeitgedanke« ein Sterblichkeitsgefühl ist, das individuell und im Inneren eines Menschen aufgelöst werden muss.*

Genau so ist es. Ich glaube, das »Ende« ist weniger ein Fixpunkt als vielmehr ein Prozess. Im Zusammenhang mit einer Endzeitvision tritt immer eine Art von Reinigungsbewegung auf den Plan. In diesem Sinne halte ich den Aum-Anschlag für eine Katharsis, ein kollektives psychologisches Ventil für alles, was sich in den Japanern bis dahin an Deformierungen des Bewusstseins aufgestaut hatte. Nicht, dass mit dem Anschlag jetzt alles erledigt wäre. Der Endzeitgedanke, der die Gesellschaft wie ein Virus befallen hat, ist weder verschwunden noch verarbeitet, sondern unterschwellig immer noch vorhanden.

Auch wenn man sich als Individuum davon befreien kann, bleibt er für die Gesellschaft weiterhin von Bedeutung.

Murakami: *Auch wenn Sie jetzt von der Gesellschaft insgesamt sprechen, werden doch normale Menschen – also solche, die eine ge-*

wisse Balance in ihrem Leben halten – diese virusartige Endzeitstim-
mung, von der Sie sprechen, auf ihre Weise abbauen und etwas ande-
res an deren Stelle setzen. Oder was meinen Sie?

Genau, es geht um den Abbau dieses Endzeitgefühls. Er muss unbedingt stattfinden. Da Asahara dies nicht gelungen ist, wurde er davon
überrollt. Darum musste er selbst eine Krise schaffen. Das unverarbei-
tete Gefühl von Sterblichkeit des religiösen Menschen Shoko Asahara
mündete in eine größere Endzeitvision.

Ich bin immer noch dabei, den Aum-Anschlag für mich zu verarbeiten, und besuche, sooft es geht, die Gerichtsverhandlungen. Wenn
ich Shoko Asaharas Verhalten im Gerichtssaal beobachte, wird mir
schlecht. Ich habe das Gefühl, dass er mich zum Idioten stempelt. Mir
wird richtig übel, einmal musste ich mich sogar übergeben. Es ist so bedrückend. Oft frage ich mich, ob es sich überhaupt lohnt, sich das anzuschauen, aber irgendetwas zwingt mich dazu. Ich kann Asahara einfach
nicht ignorieren. Wir dürfen niemals vergessen, dass dieser Mensch
namens Shoko Asahara einmal – wenn auch nur für kurze Zeit – großen
Einfluss auf die Welt hatte und diesen tragischen Vorfall verursacht
hat. Solange es mir nicht gelingt, den Aum-Anschlag innerlich zu verarbeiten, kann ich mich nicht weiterentwickeln.

Nachwort*

Während meiner Arbeit an diesem Buch besuchte ich so oft wie möglich die Gerichtsverhandlungen gegen die wegen des Giftgasanschlags auf die U-Bahn in Tokyo angeklagten Mitglieder der Aum-Sekte. Ich wollte diese Menschen mit eigenen Augen sehen und mit eigenen Ohren hören, was sie zu sagen hatten, um zu erfahren, wer sie waren und was sie dachten. Stattdessen wurde ich Zeuge unendlich trauriger, hoffnungsloser und bedrückender Szenen. Der Gerichtssaal kam mir vor wie ein Raum ohne Ausgang. Nachdem wir doch irgendwie hineingelangt waren, hatte er sich in eine alptraumhafte Sphäre verwandelt, aus der es kein Entkommen gab.

Die meisten Angeklagten scheinen jeden Glauben an ihren Guru Shoko Asahara verloren zu haben. Der angebetete Meister hat sich als falscher Prophet entpuppt, und sie müssen zunehmend erkennen, wie sehr er sie für seine wahnsinnigen Zwecke missbraucht hat. Dass sie durch ihren Gehorsam grausame Verbrechen gegen die Menschlichkeit begangen haben, hat sie in tiefste Selbstzweifel gestürzt und sie zeigen Reue.

Zumeist sagen sie, wenn sie von ihrem Guru sprechen, heute nur noch »Asahara«, ohne respektvollen Titel. Bisweilen schwingt sogar ein abfälliger Ton mit. Ihre Einsicht und Angst wirken aufrichtig auf mich. Kaum vorstellbar, dass diese Leute sich zu einer so abscheulichen, sinnlosen Tat überreden ließen.

Andererseits haben sie an einem gewissen Punkt ihres Lebens alle weltlichen Bindungen gelöst und bei Aum Shinrikyo ein mystisches Ideal gesucht – was sie offenbar nicht bereuen.

Ganz deutlich wird dies, wenn die Angeklagten – vom Richter zu Einzelheiten befragt – die Lehre ihrer Gemeinschaft zu erklären suchen. Dabei fällt häufig der Satz: »Für die Allgemeinheit ist das vielleicht schwer zu verstehen, aber ...« Diese Ausdrucksweise belegt meines Erachtens, dass sie eine spirituelle Überlegenheit gegenüber

* Dieser Text basiert auf einer Besprechung von Ikuo Hayashis Buch »Aum und ich«, die 1998 in der Oktober-Ausgabe der Zeitschrift *Hon no hanashi* [»Gespräche über Bücher«, Anm. d. Übers.] veröffentlicht wurde.

der »Allgemeinheit« für sich in Anspruch nehmen und sich in gewisser Weise noch immer für auserwählt halten. Sie sprechen es nicht aus, aber ich lese darin etwa die folgende Botschaft: »Die Verbrechen, die wir begangen haben, tun uns unendlich leid. Wir haben Fehler gemacht. Verantwortlich ist jedoch Asahara, der uns den Befehl dazu gegeben hat. Wenn er nicht den Verstand verloren hätte, hätten wir unsere aufrichtigen religiösen Ziele friedlich, ohne jemanden zu behelligen, verfolgen können.« Kurz gesagt: »Unsere Mittel waren falsch. Wir bereuen, was wir getan haben. Dennoch sind die Ziele von Aum im Kern nicht falsch, und es ist nicht notwendig, sie zu verwerfen.«

Auf diese grundsätzliche Überzeugung von der »Richtigkeit der Ziele« bin ich nicht nur bei meinen Interviews mit Aum-Mitgliedern gestoßen, sondern auch bei jenen, die Aum verlassen haben und die Gemeinschaft jetzt offen kritisieren. Allen habe ich die gleiche Frage gestellt: Ob sie bereuen, Aum je beigetreten zu sein. Fast alle haben dies verneint; kaum jemand betrachtete seine Zeit bei Aum als vergeudet. Warum wohl? Das ist leicht zu beantworten: Diese Menschen entdeckten bei Aum eine Reinheit der Absichten, die sie im alltäglichen Leben nicht fanden. Selbst wenn alles mit einem schrecklichen Alptraum zu Ende ging, ist ihnen die warme, strahlende Erinnerung an den Frieden geblieben, den sie anfangs bei Aum fanden. Dieses Gefühl ist nicht leicht zu ersetzen.

Man kann also sagen, dass Aum in ihnen noch lebendig ist und ihnen sogar eine gewisse Energie verleiht. Das bedeutet nicht, dass sie möglicherweise zu Aum zurückkehren würden. Sie wissen jetzt, dass es sich um eine falsche und gefährliche Ideologie handelte und dass ihre Beziehung zu Aum voller Widersprüche und Defizite war. Dennoch habe ich den Eindruck, dass eine Idealvorstellung von Aum in ihnen weiterlebt, eine lichte, utopische Erinnerung, die sich ihnen tief eingeprägt hat. Und sollte eines Tages wieder ein ähnliches Licht vor ihnen aufleuchten – es muss nicht einmal eine Sekte sein –, werden die alten Erinnerungen sie vielleicht wieder dorthin ziehen. Daher bergen »Aum-ähnliche Lehren« für unsere Gesellschaft im Augenblick größere Gefahren als Aum selbst.

Nach dem Sarin-Anschlag richteten sich aller Augen und Ohren auf Aum Shinrikyo. Immer wieder wurde die Frage laut, warum »eine so hoch gebildete Elite« sich einer so absurden und gefährlichen Sekte zugewandt hatte. Tatsächlich setzte sich die Führungsspitze von Aum fast ausschließlich aus gut ausgebildeten Akademikern zusammen. So ist es kein Wunder, dass die Gesellschaft davon schockiert war. Der Umstand, dass Menschen mit derart vielversprechenden Aufstiegsmöglichkeiten so leicht auf den Status, den die Gesellschaft ihnen anbietet, verzichteten, um sich stattdessen einer Sekte anzuschließen, gilt vielen Beobachtern als ernst zu nehmendes Indiz für einen entscheidenden Defekt des japanischen Erziehungssystems.

Während meiner Gespräche mit Mitgliedern und auch ehemaligen Mitgliedern von Aum gewann ich jedoch den deutlichen Eindruck, dass sie diesen Weg nicht *trotz* ihrer Zugehörigkeit zu einer gesellschaftlichen Elite eingeschlagen hatten, sondern im Gegenteil gerade *deswegen.*

Hier bietet sich ein Vergleich mit der Rolle an, die in der Vorkriegszeit für viele japanische Intellektuelle die Mandschurei gespielt hat. 1932 hatte Japan auf chinesischem Boden den Marionettenstaat »Manchukuo« errichtet, und wie bei Aum Shinrikyo gab eine akademische Elite – die besten Verwaltungstechniker, Naturwissenschaftler und Gelehrten – eine vielversprechende Zukunft in Japan auf, um neue Möglichkeiten jenseits des Ozeans zu suchen. Die meisten von ihnen waren jung, voller ehrgeiziger Pläne, sehr begabt und gut ausgebildet. Wenn sie jedoch den restriktiven Strukturen des japanischen Staates unterworfen blieben, würden sie ihre Fähigkeiten niemals ganz zur Wirkung bringen können. Genau aus diesem Grund entschieden sie sich für jenes flexiblere Land, das Experimente zuließ, auch wenn dies bedeutete, einen vorgegebenen, sicheren Pfad zu verlassen. In diesem Punkt waren jene jungen Intellektuellen idealistisch und ihre Motive rein. Zudem waren sie überzeugt, einem höheren Zweck zu dienen und sich auf dem richtigen Weg zu befinden.

Aber ihrem Unternehmen fehlte ein entscheidender Aspekt. Heute wissen wir, dass dasjenige, was fehlte, »ein mehrdimensionales historisches Bewusstsein« war; oder, auf konkreterer Ebene, eine »Verbindung zwischen Wort und Tat«. Dagegen begannen beschönigende Schlagworte wie »die Harmonie der fünf Völker« oder »die ganze Welt unter einem Dach« ein Eigenleben zu führen, während im Hintergrund die blutige Realität das moralische Vakuum füllte, bis der Sturmwind der Geschichte die ehrgeizigen Technokraten davonwirbelte.

Der Sarin-Anschlag der Aum-Sekte liegt noch nicht lange genug zurück, als dass alle seine Implikationen genau zu analysieren wären. Dennoch lässt sich dasjenige, was ich über die Bedeutung der Mandschurei gesagt habe, in eingeschränkter Form auch auf Aum anwenden. Beiden Bewegungen fehlte die Einbindung in einen größeren Zusammenhang, und aus diesem Mangel an Wirklichkeitsbezug ergab sich die besagte Diskrepanz zwischen Sprache und Handeln.

Zweifellos hatten die Angehörigen des Aum-Ministeriums für Wissenschaft und Technik in der Regel ganz verschiedene persönliche Gründe für ihren Entschluss, der Welt zu entsagen und sich Aum anzuschließen. Gemeinsam war ihnen jedoch der Wunsch, ihre Fachkenntnisse und Fähigkeiten in den Dienst eines höheren Ziels zu stellen, da sie begründete Zweifel an der unmenschlichen, utilitaristischen Tretmühle des Gesellschaftssystems hatten, dem sie angehörten und an das sie ihre Fähigkeiten und Bemühungen nicht länger verschwenden wollten; denn damit hätten sie den Sinn ihrer Existenz verfehlt.

Ikuo Hayashi, durch dessen Beteiligung am Sarin-Anschlag zwei U-Bahn-Beamte ums Leben kamen, gehört eindeutig zu diesem Typus. Er galt als ein ausgezeichneter Chirurg, der sich leidenschaftlich für seine Patienten engagierte. Vielleicht entwickelte er gerade darum ein tiefes Misstrauen gegen unser widersprüchliches, mangelhaftes Gesundheitssystem und fühlte sich so stark von der aktiv spirituellen Welt Aum Shinrikyos hingezogen, die ihm eine überwältigende, vollkommene Utopie anbot.

In seinem Buch »Aum und ich« beschreibt er seine damaligen Vorstellungen:

»In seiner Predigt schilderte Asahara uns das ›Shambala-Programm‹. Dazu gehörte der Bau des ›Lotus Village‹, in dem es ein Astral-Krankenhaus und eine Shinri-Schule geben sollte, die eine gründliche Ausbildung gewährleisten würde. […] Die medizinische Behandlung sollte nach einer Astral-Medizin erfolgen, die auf Asaharas Visionen von einer weiteren [astralen] Dimension und den Erinnerungen an frühere Leben basierte. Die Astral-Medizin erforschte das Karma und den Energie-Zustand des Patienten, unter Berücksichtigung des Todes und der Seelenwanderung […] Ich träumte von einer natürlichen Landschaft, in der einzelne Gebäude verstreut im Grünen lagen. Dort würde ich mich mit meiner ganzen Kraft der medizinischen Versorgung und meiner Askese widmen. Mein Traum und ›Lotus Village‹ waren eins.«

Hayashi träumte also davon, sich einer Utopie zu verschreiben, unbelastet von irdischen Zwängen strenge Askese zu üben sowie eine Medizin zu praktizieren, die er aus ganzem Herzen vertreten konnte, und damit so vielen Patienten wie möglich zu helfen. Selbstverständlich waren seine Absichten lauter, und die beschriebene Vision besitzt einen tugendhaften Glanz. Betrachtet man das Ganze jedoch einmal nüchtern, wird deutlich, wie weit diese unschuldige Schilderung von der Wirklichkeit entfernt ist. Die Landschaft erscheint uns wie ein eigenartig flaches Gemälde, ohne Perspektive oder Tiefenschärfe. Wären wir damals, als Dr. Hayashi Aum-Mitglied wurde, mit ihm befreundet gewesen und hätten versucht, ihm vor Augen zu führen, dass seine Vorstellungen realitätsfremd seien, hätten wir vermutlich keinen Erfolg damit gehabt.

Andererseits hätten wir Dr. Hayashi etwas sehr Einfaches sagen können: Wirklichkeit ent- und besteht aus Verwirrung und Widersprüchen, und wenn man diese ausschließt, kommt auch die Wirklichkeit abhanden. Und: Selbst wenn man zunächst glaubt, sie durch raffinierte Sprache und Logik eliminieren zu können, wird die scheinbar besiegte Wirklichkeit ihrem Feind irgendwo auflauern und sich rächen.

Wahrscheinlich hätte diese Argumentation Dr. Hayashi nicht überzeugen können. Er hätte mit Fachterminologie und Logik geschickt widersprochen und erklärt, wie richtig und gut der Weg doch sei, den er gehen würde. Bis wir dann irgendwann geschwiegen hätten.

Das Schlimme daran ist, dass eine der Realität entfremdete Sprache und Logik häufig größere Macht entwickeln als die Sprache und Logik der Wirklichkeit, denn das ganze Konglomerat aus Verwirrung und Widersprüchen liegt ihr wie Felsbrocken im Weg. So hätten wir, unfähig, einander zu verstehen, schließlich getrennte Wege gehen müssen.

Bei der Lektüre von Dr. Hayashis Aufzeichnungen müssen wir oft nachdenklich innehalten und uns fragen, wie es überhaupt so weit mit ihm kommen konnte. Gleichzeitig ergreift uns ein Gefühl von Ohnmacht, weil wir wissen, dass wir ihn niemals hätten zurückhalten können. Eine seltsame Traurigkeit nimmt von uns Besitz. Besonders niedergeschlagen macht uns der Gedanke, dass ausgerechnet diejenigen, die unserer »zweckorientierten Gesellschaft« so kritisch gegenüberstanden, das Argument der Nützlichkeit gebraucht und am Ende so viele Menschen umgebracht haben.

Andererseits hält sich wahrscheinlich niemand für so unbedeutend, dass es ihm nichts ausmachen würde, in den Mühlen eines Systems zermalmt zu werden und dann zu sterben. Eigentlich möchten wir doch alle wissen, wozu wir auf der Welt sind und warum wir am Ende sterben und verschwinden. Steht es uns da überhaupt zu, Menschen zu verurteilen, die sich ernsthaft um Antworten bemühen? Doch genau an dieser Stelle könnte uns ein tödlicher Fehler unterlaufen. Die Physiognomie der Wirklichkeit beginnt sich zu verzerren; plötzlich erkennen wir, dass der Ort der Verheißung sich verändert hat und nicht mehr derjenige ist, dem unsere Suche galt. Wie es in Mark Strands Gedicht heißt: »Die Berge sind keine Berge mehr; die Sonne ist nicht die Sonne.«

Damit es keinen zweiten und dritten Ikuo Hayashi mehr geben wird, ist es für unsere Gesellschaft von essentieller Wichtigkeit, die Fragen, die durch den Sarin-Anschlag tragischerweise aufgeworfen wurden, in all ihren Facetten zu analysieren. Anscheinend haben die meisten von uns mit der Sache abgeschlossen. Für sie war es ein schlimmer Vorfall, aber nun, da alle Schuldigen hinter Schloss und Riegel sind, fühlen sie sich nicht mehr direkt betroffen. Dennoch sollten wir uns vor Augen halten, dass der Großteil der Menschen, die sich einer Sekte anschließen, nicht sonderlich aus dem Rahmen fallen. Sie sind weder auf der Strecke Gebliebene noch Exzentriker, sondern völlig normale (vielleicht sogar allzu normale) Menschen, die in unserer Mitte leben.

Vielleicht grübeln sie ein bisschen zu viel. Oder sie tragen einen kleinen Kummer im Herzen. Oder sie können sich ihren Mitmenschen nicht öffnen und sind deshalb bedrückt. Oder sie finden keine Möglichkeit, sich zu verwirklichen, und schwanken heftig zwischen Stolz und Minderwertigkeitsgefühlen hin und her. Vielleicht gehöre ich selbst zu ihnen. Oder Sie.

Anhang

Bisherige Ergebnisse der Prozesse gegen
die Mitglieder der Sekte Aum Shinrikyo
(Stand Dezember 2001)

Sektenführer Chizuo Matsumoto alias Shoko Asahara:

Die Staatsanwaltschaft steht kurz vor dem Abschluss der Beweisaufnahme. Seit September 1996 fanden drei bis vier etwa siebenstündige Anhörungen im Monat statt (im Juni 2001 die zweihundertste). Asahara verweigert jede Kooperation, murmelt während der Gerichtssitzungen minutenlang vor sich hin und nickt häufig ein. Im März 2001 hat sein Verteidiger einen Antrag auf Unzurechnungsfähigkeit gestellt. Beobachtern zufolge ist ein Ende der Verhandlungen und eine Urteilsverkündung nicht abzusehen.

Die Täter, die Sarin freigesetzt haben:

Ikuo Hayashi: lebenslänglich, hat Berufung eingelegt
Masato Yokoyama: Todesstrafe, hat Berufung eingelegt
Yasuo Hayashi: Todesstrafe, hat Berufung eingelegt
Toru Toyoda: Todesstrafe (Urteilsverkündung am 17. Juli 2000*)
Ken'ichi Hirose: Todesstrafe (Urteilsverkündung am 17. Juli 2000)

Fahrer der Täter:

Koichi Kitamura: lebenslänglich, hat Berufung eingelegt
Kiyotaka Tonozaki: lebenslänglich, hat Berufung eingelegt
Shigeo Sugimoto: lebenslänglich (17. Juli 2000)
Tomomitsu Niimi: Mordanklage, Prozess noch nicht abgeschlossen

* Keines der verhängten Todesurteile wurde bisher vollstreckt.

Weitere Mitglieder der Führungsspitze von Aum:

Yoshihiro Inoue: lebenslänglich, hat Berufung eingelegt
Kazuaki Okazaki: Todesstrafe, hat Berufung eingelegt,
    da er durch Gehirnwäsche in seiner Willensfreiheit beeinträch-
    tigt gewesen sei. Die Berufung wurde am 13. Dezember 2001
    endgültig abgelehnt.
Kiyohide Hayakawa: Todesstrafe (28. Juli 2000)
Satoru Hashimoto: Todesstrafe (25. Juli 2000)
Tomoko Matsumoto (Asaharas Frau): Sechs Jahre Gefängnis,
    letzte Berufung abgelehnt
Hisako Ishii: drei Jahre und acht Monate Gefängnis,
    im November 2000 entlassen
Fumihiro Joyu: drei Jahre Gefängnis,
    im Dezember 1999 entlassen
Yoshinobu Aoyama: zwölf Jahre Gefängnis, hat Berufung eingelegt
Seichi Endo: hat erst im September 2001 ein Geständnis abgelegt
Tomomasa Nakagawa: Mordanklage, Prozess noch nicht beendet